第3版

破産管財手続の運用と書式

編集 川畑　正文
　　 福田　修久
　　 小松　陽一郎

新日本法規

第3版はしがき

　平成17年に施行された現在の破産法は，旧法について約80年ぶりに多大な変更を加えるものであったが，事件数の増減を経つつも実務に定着し，否認権の内容などはその後の民法の改正作業にも影響を与えた。

　本書の前身である「新版　破産管財手続の運用と書式」(以下「新版」という。)は，平成21年12月に公刊された。大阪では，大阪地方裁判所の倒産事件担当裁判官・書記官と大阪弁護士会の倒産事件に精通した弁護士有志とが共同して，倒産事件の実務運用を練り上げてきたという伝統があり，新版(さらにその前身である平成16年12月公刊の「新破産法対応　破産管財手続の運用と書式」もそうであるが)は，破産事件の実務運用に関して，まさにこのような共同作業による成果物として送り出され，破産事件担当者に豊富なノウハウを提供し，在るべき実務運用の定着に大いに寄与した。

　もっとも，新版の公刊から約10年が経ち，その間に実務上重要な判例がいくつも出され，運用が変更された点もあったため，そろそろ改訂してはどうかとの意見が多く寄せられた。そこで，今般，やはり裁判官・書記官と弁護士との共同作業により，新版を改訂することとした。新版の精神を承継しつつ，書式も含め，改めるべきところはないか，よりわかりやすくするところはないかを徹底的に検討するという方針で，幾多の熱い意見交換が行われた。その過程で，新版を公刊した諸先輩方の先見の明，またその後の実務の進展の過程を再認識することができた。

　全国の破産事件の新受件数は，平成15年をピークにしてその後は減少傾向に転じていたが，平成28年以降は毎年増加し続けている。そして，大阪では，以前から全国の約1割の破産事件を処理しており，重要な役割を担い続けているところ，世界銀行のビジネス環境ランキング2019 (DOING BUSINESS 2019)によれば，大阪の倒産実務は，世界的にも高く評価されているそうである。このような状況を踏まえ，新元

号「令和」となった時代においても，本書が，新版と同様，破産実務の必携書として活用されること，また，大阪の倒産実務における伝統が今後も受け継がれていくことを期待したい。

　最後に，このたびの改訂作業に献身的努力をいただいた執筆者ご一同に対し，深謝するとともに，本書の編集等でお世話になった新日本法規出版株式会社の小川恵史氏にも，御礼申し上げたい。

　　令和元年12月

　　大阪国税不服審判所長（前大阪地方裁判所第6民事部（倒産部）
　　　　部総括判事）　　　　　　　　　　　　　　　　川 畑 正 文
　　大阪地方裁判所第6民事部（倒産部）部総括判事　　福 田 修 久
　　大阪弁護士会　　　　　　　　　　弁　護　士　　小松陽一郎

新版はしがき

　民事再生法の制定（平成12年4月1日施行）に始まった一連の倒産法制の整備作業は，平成18年5月1日の会社法の施行及び平成19年9月30日の信託法の施行並びにそれらに伴う関係法令の整備によって一応の区切りを迎えた。現行の破産法は，旧法の破産手続及び破産実体法を約80年ぶりに見直したもので，平成16年6月2日に公布され平成17年1月1日から施行された。爾来ほぼ5年を経てその実務運用はようやく安定期を迎えつつあるように見受けられる。

　本書は「新破産法対応　破産管財手続の運用と書式」（新日本法規，平成16年）（以下，「旧版」という。）を全面的に改訂したものである。旧版はいくつもの新制度を備えた現行破産法を運用するための必須の手引き書として，施行直前である平成16年12月に発刊され，幸いにも破産実務運用のバイブルとして広く利用され，版を重ねてきた。その発刊の経緯は旧版のはしがきのとおりであり，現行破産法施行に先駆けてその実務運用の詳細を公表し，破産手続の最も重要な担い手である申立代理人ないし破産管財人として関与する弁護士が円滑に破産事務を処理することができるようにすること等に目的があった。そして旧版発行後も大阪地方裁判所第6民事部（倒産部）と旧版の執筆を担当した弁護士に新規参加の弁護士も加わって，現行破産法の運用について，定期的に意見交換を重ねるなどして，大阪地方裁判所における破産事件の処理体制の充実と運用の合理化に務めてきたところである。

　このたび，現行破産法施行後ほぼ5年が経過し，その間に当初の運用方針を変更した点も少なくないことから，現行破産法の運用の現状に即して，旧版を全面的に改訂しようという声があがり，改めて，大阪地裁第6民事部（倒産部）において破産事件を現在担当している裁判官及び書記官並びに倒産事件を多数経験した弁護士により，旧版をアップデートするチームとして「大阪地方裁判所・大阪弁護士会　破産管財運用検討プロジェクトチーム」が結成された。

本書は基本的には旧版の精神及び叙述を前提としながら，現行破産
法で新たに設けられた諸制度（自由財産の拡張制度，労働債権の一部
財団債権化，担保権消滅許可制度等）の運用指針を明らかにすること，
旧版では触れられなかった破産実体法にも簡潔な解説を試みたこと，
旧版の叙述についても最新の実務の運用に合わせてこれに大幅な加除
修正を加えたこと，書式等も最新のものに差し替えること，関連個所
の引用も増やしてより利用し易くすること等に留意してここに5年ぶ
りに新版を送り出すことにした。本書も旧版同様，申立代理人及び破
産管財人が破産手続において直面する問題点について，豊富なノウハ
ウが紹介されているばかりでなく，すぐに使用可能な最新の書式が満
載されており，申立代理人及び破産管財人として破産手続に携わる弁
護士にとって極めて有用と思われる。

　大阪における倒産実務については裁判所と弁護士の共同作業の歴史
があり，裁判所と弁護士の共同チームによる倒産実務に関する書籍の
出版は，平成13年以降，本書で改訂版を含めると9冊目となる。今後
とも共同での研究を続け，その成果についても引き続き情報の発信に
務めていきたい。

　本書が旧版同様，破産管財業務に携わる弁護士や破産管財事件を担
当する書記官の座右のマニュアルとして活用され，破産実務の円滑化
に多少なりとも貢献できればと念じる次第である。

　最後に，大阪地方裁判所・大阪弁護士会　破産管財運用検討プロジ
ェクトチームに所属する意欲に満ちた若手メンバーの多大な献身的努
力に対し，厚く御礼を申し上げたい。

　　平成21年12月

大阪地方裁判所・大阪弁護士会　破産管財運用検討プロジェクトチーム
　　大阪地方裁判所第6民事部（倒産部）部総括判事　　小久保孝雄
　　大阪弁護士会　　　　　　　　　　弁　護　士　　木内道祥
　　　　同　　　　　　　　　　　　　　同　　　　小松陽一郎

旧版はしがき

　新破産法が平成17年1月1日から施行される。新破産法は，平成8年10月以来，約8年間にわたる倒産法制の全面的な見直し作業の集大成に当たるものであり，破産手続及び倒産実体法全体を見直す内容となっているため，旧法を廃止し新法を制定するという法形式が採られている。

　新破産法では，大阪地裁や東京地裁などでもすでに実施されている数多くの合理的な運用上の工夫が制度化された上，急激に増加した破産事件に迅速適正な対処ができるよう，手続の合理化・簡素化が徹底されるとともに，その実効性が強化されている。また，社会・経済上の多様な要請に応じ得るものとするため，労働債権や租税債権の優先性が見直されるとともに，自由財産の範囲の拡張，担保権消滅許可などの新たな制度も導入されている。

　法制度を適切に運用するためには，制度や条文を理論的に理解するのみでは十分とはいえない。新破産法の趣旨に従った合理的な運用を確保するためには，迅速処理が可能な運用モデルの下で，破産手続運用の最も重要な担い手である申立代理人ないし破産管財人として関与する弁護士が，円滑に事務を行うことができ，かつ，労働債権や租税債権の優先性の見直しなどのために複雑化した法律関係を過誤なく処理することが可能なシステムを構築することが極めて重要である。

　この目的を実現するために，大阪地裁第6民事部（倒産部）において破産事件を現在担当している裁判官及び書記官並びに倒産事件を多数経験した弁護士により，大阪地方裁判所・大阪弁護士会新破産法検討プロジェクトチームが結成された。このプロジェクトチームの検討会では，破産事件を担当する裁判所側の立場から裁判官及び裁判所書記官が，申立代理人及び破産管財人の立場から弁護士が，よりよい破産実務の在り方を模索するために，活発に意見交換を行い，相互に建設的な提案を行ってきた。

　本書は，このような協議・検討の成果であり，新破産法の制度全般について理論的な分析を加え，新破産法の運用において実務上問題と

なり得る点について解明した上で，実務上の処理について明確な指針を与えることを目的として執筆されたものである。

新破産法には，実務の工夫が取り入れられているとはいえ，自由財産の拡張，労働債権の一部財団債権化，担保権の消滅など，全く新たな制度が多い。それについて，実務運用の手引きを作成することは，誠に多大の労を要する作業であり，193にのぼる掲載書式（内21書式についてはＣＤ－ＲＯＭのみに収録）の多くは一から作成せざるをえないものであった。これを可能とした背景には，大阪における倒産実務についての裁判所と弁護士の共同作業の歴史があり，裁判所と弁護士の共同チームによる倒産実務に関する書籍の出版は，平成13年にはじまり，今回が6度目である（最近のものとしては，本年1月刊行の「最新版　事例解説個人再生」がある）。

本書には，申立代理人及び破産管財人が破産手続において直面する問題点について，豊富なノウハウが紹介されているばかりでなく，すぐに使用可能な書式が満載されており，申立代理人ないし破産管財人として破産手続に携わる弁護士にとって極めて有用であると思われる。また，本書には新法による新たな制度の実務的運用及びこれに用いる書式も多数紹介されているので，経験の浅い弁護士のみならず，管財業務に精通した弁護士にとっても有益であると考えられる。本書が，破産管財業務に携わる弁護士の座右のマニュアルとして活用され，新破産法施行後の破産実務の円滑化に多少なりとも貢献できれば幸いである。

最後に，大阪地方裁判所・大阪弁護士会新破産法検討プロジェクトチームに所属する意欲に満ちた若手メンバーの多大な献身的努力に感謝する次第である。

　　平成16年12月

大阪地方裁判所・大阪弁護士会　新破産法検討プロジェクトチーム
　　大阪地方裁判所第6民事部（倒産部）部総括判事　　林　　圭　介
　　大阪弁護士会　　　　　　　　　　　弁　護　士　　木　内　道　祥
　　　　同　　　　　　　　　　　　　　同　　　　　　小　松　陽一郎

執筆者一覧

〔第3版〕

大阪地方裁判所・大阪弁護士会　改訂作業メンバー

大阪地方裁判所第6民事部（倒産部）

大阪国税不服審判所長・元大阪地方裁判所部総括裁判官	川畑正文
部総括裁判官	福田修久
裁判官	尾河吉久
裁判官	松永晋介
事務総局人事局付兼総務局付・元大阪地方裁判所裁判官	岩佐圭祐
裁判官	吉田真紀
裁判官	藤田晃弘
大阪地方裁判所堺支部裁判官	植野賢太郎
津地方裁判所裁判官・元大阪地方裁判所裁判官	檀上信介
総括主任書記官	草部康司
総括主任書記官	中村邦彦
総括主任書記官	和田弘樹
主任書記官	岡部恭代
主任書記官	岡村充康
主任書記官	岡本光弘
主任書記官	荻野賢志郎
主任書記官	長田真伸
主任書記官	葛城佳久
主任書記官	鎌田誠輔
主任書記官	塩田大輔
主任書記官	髙屋友香
主任書記官	谷口泰司
主任書記官	戸出周一郎
主任書記官	三浦志保
主任書記官	村瀬進

大阪弁護士会

弁護士	小松陽一郎
弁護士	中井康之
弁護士	宮本圭子
弁護士	遠藤美智子
弁護士	鈴木嘉夫
弁護士	野村剛司
弁護士	髙橋敏信
弁護士	山形康人
弁護士	新宅正介
弁護士	野城大司
弁護士	濵野裕司
弁護士	元氏成保
弁護士	尾島史賢
弁護士	尾田智史
弁護士	清水良寛
弁護士	小林悠紀
弁護士	小森良純
弁護士	森本隆誠
弁護士	洞本一太
弁護士	渡邊誠朗
弁護士	石塾正平
弁護士	藤原将望
弁護士	大西俊順
弁護士	外山正一
弁護士	仁張
弁護士	福井
弁護士	森川

書記官	一ノ間	聡	子
書記官	植 木	陽	子
書記官	金 沢	孝	治
書記官	岸 本	侑	子
書記官	小 枝	圭	介
書記官	砂 原	有香里	
書記官	世 古	あゆみ	
書記官	谷 田	久	美
書記官	中 尾	麻	美
書記官	中 谷	麗	子
書記官	濱 田	通	佳
書記官	簑 原	紀	子
書記官	安 岡	悠	
書記官	山 田	彩	
書記官	山 本	省	平

〔新版〕

大阪地方裁判所・大阪弁護士会　破産管財運用検討プロジェクトチーム

大阪地方裁判所第6民事部（倒産部）

部総括裁判官	小久保　孝　雄
裁判官	伊　藤　一　夫
裁判官	鈴　木　陽一郎
裁判官	中　尾　　　彰
裁判官	佐々木　清　一
裁判官	村　松　教　隆
裁判官	和　久　一　彦
総括主任書記官	星　川　純　一
総括主任書記官	前　場　克　美
主任書記官	岡　村　充　康
主任書記官	岡　本　光　弘
主任書記官	黒　須　嘉　明
主任書記官	髙　井　昌一郎
主任書記官	高　田　定　憲
主任書記官	森　内　信　年
主任書記官	森　村　太　欣
主任書記官	山　本　伸太郎
書記官	浅　田　利　計
書記官	太　田　貴　大
書記官	玉　井　和　雄
書記官	福　山　岳　志
書記官	藤　田　光　代
書記官	外　園　由　美

大阪弁護士会

弁護士	木　内　道　祥
弁護士	小　松　陽一郎
弁護士	延　澤　信　博
弁護士	中　井　康　之
弁護士	尾　川　雅　清
弁護士	桐　山　昌　己
弁護士	宮　本　圭　子
弁護士	宇賀神　　　徹
弁護士	原　田　裕　彦
弁護士	増　田　眞　里
弁護士	林　　　邦　彦
弁護士	遠　藤　美智子
弁護士	渡　辺　法　之
弁護士	鈴　木　嘉　夫
弁護士	野　村　剛　司
弁護士	神　川　朋　子
弁護士	髙　橋　敏　信
弁護士	稲　田　正　毅
弁護士	山　形　康　郎
弁護士	坂　川　雄　一
弁護士	新　宅　正　人
弁護士	松　尾　吉　洋
弁護士	内　海　英　二
弁護士	大　畑　道　広
弁護士	白　﨑　識　隆
弁護士	野　林　城　大　介
弁護士	元　　　氏　裕　悟
弁護士	成　保

〔旧版〕

大阪地方裁判所・大阪弁護士会　新破産法検討プロジェクトチーム

大阪地方裁判所第6民事部（倒産部）

部総括裁判官	林 圭介
裁判官	井上 成一
裁判官	橋本 都陽一
裁判官	末本 弘陽潤
裁判官	林 茂峰幸
裁判官	瀬戸 信文之
民事次席書記官	小森 洋陽一
総括主任書記官	河本 朝文昌
総括主任書記官	谷井 慶俊太郎
主任書記官	太田 昌昌郎
主任書記官	織田 井明
主任書記官	櫻井 幸紀子
主任書記官	髙井 伸俊美
主任書記官	益本 俊美実
書記官	山本 美幸一
書記官	石井 幸辰仁
書記官	入川 辰周治
書記官	江副 周宏治
書記官	柏木 宏修志
書記官	木下 修貴鈴
書記官	小出 貴美次
書記官	阪本 美弘代子
書記官	清水 弘佳猛
書記官	鉄松 佳英節
書記官	冨川 英章人
書記官	西林 章邦
書記官	平永 節正
書記官	松本 正
書記官	松田
書記官	宮口
書記官	山開
書記官	吉士
書記官	渡渡

大阪弁護士会

弁護士	木内 道祥
弁護士	小松 陽一郎
弁護士	延谷 信寛博
弁護士	小尾 寛雅子
弁護士	桐山 雅昌清
弁護士	宮本 昌圭己
弁護士	宇賀神 圭徹彦
弁護士	林 邦嘉夫
弁護士	鈴木 嘉剛司
弁護士	野村 剛朋信
弁護士	神川 朋敏一
弁護士	髙橋 敏憲人
弁護士	平泉 憲有広
弁護士	澤田 有正悟
弁護士	新宅 正識裕
弁護士	大畑 識
弁護士	白崎 裕
弁護士	林

凡　例

＜法令の表記＞

　本書では，原則として平成16年法律第75号で廃止された破産法を「旧法」と，制定された破産法を「法」と表記した。

　また，その他の法令の表記については，本文中は原則としてフルネームを用いたが，（　）で表示してある法令については下記の略語を用い，条数等を含め次の要領で略記している。

　　（法186③二）＝破産法186条3項2号

法	破産法（平成29年法律第45号による改正後のもの）	自　治	地方自治法
		実用新案	実用新案法
旧　法	旧破産法	自　賠	自動車損害賠償保障法
規	破産規則〔本文中「規則」〕	酒　税	酒税法
意　匠	意匠法	消　税	消費税法
会　社	会社法	消税令	消費税法施行令
会社更生	会社更生法	商	商　法
仮登記担保	仮登記担保契約に関する法律	商　標	商標法
下水道	下水道法	所　税	所得税法
健　保	健康保険法	生活保護	生活保護法
厚　年	厚生年金保険法	相　税	相続税法
税　徴	国税徴収法	租特措	租税特別措置法
税徴令	国税徴収法施行令	建物区分	建物の区分所有等に関する法律
税　通	国税通則法	たばこ税	たばこ税法
税通令	国税通則法施行令	地　税	地方税法
国　保	国民健康保険法	地税令	地方税法施行令
国　年	国民年金法	地方法税	地方法人税法

賃 確	賃金の支払の確保等に関する法律	民 再	民事再生法
賃確令	賃金の支払の確保等に関する法律施行令	民 執	民事執行法
賃確規	賃金の支払の確保等に関する法律施行規則	民執令	民事執行法施行令
		民 訴	民事訴訟法
手	手形法	民訴規	民事訴訟規則
登 税	登録免許税法	民訴費	民事訴訟費用等に関する法律
特 許	特許法	労 基	労働基準法
法 税	法人税法	労徴収	労働保険の保険料の徴収等に関する法律
民	民　法（平成29年法律第44号による改正後のもの）		

＜判例の表記及び出典等の略語＞

本書では，判例については次の要領で略記している。

（略記例）

　　最判平12・9・10判タ999・222＝最高裁平成12年9月10日判決，判例タイムズ999号222頁

判例の主な出典等の略語は，次のとおりである。

民 集	最高裁判所（大審院）民事判例集
集 民	最高裁判所裁判集民事
下 民	下級裁判所民事裁判例集
判 タ	判例タイムズ
金融法務	旬刊金融法務事情
登 研	登記研究

本書の構成

　本書は，破産管財実務の運用方法について，大阪地裁における具体的な運用を基礎に，実際に使用する書式を交えつつ，申立代理人及び破産管財人のためのマニュアルの形で解説するものである。

第1編　破産管財手続の運用

第1章　大阪地裁における破産管財手続の運用モデル

　本書において具体的運用を解説する際の基礎となる大阪地裁における二つの運用モデルである一般管財手続及び個別管財手続の概要を説明し，同時廃止手続との手続選択の在り方についても説明している。

第2章　申立代理人の手引

　破産管財事件の申立代理人が受任後事件の終了までの間に一般的に行うべき事務の内容を時系列に沿って解説するものである。

　破産管財事件における申立代理人の役割は重要であり，適時適切な事務処理を行うことが期待されている。本書は，申立代理人が法人用及び自然人用の破産申立書を適切に作成できるよう，その作成要領を具体的に説明している。

第3章　自由財産拡張手続

　自由財産拡張手続については，新版で改定された大阪地裁における運用基準に基づく運用がされている。申立代理人，破産管財

人双方に関係するので，独立の章立てとして，詳細な説明をしている。

第4章	破産管財人の手引

　破産管財人が行うべき業務について，管財手続の時系列に沿って具体的に解説するものである。

　換価業務の注意点や，租税等の請求権及び労働債権の財団債権部分と優先的破産債権部分との具体的な識別方法などを詳細に解説しているほか，担保権消滅手続についての対応方法や利用上の注意点，契約関係の処理等の倒産実体法にも触れている。

第2編　書式・資料集

　破産管財事件の申立代理人及び破産管財人が実際に使用すべき書式並びに裁判所の決定例集が第1編の手引に沿った形で多数掲載されている。そのうち，申立代理人及び破産管財人が使用すべき書式については，実務で直ちに利用可能なように，基本的にすべての書式が電子データ化され，付属のCD－ROMに収録されている（文書形式はMicrosoft Word及びMicrosoft Excelであり，本書に記載しているこれらの会社名・製品名は，各社の商標又は登録商標である。）。本文中では本書○頁【資料○】という形式で引用しているので，資料番号に基づき参照されたい。

　なお，裁判所の決定例等については，本書に掲載していないものも画像データの形で収録している（本文中では付属CD－ROM【資料○】」と表記している。）。

目　　次

第1編　破産管財手続の運用

第1章　大阪地裁における破産管財手続の運用モデル

ページ

第1　大阪地裁における運用の概要……………………………3

第2　大阪地裁における具体的運用と手続の選別基準………3

  1　手続選択についての基本的方針………………………3

  2　事案の特質に応じた運用モデル………………………4

    (1)　一般管財手続……………………………………………4

    (2)　個別管財手続……………………………………………5

    ○一般管財手続の流れ………………………………………7

    ○債権者集会非招集型手続の概要………………………8

    ○個別管財手続の流れ………………………………………9

    ○一般管財手続のフローチャート………………………10

    ○個別管財手続のフローチャート………………………11

  3　個別管財手続の選別基準………………………………12

  4　予納金（手続費用）について…………………………12

    (1)　納付方法…………………………………………………12

    (2)　最低額の基準……………………………………………13

    (3)　破産手続開始後の分納について……………………13

  5　同時廃止との手続選択について………………………13

    (1)　基本的方針………………………………………………13

    (2)　管財手続への移行類型…………………………………14

  6　大規模事件の運用について……………………………15

第2章　申立代理人の手引

第1　はじめに………………………………………………17

2 目 次

第2 破産申立て……………………………………………18
 1 受任後破産申立てまでにしておくべきこと………………18
  (1) 受任通知の発送…………………………………………18
  (2) 債権調査票の収集………………………………………18
  (3) 予納金の準備……………………………………………19
  (4) 資料等の収集・確保……………………………………21
  (5) 資産の確保・散逸防止…………………………………22
  (6) 財産の減少の防止………………………………………25
  (7) 賃借物件等の処理………………………………………26
  (8) 従業員の解雇等…………………………………………27
  (9) 管財人への引渡し物件の整理と保管…………………28
 2 申立て時に注意すること……………………………………28
  (1) 申立書の作成……………………………………………28
  (2) 管轄の選択………………………………………………28
 3 申立て後破産手続開始決定までにしておくこと…………30
  (1) 財産状況報告集会等の期日調整………………………30
  (2) 管財人に引継ぎを要する書面等の送付………………30
  (3) 管財人予定者への情報・資料提供……………………31
 4 破産手続開始決定後財産状況報告集会までにすること…31
  (1) 開始決定等の受領………………………………………31
  (2) 引継予納金の引継ぎ……………………………………31
  (3) 管財人との面談…………………………………………32
  (4) 新たに判明した破産債権者に関する報告……………32
  (5) 係属中の訴訟に関する情報提供………………………32
  (6) その他……………………………………………………33
 5 財産状況報告集会時に注意すること………………………33
 6 免責手続について……………………………………………33
  (1) 受任時における手続選択上の留意事項………………33
  (2) 手続上の注意事項………………………………………34

(3)　裁量免責相当性確認のための管財事件（免責観察型）
　　　　について………………………………………………………36
　　(4)　免責に関する判断の時期……………………………………37
　7　自由財産拡張手続………………………………………………37
　8　大規模事件………………………………………………………38
　　(1)　大規模事件の申立事務の在り方……………………………38
　　(2)　開始決定後の事務……………………………………………40
　　○法人破産申立書記入要領…………………………………………40
　　○自然人破産申立書記入要領………………………………………56

第3章　自由財産拡張手続

第1　自由財産拡張制度概論………………………………………66
　1　本来的自由財産…………………………………………………66
　2　自由財産拡張制度の意義………………………………………67
　3　自由財産拡張手続の基本的な流れと大阪地裁の運用…………68
　　(1)　自由財産拡張手続の基本的な流れ…………………………68
　　(2)　拡張申立て……………………………………………………68
　　(3)　自由財産拡張制度の運用基準に即した検討………………68
　　(4)　黙示の拡張決定………………………………………………68
　　(5)　管財人と申立代理人（破産者）との意見調整……………69
　　(6)　明示の拡張に関する決定……………………………………69
　　(7)　拡張に関する決定に対する不服申立て……………………70
　　(8)　大阪地裁の運用のフローチャート…………………………70
　4　自由財産拡張制度と免責との関係……………………………71
　5　自由財産拡張制度と否認との関係……………………………71

第2　自由財産拡張制度の運用基準………………………………71
　　○自由財産拡張制度の運用基準……………………………………71
　1　概　説……………………………………………………………73
　2　運用基準の具体的解説…………………………………………74
　　(1)　本来的自由財産………………………………………………74

4　目　次

　　（2）　拡張適格財産性の審査……………………………………………74

　　（3）　99万円枠の審査……………………………………………………81

第3　申立代理人の注意事項…………………………………………………83

　1　受任時………………………………………………………………………83

　　（1）　自由財産拡張制度の説明…………………………………………83

　　（2）　債務者の保有する財産等の調査及び債務者の希望の
　　　　確認……………………………………………………………………83

　　（3）　財産の評価額の調査………………………………………………84

　　（4）　拡張を求める財産の選択…………………………………………84

　　（5）　合計99万円を超える財産について拡張申立てをする
　　　　場合……………………………………………………………………84

　2　申立て時……………………………………………………………………85

　　（1）　拡張申立ての必要性………………………………………………85

　　（2）　拡張申立ての方法…………………………………………………85

　　（3）　債権者申立ての場合の注意事項…………………………………86

　3　開始決定後…………………………………………………………………87

　　（1）　管財人との面談……………………………………………………87

　　（2）　拡張相当とされた財産の処分……………………………………87

　　（3）　拡張不相当とされた場合の対応…………………………………87

第4　破産管財人の注意事項…………………………………………………88

　1　拡張申立ての有無の確認…………………………………………………88

　2　財産の適切な評価…………………………………………………………88

　3　資料の確認及び破産者等からの事情聴取………………………………88

　4　自由財産拡張の判断時期…………………………………………………89

　5　拡張が相当と判断した場合の措置………………………………………89

　6　拡張が相当でないと判断した場合の措置………………………………90

　　（1）　申立代理人との協議………………………………………………90

　　（2）　裁判所との協議……………………………………………………91

　　（3）　意見書の提出………………………………………………………91

　7　拡張の結果の報告…………………………………………………………91

第4章　破産管財人の手引

第1　はじめに……93

第2　破産管財人受任依頼から破産手続開始決定まで……93

1　管財人受任の打診……93

2　利害関係の確認と期日調整……94

 (1)　利害関係の確認……94

 (2)　期日調整……94

3　管財業務のポイント確認……95

4　申立代理人との連絡・引継ぎ……95

5　裁判所との打合せ・債務者審尋……95

第3　破産手続開始決定と開始直後の事務……96

1　裁判所との書類の授受・事務連絡等……96

 (1)　利害関係確認時……96

 (2)　破産手続開始決定後……96

2　開始等の通知……97

 (1)　通知書等の発送……97

 (2)　裁判所への発送報告等……98

 (3)　受訴裁判所に対する上申……99

 ○破産者につき訴訟が係属していることが判明した場合の処理……100

 (4)　執行裁判所・保全裁判所等に対する届出，差押え等の解除……101

 (5)　留保型について債権調査期日等を指定する必要が生じた場合……101

3　破産者及び申立代理人との打合せ……102

4　財産の引継ぎ・保全……102

5　現地確認，告示書の貼付等……103

6　その他の留意事項……103

 (1)　郵便回送嘱託……103

 (2)　破産登記……104

7　支障部分の閲覧等の制限について……105

6　目　次

第4　債権者集会……………………………………………………106

1　債権者集会の開催に関する運用方針………………………106

　(1)　一般管財手続………………………………………………106

　(2)　個別管財手続………………………………………………107

2　債権者集会の事前準備………………………………………107

　(1)　一般管財手続………………………………………………107

　(2)　個別管財手続………………………………………………113

3　債権者集会の進行の概要……………………………………115

　(1)　一般管財手続………………………………………………115

　(2)　個別管財手続………………………………………………117

4　非招集型手続…………………………………………………118

　(1)　対象事件……………………………………………………118

　(2)　破産申立て…………………………………………………119

　(3)　管財人候補者選任…………………………………………119

　(4)　破産手続開始決定…………………………………………120

　(5)　招集型手続への移行………………………………………120

　(6)　財産状況報告書提出期間の延長…………………………120

　(7)　報告書・申立書の提出……………………………………121

　(8)　管財人報酬決定等…………………………………………121

　(9)　債権者への発送，財産状況報告書の備置き等…………122

　(10)　異時廃止……………………………………………………122

第5　契約関係の処理………………………………………………122

1　はじめに………………………………………………………122

2　双方未履行双務契約の処理概要……………………………123

　(1)　管財人の選択権……………………………………………123

　(2)　相手方による確答すべき旨の催告………………………124

3　継続的給付を目的とする双務契約…………………………124

4　賃貸借契約……………………………………………………125

　(1)　賃貸人が破産した場合……………………………………125

　(2)　賃借人が破産した場合……………………………………127

5	請負契約 ……………………………………………………………	130
	(1)	請負人が破産した場合 ………………………………………	130
	(2)	注文者が破産した場合 ………………………………………	132
6	その他の契約 ………………………………………………………	133
	(1)	労働契約 ………………………………………………………	133
	(2)	ライセンス契約 ………………………………………………	133
	(3)	委任契約 ………………………………………………………	134
	(4)	リース契約 ……………………………………………………	134

第6　換価業務 ………………………………………………………… 135

1	換価業務の基本的方針 …………………………………………………	135
	(1)	初動の重要性 …………………………………………………	135
	(2)	財産目録の作成，提出と進行管理 …………………………	135
	(3)	換価価額の相当性の確保 ……………………………………	136
2	換価と許可申請 …………………………………………………………	136
	(1)	裁判所の許可を要する行為（要許可行為） ………………	136
	(2)	許可不要行為の定め …………………………………………	137
	(3)	許可申請の方法 ………………………………………………	137
	(4)	許可不要行為と許可申請 ……………………………………	138
3	換価の際の留意事項 ……………………………………………………	139
	(1)	現　金 …………………………………………………………	139
	(2)	預貯金 …………………………………………………………	139
	(3)	手形・小切手 …………………………………………………	140
	(4)	売掛金 …………………………………………………………	140
	(5)	在庫商品・仕掛品・原材料 …………………………………	143
	(6)	貸付金 …………………………………………………………	146
	(7)	不動産 …………………………………………………………	146
	(8)	機械・工具類 …………………………………………………	156
	(9)	什器備品・家財道具等 ………………………………………	156
	(10)| 自動車 …………………………………………………………	157
	(11)| 電話加入権 ……………………………………………………	160

8 目 次

(12)	有価証券	………	160
(13)	保証金等	………	161
(14)	保険解約返戻金	………	162
(15)	退職金	………	162
(16)	ゴルフ会員権	………	163
(17)	過払金返還請求権	………	163
(18)	貸金庫内の財産	………	163
(19)	知的財産権	………	164
(20)	税金の還付請求	………	165
(21)	租税の申告義務	………	168

第7 担保権消滅手続……………………………………………………171

1 手続概論…………………………………………………………………171

  (1) 制度の趣旨………………………………………………………171

  (2) 手続の概要………………………………………………………171

  ○担保権消滅手続の流れ…………………………………………172

2 担保権消滅許可の申立て………………………………………………174

  (1) 総 論……………………………………………………………174

  (2) 申立ての要件……………………………………………………177

  (3) 対象となる担保権………………………………………………180

3 申立書の記載事項等……………………………………………………181

  (1) 売得金の額………………………………………………………181

  (2) 消滅すべき担保権の表示………………………………………182

  (3) 法186条2項に定める被申立担保権者との協議の内容
     及びその経過……………………………………………………182

  (4) 売買契約の内容を記載した書面の添付………………………183

4 担保権者の利益保護……………………………………………………184

  (1) 担保権実行の申立て……………………………………………184

  (2) 買受けの申出……………………………………………………185

5 担保権消滅許可決定……………………………………………………187

  (1) 概 要……………………………………………………………187

  (2) 許可の要件………………………………………………………187

（3）	許可決定の効力	187
（4）	決定の送達	189
6	金銭の納付等・配当等の実施	189
（1）	金銭の納付等	189
（2）	配当の実施等	191

第8　否認権の行使 192

1	否認権の類型	192
2	否認権行使における手続選択	194
（1）	相手方との交渉	194
（2）	否認の請求と否認の訴えの選択	195
3	否認の請求	195
（1）	申立て	195
（2）	審理及び裁判	198
（3）	否認の請求を認容する決定に対する異議の訴え	199
4	否認権のための保全処分	201
（1）	総　論	201
（2）	保全処分の発令等	201
（3）	保全処分に係る手続の続行と担保の取扱い	202
○否認権の行使について		203
○相殺の禁止について		204

第9　法人の役員の責任の追及等 205

1	総　論	205
2	役員責任査定手続	205
（1）	申立手続	205
（2）	審理（必要的審尋）	206
（3）	裁判（役員責任査定決定等）	206
（4）	役員責任査定決定に対する異議の訴え	207
3	役員の財産に対する保全処分	208
（1）	総　論	208
（2）	保全処分の発令等	208

第10　破産債権と財団債権··············209

1　破産債権と財団債権··············209

(1)　破産債権と財団債権の性質の異同··············209

(2)　財団債権の破産手続上の特徴··············210

(3)　財団債権の種類··············211

2　租税等の請求権··············213

(1)　租税等の請求権の取扱い··············213

(2)　財団債権となる租税等の請求権··············214

(3)　優先的破産債権となる租税等の請求権··············218

(4)　劣後的破産債権となる租税等の請求権··············220

(5)　租税等の請求権の除斥··············221

(6)　具体的な税目に関する検討··············221

○租税等の請求権の優先関係··············227

○租税等の請求権に関する判断フローチャート··············227

○納期限（具体的納期限）一覧表··············228

○主要な国税の法定納期限・具体的納期限··············229

○主要な地方税の法定納期限・具体的納期限··············230

○主要な公課の法定納期限・具体的納期限··············231

3　労働債権··············232

(1)　財団債権となる労働債権··············232

(2)　優先的破産債権となる労働債権··············235

(3)　給料・退職手当の債権者への管財人の情報提供努力義務··············235

(4)　労働債権の弁済許可··············236

(5)　労働者健康安全機構による立替払との関係··············239

4　財団債権相互の優先順位··············241

(1)　法の規定··············241

(2)　管財人報酬等の例外··············241

(3)　財団債権相互の優先順位のまとめ··············242

5　破産債権相互の優先順位··············242

(1)　破産債権相互の優先順位··············242

| (2) | 優先的破産債権相互の優先順位 | 243 |

(2) 優先的破産債権相互の優先順位································243

(3) 破産債権相互の優先順位のまとめ····························243

第11　債権調査································244

1　大阪地裁における債権調査の運用方針····················244

2　債権調査の実施の時期及び方法························244

(1) 債権調査期日の指定································244

(2) 債権調査の方法································247

(3) 債権調査の時期································248

3　債権届出の方式································250

(1) 通常の破産債権の届出································250

(2) 労働債権の届出································251

(3) 公租公課の届出································254

4　債権届出の時期································255

(1) 届出期間内の債権届出································255

(2) 届出期間経過後一般調査期日終了前の債権届出············255

(3) 一般調査期日終了後の債権届出・届出事項の変更··········255

5　一般調査期日と特別調査期日························256

(1) 一般調査期日における調査································256

(2) 特別調査期日における調査································256

6　債権調査の準備と結果発表························257

(1) 一般管財手続（換価終了時に結果発表する場合）··········257

(2) 個別管財手続（当初指定した一般調査期日に結果発
表する場合）································261

(3) 破産債権者表（認否予定書）作成の注意事項··············262

(4) 異議通知································267

7　債権認否································268

(1) 総　論································268

(2) 貸金債権································269

(3) 手形債権································269

(4) 別除権付債権································272

12　目　次

　　　(5)　リース料債権··274

　　　(6)　求償権・将来の求償権································275

　　　(7)　停止条件付債権・将来の請求権····················279

　　　(8)　保証債務履行請求権································280

　　　(9)　公共料金等··280

　　　(10)　会社の代表者その他役員からの届出債権··········281

　　　(11)　労働債権··282

　　　(12)　租税等の請求権····································284

　8　債権届出後の債権変動··································285

　　　(1)　一般管財手続の場合··································285

　　　(2)　個別管財手続の場合··································288

　9　破産債権の確定手続（破産債権査定手続・破産債権査定
　　異議の訴え）··291

　　　(1)　破産債権査定手続····································291

　　　(2)　破産債権査定異議の訴え····························292

第12　財団債権・優先的破産債権の弁済········293

　1　財団債権と優先的破産債権の弁済（配当）の原則と大阪
　　地裁の運用··293

　2　財団債権の弁済についての原則························293

　3　財団債権の把握··294

　　　(1)　具体的納期限未到来の固定資産税····················294

　　　(2)　従業員の所得に対する特別徴収の地方税············295

　　　(3)　管財人の支払う報酬等に対する源泉所得税··········295

　4　配当可能な場合の財団債権の弁済······················295

　　　(1)　財団債権たる租税債権を支払うに足りる財団が形成
　　　　されたことを根拠とする延滞税（延滞金）の免除········296

　　　(2)　やむを得ない理由があることを根拠とする延滞金の
　　　　免除··296

　　　(3)　公課についての延滞金の減免························297

　5　異時廃止の場合の財団債権の弁済······················297

目　次　　13

6　優先的破産債権である租税等の請求権・労働債権の弁済
方法‥‥‥‥‥‥‥‥‥‥‥‥‥‥‥‥‥‥‥‥‥‥‥‥‥‥‥‥‥‥‥297
(1)　弁済手続の合理化‥‥‥‥‥‥‥‥‥‥‥‥‥‥‥‥‥‥‥‥‥‥297
(2)　租税等の請求権及び労働債権の優先順位‥‥‥‥‥‥‥‥‥‥298
(3)　財団債権の按分弁済の場合‥‥‥‥‥‥‥‥‥‥‥‥‥‥‥‥300
(4)　優先的破産債権である租税等の請求権の按分弁済の
場合‥‥‥‥‥‥‥‥‥‥‥‥‥‥‥‥‥‥‥‥‥‥‥‥‥‥‥‥300
(5)　優先的破産債権である労働債権の按分弁済の場合‥‥‥‥‥300
(6)　財団債権及び優先的破産債権の全額を弁済できる場
合‥‥‥‥‥‥‥‥‥‥‥‥‥‥‥‥‥‥‥‥‥‥‥‥‥‥‥‥‥301

第13　配当手続‥‥‥‥‥‥‥‥‥‥‥‥‥‥‥‥‥‥‥‥‥‥‥‥‥‥301
1　はじめに‥‥‥‥‥‥‥‥‥‥‥‥‥‥‥‥‥‥‥‥‥‥‥‥‥‥‥301
2　配当の種類‥‥‥‥‥‥‥‥‥‥‥‥‥‥‥‥‥‥‥‥‥‥‥‥‥‥302
(1)　最後配当‥‥‥‥‥‥‥‥‥‥‥‥‥‥‥‥‥‥‥‥‥‥‥‥‥302
(2)　簡易配当‥‥‥‥‥‥‥‥‥‥‥‥‥‥‥‥‥‥‥‥‥‥‥‥‥302
(3)　同意配当‥‥‥‥‥‥‥‥‥‥‥‥‥‥‥‥‥‥‥‥‥‥‥‥‥302
(4)　中間配当‥‥‥‥‥‥‥‥‥‥‥‥‥‥‥‥‥‥‥‥‥‥‥‥‥303
(5)　追加配当‥‥‥‥‥‥‥‥‥‥‥‥‥‥‥‥‥‥‥‥‥‥‥‥‥303
(6)　その他～和解契約方式による簡易分配‥‥‥‥‥‥‥‥‥‥303
3　換価終了後の配当の手続選択‥‥‥‥‥‥‥‥‥‥‥‥‥‥‥‥304
(1)　配当をすることができる金額が1000万円未満の場合‥‥‥304
(2)　配当をすることができる金額が1000万円以上の場合‥‥‥305
(3)　中間配当を実施した場合‥‥‥‥‥‥‥‥‥‥‥‥‥‥‥‥‥305
4　簡易配当の手続‥‥‥‥‥‥‥‥‥‥‥‥‥‥‥‥‥‥‥‥‥‥‥305
(1)　簡易配当前の検討事項等‥‥‥‥‥‥‥‥‥‥‥‥‥‥‥‥‥306
(2)　簡易配当の対象となる債権等‥‥‥‥‥‥‥‥‥‥‥‥‥‥‥308
(3)　簡易配当の許可‥‥‥‥‥‥‥‥‥‥‥‥‥‥‥‥‥‥‥‥‥311
(4)　配当表の作成・提出‥‥‥‥‥‥‥‥‥‥‥‥‥‥‥‥‥‥‥311
(5)　届出破産債権者への通知‥‥‥‥‥‥‥‥‥‥‥‥‥‥‥‥‥313
(6)　通知が債権者に到達したものとみなされる旨の届出‥‥‥314
(7)　除斥期間‥‥‥‥‥‥‥‥‥‥‥‥‥‥‥‥‥‥‥‥‥‥‥‥‥314

14　目　次

　　(8)　簡易配当に対する異議申述期間（配当時異議確認型
　　　の場合）……………………………………………………………314
　　(9)　配当表の更正………………………………………………………315
　　(10)　配当表に対する異議……………………………………………316
　　(11)　配当額の定め………………………………………………………317
　　(12)　配当の実施…………………………………………………………317
　　(13)　配当額の供託………………………………………………………318
　　(14)　管財人に知れていない財団債権者の取扱い………………318
　　(15)　配当後の手続………………………………………………………318
　　○簡易配当手続の流れ……………………………………………………319
　5　最後配当の手続…………………………………………………………320
　　(1)　最後配当前の検討事項等…………………………………………320
　　(2)　最後配当の対象となる債権等……………………………………320
　　(3)　最後配当の許可……………………………………………………320
　　(4)　配当表の作成・提出………………………………………………320
　　(5)　配当の公告等………………………………………………………320
　　(6)　除斥期間……………………………………………………………321
　　(7)　配当表の更正………………………………………………………321
　　(8)　配当表に対する異議………………………………………………321
　　(9)　配当額の定め及び通知……………………………………………321
　　(10)　配当の実施…………………………………………………………322
　　(11)　配当額の供託………………………………………………………322
　　(12)　管財人に知れていない財団債権者の取扱い………………322
　　(13)　配当後の手続………………………………………………………322
　　○通常の最後配当手続の流れ…………………………………………323
　6　同意配当の手続…………………………………………………………324
　　(1)　同意配当前の検討事項等…………………………………………324
　　(2)　同意配当の対象となる債権等……………………………………324
　　(3)　配当表の作成・提出………………………………………………324
　　(4)　届出破産債権者の全員の同意……………………………………324
　　(5)　同意配当の許可……………………………………………………324

目　次　15

　　　(6)　配当の実施……………………………………………………324
　　　(7)　管財人に知れていない財団債権者の取扱い………………324
　　　(8)　配当後の手続………………………………………………325
　　7　中間配当の手続………………………………………………325
　　　(1)　中間配当前の検討事項……………………………………325
　　　(2)　中間配当の対象となる債権……………………………325
　　　(3)　中間配当の許可……………………………………………326
　　　(4)　配当表の作成・提出………………………………………327
　　　(5)　配当の公告等………………………………………………327
　　　(6)　除斥期間……………………………………………………327
　　　(7)　配当表の更正………………………………………………327
　　　(8)　配当表に対する異議………………………………………327
　　　(9)　配当率の定め及び通知……………………………………327
　　　(10)　配当の実施…………………………………………………328
　　　(11)　配当額の寄託………………………………………………328
　　　(12)　管財人に知れていない財団債権者の取扱い………………328
　　　(13)　配当後の手続………………………………………………328
　　8　追加配当の手続………………………………………………328
　　　(1)　配当手続……………………………………………………329
　　　(2)　追加配当に充てることができる財産…………………329

第14　破産手続の終了………………………………………………330
　　1　破産手続終結…………………………………………………330
　　　(1)　計算報告集会の招集………………………………………330
　　　(2)　計算報告集会に先立って提出すべき書面…………………331
　　　(3)　計算報告集会の進行………………………………………331
　　　(4)　追加報酬決定………………………………………………332
　　2　異時廃止（非招集型手続を除く）……………………………332
　　　(1)　検討事項……………………………………………………333
　　　(2)　廃止意見聴取・計算報告集会の招集……………………334
　　　(3)　廃止意見聴取・計算報告集会に先立って提出すべき
　　　　　書面………………………………………………………334

16　目　次

　　(4)　廃止意見聴取・計算報告集会の進行‥‥‥‥‥‥‥‥‥‥‥334
　　(5)　破産手続廃止決定‥‥‥‥‥‥‥‥‥‥‥‥‥‥‥‥‥‥‥335
　　(6)　追加報酬決定‥‥‥‥‥‥‥‥‥‥‥‥‥‥‥‥‥‥‥‥‥335
　3　異時廃止（非招集型手続）‥‥‥‥‥‥‥‥‥‥‥‥‥‥‥‥335
　　(1)　財産状況報告書の提出‥‥‥‥‥‥‥‥‥‥‥‥‥‥‥‥‥335
　　(2)　廃止意見聴取期間の決定等‥‥‥‥‥‥‥‥‥‥‥‥‥‥‥336
　　(3)　通知書等の債権者への発送等‥‥‥‥‥‥‥‥‥‥‥‥‥‥336
　　(4)　破産手続廃止決定‥‥‥‥‥‥‥‥‥‥‥‥‥‥‥‥‥‥‥337
　4　破産手続終了後の管財人の事務処理‥‥‥‥‥‥‥‥‥‥‥‥337
　　(1)　管財人の緊急処分義務‥‥‥‥‥‥‥‥‥‥‥‥‥‥‥‥‥337
　　(2)　追加配当‥‥‥‥‥‥‥‥‥‥‥‥‥‥‥‥‥‥‥‥‥‥‥337
　　(3)　商業帳簿等の保管‥‥‥‥‥‥‥‥‥‥‥‥‥‥‥‥‥‥‥337
　　(4)　郵便回送嘱託の取消し‥‥‥‥‥‥‥‥‥‥‥‥‥‥‥‥‥338

第15　免責手続‥‥‥‥‥‥‥‥‥‥‥‥‥‥‥‥‥‥‥‥‥‥‥‥338
　1　免責についての調査‥‥‥‥‥‥‥‥‥‥‥‥‥‥‥‥‥‥‥338
　　(1)　管財人による免責についての調査‥‥‥‥‥‥‥‥‥‥‥‥338
　　(2)　免責不許可事由‥‥‥‥‥‥‥‥‥‥‥‥‥‥‥‥‥‥‥‥339
　　(3)　裁量免責‥‥‥‥‥‥‥‥‥‥‥‥‥‥‥‥‥‥‥‥‥‥‥341
　2　免責に関する調査結果の報告及び意見申述‥‥‥‥‥‥‥‥‥341
　　(1)　調査結果の報告等の方法‥‥‥‥‥‥‥‥‥‥‥‥‥‥‥‥341
　　(2)　裁量免責のための相当措置‥‥‥‥‥‥‥‥‥‥‥‥‥‥‥342
　　(3)　意見申述期間との関係‥‥‥‥‥‥‥‥‥‥‥‥‥‥‥‥‥342
　　(4)　財産状況報告集会で債権者から意見等が述べられた
　　　　場合の措置‥‥‥‥‥‥‥‥‥‥‥‥‥‥‥‥‥‥‥‥‥‥342
　3　免責審尋‥‥‥‥‥‥‥‥‥‥‥‥‥‥‥‥‥‥‥‥‥‥‥‥343
　4　免責観察型の運用‥‥‥‥‥‥‥‥‥‥‥‥‥‥‥‥‥‥‥‥343
　　(1)　「免責観察型」の意義と内容‥‥‥‥‥‥‥‥‥‥‥‥‥‥343
　　(2)　対象となる事案‥‥‥‥‥‥‥‥‥‥‥‥‥‥‥‥‥‥‥‥344
　　(3)　管財人の職務内容‥‥‥‥‥‥‥‥‥‥‥‥‥‥‥‥‥‥‥344
　5　非免責債権‥‥‥‥‥‥‥‥‥‥‥‥‥‥‥‥‥‥‥‥‥‥‥347

第2編　書式・資料集
※☆は付属ＣＤ－ＲＯＭのみ登載

申立費用関係
【001　管財事件の手続費用について】……………………………… 350

申立代理人関係
1　法人用の破産手続開始の申立書関係
【101　申立代理人の役割確認表（法人用）】……………………… 352
【102　法人用破産申立書（ver.4.0）について】……………… 355
【103　破産申立書（法人用）】……………………………………… 356
【104　報告書（法人用）】…………………………………………… 357
【105　添付目録（法人用）】………………………………………… 363
【106　資産及び負債一覧表（法人用）】…………………………… 364
【107　債権者一覧表】………………………………………………… 364
【108　借入金一覧表】………………………………………………… 365
【109　手形・小切手債権一覧表】…………………………………… 365
【110　買掛金一覧表】………………………………………………… 366
【111　リース債権一覧表】…………………………………………… 366
【112　労働債権一覧表】……………………………………………… 367
【113　その他の債権者一覧表】……………………………………… 367
【114　滞納公租公課一覧表】………………………………………… 368
【115　被課税公租公課チェック表（法人用）】…………………… 369
【116　財産目録（総括表・法人用）】……………………………… 370
【117　預貯金・積立金目録】………………………………………… 370
【118　受取手形・小切手目録】……………………………………… 371
【119　売掛金目録】…………………………………………………… 371
【120　在庫商品目録】………………………………………………… 372

18　目　次

【121　貸付金目録】 ……………………………………………… 372

【122　不動産目録】 ……………………………………………… 373

【123　機械・工具類目録】 ……………………………………… 373

【124　什器備品目録】 …………………………………………… 374

【125　自動車目録】 ……………………………………………… 374

【126　有価証券目録】 …………………………………………… 375

【127　賃借保証金・敷金目録】 ………………………………… 375

【128　保険目録】 ………………………………………………… 376

【129　過払金目録】 ……………………………………………… 376

【130　その他の財産目録】 ……………………………………… 377

【131　最終の決算書に記載されており，かつ申立書の財産
　　　　目録に記載のない財産についての処分状況等一覧表】 …… 377

【132　リース物件一覧表】 ……………………………………… 378

【133　係属中の訴訟等一覧表】 ………………………………… 378

【134　倒産直前の処分行為等一覧表】 ………………………… 379

【135　疎明資料目録（法人用）】 ……………………………… 380

【136　管財人引継資料一覧表（法人用）】 …………………… 381

2　自然人用の破産手続開始の申立書関係

【201　申立代理人の役割確認表（自然人用）】 ……………… 383

【202　自然人用破産申立書（ver.4.0）について】 …………… 386

【203　破産申立書（自然人・管財事件用）】 ………………… 387

【204　管財補充報告書】 ………………………………………… 388

【205　報告書】 …………………………………………………… 393

【206　家計収支表】 ……………………………………………… 400

【207　添付目録（自然人用）】 ………………………………… 401

【208　資産及び負債一覧表（自然人用）】 …………………… 402

【209　債権者一覧表】 …………………………………………… 402

【210　借入金一覧表】 …………………………………………… 403

【211　手形・小切手債権一覧表】 ……………………………… 403

【212　買掛金一覧表】 …………………………………………… 404

【213　リース債権一覧表】……………………………………………404

【214　労働債権一覧表】………………………………………………405

【215　その他の債権者一覧表】………………………………………405

【216　滞納公租公課一覧表】…………………………………………406

【217　被課税公租公課チェック表（自然人用）】…………………407

【218　財産目録（総括表・自然人用）】……………………………408

【219　預貯金・積立金目録】…………………………………………408

【220　保険目録】………………………………………………………409

【221　自動車目録】……………………………………………………409

【222　賃借保証金・敷金目録】………………………………………410

【223　退職金目録】……………………………………………………410

【224　過払金目録】……………………………………………………411

【225　不動産目録】……………………………………………………411

【226　有価証券目録】…………………………………………………412

【227　受取手形・小切手目録】………………………………………412

【228　売掛金目録】……………………………………………………413

【229　貸付金目録】……………………………………………………413

【230　在庫商品目録】…………………………………………………414

【231　機械・工具類目録】……………………………………………414

【232　什器備品目録】…………………………………………………415

【233　その他の財産目録】……………………………………………415

【234　処分済財産等一覧表】…………………………………………416

【235　リース物件一覧表】……………………………………………416

【236　係属中の訴訟等一覧表】………………………………………417

【237　倒産直前の処分行為等一覧表】………………………………417

【238　疎明資料目録（自然人用）】…………………………………418

【239　管財人引継資料一覧表（自然人用）】………………………419

【240　自由財産拡張申立書】…………………………………………421

【241　上申書（免責観察用）】………………………………………422

20　目　次

3　法人・自然人共通の申立代理人関係

【301　上申書（財団組入）】☆

【302　申立代理人の方へ】 ……………………………………… 423

【303　期日打合せメモ】 …………………………………………… 425

【304　住所変更許可申請書】 …………………………………… 426

【305　旅行許可申請書】 …………………………………………… 427

破産管財人関係

4　破産手続開始関係

【401　管財業務スケジュール】 ……………………………… 428

【402　破産手続開始等の決定（一般管財・期日型・自然人
用）】 ……………………………………………………………… 429

【403　破産手続開始等の決定（一般管財・期日型・法人用）】☆

【404　破産手続開始等の決定（一般管財・留保型・自然人用）】☆

【405　破産手続開始等の決定（一般管財・留保型・法人用）】 ……431

【406　届出書】 ……………………………………………………… 433

【407　破産管財人証明書】☆

【408　破産管財人証明書（不動産登記用）】☆

【409　破産手続開始等の通知書（一般管財・期日型・自然人
用）】 ……………………………………………………………… 434

【410　破産手続開始等の通知書（一般管財・期日型・法人用）】☆

【411　破産手続開始等の通知書（一般管財・留保型・自然人用）】☆

【412　破産手続開始等の通知書（一般管財・留保型・法人
用）】 ……………………………………………………………… 435

【413　郵便回送嘱託書】 ………………………………………… 436

【414　知れている債権者等への発送報告書】 ……………… 437

【415　新たに知れたる債権者等への発送報告書】 ………… 438

【416　債権執行終了上申書】 …………………………………… 439

【417　執行裁判所への届出書】 ……………………………… 440

【418　仮差押終了上申書】 ……………………………………… 441

【419　閲覧等の制限申立書】……………………………………………… 442

5　破産財団の換価関係

【501　告示】…………………………………………………………………… 443

【502　照会書（金融機関）】………………………………………………… 444

【503　照会書（保険会社)】………………………………………………… 446

【504　売掛金請求書】………………………………………………………… 447

【505　入札要綱例】…………………………………………………………… 449

【506　不動産売買契約書例】………………………………………………… 454

【507　不動産売却等許可申請書①】………………………………………… 458

【508　不動産売却等許可申請書②】………………………………………… 459

【509　不動産売却許可証明申請書】………………………………………… 460

【510　不動産放棄許可申請書】……………………………………………… 461

【511　自由財産拡張に係る自動車受領書】………………………………… 462

【512　担保権消滅許可申立書】……………………………………………… 463

【513　否認の請求申立書】…………………………………………………… 473

6　債権者集会関係

【601　管財手続連絡メモ】…………………………………………………… 476

【602　業務要点報告書】……………………………………………………… 477

【603　財産目録（法人用）】………………………………………………… 481

【604　財産目録（自然人用)】……………………………………………… 482

【605　収支計算書】…………………………………………………………… 483

【606　免責に関する意見書】………………………………………………… 484

【607　自由財産拡張に関する意見書】……………………………………… 485

7　債権調査関係

【701　破産債権の届出の方法等について（期日型用)】………… 486

【702　破産債権の届出の方法等について（留保型→期日型
　　　　用)】…………………………………………………………………… 489

【703　破産債権届出書（従業員以外の方用)】…………………………… 492

【704　労働債権等届出書（従業員の方専用)】…………………………… 493

【705　破産債権取下書】……………………………………………………… 494

【706　破産債権名義変更届出書】………………………………… 495

【707　破産債権変更届出書（保証会社代位弁済用)】………… 496

【708　ご連絡（期日型用)】……………………………………… 497

【709　ご連絡（留保型用)】……………………………………… 498

【710　ご連絡（留保型→期日型用)】………………………… 499

【711　債権届出期間及び債権調査期日の指定決定】☆

【712　債権届出期間及び債権調査期日の通知】…………… 500

【713　破産債権者表（配当表一体型)】……………………… 501

【714　破産債権者表（単独型)】……………………………… 504

【715　異議通知書（一般)】…………………………………… 505

【716　異議通知書（別除権付)】……………………………… 505

【717　異議通知書（労働債権)】……………………………… 506

【718　異議撤回報告書】………………………………………… 507

【719　異議撤回書（一般)】…………………………………… 508

【720　異議撤回書（別除権付)】……………………………… 508

【721　破産債権査定申立書】…………………………………… 509

【722　答弁書（債権査定)】…………………………………… 513

【723　決定（破産債権査定申立事件)】☆

【724　和解許可申請書（公租公課優先)】…………………… 514

【725　弁済許可申請書（労働債権)】………………………… 515

8　配当関係

【801　配当表（破産債権者表一体型)】……………………… 516

【802　配当表（単独型)】……………………………………… 519

【803　簡易配当進行表（案)】………………………………… 521

【804　簡易配当手続チェックシート（一般管財手続用)】……… 522

【805　簡易配当許可申請書】…………………………………… 524

【806　配当についての通知書】………………………………… 525

【807　簡易配当についての通知書（配当時異議確認型)】……… 526

【808　振込依頼書】……………………………………………… 527

【809　配当の通知の到達に係る届出書】……………………… 528

【810 配当実施報告書】……………………………………………529

【811 不足額確定報告書】……………………………………………530

【812 別除権（根抵当権）に関する報告書】………………………531

【813 最後配当許可申請書】…………………………………………532

【814 同意配当許可申請書】☆

【815 同意配当に関する通知書】☆

【816 同意配当同意書】☆

【817 中間配当許可申請書】…………………………………………533

【818 中間配当についての通知書】………………………………534

【819 追加配当の計算報告書】☆

【820 追加配当許可申請書】☆

9　破産手続の終了関係

【901 任務終了による計算報告のための債権者集会の招集
申立書】………………………………………………………535

【902 財団債権弁済報告書】…………………………………………536

【903 任務終了の計算報告書】………………………………………537

【904 追加報酬受領報告書】☆

【905 異時廃止手続チェックシート】……………………………538

【906 破産手続廃止の申立書】………………………………………540

【907 管財業務についての結果報告書】…………………………541

10　債権者集会非招集型関係

【1001 債権者集会非招集型手続の指定について（破産管財人候補者
宛）】☆

【1002 債権者集会非招集型手続の指定について（破産者宛）】☆

【1003 破産手続開始等の通知書（非招集型）】☆

【1004 報告書兼申立書】☆

【1005 廃止意見聴取等に関する通知書】☆

（参考）同時廃止関係

【1101 破産手続開始申立書式（同時廃止用）目録】☆

【1102 破産手続開始申立書】☆

【1103 標準資料一覧表】☆

24　目　次

【1104　文字上申書】☆

【1105　債権者一覧表】☆

【1106　債権者一覧表（公租公課用）】☆

【1107　債権調査票】☆

【1108　債権調査に関する上申書】☆

【1109　財産目録】☆

【1110　報告書】☆

【1111　家計収支表】☆

【1112　事業に関する報告書】☆

【1113　チェックリストに関する上申書】☆

【1114　チェックリスト】☆

○事項索引……………………………………………………………543

第1編

破産管財手続の運用

第1章 大阪地裁における破産管財手続の運用モデル

第1 大阪地裁における運用の概要

　大阪地裁では，比較的財団規模の大きくない事件を迅速かつ大量に処理する一般管財手続と，財団規模が大きい事件や，複雑困難な事件を個別に処理するための個別管財手続の二つの方式により事件を処理している。

第2 大阪地裁における具体的運用と手続の選別基準

1　手続選択についての基本的方針

　法は，財産状況報告集会の開催の有無，債権調査期日の開催の有無，手続開始決定時における債権調査期日（又は期間）及び債権届出期間指定の有無，配当手続の選択（簡易配当又は最後配当等），任務終了計算報告集会及び廃止意見聴取集会開催の有無，免責審尋期日実施の有無等について，選択の余地を与えている。これについて，大阪地裁では，特殊な大規模事件などを除き，基本的に以下のとおりに手続を選択している（詳細は**第2章**以下参照。）。

　① 　財産状況報告集会を開催する（本書106頁参照）。

　② 　債権調査は期日において実施する（以下「期日方式」という（本

4　第1章　大阪地裁における破産管財手続の運用モデル

書248頁参照)。)。

③　配当が確実に見込まれる事件以外については，債権届出期間及び
　債権調査期日を指定しない（以下「留保型」という（本書248頁参
　照)。)。

④　配当手続は，原則として簡易配当による（配当額が1000万円以上
　の場合は，配当の時に異議を確認する方式の簡易配当による（本書
　305頁参照)。)。

⑤　任務終了計算報告集会及び廃止意見聴取集会を開催する（本書
　330，333頁参照)。

⑥　免責審尋期日は原則として開催しない（本書35頁参照)。

2　事案の特質に応じた運用モデル

(1)　一般管財手続

ア　一般管財手続の原則的な流れ

　基本的な手続の選択方針は前記1のとおりであるが，より具体的な運用
方針は以下のとおりである（本書7頁「一般管財手続の流れ」，本書10頁「一
般管財手続のフローチャート」)。

①　財産状況報告集会と債権調査期日（期日が指定される場合)，任務
　終了計算報告集会及び廃止意見聴取集会を同時に招集し，手続終了
　までこれらを続行（延期）することにより事件の管理を行う（本書
　106，247，330，334頁参照)。

②　財団からの財産放棄に対する許可が必要な場合は，財産状況報告
　集会において破産管財人（以下「管財人」という。）の申請に基づき
　裁判所が口頭で許可することができる（本書111，138頁参照。ただ
　し，不動産の放棄については，一般的にその価値の大きさなどから，
　口頭での許可申請は相当ではない。)。

③　債権者集会は，原則として，効率的な大量の事務処理を目的とし
　て，同一の債権者集会室において同一時間に複数の事件を指定し，
　複数の裁判官が同時進行で集会を進行させる方法（スリートップ方
　式）により開催する。

④　配当が確実に見込まれる事件以外については，破産手続開始当初
は留保型が採用され，配当可能な財団が現実に形成された場合には，
換価終了後に債権届出期間及び債権調査期日を指定する。破産手続
開始決定時に債権調査期日が指定されている場合でも，債権調査後
の債権変動の発生をできる限り防止し，管財人の負担を軽減するた
め，債権調査期日は換価終了時まで延期を続け，配当直前に債権認
否を実施して債権調査期日を終了させ（本書248頁参照），その後，
原則として簡易配当を行う（本書305頁参照）。

イ　債権者集会非招集型手続

大阪地裁では，前記アの原則的な流れとは異なり，債権者集会（財産状
況報告集会，廃止意見聴取集会，任務終了計算報告集会）を招集すること
なく一般管財事件を進行させる運用も行っており（法31④・217②前段・89①），
これを債権者集会非招集型手続（以下「非招集型手続」という。）と呼んで
いる（本書8頁「債権者集会非招集型手続の概要」）。

非招集型手続は，債権者不出頭の第1回目の債権者集会で異時廃止とな
る事件を念頭に，そのような事件については債権者集会を招集しないこと
により，事件処理の合理化を図ろうとするものである。非招集型手続の対
象としては，次の基準をいずれも満たすものが考えられる。

①　破産手続開始決定から12週間程度で換価が終了して，配当できな
いことが確定し，かつ，自然人の場合には，免責についての報告も
可能であると見込まれること

②　債権者集会を招集しても，出頭する債権者は皆無であることが見
込まれること

非招集型手続では，管財人が破産手続開始決定から約12週間後までに財
産状況報告書（規54①）等を提出し，この財産状況報告書等について債権者
が意見等を提出することができる機会を経て，財産状況報告書等の提出か
ら約8週間後に破産手続廃止及び免責の各決定を行うという手続を進行し
ている（本書118，122頁）。

(2)　個別管財手続

破産事件の中には，換価業務や手続進行が複雑困難であるため，画一的

6 第1章 大阪地裁における破産管財手続の運用モデル

な処理になじまず，個別に進行管理することを要するものもある。このような事件については，個別に進行管理する方が結果的に適正かつ迅速な手続進行を図ることが可能になると考えられることから，このような特殊事情のある事件については，例外的に次のような方法により手続を進行している（本書9頁「個別管財手続の流れ」，本書11頁「個別管財手続のフローチャート」）。

① 財産状況報告集会は開催するが，任務終了計算報告集会及び廃止意見聴取集会は同時には招集せず，あるいはこれらを招集した場合でも延期して次回期日は追って指定として，その後は換価終了までの間，1か月ないし1か月半ごとに裁判所と管財人との面談を実施して，換価についての打合せを行い，管財業務の進行管理を行う。廃止又は配当手続に入った段階で，廃止意見聴取集会又は任務終了計算報告集会を招集する。

② 財産状況報告集会については，1件当たり30分程度を予定して個別に開催する。

③ 債権認否は，1回の債権調査期日において全ての債権の認否を終えて終了させる（当該期日ですべての債権の認否を終えることができないときは延期をし，いわゆる虫食い認否は行わない。）。

④ 配当事案については，換価終了後配当前に債権調査終了後の債権変動等についての確認を実施した後，原則として簡易配当手続に入る。

⑤ 最終段階で任務終了計算報告集会を招集する。

第2　大阪地裁における具体的運用と手続の選別基準　7

〇一般管財手続の流れ

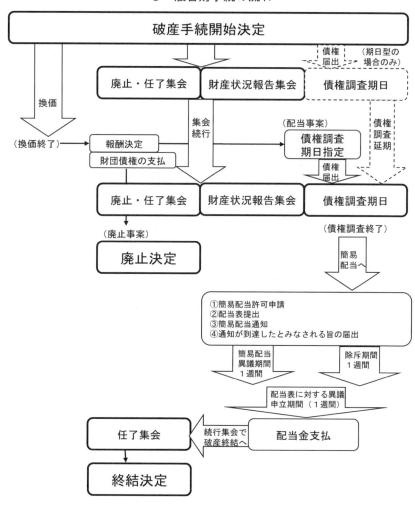

8 第1章 大阪地裁における破産管財手続の運用モデル

○債権者集会非招集型手続の概要

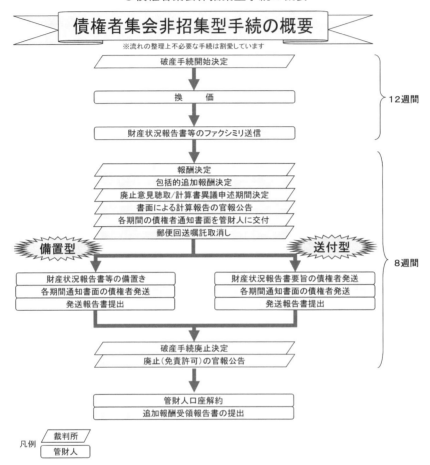

第2　大阪地裁における具体的運用と手続の選別基準　9

○個別管財手続の流れ

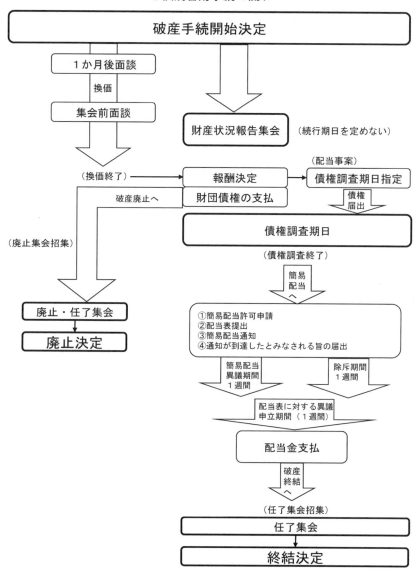

10 第1章 大阪地裁における破産管財手続の運用モデル

○一般管財手続のフローチャート

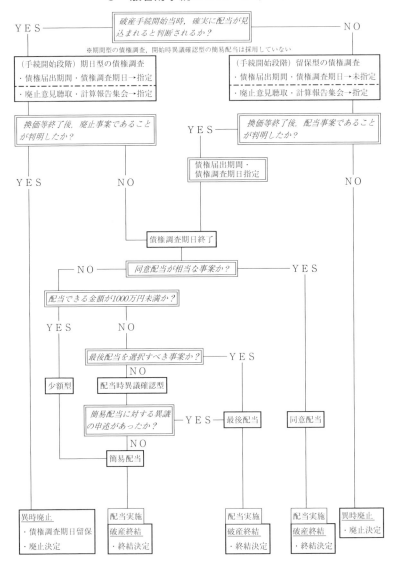

第2　大阪地裁における具体的運用と手続の選別基準　11

○個別管財手続のフローチャート

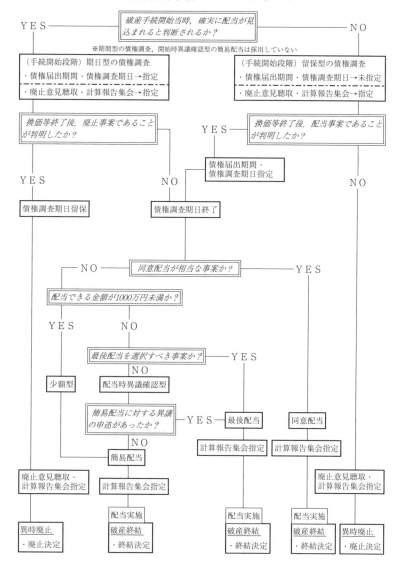

12 第1章 大阪地裁における破産管財手続の運用モデル

3 個別管財手続の選別基準

大阪地裁では，原則として，前述した一般管財手続により迅速に管財事件を処理している。しかしながら，事件規模や破産財団の内容等に特殊性のある事件については，裁判所の判断によって，個別の管理を行う個別管財手続によることとしている。当該事件を個別管理の対象とするかどうかは事案に応じて裁判所が判断するが，個別管財手続を相当とする基礎事情を類型化すると，次のとおりとなる。

① 債権者数が200人以上の場合

② 訴訟により相当額の財産の回収が見込まれるが，相手方が実質的に争うことが予想され，そのために6か月以上の期間を要すると見込まれる場合

③ 不動産が各地に多数存したり，売掛金が著しく多数であるなど，換価の困難性から6か月以上の期間を要すると見込まれる場合

④ 債権者申立ての場合

⑤ 本人申立ての事件で，破産者に代理人等がいないために財産調査に困難性があり，そのために6か月以上の期間を要することが見込まれる場合

⑥ 債権者集会を複数回重ねる方法で進行管理することが安全面や施設面から不相当な場合（例えば，出席債権者の人数や状況に鑑み集会の続行開催が困難な場合等）

以上はあくまでも目安であって，形式的には上記類型に該当する事件でも，本来型の一般管財手続で画一的な処理をすることに支障のない場合もあり得るし，逆に前記①ないし⑥以外の特殊な個別事情から個別管理が相当とされる場合もあり得る。また，一般管財手続の流れの中で集会だけを個別開催するなど，特殊事情に対応することもある。このように，大阪地裁では，迅速かつ適正な処理を目指して柔軟な手続運用を行っている。

4 予納金（手続費用）について

(1) 納付方法

大阪地裁では，弁護士代理に係る自己破産（準自己破産を含む。）申立事

件に限り，財団組入分については，申立代理人から管財人に直接引き継ぐという運用を行っている（ただし，官報公告費用分については裁判所に予納する必要がある。）（本書20，31頁参照）。

また，発送用郵券代替分の金額を申立代理人から管財人に引き継ぐという運用を行っている。

(2) 最低額の基準

予納金の具体的金額は，裁判所において，一切の事情を総合的に勘案して，管財人が管財業務を円滑に遂行するために必要にして十分な金額を算定することになるが，大阪地裁では，債権者数や明渡未了物件数などに応じた一定の基準（本書350頁【資料001】管財事件の手続費用について）を設けており，これに基づいた運用を行っている。例えば，債権者数99人以下で明渡未了物件がない自己破産申立事件（準自己破産を含む。）では，最低額を20万円としている（別途官報公告費用等が必要）。

(3) 破産手続開始後の分納について

大阪地裁では，後記5(2)オの免責観察型の類型に限って，①代理人申立てであること，②同時廃止申立てから移行されたものであること，という条件を前提として，5万円（発送用郵券代替分は別途必要）が申立代理人の手元に確保され，官報公告費用が裁判所に納付された段階で破産手続開始決定を行い，手続開始後一定の期間内に残額を管財人に分割して納付すること（予納金の分納）を認める運用を行っている（本書36，344頁参照）。もっとも，この分納が希望される事案は，ほとんどないのが実情である。

5 同時廃止との手続選択について

(1) 基本的方針

管財事件と同時廃止事件との手続選択については，破産法上は管財事件が原則とされているため，一定の換価すべき財産が見込まれる限り管財事件となる。すなわち，大阪地裁では，同時廃止事件の申立書及びその添付書類において，所持する現金及び普通預貯金（以下「現金等」という。）の合計額が50万円を超えると認められる場合，又は現金等以外の12項目の個別財産（以下「個別財産」という。）について合計額が20万円以上となる項

14 第1章 大阪地裁における破産管財手続の運用モデル

目があると認められる場合には，管財事件として処理する運用を行っている。

なお，大阪地裁では，法人についての同時廃止は認めていないが，低廉な予納金で手続選択できる法人併存型がある（後記(2)エ参照）。

(2) 管財手続への移行類型

同時廃止事件として申し立てられた事件のうち，管財手続への移行が検討される類型としては，以下のようなものが挙げられる。

　ア　個人事業者型

申立人が現在個人事業を営んでいる場合である。個人事業者については，財産や取引が事業と個人生活との間で分離されていないことが多く，財産状況を解明するためには，原則的に管財人の調査が必要である。

ただし，個人事業者であるからといって一律に管財事件になるわけではなく，負債額，事業内容，営業していた時期及び期間，申立代理人による調査の状況，債権者の意向等によっては，同時廃止事件として進行することが全く否定されるわけではない。

　イ　資産等調査型

破産に至る経緯や資産の内容などに疑義があって，管財人の調査によって疑問点を解明しなければならないと判断される場合である。特に，保証債務や住宅ローンを除いた債務が3000万円以上ある場合には，類型的に資産調査の必要がある。

　ウ　否認対象行為調査型

偏頗行為や財産減少行為の存在がうかがわれ，否認権の行使が可能か否かを管財人により調査する必要があると判断される場合である。

　エ　法人代表者型，法人併存型

法人代表者については，個人の財産と法人の財産との混同が生じやすいなど，類型的に管財人の調査が必要であると考えられる。大阪地裁では，法人と法人代表者について，同時又は近接した時期（第1回債権者集会を同時に開催することが可能である程度）で申立てがされる場合には，一方の事件に破産財団を構成する財産がほとんどなければ，その事件については，官報公告費用分及び発送用郵券代替分のみの予納金により，他方の事件に

付加して管財事件とする運用（法人併存型）を行っている。したがって，法人代表者の破産手続開始申立て（以下「破産申立て」という。）をする場合には，当初から管財事件として申し立てる（さらに法人と同時又は近接した時期に申し立てる）ことを検討すべきである（本書19頁参照）。

なお，法人代表者について破産手続が開始すると，法人代表者は，取締役の地位を失う（会社330，民653二）こととなるため，後に法人についても破産申立てを検討している場合には，注意が必要である。

オ　免責観察型

そのままでは免責不許可となることが見込まれ，裁量免責を受けるためには，管財人による免責不許可事由の内容についての調査，生活状況（主として家計収支）についての指導監督等が必要であると判断される場合である（運用の詳細については，本書36頁以下，343頁以下参照）。

6　大規模事件の運用について

大阪地裁では，大規模事件の中でも，債権者数が数千人以上といった特大規模の事件については，その性質上，手続選択等について，一般管財手続及び個別管財手続とは異なる運用を行うこととしている。その具体的な内容は以下のとおりである。

(1)　財産状況報告集会は債権者数，債権者の住所地等を考慮して開催の要否を決定する。

法は，後記第2章第2の2(2)エ（本書30頁）のとおり，大規模事件については高裁所在地の地裁との競合管轄並びに東京地裁及び大阪地裁との競合管轄を認めている（法5⑧⑨）。したがって，大阪地裁には，大阪地裁の管内に本来的な管轄の存する事件のほか，他の地裁に本来的管轄の存する事件が申し立てられ，又は移送されてくることがある。債権者数が数千人程度までの事件であれば，通常の出席率を考慮すれば，裁判所外の施設等を利用して1000人前後の出席債権者を収容することが可能であるから，その規模までの事件で，債権者の多くが大阪市近郊に住所地を有する場合は，財産状況報告集会の開催を検討することになろう。

ただし，競合管轄に基づき申し立てられた事件で，債権者の多くが他府

16　第1章　大阪地裁における破産管財手続の運用モデル

県に住所地を有しており，大阪市内で財産状況報告集会を開催しても出席が困難な場合や，特大規模の事件で，全国に営業所及び債権者が分散しているような場合は，むしろ財産状況報告集会を開催せず，これに代わる措置として，ホームページや郵便等の手段により破産者の財産状況等を報告したり，管財人と破産会社代表者及び申立代理人らが当該地域を巡回して債権者説明会を開催する等の方法をとった方が有効適切であるから，そのような事件については財産状況報告集会を開催しない方針である。

　(2)　債権調査の実施方法は，財産状況報告集会の有無と連動して，財産状況報告集会を開催しない場合は書面（期間）方式，開催する場合は期日方式の債権調査を行う。

　(3)　配当手続は原則的に中間・最後配当による。

　(4)　任務終了計算報告集会及び廃止意見聴取集会は開催する。

第2章 申立代理人の手引

第1 はじめに

　本章で解説する申立代理人の破産申立てに関する事務処理要領は，主として中小規模の事業者の自己破産申立てを念頭に置いたものである。消費者の破産（以下「消費者破産」という。）や大規模な法人の破産，申立てまで密行性を維持すべき事案や公租公課庁による滞納処分が間近に迫っていることが予想されたりするなど特に迅速な申立てを要する事案の留意点については，適宜，必要な箇所に記載している。

　申立代理人には，申立代理人の役割確認表（本書352頁【資料101】，本書383頁【資料201】）も参考にしながら，以下の手順に従って，当該破産事件の準備事項を整理・確認の上，怠りなくその役割を果たすことが期待される。

　なお，大阪地裁における一般管財手続及び個別管財手続の申立てについては，すべて定型書式を用いて行うこととされている。

18　第2章　申立代理人の手引

第2 破産申立て

1　受任後破産申立てまでにしておくべきこと

(1)　受任通知の発送

　債権者に対する受任通知を送付するかどうかは，事案によって異なる。

　消費者破産の申立てを予定している場合には，受任後速やかに受任通知を送付するのが相当な場合が多い。債権者からの取立て等を防止するために有益だからである。また，受任通知には，後記(2)の債権調査票用紙も同封し，債権の調査を行うことが通常である。なお，受任通知を送付しながら，破産申立ての準備に着手しないのは相当ではないので，速やかに申立人と打合せを重ね，必要な資料を収集し，遅滞なく破産申立てを行うことができるように進めることが必要である。

　個人事業者又は法人の破産（以下「事業者破産」という。）の申立てを予定している場合でも，受任時点で事業を停止しているときや破産申立て準備に入ることを債権者や取引先等に告知した上で申立て準備を行っても特段の支障が生じないときには，受任通知を送付することに不都合は少ない。

　しかし，破産申立てをするまで事業の停止や破産申立て予定であることを外部に秘匿して申立て準備を行う必要性がある事案（以下「密行型」という。）では，破産申立て前に受任通知を送付する必要はない。かえって，利害関係人からの問合せや申立人内部での動揺などを招き種々の混乱が生じる可能性が高まるからである。このような場合は，事業停止から時間をおかずに破産申立てを行い，申立て直後に，破産申立てをした旨の通知（相殺禁止の効果を生じさせるため金融機関への通知は必須である。）を送付すれば足りることになろう。

　なお，いずれの場合においても，公租公課庁に受任通知を送付すると，滞納処分を誘発することになる可能性があることに留意すべきである。

(2)　債権調査票の収集

　消費者破産の場合は，同時廃止事案の申立てと同様，原則として受任後

に債権調査票を収集して，その結果に基づいて債権者一覧表を作成して申立てをする。債権調査票用紙は前記(1)の受任通知と同送する。事業者破産においても，密行型とする必要がなく，受任通知を受任時に発送する場合は同様である。もっとも，債権調査票を収集する場合であっても，他の資料から債権者一覧表を作成するのに支障がない場合であれば，債権調査票の返送をあえて待つ必要はなく，申立て準備が整い次第，申立てをするのが相当である。

　密行型の場合は，受任通知を送付しないし，債権調査票の収集も行わない。帳簿等の内部資料に基づき債権者一覧表を完成させて申立てをすれば足りる（債権者を遺漏しないように注意する。）。

　なお，同時廃止事案の申立てと異なり，債権調査票は申立書の添付書類ではなく（本書380頁【資料135】，本書418頁【資料238】参照），管財人に直接引き継げば足りる（本書381頁【資料136】，本書419頁【資料239】参照）。

（3）　予納金の準備

　予納金の額は，裁判所の判断事項であり（法22①），破産債権の額，破産財団の状況，債権者数その他の事情を考慮して裁判所が定め（規18①），予納金が不足する場合は，裁判所は開始決定までの間は追納を命ずることができる（規18②）。申立代理人が裁判所の定める金額を予納しない場合は，予納を命ずる決定がなされ（法22①，規18①），それでもなお予納がなされない場合は破産申立てが棄却（却下）される（法30①一）。予納金の金額は，あくまでも裁判所の判断事項であるが，申立人の予測可能性の要請から，目安としてある程度の概括的な基準を設けている裁判所が多い。

　大阪地裁の予納金の基準は，原則的な手続である一般管財手続では，法人，個人ともに原則として最低20万5000円（本書350頁【資料001】管財事件の手続費用について）である。ただし，法人と代表者や夫婦の事件を同時又は近接した時期（第1回債権者集会を同時に開催することが可能である程度）に申し立てる場合で，その一方に資産がほとんど存在せず，訴訟の必要性等も存しない場合は，後述する官報公告費用等を除き，2件合計で21万円（財産の存しない方の事件を郵券代替分引継予納金5000円のみ）とすることができる（併存型。本書41，350頁【資料001】参照）。

20　第2章　申立代理人の手引

　他方，事件規模や破産財団の内容に特殊性のある個別管財手続では，法人の場合は最低100万円，自然人の場合は最低50万円である。事案によってそれ以上の金額となることもあるので，注意が必要である（個別管財手続の選別基準は，12頁参照。特に，債権者数が200名以上の場合には，そもそも一般管財手続での処理ができないことがあることに留意が必要である。）。

　前記の予納金の基準は，あくまでも目安としての金額であるから，一般管財手続であっても，債権者数や財団規模，予想される管財業務の内容（訴訟の必要性等）によっては，20万5000円以上の予納金を要する場合がある。例えば，賃借物件があり明渡しが未了の場合は，明渡未了物件が1つであれば最低50万円以上，3つまでであれば最低100万円以上となる（本書350頁【資料001】参照）。賃借物件の数が増えると，それだけ予納金の額が増える可能性があるので留意する必要がある。

　したがって，申立代理人は，予納金として必要な額について債務者に丁寧に説明するとともに，予納金として必要な額の現金を確保できるように債務者と十分に打合せを行う必要がある。

　予納金を含む申立費用の確保のために必要な範囲で預貯金や保険等を解約したり，動産その他の財産を適正な価格で処分することは差し支えないが，明細を明らかにして，確実に管財人に引き継ぐ必要がある。また，過払金回収金や直前現金化にかかる現金は自由財産の拡張がなされるまでは申立代理人において保管しておくべきである。

　また，破産手続開始決定は，予納金を申立代理人が保管していることを裁判所が確認できた時点以降に行われることになるので，破産手続開始をいたずらに遅滞させることのないよう，申立代理人は，申立ての時には，少なくとも予納分相当額の現金を手元に確保しておく必要がある。

　なお，大阪地裁では，この「予納金」は，裁判所から特段の指示がない場合には，原則として，裁判所に予納する方法ではなく直接管財人に対して引き継ぐこととされているが（したがって，大阪地裁における予納金については，誤解を避けるため，以下「引継予納金」という。本書31頁参照），官報公告費用はこれとは別に裁判所に予納する必要がある。

第2　破産申立て　　21

(4)　資料等の収集・確保

ア　帳簿及び電子データの整理・確保，経理担当者の確保

　事業者破産の場合，法人・自然人を問わず，決算書，総勘定元帳，現金出納帳，預金出納帳，売掛台帳などの経理関係の書類を早急に確保し，整理をする。これは申立書の作成にも必ず必要な書類であるし，自然人の場合，これらの書類を隠滅等した場合には，免責不許可事由（法252①六）に当たり得る。申立準備中に賃借物件の明渡しを行う場合，これらの資料が誤って廃棄されないよう，十分に注意する必要がある。

　また，パソコンで経理処理している場合には，そのデータのバックアップをとり，紛失等に備えた上，引継ぎの準備をする。なお，バックアップデータは当該ソフトがインストールされたパソコンでなければデータ内容を確認できないケースもあるため，データ内容を確認できる状況を維持するよう留意する。

　申立代理人が申立書を作成する際には，経理担当者等から説明を受ける必要があるし，管財人が売掛金回収や債権認否を行う際にも経理担当者等の協力を得ることが必要な場合も多いので，申立代理人は，これらの者の協力を得られるように手配し，管財人との打合せにも代表者とともに同行するように努める（本書32頁参照）。

　なお，中小企業（個人事業者を含む。）等では，売掛台帳等の経理関係の書類が具備されていない場合がある（特に倒産間際の時期の書類について欠落が見られる場合がある。）。こうした場合には，代表者から聴取した内容に基づいて申立書を作成し，売掛台帳などが不備である旨の上申書等を添付することが望ましい。

イ　未払給料，退職金及び解雇予告手当の額についての資料確保・整理

　従業員は，原則として，破産手続開始決定前に解雇する（本書27頁参照）。未払給料，退職金及び解雇予告手当は，財団債権あるいは優先的破産債権となるものであるし，これが支払われない場合には従業員の生活に重大な影響が生じるおそれが高い。申立代理人としては，債務者の財務状況を勘案して可能であれば，後日否認権を行使されることは通例考え難いので，

22　第2章　申立代理人の手引

破産手続開始決定前にこれら労働債権の弁済を行うのが相当である。ただし，役員報酬は，労働債権とは異なり，一般破産債権となるにすぎないことに留意が必要である。

　なお，未払給料のうち，財団債権とされるのは破産手続開始決定前3か月分に限られるから（本書232頁参照），未払給料が存する場合には，破産申立てが遅れると，それによって本来財団債権として優先的に弁済を受けられた労働債権が優先的破産債権になってしまうといった事態も生じ得る。また，解雇から破産申立てまで6か月が経過すると，労働者健康安全機構による立替払制度（本書239頁参照）を利用できない事態も生じる。したがって，労働債権の弁済を行うだけの財産的余裕がない場合は，できる限り早く申立てをして，開始決定が早期になされるよう特に配慮する必要がある。

　破産手続開始決定前に労働債権を弁済することが困難な場合，従業員には，未払給料及び未払退職金について労働者健康安全機構による立替払制度（解雇予告手当は立替払の対象とならないことに注意）を利用してもらうことになるが（本書27頁参照），その利用等のためには，管財人に賃金台帳，タイムカード，就業規則，給与規程・退職金規程及び従業員名簿など，給料や退職金の計算に必要な資料が引き継がれることが必要であるから，申立代理人としては，これらを確保しておく必要がある。

　　ウ　申立書添付書類・疎明資料作成に必要な資料の確保

　本書掲載の申立書書式の添付目録（本書363，401頁【資料105，207】）や管財人引継資料一覧表（本書381，419頁【資料136，239】）等を参考に，破産申立てに必要な資料の収集・確保にも早急に着手する必要がある。

　なお，手形不渡りが目前に迫っている等，特に迅速性を要する場合には，とりあえず申立てに必要な添付資料のみを裁判所に提出できるように準備して早急に申立てをし，管財人に引き継ぐべき資料は申立て後速やかに収集するなどの方法をとることが相当な場合もある。

　(5)　資産の確保・散逸防止

　　ア　預貯金の確保

　受任後速やかに記帳を行う。当座預金がある場合には，当座勘定照合表を確保する。

相殺のおそれのある預貯金口座に残高がある場合には，受任通知を発する前に，残金を引き出すことも検討する。

預貯金口座の通帳が繰越しされていたり，通帳内に一括記載があるなどのため，申立て前1年分の入出金履歴が明らかにならないことがあるが，自然人の申立て（個人事業者の申立てを含む。）の場合，管財人が自由財産拡張申立ての対象となっている預貯金口座について照会を行うと，当該預貯金口座の利用に支障を来たす可能性がある。そこで，そのような場合には，申立代理人において，繰越前の通帳を準備する，紛失した通帳の再発行を受ける，取引履歴を取り寄せる（時間がかかるため早急に着手する。）などするのが望ましい。ただし，それら資料の収集に時間を要する場合には，資料の収集完了を待つことなく，迅速に申立てを行うべきである。

法人申立ての場合，申立代理人は，手続開始までに，申立てが遅延しない範囲で，口座を解約するか，残金を引き出して残高を0にした上で，管財人に引き継ぐことが望ましい。この場合，引き出した現金は，適切に保管する。ただし，売掛金回収用の口座等で，解約せずに引き継ぐことが相当な場合もある。もっとも，当該口座のある金融機関が債権者の場合，入金により成立した預貯金が相殺されないように（法71①三），受任通知を送付していないのであれば，破産申立て後直ちに，当該金融機関に対して破産申立てをした事実をFAX等で速やかに通知する必要がある（本書25頁参照）。また，口座からの自動引落手続を利用している場合，同手続の停止要請を行う必要があるかについても検討する。

　イ　登記済権利証，登記識別情報通知書，受取手形，有価証券の確保

これらの文書，有価証券は，管財人に確実に引き継げるよう，申立代理人において責任をもって保管する。なお，受取手形や小切手の支払期日には十分に留意し，管財人引継ぎまでに期日が到来する場合は，呈示期間内に必要な支払呈示を行うことを失念しないよう注意が必要である。

　ウ　自動車，建設機械等の確保

自動車は保管場所及び鍵の所在を具体的に確認し，鍵及び自動車検査証は申立代理人が確実に管理する。財産（自動車）の散逸を防止するためのみでなく，自動車が無断使用され事故が発生した場合には，債務者に運行

24 第2章 申立代理人の手引

供用者責任が生じるおそれがあるためである（自賠3）。建設機械についても，同様に，申立代理人が鍵及び自動車検査証（存在する場合）を確実に管理する。自動車等が賃借駐車場等に保管されている場合，駐車場の賃借を続けることによる負担と自動車の価値（レッドブック等で確認可能である。）を比較し，自動車の価値が低くて費用倒れになるような場合は駐車場の賃貸借契約を解約し，場合によっては当該自動車を相当な価格で売却しておくことも必要である（ただし，他の保管場所が確保されていたり，新たな税負担が発生しないなど，特に早期に自動車の売却を必要とする事情がない場合については，申立代理人が自動車を売却する必要はなく，破産申立てに支障がなければ早期に申立てを行うことが相当である。なお，予納金を含む申立費用をねん出するために相当価格にて財産を換価することができることについては，既に述べたとおりである。）。また，相当程度価値のある自動車や重機等が資材置場等の誰でも侵入できる場所に放置されていると，債権者等に持ち去られるケースもあるため，相当な価格での早期売却や保管場所の変更を含めて対策をとる。

　所有権留保された自動車等について，留保所有権者から返還請求がなされた場合，登録名義人や契約条項を確認して適切に対応する必要があるので，留意が必要である（本書158頁参照）。

　　エ　リース業者からの返還要求への対応

　リース物件について，受任通知後に，業者から返還要求がなされる場合が多い。この場合，権利関係が明らかであれば申立て前の段階で返還に応じることは差し支えない。ただ，その際，業者から受領書を受け取っておく必要がある。

　なお，経理処理や取引先との取引内容の整理に，リースにかかる専用ソフトがインストールされたパソコンを利用しているケースもあり，このようなパソコンをデータの保全やプリントアウトするなどの適宜の措置をとらず漫然と返還すると，申立準備のほか，後の管財業務にも支障が出るので注意が必要である（本書135，252頁参照）。

　　オ　事務所，営業所，倉庫等の安全確保

　債権者が事務所や倉庫等に侵入し，財産を持ち出すことがあるため，こ

れらの施設の施錠等には特に留意し，申立代理人名義で，弁護士管理物件である旨の警告の張り紙をすることや警備契約を継続することも検討する。また，場合によっては，破産手続開始決定前の保全処分の申立てを検討する。

　　カ　売掛先等への入金先口座変更の連絡

　売掛金の回収や申立人が賃貸している物件の賃料を継続的に受領することは全く差し支えないし，むしろ申立代理人において期日の到来した売掛金等は回収を進めておくことが望ましい。ただし，引継予納金を含む破産申立費用が手元現金で準備できているなど，破産申立てが可能であれば，特段の理由もなく申立代理人が回収作業を継続する必要はなく，早期に破産申立てを行うことが相当である。この場合，明細を明らかにして後日管財人に引き継ぐこととなる。売掛金等が従来どおりの口座に振り込まれると相殺等の問題が生じる可能性がある場合には，債権者ではない金融機関に別途開設した口座や申立代理人の預り金口座に振り込むよう売掛先等に連絡する。また，相殺禁止の効果が生じるように（法71①三），受任通知を送付するか，密行型であれば破産申立て後直ちに破産申立てをした事実を口座のある金融機関にFAX等で通知する。

　給与所得者等の破産の場合においても，上記のように相殺のおそれがあるときは，給与・年金等の振込口座の変更を要する場合がある。

　(6)　財産の減少の防止

　事業者破産の場合，携帯電話利用契約等の不要な契約は早期に解約して，不必要な費用の発生を防止する。複数の携帯電話の利用契約をし，代表者等役員のほか従業員が利用している場合もあるので注意する。このような利用を放置すると，破産手続開始決定後も契約が継続し，利用料金の取扱いについて混乱が生じることもある。そこで，申立代理人としては，申立て準備段階で，携帯電話の利用契約について確認し，携帯電話を回収するほか，契約自体を解約しておくべきである。その他事業用物件に関する電気・ガス・水道・固定電話・インターネットプロバイダー等に関する契約についても確認し，解約することを検討すべきである。しかし，特に電気供給契約に関しては，その規模によりいったん契約を解約すると再度復旧

26　第2章　申立代理人の手引

するに当たり，相当の費用を要するものもあるほか，生鮮食品を扱っている事業者の場合等では，在庫が全て腐敗するような事態も生じ得るので，現地を確認するなどした上で，破産手続開始決定後の管財業務における必要性に鑑み，解約するかどうかを決める必要がある。また，個人事業者の場合は，破産手続開始決定後も引き続き利用する契約もあるので，消費者破産に準じた取扱いをすることもある。

　他方，消費者破産の場合は，申立人は，開始決定後もこれらのサービスを引き続き利用することになるので，解約する必要はない（なお，開始決定後のこれらの費用が破産者の負担となることはいうまでもない。）。

　契約を解除しない場合は，継続中の契約について，管財人に引き継ぐことができるよう整理しておく必要がある。

(7)　賃借物件等の処理

　不要な賃借物件は，早期に契約を解除し明渡しを完了させておく。賃貸人との間で賃貸借契約の終了や原状回復義務の範囲に争いがあるために明渡しの完了について合意ができない場合でも，賃借人としてできる限りの明渡しを行い，鍵とともに占有を賃貸人に引き渡しておくことが好ましい。

　事業用の賃借物件で明渡しが未了の場合は，引継予納金の額が最低50万円以上となる（事案によっては，明渡費用の見積書等を踏まえ，予納金が決定されることがある。）。予納金の準備ができているにもかかわらず，いたずらに明渡しのために時間をかけて申立てが遅延しないように留意する。

　他方，明渡し未了を前提とする予納金を準備できず，最低予納金の20万5000円で破産申立てをする場合には，申立代理人において，賃借物件の明渡しを完了しておく必要がある（本書20頁参照）。なお，個人が自宅を賃借している場合で引き続き居住を希望するときは，明渡しをする必要はないが，開始決定後の賃料が破産者の負担となることはいうまでもない。

　また，債権者対策として事業所を閉鎖し財産の保全を図らなければならないなど迅速な申立てが強く要請される場合や，賃借物件内に大量の商品や機械があり，その売却に債権者が多大な関心を抱いているため，管財人が売却することが相当である場合などでは，申立代理人が明渡作業を行う

ことは適切ではない。この場合においても，申立代理人は，申立てを遅延しない範囲で，明渡費用をある程度正確に見積もっておくことが望ましい。

賃借物件の明渡しのために動産（在庫品や什器備品）の売却等の処分をする場合は，不当な処分であるとの主張を受けないようにするため，写真を撮影して現状を特定したり，査定を行って売却するなど適切な方法で処分を行うのが望ましい。なお，引継予納金を含む申立費用が用意できている場合は，申立代理人において動産等の売却処分をする必要はなく，早期に破産申立てを行うのが相当である。

賃貸人から返戻された保証金については，申立費用等有用の資に充てることは問題ないが，残金は管財人引継現金として保管する。

(8) 従業員の解雇等

ア 従業員の解雇

前記(4)イのとおり，新たな財団債権の発生を防止するため，従業員は破産手続開始決定前に解雇することが原則である。解雇に際しては，解雇通知を交付する。後日，解雇の有効性や時期について争いが生じることを防止するため，従業員から解雇通知の受領証を取得しておくことが望ましい。なお，労働債権全額の支払ができない事案においては，解雇に伴う従業員の混乱等を防ぎ，経理関係の整理や管財人の業務について従業員の協力を得るためにも，労働者健康安全機構による立替払の制度について丁寧な説明を行うべきである（本書22，239頁参照）。なお，解雇予告手当は上記立替払制度の対象とならないことから，即時解雇を確実にするためにも，労働債権の一部のみの支払しかできない場合には，解雇予告手当から支払うことが望ましい。

イ その他の関連手続

申立代理人は，従業員の解雇（退職）に関連する以下の諸手続を，代表者及び申立人担当者に指示した上，破産手続開始決定までに実行し，又はその準備を進めておくことが望ましい。

① 給与所得の源泉徴収票の作成，従業員への交付

② 従業員への離職票（雇用保険の受給等に必要）の交付や労働債権の額の明示（従業員が優先的破産債権の届出や労働者健康安全機構

28　第2章　申立代理人の手引

の立替払制度を利用するためには，解雇予告手当，未払給料及び退職金の額が判明している必要があるが，その計算を従業員において行うことは困難である。）

③　従業員の住民税を特別徴収から普通徴収に切り替えてもらうため，給与所得者異動届出書の作成及び各従業員の課税自治体への提出

④　健康保険・厚生年金保険被保険者資格喪失届の作成及び年金事務所への提出

(9)　管財人への引渡し物件の整理と保管

事業者破産の場合，帳簿関係書類，登記登録関係書類，通帳類のほか，代表者印（個人事業者の場合は実印），銀行印等及び取引に使用する全ての印鑑を申立人から受け取り，管財人に引き継ぐことができるようにしておく。消費者破産の場合も，登記登録関係書類，通帳類，実印，銀行印などを保管し整理しておくべきことは同様である。

2　申立て時に注意すること

(1)　申立書の作成

本書に掲載された法人用申立書式（本書355〜381頁【資料102〜136】）及び自然人用申立書式（本書386〜419頁【資料202〜239】）をそれぞれ使用して，後記記入要領（本書40頁以下，56頁以下）に従い，負債の状況及び財産の状況が把握しやすい内容の申立書を作成する。

なお，自由財産拡張申立てに関しては，本書66頁以下も参照されたい。

(2)　管轄の選択

破産事件の管轄について，原則的な管轄に加えて，一定の関係にある債務者が同時に破産申立てをする場合などにも管轄が認められている。また，迅速かつ適正な事件処理の要請にこたえる形で，いわゆる大型破産事件の管轄についても特則が設けられている。

このように，様々な管轄が認められているため，複数の債務者に関し破産申立てをする場合には，管轄の選択に注意を要する。

ア　原則的土地管轄（法5①）

原則的土地管轄	
①　債務者が営業者であるとき	その主たる営業所の所在地を管轄する地方裁判所
②　債務者が営業者で外国に主たる営業所を有するとき	日本における主たる営業所の所在地を管轄する地方裁判所
③　債務者が営業者でないとき又は営業所を有しないとき	債務者の普通裁判籍（住居所など（民訴4参照））所在地を管轄する地方裁判所

　なお，主たる営業所とは，通常は登記記録上の本店ということになるが，登記記録上の本店と実質上の本店が一致しない場合（例えば，本店を移転しているにもかかわらず，登記を変更していない場合など）は，原則として実質上の本店が主たる営業所となると解される。

　イ　補充的土地管轄（法5②）

　原則的土地管轄がない場合には，債務者の財産所在地を管轄する地方裁判所に補充的土地管轄が認められる。

　ウ　一定の関係がある複数の債務者が破産を申し立てる場合の管轄

　後記①から⑤までに関して，いずれか一方について破産手続が係属中であるときは，他方の破産手続について，先行する破産事件の裁判所にも管轄が認められる（法5⑩）。

　なお，管轄を異にする2つの事件を一方の事件を管轄する裁判所に対して同時に申し立てることも可能である（同時といっても，事件受理・係属の関係では，どちらか一方が先行するため）。

①　親会社（法人）と子会社（親会社等が総株主の議決権の過半数又は総社員の議決権の過半数を有する株式会社）（法5③④），親会社と連結子会社（法5⑤）
②　法人とその代表者（法5⑥）
③　相互に連帯債務者の関係にある個人（法5⑦一）

30　第2章　申立代理人の手引

④	相互に主たる債務者と保証人の関係にある個人（法5⑦二）
⑤	夫婦（法5⑦三）

エ　大規模事件の管轄

大規模事件については，以下の競合管轄が認められる（本書38頁参照）。

①　破産債権となるべき債権を有する債権者の数が500人以上であるとき	原則的土地管轄又は補充的土地管轄による管轄裁判所の所在地を管轄する高等裁判所の所在地を管轄する地方裁判所（法5⑧）
②　破産債権となるべき債権を有する債権者の数が1000人以上であるとき	東京地方裁判所又は大阪地方裁判所（法5⑨）

3　申立て後破産手続開始決定までにしておくこと

(1)　財産状況報告集会等の期日調整

管財人予定者が決まると，裁判所は，申立代理人が記載した期日打合せメモ（本書425頁【資料303】）を利用するなどして，管財人予定者と，財産状況報告集会等の期日を調整する。申立代理人は，裁判所から上記期日の連絡を受け，申立人又は申立法人の代表者の同期日への出頭を確保する（本書33頁参照）。

(2)　管財人に引継ぎを要する書面等の送付

次の書面等を速やかに管財人予定者に直送する（本書423頁【資料302】申立代理人の方へ）。申立て前に，又は申立て後速やかにこれら書面等の準備を行い，管財人予定者が内定し次第，直送ができるようにしておくことが望ましい。

    ①　開始決定通知発送用封筒に貼付するための宛名シール

        ㋐知れている債権者用，㋑財産所持者等（売掛先，貸付先等）用，㋒公租公課庁用，㋓労働組合等用，㋔許認可官庁用の宛名シールをそれぞれ作成する（㋒や㋔などが漏れているケースも多いので注意

する。）。

　本書の管財事件申立書式の債権者一覧表や売掛金一覧表等は，いずれも表計算ソフトで作成されているので，作成した申立書の一覧表を利用してパソコンで宛名シールを容易に印刷することができる。なお，何らかの事情で申立代理人においてパソコンの利用が不可能な場合は，シール用紙に手書きしたものでもよい。

②　申立書及び添付書類の副本

③　管財人引継資料一覧表に掲載された資料のコピー（電子データがある場合にはそれを納めた媒体（CD，DVDやUSBメモリーなど）を添付する（規3参照）。なお，管財人が対応可能な場合は，電子メールで電子データを送付することでもよい。）

(3)　管財人予定者への情報・資料提供

　迅速な管財業務の遂行のためには，管財人が早期に管財業務についての計画を立てることが重要であり，そのためには申立代理人による情報提供が不可欠である。法は，申立代理人に対し，破産者の代理人として管財人に対する説明義務（法40①二）を負わせているから，この義務を尽くすためにも，管財人予定者に対し，売掛金の回収可能性や経理関係，財産関係等について十分に情報を提供し，資料を引き継ぐ必要がある（本書21頁参照）。

　申立代理人の説明義務違反については，罰則規定の適用もあるので（法268②），管財人から補充・追完すべき点を指摘された場合は，速やかに補充・追完する。

4　破産手続開始決定後財産状況報告集会までにすること

(1)　開始決定等の受領

　開始決定は，決定日の翌日以降，申立代理人又は破産者本人に普通郵便で発送される。

(2)　引継予納金の引継ぎ

　裁判所から管財人に引き継ぐように指示された現金について，速やかに引継ぎを行う。引き継ぐ方法は管財人と相談の上，管財人口座への振り込み又は現金を持参する等の方法による（本書13，20頁参照）。

32　第2章　申立代理人の手引

(3)　管財人との面談

　管財人予定者が決まった段階で，管財人予定者に速やかに連絡を取った上で面談の期日を設定する。面談日には，破産者（申立人）又は破産法人（申立法人）代表者を同行し，管財人からのヒアリングを受け，財産関係の引継ぎを行う（本書21，102頁参照）。自然人の管財手続において，預貯金や保険について，自由財産の拡張がされることが明らかな場合は，通帳や保険証券等の原本は，いったん管財人に交付して最終記帳したコピーとの同一性の確認を受けた後，管財人から返還を受ける（本書87，89頁参照）。

(4)　新たに判明した破産債権者に関する報告

　債権者が新たに判明した場合には，申立代理人は，上申書を作成し，債権者一覧表に新たな債権者を追加したものとともに，裁判所及び管財人に郵送又はFAXで報告する。また，申立代理人は，管財人に裁判所へ新たな債権者が判明したので通知した旨の報告書（本書438頁【資料415】）を提出するよう依頼する（本書98頁参照）。

　また，債権者宛の開始決定通知書が送付できなかった場合には，申立代理人は，債権者の住所を調査した上，管財人及び裁判所に新たな住所を報告する。

(5)　係属中の訴訟に関する情報提供

　管財人が，係属中の訴訟の中断・受継手続等を速やかに執るため（本書99頁参照），係属中の訴訟等一覧表（本書378頁【資料133】，417頁【書式236】）に記載した訴訟の係属裁判所，当事者名その他関連情報を提供する。

　また，管財人が執行裁判所や保全裁判所に対する届出等（債権差押手続に関する執行終了の上申書（本書439頁【資料416】），不動産競売等の強制執行手続及び担保不動産競売手続等に関する届出書（本書440頁【資料417】），債権仮差押手続に関する保全手続終了の上申書（本書441頁【資料418】）等。本書35，101頁参照）を行うため，破産手続開始決定前の差押えについて執行裁判所名，事件番号，当事者名等に関する情報を提供する。

（6） その他

　個人の破産者には住居制限が課され，転居や旅行などで居住地を離れる場合には，管財人の同意を得て，裁判所の許可を得る必要があることを破産者に説明しておくべきである（法37，本書426，427頁【資料304，305】）。

5　財産状況報告集会時に注意すること

　破産者又は破産法人代表者の出頭を確保し，申立代理人も破産者等と共に出頭する。申立代理人は，破産者又は破産法人代表者に対し，集会の流れ等につき十分に説明をしておくこと，また，債権者の出頭状況により，裁判所から挨拶を促される場合もあることを事前に説明し，その対応に備えることが望ましい。

　多数の債権者の出席が予想される場合，紛糾が予想される場合，その他集会の運営において特に考慮すべき事項がある場合は，事前に管財人及び裁判所に連絡しておくべきである（本書115頁参照）。

6　免責手続について

　（免責手続については，本書338頁以下も参照されたい。）

（1）　受任時における手続選択上の留意事項

　ア　自然人の債務を整理する方法には，破産手続以外にも，任意整理，個人再生手続，特定調停手続等がある。

　破産申立てを選択した場合，最終的に免責許可の決定を得られないと所期の目的をほとんど達成できないことになるので，申立代理人としては，どの手続を選択するかを決定する段階で，予納金・積立金の準備の可能性のほか，債務者の免責不許可事由の有無，その内容・程度等を十分に聴取して，適切な手続を選択する必要がある。

　免責手続を念頭に置いた各手続の選択に当たっては，裁量免責の可能性を踏まえ，例えば，次の点に留意すべきである。

　　①　免責不許可事由がないか，免責不許可事由があっても軽微な場合は，破産申立てを選択することに問題はない。

　　②　免責不許可事由があり，かつその内容が悪質な場合は，免責を許

可する決定がされないことも予想されるので，個人再生手続の申立て又は任意整理等も検討することが必要である。

免責不許可事由は，法252条1項各号に明記されている（免責不許可事由に関する注意点について，本書339頁参照）。

イ　大阪地裁では，免責不許可事由があり軽微といえない場合であっても，事案によっては，管財人が破産者に家計管理の状況を一定期間報告させ，経済的な更生の見込みを観察，監督し，これに加えて，自由財産から一定額の積立てをさせて，按分弁済を行わせること等により，これを裁量免責相当性判断の一つの要素とする運用（免責観察型の管財手続。本書36，343頁参照）が行われている。このような免責不許可事由があり軽微とはいえない事案では，仮に同時廃止を希望しても，裁判所の判断によって免責観察型の管財手続に移行する可能性もあるので，そのことを申立人に十分説明をしておく必要がある。免責観察型の管財手続に移行することが決まった場合，申立代理人としては，その目的に鑑み，家計管理のため申立人に家計簿をつけさせることが望ましい。免責不許可事由があり軽微とはいえない事案については，当初から免責観察型の管財事件として破産申立てをするという選択も考えられるが，裁判所の審査の結果，免責不許可事由の内容が著しく悪質で，免責観察型とすることが相当でない（管財人による指導，監督等を実施してもなお裁量免責できない）とされることもあり得るから，手続の選択及び申立人に対して説明の際には，この点に注意を要する。

(2)　手続上の注意事項

ア　みなし免責申立ての規定

法248条4項は，自己破産申立てをした場合は，反対の意思を表示しない限り，当該申立てと同時に免責許可の申立てをしたものとみなすとして免責申立てを簡略化している。したがって，何らかの理由で免責申立てをしない場合は，その旨を明示した上申書等を添付して申立てをする必要がある。

なお，反対の意思表示をしても，破産申立て後，破産手続開始の決定が確定した日以後1月を経過する日までの間は，免責申立てをすることが可能である（法248①）。また，債権者申立ての場合には，免責申立ては破産者

がする必要があるので，失念しないように注意を要する。

イ　債権者名簿提出の簡略化

　法248条5項で，同条4項により破産申立てと同時に免責申立てをしたとみなされる場合には，債権者一覧表を同条3項の債権者名簿とみなすこととされているから，免責手続用の債権者名簿を別途提出する必要はない。なお，この点を考慮して，大阪地裁ではみなし申立てを原則とする運用を採用している。

ウ　免責手続中の個別執行の禁止

　法249条1項は，免責申立て（みなし申立てを含む。以下同じ。）があり，かつ，同時廃止決定，異時廃止決定の確定又は終結決定があった場合，免責申立てについての裁判が確定するまでの間，非免責債権を含めて強制執行等をすることができず，破産者の財産に対して既にされている強制執行等は中止されるとしている。

　なお，破産手続開始決定前に，破産者の財産に対して強制執行が既にされている場合，例えば，破産手続開始決定前に，既に給与債権の差押え等がされている場合には，破産手続開始決定により，強制執行等は破産財団との関係で効力を失う（法42②）。

　もっとも，執行裁判所は，当該破産者について破産手続開始決定がされたことを直ちに関知できないので，申立代理人としては，管財人が速やかに，執行裁判所に対し，当該強制執行等の終了上申書(本書439頁【資料416】)を提出できるよう，管財人に，執行裁判所名，事件番号，当事者名等に関する情報を提供する必要がある（本書32，101，417頁参照【資料236】）。

エ　免責審尋期日

　免責審尋の実施は任意的である。

　大阪地裁では，管財事件については，原則として免責審尋期日は開催されない。これは，破産手続開始決定と同時に破産手続が終了する同時廃止事件と異なり，破産手続中の説明義務（法40①一）を始め，破産者は様々な制限を受ける立場にあること，財産状況報告集会に必ず出席を求め，必要に応じて事情聴取を行うこと（法250②）などによって，モラルハザードは防止できると考えられるからである。

36　第2章　申立代理人の手引

したがって、申立代理人としては、財産状況報告集会への破産者本人の出頭を確保するとともに、同期日までには破産者に免責手続の趣旨・目的等について十分に説明しておく必要がある（本書341頁参照）。

(3) 裁量免責相当性確認のための管財事件（免責観察型）について

ア　予納金等の準備

同時廃止を希望して破産申立てをしたが、免責観察型の管財手続に移行した場合は、破産手続開始決定前に官報公告費用の不足分（同時廃止の場合との差額）の予納金数千円を納付するほか、管財人に対する引継予納金（最低20万5000円。詳細は本書350頁【資料001】参照）の準備が必要である。ただし、免責観察型において上記引継予納金を一括で支払うことが困難な場合には、例外的に、裁判所に官報公告費用の不足分を予納した上、破産手続開始決定前に20万5000円の内金5万5000円を確保し、残額の15万円は、破産手続開始決定後、一定の期間（収入状況に応じて3か月から6か月程度）内に管財人に分割納付することもできる（本書13, 344頁参照）が、この分割納付が希望される事案はほとんどないのが実情である。また、この分割納付を行う場合は破産手続開始決定前に、分割納付の予定等について記載した申立代理人と破産者連名の上申書（免責観察用）を管財人予定者に提出しなければならない（本書422頁【資料241】）。

この分割納付が行われないと、管財人から裁量免責相当との意見を得られず、免責不許可となる可能性もあるので、破産者との間で確実に履行可能な金額を協議・決定するとともに、いったん決めた金額については、特段の事情変更がない限り、確実に納付するよう、十分に説明し、破産者の理解を得ておく必要がある。

イ　裁量免責のための相当措置としての按分弁済について

前記(1)イで述べたとおり、免責不許可事由に該当する行為の内容・程度の悪質性等によっては、裁量免責のためには債権者に対する按分弁済が必要であるとして、管財人から積立てを要求される場合もある（本書71, 345頁参照）。按分弁済の要否は、管財人の調査並びに申立代理人及び破産者から聴取した事情を基礎に裁判所と管財人が協議の上決定するので、申立代理人は、管財人に対して事情説明を尽くした上で、そのような積立てが

必要になったときは，資金計画について破産者と十分相談をする。

　　ウ　管財人に対する定期報告等

　免責観察型では，破産者が破産手続開始決定後一定期間にわたって家計簿をつけ，家計収支表を作成した上，1か月に一度管財人に家計管理状況を報告し，指導・監督を受けることが手続の中心になる。また，管財人が免責不許可事由について必要な調査をするので，管財人から質問を受けた場合，破産者は誠実に応答しなければならない。

　破産者は，免責不許可事由に関して裁判所又は管財人が行う調査に協力する義務を負い（法250②），この義務違反は免責不許可事由とされ（法252①十一），さらに，破産者が破産手続において裁判所が行う調査において，説明を拒み，又は虚偽の説明をしたことも免責不許可事由に該当する（法252①八）。

　裁判所は，破産者に協力義務違反等の破産手続上の不許可事由に該当する行為がある場合，免責判断について厳しい態度で臨むことが考えられ，特に，もともと免責不許可事由が存する免責観察型では，一層厳しい対応となると思われる。したがって，申立代理人は，破産者に対し，管財人や裁判所に対する説明義務，協力義務についても事前に十分な説明をしておくべきである。

　(4)　免責に関する判断の時期

　大阪地裁においては，前記のとおり，原則として管財事件においては免責審尋を行わない。したがって，免責についての意見申述期間及び財産状況報告集会における管財人の免責に関する調査結果の報告が終われば，理論的には免責決定を行うことも可能であるが，換価等の関係で，破産者の管財人に対する説明義務・協力義務の履行状況を確認する必要がある事件では，必要な期間，管財人の免責に関する報告を延期し，説明又は協力の必要性が実質的に解消した時点で，管財人の調査結果が報告され，裁判所による免責に関する判断がされることとなる。

7　自由財産拡張手続

　自由財産拡張手続については本書66頁以下を参照されたい。

38　第2章　申立代理人の手引

8　大規模事件

(1)　大規模事件の申立事務の在り方

ア　管轄の選択

(ア)　法の規定

　法は，債権者数500人以上の事件については高等裁判所所在地を管轄する地方裁判所（法5⑧）の競合管轄を認め，債権者数1000人以上の事件についてはこれに加えて東京地裁又は大阪地裁（法5⑨）にも競合管轄を認めている。また，法は，大規模事件の移送についても要件を緩和し，債権者数500人又は1000人以上の事件に関する破産手続開始申立てがなされた場合に，著しい損害又は遅滞を避けるための必要があると認めるときは，職権で，破産事件を前記競合管轄の存する裁判所に移送できることとしている（法7四ロハ）（本書30頁参照）。

(イ)　申立代理人における管轄選択の指針

　破産事件は迅速性の要請が強く，特に大規模事件においては裁判所との事前相談及び迅速な対応が必須の事件がほとんどであるから，破産事件処理の態勢が整った倒産専門部を有する裁判所において，破産事件に精通した弁護士を管財人（候補者）として速やかに選任する必要が高い事案が多く，いったん債務者の住所地や営業所の所在地を管轄する地方裁判所等に申立てをした後，競合管轄裁判所に事件が移送されるといった事態になると，問題への処理や対応の機会を逸するなどの弊害が大きい。もちろん，債権者数は多いものの，さほど複雑困難ではなく，本来の管轄裁判所で十分対応可能な事件で，地元との密着性が高い事案等は，本来の管轄裁判所に申し立てることが相当であることはいうまでもない。

　なお，管轄選択に関して直接裁判所に相談することも考えられよう。

イ　申立ての要領

(ア)　事前相談の際に説明すべき事項

　依頼者から大規模事件の破産申立てを受任した場合，特に債権者が数千名といった特大規模の事件の場合は，遅くとも2週間前には，事前相談メモを作成の上，裁判所に事前相談を行うことが望ましい。

　事前相談の際に説明すべき事項は種々あるが，説明すべき主な事項は次

のとおりである。

① 申立人の氏名又は商号及び住所又は主たる営業所（本店所在地）

② 債権者申立て，自己破産申立て又は準自己破産申立ての別

③ 申立代理人の氏名，連絡先

④ 債務者が法人又は事業者である場合は，その業務内容，事業継続中か否か，在庫商品の有無や譲渡担保権の有無，従業員の解雇状況（未了の場合は予定日），未払労働債権（未払解雇予告手当を含む。）の有無

⑤ 債権者数（事案に応じて，年齢層などの属性）

⑥ 滞納処分が切迫しているか否かや資金ショート日（迅速性・緊急性）

⑦ 営業所所在地や店舗の数及び住所，明渡しの有無等

⑧ 上場会社の場合は証券取引所とその部

⑨ 破産手続開始申立てに至った経緯

（イ）　事前相談の際に提出すべき書類

　事前相談の際に提出すべき書類は以下のとおりであり，それぞれ6通（写しで可）を準備する。なお，後記書類の中には，本書において申立書添付資料とされていないものも含まれるが，これは，大規模事件であることに鑑み，特別に必要となるものである。

① 申立書（無理な場合は申立書原案）

② 商業登記簿謄本又は登記事項証明書

③ 決算書（付属明細書を含む。直近2年分）

④ 会社案内

⑤ 会社組織図

⑥ 非常貸借対照表

⑦ 債権者一覧表など管財人候補者が利害関係を確認できる資料

　ウ　事前に準備すべき事項

　上場企業の場合や社会的な認知度の高い会社が申立てをする場合は，破産手続開始決定に伴い，社会的注目を集めて混乱を生じることが多く，申立代理人においても，管財人（候補者）と連携して，事前の準備が必要で

40 第2章 申立代理人の手引

ある。具体的には，①（想定される準備や対応の規模等を考慮の上必要の
ある場合には）弁護団の結成・内部事務分担の決定，②債権者やマスコミ
から問合せがなされた場合の回答の準備（想定問答集の作成など）やホー
ムページを利用した情報提供の準備，③債権者の氏名，住所，連絡先及び
債権額等の債権者データの整理などが考えられるが，事案に応じて臨機応
変に準備や対応を検討する必要がある。

(2) 開始決定後の事務

開始決定後は，速やかに事前に準備した内容を管財人に引き継ぐ。

○法人破産申立書記入要領

　提出する書類は，この記入要領に記載した順番につづり，最後に
疎明資料を添付する。

　また，債権者一覧表と財産目録には，それぞれ「債権者一覧表」
「財産目録」と記載したインデックスを右端上側に貼付する。

1　破産申立書（法人用）（本書356頁【資料103】）

(1)　以下の事項のほか，参考事項を含め該当事項につき漏れがな
　　いように確実に記載する。

(2)　当事者の表示（規13①一二・②九）

　　自己破産の場合，債務者と申立人は一致するので，申立人欄は
　記載の必要がない。

　　準自己破産の場合は申立人欄に記載するが，人数が多くて書
　ききれない等の場合は，別紙を添付する。

　　なお，取締役会で自己破産申立てを決議できないため取締役
　会議事録が作成できない場合，又は，自己破産申立てについて取
　締役全員の意見一致を証する書面を作成できない場合など準自
　己破産申立てとなる場合，当然のことではあるが，委任状には，
　法人代表者等としての記名押印（代表者印）ではなく，申立人個

第2　破産申立て　41

人としての署名押印（個人印）が必要となる。

(3)　**破産管財人への引継予定の現金**

　　管財人へ引継予定の現金の額を記載する。引継予定の現金については，特段の事情がない限り，申立て以降に減額することがないよう，確実な金額を記載する必要がある。

　　なお，大阪地裁では官報公告費用以外の予納金は管財人に直接引き継ぐこととされているため，少なくとも最低基準額以上の額は確保してこの欄に記載する必要がある。ただし，法人併存型の場合には，換価業務の存在する事件（基本事件。法人と代表者のどちらを基本事件にするかは最終的には裁判所が決定するが，とりあえず申立代理人において選択する。）について，引継予納金（郵券代替引継予納金を含む）の金額を記載し，他の事件については，郵券代替引継予納金を記載すれば足りる。

　　引継予納金の最低額，郵券代替引継予納金については，「管財事件の手続費用について」（本書350頁【資料001】）を参照する。

　　準自己破産の場合で，引継予納金を法人の財産から拠出する場合は，財団組入上申書（付属CD－ROM【資料301】）を忘れず添付する。

(4)　**代表者の破産申立て**　（規13②五）

　　法人と代表者の破産申立てを同時にする場合は，「有」欄と事件の進行状況に関する「同時申立」欄にチェックすれば足りる。代表者の破産申立てを先行させている場合は，その事件番号を記載し，代表者について管財人予定者が内定している場合は，管財人とその連絡先も記載する。申立てが未了で，申立て予定がある場合は予定時期を記載する。

(5)　**債務の状況**　（規13②一・14①）

　　破産債権総額については，資産及び負債一覧表のうち一般破産債権と優先的破産債権・財団債権の合計額をそれぞれ記載する。別紙債権者一覧表等の内容と一致するよう確認して記載する。

42　第2章　申立代理人の手引

- (6)　**財産の状況**（規13②一）

  換価により実質的に回収することが可能であると考えられる金額を記載する。別紙財産目録（本書370頁【資料116】）の回収見込額欄と一致するよう確認して記載する。

- (7)　**電子納付希望の場合**

  電子納付を希望する場合には，登録コードを記載する。

2　報告書（法人用）（本書357頁【資料104】）

- (1)　**作成時の注意**

  報告書は，申立代理人と代表者等が連名で作成する方式になっているので，記載内容については申立代理人が裏付資料等を参照して適切に確認する必要がある。なお，欄が不足するなど記載しにくい場合は，別紙添付の方法によってもよい。

- (2)　**一般管財手続（招集型・非招集型）・個別管財手続の希望**

  希望する管財手続をチェックする。

- (3)　**債務者会社の申立て前の営業内容**

  登記事項証明書上は種々の目的が記載されているが，この欄には実際に行っていた営業の内容を記載する。

- (4)　**営業所，事務所，工場，倉庫，社宅，駐車場等の場所等**

  あらかじめ記載された記載欄は2つであるが，多数の営業所や倉庫等がある場合は，同様のフォームを追加して記載する。また，郵便回送嘱託のための日本郵便株式会社取扱郵便局を，営業所等毎に記載する。

- (5)　**従業員関係**（規13②七）

  破産手続開始決定前に解雇を完了させるのが原則である。解雇未了の場合はその予定日を記載する（本書21頁参照）。通常は，解雇が完了しないと破産手続開始決定がなされない。

  また，従業員の解雇に関連して必要となる雇用保険や社会保険等に関する手続きの実施状況を記載する。

  破産手続開始の公告事項は労働組合等に対して通知しなければならず（法32③四），営業又は事業の譲渡を許可するについても労働組合等の意見を聴かなければならない（法78④）。さらに，債

権者集会についても労働組合等に通知をしなければならない（法136③）。このため，これらの通知及び意見聴取の対象者を特定するために労働組合の名称及び所在地等が申立書の必要的記載事項とされている。

(6)　支払停止の状況

手形不渡り（又はその見込み），廃業・閉店など，支払停止と目される行為があった場合のみ記載する。

(7)　事業についての免許，登録その他の許可（規9①・13②八）

官庁その他の機関の許可がなければ開始することができない事業を営む法人については，破産手続開始決定があったことを当該機関に書記官が通知しなければならないため，このような機関が存する場合，その名称及び所在地が申立書の必要的記載事項とされたものであり，必ず記載する。

(8)　取戻権行使の見込みの有無

該当する場合に，リース物件については別紙一覧表を，預かり商品等については適宜別紙を添付して記載する（記載についての説明は後記8のとおり）。

(9)　係属中の訴訟（規13②四）・倒産直前の弁済等

いずれも該当する場合に別紙一覧表を利用して記載する（記載についての説明は後記9，10のとおり）。

(10)　相殺予定以外の預貯金口座の解約

法人申立ての場合，申立代理人は，手続開始までに，申立てが遅延しない範囲で，口座を解約するか，残金を引き出して残高を0にした上で，管財人に引き継ぐことが望ましい。解約が終了した場合は，その旨をチェックし，解約手続き中である場合には，その終了予定日を記載し，解約未了口座が残る場合には，その旨をチェックする。なお，相殺予定のない口座に引き続き売掛金等が入金されている場合は，解約せずそのまま引き継ぐのが相当である。

(11)　売掛金・貸付金の回収

売掛金・貸付金についての回収状況を記載する。

44 第2章 申立代理人の手引

(12) 機械・工具類・什器備品・在庫商品の有無

機械・工具類・什器備品・在庫商品がある場合には，その旨を
チェックし，評価額，換価可能性（不可能な場合には，廃棄費用
の見込額）を記載する。

(13) 継続的契約の状況

事務所・工場等の電気，ガス，水道等に関する契約や固定電話，
携帯電話に関する通信契約（役員や従業員等に貸与したものを
含む。）の解約状況を記載する。

(14) 申立代理人の受任後の業務内容

申立書が正確に作成されているか否か，財産の確保がされて
いるか等，申立代理人が行うべき業務の履行状況について確認
するための欄である。

(15) 破産原因が生じた事情（規13②二）

具体的に記載する。特に粉飾決算の有無については必ず記載
する。

3 添付目録（法人用）（本書363頁【資料105】）

添付した別紙目録にチェックする。アンダーラインのついた目録
は必ず添付するよう注意する。

4 資産及び負債一覧表（法人用）（本書364頁【資料106】）

名目額，回収見込額，金額については，各財産目録及び各債権者
一覧表の合計額を記載する。一覧表等が多岐に渡るので，転記ミス
のないよう注意する。

5 債権者一覧表（規14①②）

(1) 債権者一覧表（本書364頁【資料107】）

この(1)の債権者一覧表は，債権者名簿的役割として利用する
ことが予定されている。そこで，債権者名・住所・債権の種類等
と債権者総数・債務総額等を記載する。個々の債権額等の詳細
は，(2)以降の個別の一覧表で種類別に分類して記載する形式と
なっている。

以下のアからクまでの具体的記載方法は，該当項目がある限

り，個別の各一覧表に妥当する。ただし，後記に特にコメントがある場合は，その点にも注意する。

ア　債権者が個人の場合，備考欄に申立人との関係を記載する。

イ　「住所」欄には，破産手続開始決定等の書面の送達先を記載する。

ウ　「債権額」欄には，最後に「合計」を記載する。

エ　「保証人」欄には，保証人がいる場合にのみチェックし，備考欄には，保証人名等を記載する。

オ　「別除権」欄には，当該債権を被担保債権とする別除権がある場合にのみチェックする。

カ　「調査票等」欄には，債権者から債権調査に関する回答があった場合にチェックする（債権疎明資料については，管財人に直接引き継ぐ。）。

キ　「契約書等」欄には，当該債権を疎明する契約書等を入手している場合にのみチェックする（債権疎明資料については，管財人に引き継ぐ。）。

ク　当該債権について訴訟が係属している場合，差押え，仮差押え等がなされている場合は，備考欄にその旨記載し，「係属中の訴訟等一覧表」にその具体的内容を記載する（本書32，101頁参照）。

(2)　借入金一覧表（本書365頁【資料108】）

保証協会，保証会社が保証人となっている場合には，保証人欄にチェックし，備考欄に保証人名を記載するのを忘れないようにする。

(3)　買掛金一覧表（本書366頁【資料110】）

備考欄には，物品の購入代金の場合に，物品名，購入日，物品の現状（保管中，質入れ等）など参考になる事項をできる限り記載する。

(4)　労働債権一覧表（本書367頁【資料112】）

ア　「給料」（ここでいう給料には，賃金，給与，手当，賞与，

その他名称のいかんにかかわらず，労働の対価として使用者が支払うべきものが含まれる。），「退職手当」，「解雇予告手当」の欄にそれぞれ記載する。

イ　備考欄には，具体的内容（基本給額，給与締め日，解雇日等）のほか，就業規則・労働協約の存在等，参考となる事項をできる限り記載する。

ウ　申立代理人は，管財人に対し，労働債権の認否のための資料として賃金台帳等を，賃金台帳等が存在しない場合，あるいは記載が不備な場合には，代表者あるいは経理担当者から聴取した事情等，労働債権に関する判断の根拠となる報告書等を引き継ぐようにする（本書21頁参照）。

(5)　その他の債権者一覧表（本書367頁【資料113】）

ア　優先的破産債権である場合には，番号に○を付ける。

イ　備考欄には，債権の内容のほか，参考となる事項をできる限り記載する。

(6)　滞納公租公課一覧表（本書368頁【資料114】）

「被課税公租公課チェック表（法人用）」を参考にして，申立人が現在滞納している税目について記載する。

6　被課税公租公課チェック表（法人用）（本書369頁【資料115】）（規14①二）

現在滞納していなくても，将来的に発生し，又は交付要求がされる可能性がある公租公課の内容を確認するために作成するものである。したがって，滞納項目だけではなく，課税されているすべての項目にチェックし，必要事項を記載する。

7　財産目録（規14③六）

(1)　総括表・法人用（本書370頁【資料116】）

ア　総括表には，各個別の財産目録の内容を合計して記載する。存在しない財産の欄は空欄にしておくことで足りる。また，存在しない財産についての個別目録は添付する必要がない。

なお，過払金を回収済みの場合も，回収費用及び報酬を控除

した後の金額を現金欄に記載し，併せて，当該現金が過払金を回収した残額であることを付記する。また，当該過払金については，倒産直前の処分行為等一覧表（本書379頁【資料134】）にも記載の上，参考となるべき事項欄に和解内容や回収費用及び報酬として控除した金額を記載する。回収済みの過払金の一部をいわゆる有用の資に既に充てている場合は，その金額及び具体的な使途を明示する（なお，未回収の過払金の扱いについては本書52頁参照）。

イ　個別目録の①等の番号は，総括目録と対応しているので，存在しない財産がある場合にも番号を付け替えることはしない。

ウ　名目額（簿価等）の欄には，決算書に記載された減価償却後の額や，売掛台帳に計上された売上額等の名目額を記載する（各費目別の記載上の注意点は後述する。）。

エ　回収見込額欄には，換価した場合に実際に回収が可能な額を記載する。

　なお，財産目録作成時には，直近の決算書及び帳簿類をよく検討し，そこに記載されている財産が現実に債務者に存在するか否か，回収や売却によって消滅していないかを確認し，名義のみ第三者となっていても実体上債務者の財産であるものがあればそれも記載する。

(2)　預貯金・積立金目録（本書370頁【資料117】）

ア　残高欄が総括表の「名目額」に相当する。

イ　回収見込額欄には，相殺後の残高を記載する。相殺予定の場合も同様である。

　なお，管財人引継用に申立代理人が預貯金を解約して別途保管している場合，預貯金・積立金目録には従来存在した口座を記載して残高欄を「0」と記載し，備考欄に「管財人引継用に解約，現金として保管」などと記載する。

(3)　受取手形・小切手目録（本書371頁【資料118】）

ア　額面金額が総括表の名目額になる。

イ　振出人等が無資力で不渡りとなる見込みであったり，既に不渡りを出している場合等には，回収見込額欄は「0」とする。

ウ　手形等の所在を確認し，裏書がされている場合は，裏書人の氏名等を備考欄に記載する。

　　なお，既に割引済みの手形等はこの目録に記載しない。

(4)　売掛金目録（本書371頁【資料119】）

ア　経理担当者等に確認の上，現実に存在する売掛金を記載する。

イ　債務者の住所欄等には，当該取引を現実に担当していた支店等の連絡先を記載する。

ウ　金額欄には，申立代理人が確認できた売買代金額等を記載する。これが名目額になる。

エ　回収見込額欄は，相手方から正当な相殺主張が出ている場合，相手方が無資力の場合，不良品や返品処理等があり，減額となる場合等に，これらの額を控除して，回収可能な残額を記載する。

オ　備考欄には，回収見込額欄を記載する際に控除の要素となった事情（相殺・返品・倒産等）を記載する。

(5)　在庫商品目録（本書372頁【資料120】）

ア　回収見込額欄は売却可能性を考慮した実質的な額を記載する。売れ残りや長期間放置されていた不良在庫等で品質が低下し，売却見込みのないものは「0」とする。有効な譲渡担保に供されており，対抗要件がある場合等も「0」となる。

　　なお，前記のように実質的価値のないものが山積みしてあるような場合で，およそ買受人がいないと思われるような場合は，一括して「長期在庫等一式」と記載し，回収見込額欄も「0」とし，所在場所のみ明記して，備考欄に「長期不良在庫」と記載すれば足りる。回収見込額を判断する際に参考となる事項や譲渡担保等についても，備考欄に記載する。

イ　簿価等欄には，仕入金額や帳簿上の金額を記載する。これ

が総括表の名目額になる。

(6) **貸付金目録**（本書372頁【資料121】）

ア　債務者の住所，TEL・FAXの欄には，現実に連絡のとれる連絡先を記載する。

イ　金額欄には，その時点における貸付金残高を記載する。これが名目額となる。

ウ　回収見込額欄には，相手方の資力や相殺の抗弁等を考慮した回収見込額を記載する。

エ　備考欄には，回収見込額欄記載の際に考慮した事情等を記載する。

(7) **不動産目録**（本書373頁【資料122】）

ア　地番，建物番号等が複数であっても，社会的にみて一体となっている部分については備考欄に「1と一体」等と記載し利用状態を把握しやすい通称（本社ビル，○○社員寮等），ビル名も備考欄に記載する。

イ　評価額（固定資産評価証明書）又は査定価格（査定書）欄は，固定資産評価証明書又は査定書に基づいて記載する。これが名目額となる。

ウ　回収見込額欄は，固定資産評価証明書による評価額又は査定書による査定価格と被担保債権額との差額を記載し，オーバーローンの場合「0」とする。無担保の場合は，査定書等を参考にして時価を記載する。

　　また，共同担保の場合は対象物件を連番とし，被担保債権はその最終番号の欄のみに記載するなどし，固定資産評価証明書による評価額又は査定書による査定価格の合計額から被担保債権残額（同一の被担保債権を重複して計算しないよう注意する。）を差し引いた金額を回収見込額とする。

エ　備考欄には，否認対象となる登記設定がある場合や，占有について問題が生じている場合等，参考になる事項を記載する。

(8) **機械・工具類目録**（本書373頁【資料123】）

ア　簿価等欄には，決算書等に記載された金額を記載する。こ

れが名目額になる。

　　イ　回収見込額欄には，売却可能性を考慮した金額を記載する。およそ換価価値がなく，買受人もいないと思われるような場合は「0」とする。

　　　　なお，雑多な工具類で，陳腐化等の理由により全体として見ても個別に見ても価値がなく，買受人もおよそいないと思われる場合は，一括して「機械工具類一式」と記載し，回収見込額欄も「0」とし，所在場所のみ明記して，備考欄に「陳腐化，老朽化」と記載すれば足りる。

(9)　什器備品目録（本書374頁【資料124】）

　　ア　簿価等欄には，決算書等に計上された金額を記載する。これが総括表の名目額になる。

　　イ　回収見込額欄は，売却可能性があるかを考慮して記載する。使い古しの事務机等であれば「0」として差し支えない。なお，例えば，雑多な机等で，老朽化等の理由により全体として見ても個別に見ても価値がなく，買受人もおよそいないと思われるような場合は，一括して「事務机等一式」と記載し，回収見込額も「0」とし，所在場所のみ明記して，備考欄に「陳腐化，老朽化」と記載すれば足りる。

　　ウ　備考欄には，回収見込額を判断する際に参考となる事項を記載する。

(10)　自動車目録（本書374頁【資料125】）

　　ア　車名欄には，自動車会社の名称のみでなく，車種を示す名称（プリウス，フィット等）も併せて記載する。

　　イ　簿価等欄には，決算書等に記載された金額を記載する。これが名目額になる。

　　ウ　回収見込額欄には，レッドブックや中古車業者の査定等に基づいて算定した売却見込額を記載する。ただし，未払ローンがあって対抗要件を具備した所有権留保が付されており，その残額が時価を超える場合等は「0」となる。

エ　備考欄には，事故歴のある自動車かどうかなど，参考になる
　事項を記載する。

(11)　有価証券目録（本書375頁【資料126】）

ア　ゴルフ会員権・リゾート会員権の記載もれがないか確認す
　る。

イ　上場株式については，株券電子化により，証券会社の口座で
　保管されている場合は，証券等について「□」欄をチェックの
　上，所在場所として，当該証券会社の担当店等を記載し，備考
　欄に担当者や連絡先電話番号等を記載する。また，株主名簿
　取扱機関の特別口座で保管されている場合には，備考欄に株
　主名簿取扱機関名を記載する。

ウ　株式について，簿価等欄には，取引相場のない株式の場合は，
　取得価額又は純資産価額方式（貸借対照表における純資産価
　額を発行済株式数で除する方式）で計算した価額を記載する
　のが簡便である。取引相場のある株式については作成時の終
　値を記載する。出資金の場合には出資額を記載する。ゴルフ
　会員権・リゾート会員権については，預託した金額をそれぞれ
　記載する。これが総括表の名目額となる。

エ　回収見込額欄には，当該株式が担保提供されていないか，相
　殺見込みではないかを考慮し記載する。ただし，対抗要件が
　具備されていないものについては担保権の存在を考慮しない。
　非上場企業の株式の金額については，当該企業の資産及び業
　績等を考慮して記載する。

　　また，当該ゴルフ会員権が市場で流通している場合は時価
　を記載し，経営悪化等により譲渡可能性がないような場合は，
　預託金返還請求に対してどの程度返還が見込めるかを考慮し
　て記載する。また，全額について担保設定等がなされている
　場合の回収見込額欄は「0」となるが，対抗要件が具備されて
　いないものについては担保権設定による減額はしない。

オ　備考欄には，回収見込額欄記載の際に考慮した事情等を記

載する。

(12) 賃借保証金・敷金目録（本書375頁【資料127】）

ア　差入額欄には当初差し入れた額を記載する。

契約上の返戻金欄には契約上返還が予定されている額（差引分等を控除した額）を記載する。契約書において特に定めがない場合は，差入れ額と同額になる。

また，これら合計額を総括表の名目額欄に記載する。

イ　滞納額欄は，賃料や共益費の滞納等がある場合に記載する。

ウ　原状回復費用の見込額欄は，賃借物件の原状回復のために要する具体的な額を記載する。この欄の記載と報告書の記載が矛盾しないよう注意する。

エ　回収見込額欄は，契約上の返戻金額から滞納額及び原状回復費用の見込額等を差し引き，相殺予定がある場合はその額を控除し，差入れ先に現在社会的な実体及び支払能力があるかを考慮した上で記載する。

(13) 保険目録（本書376頁【資料128】）

ア　名目額欄には，解約返戻金につき保険会社からの回答がある場合には，当該回答金額を，回答がないが契約上返戻予定となっている額が証券等から判明する場合には当該金額をそれぞれ記載する。

イ　回収見込額（解約返戻金）欄には，契約者貸付額や保険料滞納分を控除した解約後の残高を記載する。

なお，保険会社からの回答によって現実に返戻される金額が明らかであり，その資料を管財人に引き継げる場合は，回収見込額欄に当該回答額を記載する。

ウ　備考欄には，回収見込額欄記載の際に考慮した事情等を記載する。

(14) 過払金目録（本書376頁【資料129】）

合意の成立を問わず，未回収の過払金については，過払金目録に記載する。

第2　破産申立て　53

額面額欄には，引直し計算額を，合意額または見込額欄には，書面・口頭を問わず合意ができた金額または見込額を，回収費用控除予定額欄には，回収費用及び報酬として控除を希望する額を，回収費用控除後残金欄には，その差引額を記載する。

なお，前記(1)のとおり回収済みの過払金は総括表・法人用（本書370頁【資料116】）の現金欄に記載する。

(15)　その他の財産目録（本書377頁【資料130】）

総括表や個別目録にない財産（知的財産権等）は，(15)として個別目録を作成し，資産及び負債一覧表並びに総括表に記載する。

なお，電話加入権は，近時その価値が認められなくなっているため，破産手続において財産として評価しないこととなり，電話加入権目録が廃止された。同様の趣旨により，電話加入権を本目録に記載する必要はない。

(16)　最終の決算書に記載されており，かつ申立書の財産目録に記載のない財産についての処分状況等一覧表（本書377頁【資料131】）

財産目録は，最終の決算書の内容を確認の上，そこに記載された財産の存否を確認して作成するものである。最終の決算書に存在する旨記載されている財産が現存しない場合，もともと決算書の記載が不正確（あるいは粉飾）で，存在しない財産があるかのように記載されていたか，又は決算後に当該財産が処分されたかのいずれかであると考えられる。したがって，これらについて明確化し，財産目録全体の信用性を担保するために，最終の決算書に記載されているにもかかわらず，財産目録に記載のない財産についての説明を加えるのがこの目録である。

ただし，①現金，②預貯金，③受取手形・小切手，④売掛金，⑤在庫商品（原材料）など，短期間で内容が変動することが一般的であると思われる財産については，決算期との時間的乖離によって変動が生じることが当然であるため，記載を要しない。

54　第2章　申立代理人の手引

　　　したがって，この目録に記載すべき財産は，⑥貸付金，⑦不動
　　産，⑧機械・工具類，⑨什器備品，⑩自動車，⑪有価証券，⑫賃
　　借保証金・敷金，⑬保険解約返戻金，⑭その他（知的財産権等）
　　ということになる。

　　　なお，決算書が粉飾あるいは不正確で存在しない財産が計上
　　されていたという場合で，処分の日が破産申立ての1年以上前で
　　ある場合は，処分の日，処分価格欄をいずれも空欄とし，処分代
　　金の使途又は財産目録非掲載の理由欄に，「平成○○年に廃棄処
　　分され，その後実体のないまま決算書に計上され続けていたも
　　のである」，「粉飾決算により在庫を水増ししていたにすぎず，当
　　初から実際には存在しない財産である」などと記載すれば足り
　　る。

8　リース物件一覧表（本書378頁【資料132】）

　　取戻権行使の対象物件の把握を容易にし，誤って売却する等の過
　誤を防止するとともに，債権認否を確実にする目的で作成するもの
　である。申立て時点で既に返還済みのリース物件については，返還
　済欄にチェックする。

　　また，申立人の所有に属さず返還を要する預かり商品等がある場
　合には，所有者名・住所・連絡先に加えて，預かり商品等の内容や
　数量，保管場所等について別紙にて適宜説明する。

9　係属中の訴訟等一覧表（本書378頁【資料133】）（規13②四五）

　　訴訟のみならず，破産手続，民事再生手続，会社更生手続，支払
　督促，保全処分，民事執行，外国倒産処理手続等のすべてを記載す
　る。備考欄には，事案の内容を把握するための事項のほか，進行状
　況を示すために次回期日や入札期間，開札予定日等を記載する。

　　また，子会社や連結子会社について破産，民事再生又は会社更生
　事件が係属中の場合もここに記載する。

10　倒産直前の処分行為等一覧表（本書379頁【資料134】）

　　否認権行使に関する情報を提供し，回収予定財団額を把握するた
　めの一覧表である。否認権の成否について疑問がある場合も，処分

行為がある場合はここに記載する。その際，参考となるべき事項欄にそのような処分行為をした事情等を記載する。

また，回収済みの過払金に関しても，参考となるべき事項欄に和解内容や回収費用及び報酬として控除した金額を記載する。回収済みの過払金の一部をいわゆる有用の資に既に充てている場合は，その金額及び具体的な使途を明示する。

なお，記載内容によっては，最終の決算書に記載されており，かつ申立書の財産目録に記載のない財産についての処分状況等一覧表（本書377頁【資料131】）と重複する場合もあるが，上記のとおり倒産直前の処分行為等一覧表の趣旨は，否認権行使に関する情報提供であるから，そのような場合でも，倒産直前の処分行為等の一覧表を記載し，提出する。

11 疎明資料目録（法人用）（本書380頁【資料135】）

疎明資料は，管財人に対して直接引き継ぐ方式によるため，裁判所に提出する疎明資料は大幅に削減されている。このため，決算書の内容との突き合わせ，各個別目録の記載内容が正確かどうかの点検を申立代理人において確実に行うことが重要である。

12 管財人引継資料一覧表（法人用）（本書381頁【資料136】）

裁判所に提出すべき疎明資料が削減されたのは，管財人に対して必要な資料の引継ぎがなされることが前提であるので，この一覧表に基づき確実に引継ぎを行う。

◇は，財産目録に当該財産が存在する旨記載した場合にチェックする。

◇にチェックのある項目については，原則として□の資料を管財人に引き継ぐ必要がある。

△の資料は，引継ぎが必須ではなく，存在する場合に引き継げば足りる。

いずれも，資料を準備したことを確認し，引き継ぐものは□又は△内にチェックをする。アンダーラインのある資料（財産）は，有価証券等，管理に注意を要する財産であり，申立代理人が責任をも

56　第2章　申立代理人の手引

って保管し，引継ぎには特に留意する。

　引き継ぐ資料のうち，○の付されたものについては，原本が存在する場合も必ずコピーを1部作成し，申立書等の副本，開始決定通知用の宛名シール（手書きでも可）等とともにコピーを管財人予定者に速やかに届ける。また，管財人との打合せの際に原本も引き継ぐ（管財事務処理のためにはコピーが必要であり，従来は疎明資料の副本として提出されていたものである。）。コピーを作成したら，その確認のため○にチェックを入れる。

　なお，作成したコピーには，財産目録と対応した②，③等の○付き数字を右上に付し，複数の資料がある場合は②—1，②—2のように枝番を付けて整理する。

○自然人破産申立書記入要領

　提出する書類は，この記入要領に記載した順番につづり，最後に疎明資料を添付する。

　また，債権者一覧表と財産目録には，それぞれ「債権者一覧表」「財産目録」と記載したインデックスを右端上側に貼付する。

　なお，この自然人破産申立書の書式のうち，3の報告書と9の家計収支表は，大阪地裁で使用されている同時廃止用の報告書及び家計収支表と同一の書式である。

1　破産申立書（自然人・管財事件用）（本書387頁【資料203】）
　(1)　当事者の表示・住居所　(規13①一二②九)
　　　ア　旧姓での借入がある場合，通称がある場合，個人事業者で屋号がある場合等は，「旧姓・通称・屋号」欄にそれらを表示する。
　　　イ　住民票記載の場所で現実に生活している場合は該当欄にチェックする。現実に生活の本拠としている場所がこれと異な

る場合は，その場所を記載し，疎明資料を添付する。

(2) 管財人への引継予定の現金

法人用申立書の記入要領と同様である。

(3) 法人の破産申立て（規13②五）

申立人が法人代表者である場合には，法人の破産申立ての有無・予定の有無にチェックする。なお，同時申立ての場合には，「有」欄と事件の進行状況に関する「同時申立」欄にチェックすれば足りる。法人の破産申立てを先行させている場合は，その事件番号を記載し，法人について既に破産手続開始決定済みであったり，管財人予定者が決定している場合は，管財人あるいは管財人予定者名とその連絡先も記載する。申立てが未了で，申立て予定がある場合は予定時期を記載する。

(4) 現在個人事業者か否か

(5) 配偶者の申立て（規13②五）

それぞれ該当欄にチェックする。有の場合は，係属裁判所等も記載する。

(6) 債務の状況（規13②一・14①）

(7) 財産の状況（規13②一）

(6)，(7)については，いずれも法人用申立書の記入要領と同様である。

(8) 電子納付希望の場合

電子納付を希望する場合には，登録コードを記載する。

2 管財補充報告書（本書388頁【資料204】）

自然人の報告書は，同時廃止用の報告書と同一書式を利用しているため，管財事件として必要な情報はこの管財補充報告書で補充する方式となっている。内容は法人用申立て書式添付の報告書とほぼ同一であるので，異なる部分を中心に解説する。

(1) 一般管財手続（招集型・非招集型）・個別管財手続の希望

希望する管財手続をチェックする。

(2) 係属中の訴訟等，倒産直前の弁済等，公租公課の滞納の有無

いずれも該当する場合にチェックし，後記一覧表に内容を記

載する。

(3) 居住物件の状況

法156条により，裁判所は破産財団に属する財産を管財人に引き渡す旨を命じることができる。したがって，破産者が自己所有物件に居住している場合に，合理的な理由なく明渡しを拒むと，同条により引渡命令を発せられることがある。明渡予定時期は管財人が自宅不動産の換価期間及び処理方針を定めるために必要な情報であるとともに，引渡命令発令の参考ともなるので，必ずチェックし，早急な明渡しが困難な場合には，その理由を具体的に記載する。

(4) 住居所，住民票の異動，居所の異動

いずれも該当するものにチェックを入れ，郵便取扱郵便局等の必要事項を記載する。

(5) 自由財産拡張申立てについて

大阪地裁では，自由財産拡張については，自由財産拡張制度の運用基準（本書71頁）により処理されることとなる。

この基準の概要は，①拡張申立てのあった財産について，財産の性質から自由財産拡張の対象とすることができる財産か否かの審査（拡張適格財産性の審査）を行い，定型的な拡張適格財産以外の財産については，相当性の要件を満たせば拡張適格財産となる，②拡張適格財産について，99万円枠の審査を行い，現金（普通預貯金を含む。）と拡張適格財産の合計額が99万円以下の場合には，原則として拡張相当とし，99万円を超える場合には，その超過部分については，不可欠性の要件を満たさない限り，拡張不相当と判断するというものである。

したがって，申立代理人としては，原則拡張相当と判断される事案かどうかを明らかにするために，定型的拡張適格財産以外の財産の有無並びに現金（普通預貯金を含む。）及び拡張適格財産の合計額が99万円を超過するか否かを明らかにする必要がある。

自由財産拡張申立てについての詳細は，本書66頁以下を参照されたい。

(6) 個人事業者関係事項

以下のアからキまでは個人事業者の場合に記載する。

ア 店名・屋号

現実に使用していたものを記載する（複数ある場合は併記する。）。

イ 事業内容

現実に営んでいた事業の内容を具体的に記載する。

ウ 事業用物件（営業所，店舗，倉庫，社宅，駐車場等）の有無及び状況

郵便の送付される店舗や営業所等の所在地を管轄する日本郵便株式会社取扱郵便局についても記載する必要がある。

エ 従業員の有無及び状況

オ 支払停止の状況

カ 取戻権行使の見込みの有無及び状況

キ 売掛金の回収

ク 貸付金の回収

ケ 機械・工具類・什器備品・在庫商品の有無

コ 継続的契約の状況（事業以外に利用している場合を除く。）

サ 粉飾決算の有無

前記ウからサまでについては，法人破産申立書添付の報告書と同様の要領で記載する。

3 報告書（本書393頁【資料205】）

同時廃止用の書式と同一の書式である。

(1) 申立人の経歴等

ア 職 歴

現在の就業状況から過去にさかのぼる方法で，申立ての7年前まで漏れなく記載する。

イ 結婚，離婚歴等

結婚，離婚歴等については，全て記載する。

60 第2章 申立代理人の手引

　ウ　家族の状況

　　　①配偶者（内縁関係も含む。），②家族以外の同居人（友人等），③別居中の親又は子を記載する。

　エ　死亡した父母等の相続の状況

　　　父母等の親族について相続が発生している場合，相続財産の有無等に関わりなく，忘れずに記載する。

　オ　現在の住居の状況

　　　当てはまるものにチェックする。申立人以外の者の所有又は賃借の家屋に無償で居住している場合は，その者の氏名及び申立人との関係を忘れずに記載する。

(2)　破産申立てに至った事情

　ア　多額の借金をした理由

　　　借入れの当時における申立人の平均月収と家計支出等の状況を比較して，他の原因（例えば浪費等）によって結果的に生活費が不足しているにすぎない場合には，安易に「生活費不足」を選択しないように注意する。

　イ　支払不能の時期及び受任通知発送日

　　　申立代理人において，申立てに至る経緯等を踏まえて，支払不能時期をできるだけ客観的に特定した上，本欄所定の場所に記載する。

　ウ　具体的事情

　　　生い立ち等は省略し，借入れを始めたころから破産申立てに至るまで時系列に従って記載する。何らかの理由でいったん負債を解消したような場合は，その経緯自体はごく簡単に触れるにとどめ，今回の破産申立てに関連する借入れについて主に説明するようにする。

　　　「生活費不足」や「事業の経営破綻」といったキーワードだけを記載するのではなく，それに至った具体的理由が分かるようにする（例えば，「生活費不足」であれば，借入れ当時の平均月収や平均家計支出の額をできるだけ具体的に記載する

ようにする。）。

　申立人から聴取した結果が，他欄の記載内容と齟齬がない
か検討の上，1，2頁程度に簡潔にまとめて記載する。

(3)　**免責不許可事由に関する報告**

　債権者一覧表や事実経過の記載内容から免責不許可事由がう
かがわれるにもかかわらず，単に「無」と選択して申し立てない
ように注意する。報告書は，免責の許否を判断するための基本
的な資料であるから，申立代理人において，各チェック項目を参
考にしながら，申立人の申述内容に不合理な点が認められない
かを検討するように心がける。

　ア　**浪費等**

　当時の資産・収入に見合わない過大な支出又は賭博その他
の射幸行為をしたことの有無（法252①四）につき調査した結果
を本欄に記載する。

　なお，本欄は，金額や回数の多寡を問わず（評価を加えず）
に記載する。

　その際，家計収支表に高額の支出はないか，通帳に宝くじや
競馬（NCK名義，JRA名義）等のための引き落としの記載がな
いか確認した上，申立人の申述内容に不合理な点が認められ
ないかを検討する。

　イ　**廉価処分**

　信用取引によって商品を購入し著しく不利な条件で処分し
たこと（法252①二）につき調査した結果を本欄に記載する。

　申立て前2年以内の時期に，廉価処分を行っていないかを確
認の上記載する。

　ウ　**偏頗行為**

　支払不能になっていることを知りながら，一部の債権者に
偏頗的な行為（非本旨弁済等）をしたこと（法252①三）につい
て調査した結果を本欄に記載する。

　特に，知人や親族等へ非本旨弁済をしていないか（例えば，

62　第2章　申立代理人の手引

家計収支表にその旨の記載があるかどうか）を確認する。

　また，申立て直前に（根）抵当権や所有権移転仮登記の設定
登記がされていないかを不動産登記事項証明書等で確認する。

エ　詐　術

　破産申立て前1年以内に他人の名義を勝手に使ったり，生年
月日，住所，負債額及び信用状態を誤信させて，借金をしたり
信用取引をしたこと（法252①五）がないかにつき調査した結果
を本欄に記載する。

　債権者一覧表の借入の年月日欄を見て，破産申立て前1年以
内で支払不能（実質的な支払不能はいつかを基準に判断する。）
後のものはないかを確認の上，該当する場合には，破産者が氏
名や生年月日，住所，負債額及び信用状態等について虚偽の事
実を述べて借入れを行っていないかをさらに調査し，虚偽陳
述の事実があるときは，報告書に記載する。

　また，換金目的でクレジットカードによって商品を購入し
ている場合には，詐術に該当するので，本欄に記載する。カー
ドの利用明細に高額な新幹線チケットや商品等の金券の購入
の記載がある場合は換金目的の可能性が高いので，特に注意
を要する。

オ　免責不許可事由に該当しない，又は裁量により免責され得
る事情

　前記各免責不許可事由にかかわる事実がある場合であって
も，それが免責不許可事由に該当しない，又は該当するとして
も裁量免責が認められるべきであると考えられるときは，そ
の意見を本欄に記載する。免責不許可事由に該当する事実を
記載しているのに，漫然とこの欄で「無」にチェックしないよ
う注意が必要である（裁量免責が相当でないことを自認した
ことになってしまう。）。

4　家計収支表（本書400頁【資料206】）

同時廃止用の家計収支表と同一書式である。

大阪地裁では，申立て前2か月分の家計収支表の提出が必要である。

5　添付目録（自然人用）（本書401頁【資料207】）

6　資産及び負債一覧表（自然人用）（本書402頁【資料208】）

7　債権者一覧表（本書402〜406頁【資料209〜216】）

　　5から7までについての記載要領は，いずれも法人破産申立書記入要領で述べたものと同様である。

8　被課税公租公課チェック表（自然人用）（本書407頁【資料217】）

　　給与所得者等，事業者，共通項目に分類されている。

　　現在滞納していなくても，将来的に発生し，交付要求がなされる見込みがある公租公課の内容を確認するために作成するものである。したがって，分類に従い，滞納項目だけではなく，課税されているすべての項目にチェックし，必要事項を記載する。

　　そのため，給与所得者等で，源泉所得税・住民税（特別徴収）・健康保険料・介護保険料・厚生年金保険料が給料から天引きされており，滞納がない場合でも，該当箇所にチェックしておくことになるが，この場合，破産手続開始決定通知書は送付されないので，所在地等は記載の必要はない（そのため，書式にはあらかじめ斜線が引いてある。）。

9　財産目録

　　自由財産の拡張の申立てをする場合には，そのチェック等を忘れないようにする。

　　なお，申立人が現金を含めて99万円を超える財産を有しており，99万円を超える部分について自由財産拡張を求めない場合，「自由財産及び拡張を求める財産の額」の合計が99万円を超えないよう調整して金額を記載する。

　　自由財産拡張の基準等については，自由財産拡張制度の運用基準（本書71頁）を参照されたい。

(1)　総括表・自然人用（本書408頁【資料218】）

　ア　現　金

　　　現金については，保有する現金額を自由財産の額及び拡張

を求める財産の額欄に記載する（保有する現金額に引継予納金を含む場合には，当該金額を，自由財産の額及び拡張を求める財産の額からは控除しておく。）。

なお，過払金を回収済みの場合も，回収費用及び報酬を控除した後の金額を自由財産の額及び拡張を求める財産の額欄に記載し，あわせて，当該現金が過払金を回収した残額であることを付記する。また，当該過払金については，倒産直前の処分行為等一覧表（本書417頁【資料237】）にも記載の上，参考となるべき事項欄に和解内容や回収費用及び報酬として控除した金額を記載する。回収済みの過払金の一部をいわゆる有用の資に既に充てている場合は，その金額及び具体的な使途を明示する（未回収の過払金については，後記(2)参照）。

イ　現金以外

現金以外については，総括表の自由財産の額及び拡張を求める財産の額欄に，個別目録の自由財産拡張申立欄の合計に記載した金額を転記し，その総額を合計欄に記載する。

(2)　過払金目録（本書411頁【資料224】）

合意の成立を問わず，未回収の過払金については，過払金目録に記載する。

額面額欄には，引き直し計算額を，「合意額又は見込み額」欄には，書面・口頭を問わず合意ができた金額又は見込額を，回収費用控除予定額欄には，回収費用及び報酬として控除を希望する額を，回収費用控除後残金欄には，その差引額を記載する（本書78頁参照）。

なお，前記(1)のとおり回収済みの過払金は総括表・自然人用（本書408頁【資料218】）の現金欄に記載する。

(3)　その他の個別目録（本書408〜410頁【資料219〜223】，411〜415頁【資料225〜233】）

簿価等欄，回収見込額欄等の記載要領は，法人用の財産目録の

記入要項と同様である。

　なお，居住用建物の賃借保証金・敷金の回収見込額については，契約書上の返還金額から滞納賃料及び60万円（原状回復費用等の相当額）を控除した金額を当該欄に記載する。

　自由財産拡張を求める場合は，各個別目録の拡張を求める個々の財産の自由財産拡張申立欄にチェックし（0円でもチェックする。），その回収見込額の合計を自由財産拡張申立欄の合計に記載する。

10　処分済財産等一覧表（本書416頁【資料234】）

　決算書が存在する事業者については，最終の決算書に記載されており，かつ財産目録に記載のない財産を記載する。それ以外のものについては，過去2年以内に処分した財産で20万円以上の価値のあるものを記載する。

11　リース物件一覧表（本書416頁【資料235】）

12　係属中の訴訟等一覧表（本書417頁【資料236】）

13　倒産直前の処分行為等一覧表（本書417頁【資料237】）

14　疎明資料目録（自然人用）（本書418頁【資料238】）

15　管財人引継資料一覧表（自然人用）（本書419頁【資料239】）

　11，12，13，14，15についての記入要領は，いずれも法人用破産申立書と同様である。

※自由財産拡張申立書（本書421頁【資料240】）については，同時廃止事件として申し立てられた事件のうち管財手続へ移行した場合のみ必要であり，当初から管財事件として申し立てる場合には必要がない。

66　第3章　自由財産拡張手続

第3章　自由財産拡張手続

第1 | 自由財産拡張制度概論

1　本来的自由財産

　自然人の破産において，破産法上，当然に破産財団に属さないいわゆる自由財産となる財産（以下「本来的自由財産」という。）は，以下のとおりである。

① 　99万円以下の金銭（法34③一，民執131三，民執令1）

② 　①以外の差押えが禁止された財産（法34③二）

　㋐ 　民事執行法上の差押禁止動産（民執131）

　　ⓐ 　破産者及び生計を一にする同居の親族（民執97①）の生活に欠くことができない衣服，寝具，家具，台所用品，畳，建具

　　ⓑ 　破産者及び生計を一にする同居の親族の1か月間の生活に必要な食料，燃料

　　ⓒ 　農業，漁業従事者の農機具，漁具等

　　ⓓ 　技術者，職人，労務者等の業務に不可欠な器具等

　　など

　㋑ 　民事執行法上の差押禁止債権（民執152）

　　ⓐ 　給与債権－税金等を控除した手取金額の4分の3相当部分（ただし，手取金額が44万円を超える場合には，33万円が差押禁止債権）

　　ⓑ 　私人からの生計維持のための継続的給付に係る請求権（扶養

第1 自由財産拡張制度概論　　67

　　　請求権（民877），生命保険会社との年金保険契約に基づく継続的
　　　給付請求権等）－税金等を控除した手取金額の4分の3相当部分
　　　（ただし，手取金額が44万円を超える場合には，33万円が差押
　　　禁止債権）
　　ⓒ　退職金債権－税金等を控除した手取金額の4分の3相当部分
　Ⓦ　特別法上の差押禁止債権
　　ⓐ　生活保護受給権（生活保護58）
　　ⓑ　公的年金の受給権（国年24，厚年41①等），各種保険給付受給権
　　　（傷病手当金（健保52②，国保58②），出産育児一時金（健保52④，国
　　　保58①）等）
　　ⓒ　小規模企業共済の共済金（小規模企業共済法15）
　　ⓓ　中小企業退職金共済の共済金（中小企業退職金共済法20）
　　ⓔ　交通事故被害者の直接請求権（自賠16①・18）
　　ⓕ　平成3年3月31日以前に効力が発生している簡易保険契約の保
　　　険金又は還付金請求権（平成2年改正前の旧簡易生命保険法50）
　　ⓖ　災害弔慰金・災害障害見舞金の受給権及びその支給を受けた
　　　現金（災害弔慰金の支給等に関する法律5の2・8・9）
　　など
　Ⓔ　性質上の差押禁止債権
　　　一身専属性を有する権利
　　ⓐ　遺留分侵害額請求権（形成権）
　　ⓑ　離婚に伴う財産分与請求権
　　ⓒ　金額未定の慰謝料請求権
　　など

2　自由財産拡張制度の意義

　破産者の経済的再生（法1）のためには，現金が主となる本来的自由財産
だけでは十分でなく，それ以外の財産（預貯金等）についても自由財産と
して破産者の手元に残すことが必要である場合が通常である。そこで，破
産法は，裁判所が管財人の意見を聴いた上で，破産者の生活状況，破産手
続開始時に破産者が有していた本来的自由財産の種類及び額，破産者が収

68　第3章　自由財産拡張手続

入を得る見込みその他の事情を考慮して，自由財産の範囲を拡張する決定
をすることができるとする自由財産拡張制度を設けている（法34④⑤）。

3　自由財産拡張手続の基本的な流れと大阪地裁の運用

(1)　自由財産拡張手続の基本的な流れ

　自由財産拡張手続の流れは，まず，破産者から自由財産の範囲拡張の申
立て（以下「拡張申立て」という。）がなされ（法34④），管財人からの意見
聴取を経て（法34⑤），裁判所が拡張の裁判を行う（法34④）とされる。

　大阪地裁における自由財産拡張手続の運用は，以下のとおりである。

(2)　拡張申立て

　まず，破産者から拡張申立てがなされる（法34④）（本書58，63〜65，387，
408〜415，388，421頁【資料203，218〜233，204，240】参照）。

　法律上，裁判所は，職権によっても自由財産の範囲を拡張する決定を行
うことが可能である。しかし，具体的にどの財産を自由財産とするかを審
理するに当たっては，破産者本人の希望も尊重する必要がある。そこで，
大阪地裁では，拡張申立てがあった事件について拡張の裁判をすることを
原則としている。拡張申立ての方法は後述するが，基本的には拡張を希望
する財産を財産目録の所定欄にチェックするなどの簡易な方法で足りる。

(3)　自由財産拡張制度の運用基準に即した検討

　裁判所は，自由財産拡張の裁判をするに当たって，管財人の意見を聴か
なければならない（法34⑤）。

　大阪地裁では，多くの事件について拡張申立てがされることを想定し，
それらを円滑かつ適正に処理するため，自由財産拡張制度の運用基準（本
書71頁。以下「運用基準」という。）を策定しており，申立てがこれに合致
する場合は，原則として拡張が認められる。

　そこで，管財人は，拡張申立てに係る財産の時価を適切な方法で評価し，
破産者の生活状況等を考慮して，運用基準に照らして拡張の可否を調査す
る。

(4)　黙示の拡張決定

　拡張申立ての内容と管財人が運用基準に従って拡張すべきと判断した財
産の範囲が一致する場合，管財人が書面による明示的な意見を述べる必要

第1　自由財産拡張制度概論　69

はなく，また，裁判所が明示の拡張決定を行うこともない。管財人は，裁判所により拡張申立てを相当とする決定が黙示的にされたものとして，当該財産を換価せず，破産者に返還し処分を許す。

　拡張の裁判は，破産手続開始の決定の確定後1か月以内に行う旨規定されているが（法34④），この期間は不変期間ではないので裁判所が伸長することができる（法13，民訴96①参照）。そこで，大阪地裁では，管財人の調査や後記(5)の意見調整に時間を要した場合，上記の法定期間経過後でも，黙示の期間の延長がなされたものとして拡張の判断をすることを認める運用が行われている。なお，開始決定の官報掲載までに約2週間を要することが通常であり，掲載から即時抗告期間2週間（法33①・9）を経過して開始決定が確定することから，上記期間の経過までは，破産手続開始決定から約2か月となる。

　(5)　管財人と申立代理人（破産者）との意見調整

　拡張申立ての内容と管財人が拡張すべきと判断した財産の範囲が一致しない場合，管財人は，申立代理人（申立代理人がいない場合，破産者。以下，本章において，「申立代理人」とあるのは，適宜同様の読替えを行う。）にその旨を伝え，協議を行う。

　協議の結果，管財人の意見を相当と判断した申立代理人は，一部取下げを行うなどして，拡張申立ての内容を変更する。この変更により，拡張申立ての内容と管財人が拡張すべきと判断した財産の範囲が一致することになるから，前記(4)と同様の処理がなされる。なお，協議が難航している場合には必要に応じて裁判所と協議をすることが望ましい。

　(6)　明示の拡張に関する決定

　管財人と申立代理人の意見が両者の協議によっても一致せず，申立代理人が拡張申立ての内容を変更しない場合，管財人は，拡張申立ての全部又は一部が不相当であると判断した理由を記載した自由財産拡張に関する意見書（本書485頁【資料607】）を裁判所に提出する。裁判所は，管財人の意見を考慮した上，拡張に関する決定を行い，決定書を破産者及び管財人に送達する（法34⑦）。

　大阪地裁において，管財人と申立代理人の意見調整ができない場合にのみ明示の意見陳述及び拡張に関する決定を行うこととしているのは，前記

(3)のとおり拡張についての運用基準が設けられており，これに合致する拡張申立てについては裁判所が拡張を認める判断をすることが明らかであることから，明示の意見陳述及び明示の決定を行う必要性に乏しく，他方，管財人と申立代理人の意見が一致しない場合には，破産者の不服申立ての機会を奪わないために明示的な判断を行う必要があることによる。

　なお，明示の拡張決定がされる場合であっても，管財人と申立代理人の意見が一致する範囲については黙示の拡張決定がなされたものとして取り扱えば足りる。この場合，管財人は，どの部分について意見が一致しているかを明確にするため，当該財産の備考欄に「拡張済み」と記載し，拡張済額欄に金額を記載した財産目録を作成し，意見書に添付して，裁判所に提出する。

(7) 拡張に関する決定に対する不服申立て

　拡張に関する決定に即時抗告をすることができるのは，破産者のみであり（法34⑥），管財人及び破産債権者は不服申立てをすることができない。即時抗告期間は，破産者が拡張に関する決定の送達を受けてから1週間である（民訴97。法34条7項後段で法10条が不適用のため，法9条の2週間ではない。）。

(8) 大阪地裁の運用のフローチャート

　以上の大阪地裁の運用の流れは次のようになる。

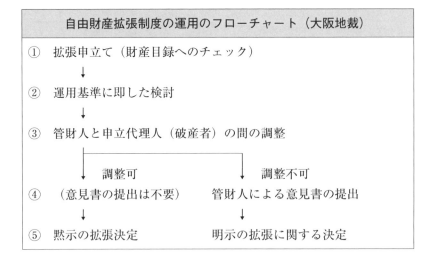

4　自由財産拡張制度と免責との関係

　免責不許可事由がある場合であっても，自由財産拡張制度と免責とは
趣旨の異なる全く別個の制度であって，両者を連動させるべきではなく，
あくまで拡張申立てについては免責不許可事由の存否を考慮せずに運用
基準に従い判断すべきである。

　この点，破産者に著しい免責不許可事由が存在すると考えられる場合
に，管財人が破産者に対して裁量免責のための積立てをさせることがあ
る（本書36，345頁参照）。しかし，これは，破産者に著しい免責不許可
事由が存在する場合に債権者への弁済原資となる積立てを行わないと裁
量免責をすべきでないと判断した場合にされるものであって，自由財産
拡張とは無関係であり，免責不許可事由があることをもって拡張を否定
する要素とすべきではない。

5　自由財産拡張制度と否認との関係

　破産者が偏頗的な行為や詐害的な行為をして否認が問題となる場合
（本書192頁以下参照）であっても，自由財産拡張制度と否認とは，趣旨
の異なる全く別個の制度であることから，否認対象行為を考慮して自由
財産拡張の範囲を判断する必要はなく，あくまでも拡張の判断は運用基
準に従い，否認対象行為については別途否認の問題として対処すべきで
ある。

第2　自由財産拡張制度の運用基準

〇自由財産拡張制度の運用基準

1　拡張の判断の基準

　　拡張の判断に当たっては，まず①拡張を求める各財産について後
記2の拡張適格財産性の審査を経た上で，②拡張適格財産について

72　第3章　自由財産拡張手続

後記3の99万円枠の審査を行う。なお，99万円を超える現金は，後記2の審査の対象とはならず，後記3の99万円枠の審査の対象となる。

2　拡張適格財産性の審査
(1)　定型的拡張適格財産
　　　以下の財産は，拡張適格財産とする。なお，電話加入権は，破産手続において財産として評価しないことになった（本書53頁）ことから，定型的拡張適格財産から除外された。ただし，破産者が拡張を求めてきた場合，後記(2)の相当性を有する拡張適格財産として自由財産拡張を認めて構わない。この場合，電話加入権の価額は0円とする。
　　①　預貯金・積立金（なお，預貯金のうち普通預金は，現金に準じる。）
　　②　保険解約返戻金
　　③　自動車
　　④　敷金・保証金返還請求権
　　⑤　退職金債権
　　⑥　申立時において，回収済み，確定判決取得済み又は返還額及び時期について合意済みの過払金返還請求権
(2)　(1)以外の財産
　　　原則として拡張適格財産とならない。
　　　ただし，破産者の生活状況や今後の収入見込み，拡張を求める財産の種類，金額その他の個別的な事情に照らして，当該財産が破産者の経済的再生に必要かつ相当であるという事情が認められる場合には，拡張適格財産とする（相当性の要件）。
(3)　手続開始時に財産目録に記載のない財産
　　　原則として拡張適格財産とならない。ただし，破産者が当該財産を財産目録に記載していなかったことにつきやむを得ない事情があると認められる場合については，その財産の種類に応じて(1)又は(2)の要件に従って拡張適格財産性を判断する。

3 99万円枠の審査

(1) 拡張適格財産の価額の評価

原則として時価で評価する。

ただし，敷金・保証金返還請求権（前記2(1)④）は契約書上の金額から滞納賃料及び明渡費用等（原則として60万円）を控除した額で評価し，退職金債権（同⑤）は原則として支給見込額の8分の1で評価する。

(2) 現金及び拡張適格財産の合計額が99万円以下の場合

原則として拡張相当とする。

なお，後記(3)の場合に99万円超過部分に相当する現金を破産財団に組み入れることにより，財産の評価額を組入額分低減させ，実質的に拡張を求める財産の額を99万円以下とすることが可能である。

(3) 現金及び拡張適格財産の合計額が99万円を超える場合

原則として99万円超過部分について拡張不相当とする。

ただし，破産者の生活状況や今後の収入見込み，拡張を求める財産の種類，金額その他の個別的な事情に照らして，拡張申立てされた99万円超過部分の財産が破産者の経済的再生に必要不可欠であるという特段の事情が認められる場合には，例外的に拡張相当とする（不可欠性の要件）。

1 概 説

大阪地裁では，破産者や破産債権者にとって拡張について予測可能で公平な運用であることが望ましいことから，運用基準を作成し，管財人が拡張の当否について意見を述べる際の指針を提示している。

まず，①拡張を求める各財産について，財産の性質から自由財産拡張の対象とすることができる財産（拡張適格財産）か否かの審査を行う（拡張適格財産性の審査）。この審査では，定型的な拡張適格財産として6ジャンルの財産類型を定め，それに該当する財産は当然に拡張適格財産となり，

74　第3章　自由財産拡張手続

それ以外の財産については，原則として拡張適格財産とならないが，相当性の要件（運用基準2(2)）を満たせば拡張適格財産となる。

　その上で，②拡張適格財産について99万円枠の審査を行い，現金及び拡張適格財産の合計額が99万円以下の場合には，原則として拡張相当とし，99万円を超える場合は，不可欠性の要件（運用基準3(3)）を満たさない限り，99万円を超える部分の拡張は不相当とされることになる（99万円枠の審査）。

2　運用基準の具体的解説

(1)　本来的自由財産

ア　現金・普通預金

99万円以下の現金は本来的自由財産である。また，普通預金（通常貯金等を含む。以下同じ。）は，現金に準じて取り扱う。

イ　直前現金化・普通預金化

　ただし，実質的危機時期以降に現金・普通預金以外の財産を現金化・普通預金化した場合は，同時廃止事件と破産管財事件の振分けの場面と異なり，原則として，現金・普通預金とは扱わず，現金・普通預金化される前の性質を有する財産とみなすことになる。

ウ　有用の資

　もっとも，実質的危機時期以降に財産を現金・普通預金化してそれを有用の資に充てること自体はやむを得ず，それによって費消された財産は，破産財団を構成しないものとして扱うことができる。

　有用の資の具体例としては，申立費用や予納金，生活費，医療費，転居費用，葬儀費用，学費又は公租公課等で，相当な範囲内の金額のものが挙げられる。

(2)　拡張適格財産性の審査

ア　定型的拡張適格財産（運用基準2(1)①～⑥）ごとの留意点

定型的な拡張適格財産ごとの留意点は以下のとおりである。

(ア)　預貯金・積立金（運用基準2(1)①），保険解約返戻金（同②）

a　普通預金と拡張申立ての必要性

普通預金は，財布の延長としての社会的実態があることから，現金に準

じて取り扱う。ただし，財産上の性質はあくまでも預金債権である以上，拡張申立て自体は必要である。

b　評価額

預貯金・積立金残高，保険解約返戻金額（契約者貸付の利用がある場合は，貸付残額控除後の金額）がそれぞれ評価額となる。

c　預貯金の開始決定時の残高の確認

預貯金は，申立てから破産手続開始決定までの間に給料や年金等が預金口座に振り込まれるなどして財産の評価額に変動が生じていることが考えられる。したがって，管財人は，開始決定後の記帳等により開始決定時の預貯金残高を確認する必要がある（本書139頁参照）。

d　保険解約返戻金の資料の確認

保険解約返戻金についても，資料の入手時期が開始決定から相当以前のものであるなど，当該資料が時価を証明するものとして不十分と認められたときは，新たに資料を入手して評価を行う。

e　破産者への返還

破産者・申立代理人と管財人が打合せを行った時点で，自由財産拡張の対象となることが明らかである財産については，開始決定時の財産の価額（預金の場合最終記帳等）を確認し，必要に応じて資料を作成する（通帳のコピーをとる等）などした後，破産者に財産（通帳原本等）を返却して差し支えなく，破産者の経済的再生のためにはそれが望ましいといえる。そのため，預貯金については，破産者・申立代理人と管財人との打合せが開始決定後となる場合，管財人は，破産者又は申立代理人が開始決定後に記帳を行うよう促して打合せに臨むと，その評価を簡易かつ迅速に行うことができる。

f　出資金の取扱い

出資金であっても，信用金庫や共済の出資金等，性質上，預貯金・積立金や保険解約返戻金と同視し得るものについては，定型的拡張適格財産に準じて，それらと同様に取り扱うことができる。また，積立金には，互助会や社内積立の積立金等も含まれる。

76　第3章　自由財産拡張手続

　　（イ）　自動車（運用基準2(1)③）
　　　a　評価額
　自動車は，査定評価額が評価額となる。
　しかし，普通自動車で初年度登録から7年，軽自動車・商用の普通自動車で5年以上を経過しており，新車時の車両本体価格が300万円未満であって，外国製自動車でない場合には，損傷状況や付属品等からみて価値があるとうかがわせる特段の事情がない限り，査定評価を受けることなく0円と評価してよい。
　　　b　拡張が認められうる台数
　拡張対象となる自動車は，必ずしも1台に限られない。
　　　c　破産者への返還
　拡張が認められ，自動車を破産者に返還する場合の運行供用者責任等の注意点については，本書90頁参照。また，破産者の日常の移動手段としての自動車については，速やかに拡張の可否を判断し，可能な限り破産者・申立代理人と管財人との面談時かこれに近接する時期に返還する（現実の引渡しを受けない）ことが破産者の経済的再生のためには望ましい。
　　　d　自動二輪車
　自動二輪車も，自動車に準じて扱えば足りる。
　　（ウ）　敷金・保証金返還請求権（運用基準2(1)④）
　　　a　居住用物件の敷金・保証金返還請求権の評価額
　破産者の居住する賃借物件の敷金・保証金返還請求権は，契約上の返還金から，①滞納賃料のほか，②明渡費用等を考慮した60万円（見積書等により60万円以上要すると認められる場合は，その額）を控除した金額をもって評価額とする。
　　　b　非居住用物件の敷金・保証金返還請求権
　家財や自動車保管のために賃借しているトランクルーム，ガレージや駐車場の敷金・保証金返還請求権も定型的拡張適格財産として拡張対象となる。ただし，この場合には，60万円を明渡費用とみなして控除するという上記ルールは適用されず，契約上の返還額から滞納賃料及び明渡費用等の見積額を控除した金額が評価額となる。

第2　自由財産拡張制度の運用基準　77

c　事業用物件の敷金・保証金返還請求権

　事業用の賃借物件の敷金・保証金返還請求権であっても，破産者が破産手続開始後も事業を継続している場合には，定型的拡張適格財産として拡張対象となる。ただし，60万円を明渡費用とみなして控除するという前記ルールは適用されず，契約上の返還額から滞納賃料及び明渡費用等の見積評価額を控除した金額をもって評価額とする。

（エ）　退職金債権（運用基準2(1)⑤）

a　評価額

　破産手続開始決定の時点で退職した場合に支給される退職金の4分の3の部分は差押禁止となっており（民執152），この部分は本来的自由財産である。そして，差押えの対象として破産財団を構成しうる残りの4分の1の部分についても，退職金が将来退職する際に具体的に支給されるものであり，退職までの間に不祥事を起こして懲戒解雇されたり，勤務先が倒産するなどして，退職金を受給できなくなるなどのリスクも存する。このようなリスクを考慮して，開始決定時に退職したと仮定した場合の自己都合による退職金支給見込額の8分の1相当額をもって評価額とする。ただし，退職金支給が近々に行われる（例えば，半年以内に定年を迎える）場合には，上記リスクは存在しないことから，8分の1ではなく，4分の1あるいはそれに近い額を評価額とするなど，事案に応じた評価を行う。

b　基礎資料

　退職金額の基礎資料は，勤務先発行に係る退職金証明によることを原則とし，それが入手できない場合は退職金規程及びこれに基づく計算等による。

（オ）　過払金（運用基準2(1)⑥）

a　拡張適格財産となる過払金

　破産申立てまでに，①申立代理人が貸金業者から過払金を回収している場合，②貸金業者に対して確定判決を得ている場合，③申立代理人と貸金業者との間で過払金の返還額及び返還時期についての合意ができている場合には，過払金も定型的拡張適格財産となる。

b　口頭による合意

　前記a③にいう合意は，書面による合意に限られず，口頭による合意で

78 第3章 自由財産拡張手続

あっても差し支えない。ただし，書面による合意に至っていない場合，申立代理人は，申立時に裁判所に提出する財産目録等に，口頭での合意が既にできていること及び合意の内容を必ず明示する必要がある。また，返還される過払金の振込先は，申立代理人名義の預り金口座等の申立代理人が管理する口座にする必要がある。

c 合意の時的限界

貸金業者との合意などは，破産申立てまでに行われていることが必要である。破産申立後に合意などに至ったとしても，定型的拡張適格財産とは認められない。

d 費用等の控除と財産目録への記載方法

申立代理人は，返還合意額，確定判決で認容された過払金額又は回収済みの過払金から，相当な範囲で，回収費用及び報酬を控除することができる。

過払金を回収済みの場合（前記 a ①）は，財産目録（本書408頁【資料218】）の「現金」欄に，回収費用及び報酬を控除した後の金額を記載し，併せて，当該現金が過払金を回収した残額であることを付記する。また，当該過払金については，倒産直前の処分行為等一覧表（本書417頁【資料237】）にも記載の上，「参考となるべき事項」欄に和解内容や回収費用及び報酬として控除した金額を記載する。回収済みの過払金の一部を有用の資に既に充てている場合は，その金額及び具体的な使途を明示する（本書46，64頁参照）。

貸金業者に対して確定判決を得ている場合（前記 a ②）は，原則として，過払金目録（本書411頁【資料224】）の「額面額」及び「合意額又は見込み額」欄に判決主文の額面額を，「回収費用控除予定額」欄に回収費用及び報酬として控除を希望する額を，「回収費用控除後残金」欄に判決主文の額面額から回収費用及び報酬を控除した残額を記載の上，「合意又は債務名義取得」欄にチェックを入れる。ただし，回収可能性の点から判決で示された額面額を評価額とすることが不合理な場合は，貸金業者の経営状況や申立代理人と業者の交渉経過等に鑑みて適切な評価を行い，その金額を「合意額又は見込み額」欄に記載する（本書52，64頁参照）。

過払金につき返還合意済みの場合（前記 a ③）は，過払金目録（本書411頁【資料224】）の「額面額」欄に引き直し計算額を，「合意額又は見込み額」欄に返還合意済みの額面額を，「回収費用控除予定額」欄に回収費用及び報酬として控除を希望する額を，「回収費用控除後残金」欄に返還合意済みの額面額から回収費用及び報酬を控除した残金を記載の上，「合意又は債務名義取得」欄にチェックを入れることとなる（本書52，64頁参照）。

e　申立代理人による保管

申立代理人が引継予納金を準備するために過払金を回収し，又は既に回収済みの過払金を引継予納金に充てる場合，回収した過払金から引継予納金を管財人に引き継ぐとともに，その残額（ただし，回収費用及び報酬並びに既に有用の資に充てた分を除く。）は，自由財産拡張についての判断が出るまで，申立代理人において保管する。

イ　定型的拡張適格財産以外の財産　(運用基準2(2))

（ア）　相当性の要件

運用基準2(2)は，定型的拡張適格財産以外の財産について原則として拡張不相当とし，例外的に「相当性の要件」を満たす場合に限り拡張相当とする。

管財人は，破産者の経済的再生に必要かどうかだけではなく，当該財産の種類や金額，破産者が当該財産をそのまま保有し続ける予定なのか，それとも換価することにより有用の資に充てる予定なのかなどの事情を検討し，個別具体的に相当性の有無を判断する。

（イ）　不動産

不動産は，仮に破産者の経済的再生に必要と認められる場合であっても，客観的評価の困難性や，破産者の財産の適正かつ公平な清算という破産制度の目的との整合性に鑑みると，相当性を認めることは困難であろう。もっとも，不動産の換価が困難な場合に，財団から放棄することを否定するものではない。

（ウ）　売掛金・事業に関連する動産

売掛金や事業に関連する動産（在庫商品や什器備品など。なお，差押禁止動産に該当する場合は，そもそも本来的自由財産である。）は，たとえ事

業継続が破産者の経済的再生の手段になっている場合であっても，破産者に管理処分権が帰属することにより混乱が生じるおそれがあること，事業に関連した債権者がいる場合には当該債権者との衡平などを考慮して，慎重に相当性を判断する必要があろう。

なお，相当性がないと判断される場合には，原則として管財人が換価することになるが，時価相当分の価額を破産者が財団に組入れすることで事案に即した処理を行うことも可能である。

（エ）　株式

株式を破産者が換価することなく保有し続ける予定の場合には，破産者の経済的再生に必要とは認められず，また破産制度の目的との整合性に鑑みると，相当性を認めることは困難であろう。

これに対し，それを換価して生活費や医療費などに充てる予定の場合には，相当性が認められることもあろう。

（オ）　損害賠償請求権・保険金請求権

交通事故などによる損害賠償請求権や，疾病による保険金請求権などは，破産財団に帰属する場合であっても，比較的相当性が認められやすいといえよう。

（カ）　定型的拡張財産と同視しうる財産

定型的拡張適格財産（運用基準2(1)①〜⑥の6ジャンルの財産）と同視し得る財産の場合には，定型的拡張適格財産に準じた運用が可能である（前記ア（ア）f（本書75頁）参照）。

ウ　手続開始時に財産目録に記載のない財産（運用基準2(3)）

（ア）　原則的な取扱い

運用基準2(3)は，破産手続開始時に財産目録に記載のない財産について，破産者から自由財産拡張申立てがなされたとしても，財産の種類いかんにかかわらず，原則として拡張適格財産とならないとする。したがって，申立人（破産者）及び申立代理人は，申立人の財産について十分調査の上，管財人が破産者の財産の全容を把握する際の出発点となる申立書の財産目録を正確に記載する必要がある。

第2　自由財産拡張制度の運用基準　　81

（イ）　例外的な取扱い

　手続開始時に財産目録に記載のない財産であっても，破産者が当該財産を財産目録に記載していなかったことにつきやむを得ない事情があると認められる場合には，その財産の種類に応じて，運用基準2(1)又は(2)に基づいて，拡張適格財産になるか否かを判断することになる。

　「財産目録に記載していなかったことにつきやむを得ない事情があると認められる場合」とは，例えば，申立書の中には当該財産に関する記述がある場合や，当該財産に関する資料は提出されている，当該財産が無価値又は低廉でかつ長期間放置されていたものであるなど，単純な財産目録への記載漏れであることが記録，資料又は破産者からの聴取りから明らかな場合や，当該財産が自己の管理下になかったことにより財産そのものを把握していなかった場合，あるいは，自己に帰属する財産とは考えておらず，そう考えたことについて無理からぬ事情がある場合などが考えられる。

（3）　99万円枠の審査（運用基準3）

　ア　拡張適格財産の価額の評価（運用基準3(1)）

　（ア）　価額評価の指針

　管財人は，99万円枠の審査の前提として，個々の拡張適格財産の時価を適切な方法で確認し，評価しなければならない。運用基準が時価の評価方法を具体的に定めるものとして，敷金・保証金返還請求権（前記(2)ア(ウ)）及び退職金債権（同(エ)a）がある。また，預貯金・積立金及び保険解約返戻金（同(ア)b），自動車（同(イ)a）並びに過払金（同(オ)d）については，前記該当箇所を参照されたい。

　（イ）　基準時

　評価の基準時は，開始決定時である。ただし，預貯金については開始決定時の残高を確認するが（前記(2)ア(ア)c），それ以外の財産については，できる限り近接する時点の時価資料で足りる。

　（ウ）　基礎資料

　評価は，第一次的には，破産者又は申立代理人から提出された破産申立書添付資料又は破産管財人が直接引継ぎを受けた関係資料を基にして行う。

82 第3章 自由財産拡張手続

　自由財産拡張のための資料収集を原則として自由財産拡張を申し立てる破産者又は申立代理人において行うこととしているのは，管財人から金融機関等に問い合わせをすると，金融機関等から拡張に係る決定書等の文書の提出を後に求められるなど，事務が繁雑になることが予想されることからである。

　　イ　現金及び拡張適格財産の合計額が99万円以下の場合
　原則として，拡張相当となる。
　99万円以下であるにもかかわらず，拡張不相当となる例外的な場合としては，例えば，家計に大幅な黒字が出ることが継続して見込まれるような収入がある場合や，生活に無関係な自動車を複数台有している場合，現金以外の本来的自由財産（例えば小規模企業共済の共済金）だけで99万円を超える財産がある場合等が考えられる。

　　ウ　現金及び拡張適格財産の合計額が99万円を超える場合
　現金及び拡張適格財産の合計額が99万円を超える場合，破産者の生活状況や今後の収入見込み，拡張を求める財産の種類・金額その他の個別的な事情に照らして，99万円を超える財産が破産者の経済的再生に必要不可欠であるという特段の事情が認められる場合には，例外的に拡張相当とする。
　なお，99万円を超える財産の拡張が認められる場合は例外的取扱いであるため，管財人は，上記特段の事情が認められると考えた場合であっても，直ちに拡張相当とは判断せずに，まずは，裁判所に特段の事情について報告をした上で，裁判所と拡張の可否について十分な協議を行う必要がある。
　これまでに99万円を超える財産の拡張が例外的に認められた事例をみると，財産の種類としては生命保険の解約返戻金や現金，預貯金等の場合が多い。
　また，これらの事例において破産者に多く共通する事情としては，①高齢である，②収入の途がないか極めて乏しい状況である，③破産者自身が病気や障害を抱えていたり，その親族に要介護の者がいたりして，就労が困難であり，経済的負担が大きい状況にある，④入退院を繰り返していて高額の医療費がかかる，⑤保険の再加入が認められない事情がある等が挙げられる。

また，現金及び拡張適格財産の合計額が99万円を超える場合であっても，超過部分を現金で破産財団に組み入れることにより，実質的な合計額を99万円以下として拡張することも可能である（運用基準3(2)）。例えば，現金がなく，解約返戻金が150万円である保険が唯一の拡張適格財産である場合，親族などが現金51万円を用意してこれを破産財団に組み入れ，解約返戻金の実質的な評価額を99万円とすれば，拡張を認めることが可能である。この場合の財産目録の記載は，当該保険の拡張済額欄に150万円と記載した上で，99万円超過部部分組入れという科目を設定し，拡張済額欄にマイナス51万円と記載する方法（本書482頁【資料604】参照）と，当該保険の管財人評価額・回収額欄をそれぞれ51万円とし，拡張済額欄を99万円とした上で，備考欄に自由財産拡張と回収を組み合わせた旨を記載する方法のいずれも構わない。なお，上記のケースで，破産者が契約者貸付を受けて51万円を破産財団に組み入れる方法も可能であるが，受領方法などについて，管財人と申立代理人との間で十分な調整が必要である。

第3 申立代理人の注意事項

1 受任時

(1) 自由財産拡張制度の説明

自然人である債務者にとって，免責を受けて債務の負担から免れることができるかとともに，どの程度の財産を開始決定後も保有し続けられるかは重要な関心事である。したがって，申立代理人は，自由財産拡張制度の趣旨や運用基準を正確に理解し，債務者に丁寧に伝えることが必要となる。

(2) 債務者の保有する財産等の調査及び債務者の希望の確認

債務者から手持現金及びその他の財産の保有状況や，今後の収入や家計支出の見込み等といった生活状況を正確に聴取する。その上で，債務者が破産手続開始後にどのような財産を手元に残したいと考えているのかにつ

84　第3章　自由財産拡張手続

いて正しく把握するように努める。

　なお，手続開始時に財産目録に記載のない財産は，原則として拡張の対象としない運用となっているので，破産申立て時に財産の申告漏れがないように特段の注意が必要である（本書80頁参照）。特に，通常であれば申立人の経済的再生のために必要となると考えられる財産（破産手続開始後も居住を予定している賃借物件である自宅に付保している住宅総合保険の保険解約返戻金など）や，他の拡張申立てに係る財産と一体として拡張申立ての対象とすべきもの（信用金庫等の預金を拡張申立ての対象としている場合における当該信用金庫等に対する出資金など）などについて，漏れがないか注意する必要がある。

　(3)　財産の評価額の調査

　拡張を求めようとする財産について，適切な資料を収集し，時価額及びこれを基礎とする運用基準上の評価額を確認する必要がある。

　なお，各財産の時価は，破産手続開始決定時を基準に評価することになっている。したがって，拡張申立てから破産手続開始決定までの間に給料や年金等が預金口座に振り込まれるなどして，財産の評価額に変動が生じた場合，結果として，運用基準に照らして増加部分の一部が拡張不相当と判断されることがある。その場合には，管財人と協議をした上で，必要に応じて拡張を求める申立てをする財産を変更するなどの措置をとることとなるので，注意が必要である。

　(4)　拡張を求める財産の選択

　債務者が保有する財産について，当該財産の評価額や相殺の可能性，経済的再生のための必要性の大きさなどを踏まえ，また，債務者の希望を基に，運用基準に照らして拡張が認められる見込みがあるかどうかを十分に検討し，拡張を求める申立てをする財産を適切に選択する。

　特に，定型的拡張適格財産以外の財産について拡張を求める場合には，その拡張の相当性について債務者から聴取し，十分に検討しておく必要がある。

　(5)　合計99万円を超える財産について拡張申立てをする場合

　拡張の結果破産者の手元に残る自由財産の合計額が現金を含めて99万円

を超えるような拡張申立てをする場合には，その拡張の不可欠性について，家計収支表等の資料を引用するなどして具体的かつ積極的に明らかにすることが求められるため，そのための資料を準備する必要がある。なお，現金を含めて合計99万円を超える部分の財産については，原則として拡張の対象としない運用となっており，容易に拡張が認められないことに注意が必要である（本書82頁参照）。

2　申立て時

(1)　拡張申立ての必要性

　大阪地裁では，破産者の意向を尊重し，拡張申立てがあった財産のみを対象として自由財産拡張の是非を判断することが原則となっており，拡張申立てがされていない財産について職権で拡張をする運用は行われていない。

　そのため，申立代理人は，自由財産拡張を希望する財産について，以下に述べる方法で確実に拡張申立てをしなければならない。

(2)　拡張申立ての方法

拡張申立てに必要な書類
①　管財事件としての破産申立ての場合
㋐　破産申立書（自然人・管財事件用）（本書387頁【資料203】）
㋑　財産目録（本書408〜415頁【資料218〜233】）
←自由財産拡張申立欄にチェック
㋒　管財補充報告書（本書388頁【資料204】）
←拡張申立ての理由を記載
※自由財産拡張申立書（本書421頁【資料240】）は不要である。
②　同時廃止手続から管財手続へ移行した場合
㋐　自由財産拡張申立書（本書421頁【資料240】）
㋑　財産目録
㋒　管財補充報告書
※①，②の㋑と㋒は共通である。

86　　第3章　自由財産拡張手続

　当初から管財事件として破産申立てをする場合には，破産申立て時に，拡張申立ての趣旨を記載した破産申立書（自然人・管財事件用）（本書387頁【資料203】），財産目録（本書408～415頁【資料218～233】）及び管財補充報告書（本書388頁【資料204】）を提出する。自由財産拡張申立書（本書421頁【資料240】）の提出は不要である。

　拡張を希望する財産は，財産目録の自由財産拡張申立欄にチェックして明らかにする。なお，同一種類の財産が複数ある場合（例えば，預貯金が複数口座ある場合や解約返戻金の存する保険が複数口ある場合等）には，その種類に属する財産のすべてを選択して拡張申立てをすることも可能であるが，各口座や各契約を個別に選択することもできる。また，債務者が現金を含めて99万円を超える財産を有しており，99万円を超える部分について自由財産拡張を求めない場合，「自由財産及び拡張を求める財産の額」の合計が99万円を超えないよう調整して金額を記載する（本書63頁参照）。

　定型的拡張適格財産について拡張を求める場合には，現金を含めて99万円を超える場合を除き，原則として積極的に拡張を認めるべき事由を主張・立証する必要はない。なぜなら，この場合，破産手続に際して通常提出すべき書類によって主張・立証されたと解されるからである。

　他方，運用基準上，原則として拡張不相当とされる財産（定型的拡張適格財産以外の財産，手続開始時に財産目録に記載のない財産又は現金を含めて99万円を超える財産）について拡張申立てをする場合，相当性の要件又は不可欠性の要件等を満たす必要があり，これらの要件を満たす事情を管財補充報告書の所定の欄に記入する。

　同時廃止手続（なお，大阪地裁では同時廃止手続の中では自由財産拡張の裁判を行わない運用である。）から管財手続に移行する場合は，その段階で，前記の財産目録及び管財補充報告書に加えて，自由財産拡張申立書（本書421頁【資料240】）を提出する（本書65頁参照）。

　(3)　債権者申立ての場合の注意事項

　債務者（破産者）本人又はその代理人が拡張の申立てを行う必要があるところ，申立期間は，破産手続開始決定が確定した日から1か月以内（法34④）であることに注意が必要である。

3 開始決定後

(1) 管財人との面談

原則として拡張不相当とされる財産（定型的拡張適格財産以外の財産，手続開始時に財産目録に記載のない財産又は現金を含めて99万円を超える財産）について拡張申立てをする場合には，必要に応じて，管財補充報告書の記載に補足してその要件を満たすことを口頭で具体的に説明を行う（本書32，102頁参照）。

(2) 拡張相当とされた財産の処分

管財人が拡張申立てを相当と判断し，破産者にその処分を許した場合には，管財人から保険証券や預貯金通帳等の返還を受ける（本書90頁参照）。自動車の返還を受ける場合，破産者が署名・押印した自由財産拡張に係る自動車受領書（本書462頁【資料511】）を破産管財人に交付する（本書90頁）。

大阪地裁の場合，管財人によって拡張相当と判断された財産は，黙示の拡張決定が行われたものとして，拡張に係る決定書は作成されない。

なお，金融機関や保険会社等が破産手続開始決定の事実を知っており，管財人から処分を許された財産について自由財産とされたことの確認が得られるまで払戻し等に応じないことがある。この場合，申立代理人は，銀行や保険会社等に対し，申立人が管財人から処分を許されていることについて，管財人に問い合わせをするよう要請する（この場合の管財人の対応に関しては，本書90頁参照）。

(3) 拡張不相当とされた場合の対応

管財人が拡張申立ての全部又は一部が相当でないと判断した場合，管財人から申立代理人にその旨の連絡がある。これを受けて，申立代理人は，管財人に対し，拡張の要件を充足することについて補足説明をし，協議を行う。

協議の結果，管財人の意見が妥当であるとの結論に達した場合，申立代理人は，破産者と協議し，その了解を得た上で，拡張申立ての範囲の変更等を行う。その場合，自由財産拡張申立書（本書421頁【資料240】）及び財産目録（本書408〜415頁【資料218〜233】）の各定型書式を適宜利用するが，

88　第3章　自由財産拡張手続

拡張申立ての変更に関する申立書であることが明らかになるよう，表題や申立ての趣旨にその旨を明示する。

　自由財産拡張に関する意見が管財人と最終的に一致しなかった場合，申立代理人は，運用基準の要件に関する主張及び資料等について補足すべき点がないかを再度検討し，補充の必要性があるときは，明示の拡張に関する決定に備え，報告書や資料を裁判所に提出する。

第4　破産管財人の注意事項

1　拡張申立ての有無の確認

　拡張申立てにおいて，拡張を求める財産は，破産申立書に添付される財産目録の所定欄にチェックする方式で明らかにされる。拡張の裁判は，破産法上，職権でもすることができるが，大阪地裁では，職権による拡張の裁判は行っていないので，管財人は，拡張申立ての有無を確認する必要がある。

　なお，財産目録に記載のある財産について自由財産拡張申立欄の単なるチェック漏れであることがあるので，単純な誤記かどうか，管財人が申立代理人に拡張申立ての要否を確認する必要がある場合もあろう（本書80頁参照）。

2　財産の適切な評価

　管財人は，運用基準に従って，各財産の適切な評価を行っていくことになるが，詳細は本書74頁以下を参照されたい。

3　資料の確認及び破産者等からの事情聴取

　運用基準上，定型的拡張適格財産については，現金を含めて99万円を超えない限り，原則として拡張相当とされる。したがって，積極的に拡張を

第4　破産管財人の注意事項　89

認めるべき事由の主張・立証を求める必要はない（運用基準についての詳細は本書71頁以下を参照されたい。）。

他方，運用基準上，原則として拡張不相当となる財産（定型的拡張適格財産以外の財産，手続開始時に財産目録に記載のない財産及び99万円超過部分の財産）については，拡張を認めるべきか否かを判断する前提として，破産者の生活状況や収入の見込み等を把握する必要がある。

そのために，報告書，家計収支表その他の添付資料の確認を行うほか，開始決定後速やかに，破産者及び申立代理人と面談して事情を聴取し，必要に応じて資料の追完を求める（本書32頁参照）。

4　自由財産拡張の判断時期

拡張の裁判ができる期間は，破産手続開始決定が確定した日以後1か月を経過する日までの間とされており（法34④），これは，概ね破産手続開始決定から2か月が経過するころまでとなる（本書69頁参照）。もっとも，破産者の経済的再生を図るとともに，管財人が換価すべき財産を確定させるため，できるだけ迅速に拡張決定がなされるべきである。

黙示の拡張決定は，個々の財産ごとに拡張相当と判断された時点で順次行われたものとして扱って差し支えなく，特に，自由財産拡張の対象となることが明らかである定型的拡張適格財産については，破産手続開始決定後，破産者又は申立代理人と面談を行った時点又はその後速やかに行うのが通常である。

事案によっては，上記期間内に拡張の可否の判断が困難なことも考えられる。このような場合，大阪地裁では明示又は黙示に自由財産の拡張決定が可能となる時期まで，黙示に期間の延長がなされたものとして扱うことを認めている（本書69頁参照）。自由財産拡張の可否の判断に時間を要する場合，管財人は，必要に応じて裁判所にその旨報告するなどした上で，なるべく速やかに自由財産拡張の判断をすべきである。

5　拡張が相当と判断した場合の措置

拡張申立てどおりに拡張を認めることが相当であると判断した場合，管

90　第3章　自由財産拡張手続

財人は，拡張相当と認める財産の換価等を行わず，破産者に対し，当該財産（保険証書や預貯金通帳等）を返還するとともに，当該財産を自由に処分してよい旨を伝える。返還に際して，開始決定時の財産の価額（預貯金の場合最終記帳）を確認した上，コピーをとっておく必要がある（本書32，87頁参照）。また，自動車を返還する場合には，自動車事故が発生した場合に管財人が運行供用者責任を負担することを避けるため，鍵や自動車検査証を破産者に引き渡す際に，破産者から，自由財産拡張に係る自動車受領書（本書462頁【資料511】）の交付を受け，管財人の管理処分権の消滅時期を明らかにしておくべきである。

　なお，原則拡張不相当とされる財産について判断をする場合には，必要に応じて，裁判所に相談する必要がある。

　大阪地裁では，管財人が破産者に対し処分を許した時点で，自由財産拡張の決定が黙示的にされたものとして取り扱う運用であることから，黙示の拡張決定の場合，決定書を受け取ることはない。

　保険会社や金融機関から，管財人に対し，自由財産拡張の有無に関する問い合わせがされた場合，大阪地裁における黙示の拡張決定の取扱い及び当該財産が黙示の拡張決定の対象となったことを口頭で説明する。それでもなお，拡張に係る決定書等の文書の提出を求められた場合は，当該財産が自由財産であることについて，管財人名義で証明書を作成し，FAX等適宜の方法で送付する。

6　拡張が相当でないと判断した場合の措置

(1)　申立代理人との協議

　拡張申立てに従った拡張を認めることが相当ではないと判断した場合，管財人は，申立代理人に対し，管財人の判断結果及びその理由を口頭又は書面で説明した上，拡張申立ての内容を管財人の意見に沿うものに変更することが可能かどうかを協議する。

　協議の結果，拡張申立ての内容を変更することに申立代理人が合意した場合，管財人は，申立代理人に対し，変更申立書を提出するように求める。変更申立書が提出されれば，当初から見解が一致していた場合と同様に，

拡張対象財産を破産者に返還する。

(2) 裁判所との協議

開始決定後概ね1か月経っても協議が調わない見込みとなった場合，管財人は，拡張申立てに関する方針について，必要に応じて裁判所と協議する。併せて，裁判所が管財人の意見どおり拡張の却下決定をした場合であっても，破産者から即時抗告がされることもあり得ることから，拡張不相当と判断した財産の換価時期等についても裁判所と協議する。

(3) 意見書の提出

拡張申立ての変更について管財人と申立代理人の協議が不調に終わった場合，管財人は，自由財産拡張に関する意見書（本書485頁【資料607】）を裁判所に提出する（本書113頁参照）。裁判所は，破産者の拡張申立ての理由及び管財人の意見を踏まえて拡張申立てに関する裁判を行う（法34⑤）。なお，決定に不服がある場合であっても，管財人は即時抗告を行うことができない（本書70頁参照）。

7 拡張の結果の報告

拡張済みの財産については，集会用財産目録（本書110頁及び482頁【資料604】参照）の備考欄に「拡張済み」を，拡張済額欄に拡張の対象となった財産の評価額をそれぞれ記載し，残務欄中「無」欄にチェックする方法で，裁判所に報告する。また，運用基準上，原則として拡張不相当とされる財産について判断する場合には，必要に応じて裁判所に相談した上で，拡張相当と判断したときには，その判断した結果と理由を業務要点報告書（本書477頁【資料602】）中の特記事項欄に記載するなど，適宜の方法で裁判所に報告する。

拡張の可否の判断に時間を要し，債権者集会までに判断ができない場合には，当該財産について，集会用財産目録の残務欄中「有」欄にチェックを記載して裁判所に報告する。

管財人と申立代理人の見解が一致せず，債権者集会で自由財産拡張に関する意見書（本書485頁【資料607】）の提出を要する場合には，どの財産に係る拡張申立てが不相当であるかを明示する。この場合，集会用財産目録

の残務欄中「有」にチェックをし，その備考欄に，「拡張不相当」と記載する方法で特定するのが一般的である。なお，99万円を超える財産について拡張申立てがなされ，審査の結果一部拡張不相当の判断をする場合に，拡張申立てがされた財産のうちのどの財産を拡張不相当とするかという点については，申立代理人の意見を聴取し，その意見を考慮した上で判断すべきである。

意見書の提出は，申立代理人からの主張や資料の提出を待って，管財人として意見が述べられる状態になった後，速やかに行う必要がある。

第1 はじめに 93

第4章 破産管財人の手引

第1 はじめに

　本章は，現在，管財手続の多数を占めている一般管財手続を中心に解説する。

　個別管財手続については，必要に応じて，一般管財手続との相違点を概説し，管財業務として行うべき標準的な事務要領を解説する。

　なお，本章は，標準的な管財業務を概説するものであるから，実際に管財業務を行うに当たり，本章に記載のない事象が生じた場合には，裁判所と打合せ等を行った上，適切な処置を講じる必要があることはいうまでもない。

第2 破産管財人受任依頼から破産手続開始決定まで

1　管財人受任の打診

　裁判所から管財人受任を打診する電話連絡等があった場合，受任することについて特に差支えがなければ，利害関係の確認のために記録を閲覧できる日時を伝える（なお，業務繁忙等の理由で当面の一定期間，受任に差支えがある場合は，次回の選任の参考とするため，いつ頃その状態が解消するかを伝えることが望ましい。）。利害関係の確認等の遅滞のために開始

94　第4章　破産管財人の手引

決定が遅れると，労働債権の財団債権部分の減少等の弊害を生じるおそれがあるから，支障がない場合はできるだけ早期に利害関係の確認に赴くよう注意が必要である。

2　利害関係の確認と期日調整

(1)　利害関係の確認

裁判所で記録を閲覧して，利害関係の有無を確認する。債権者一覧表のみならず，売掛金一覧表や貸付金一覧表の点検も忘れないように注意が必要である。

事務所の顧問先の会社が債権者に含まれているなど，何らかの利害関係がある場合には，その旨を担当書記官に伝えた上で裁判所の意向を確認する。利害関係の対立がさほど深刻でない場合は，事案の内容や関連事件の受任状況次第では，なお就任を要請される場合もある。大阪地裁では，相互に貸借等のある法人とその代表者等の事件についても，原則的に同一の管財人を選任しているが，取締役の損害賠償責任（本書205頁参照）を追及する必要があるといった事案については，例外的に異なる管財人を選任している。

特に利害関係が問題にならない場合は，その場で受任する旨を回答し，その時点で管財人への就任が内定する。

(2)　期日調整

ア　財産状況報告集会等期日の調整

裁判所は，財産状況報告集会等の期日について，あらかじめFAXで申立代理人から複数の希望日を聴取しているので（本書425頁【資料303】期日打合せメモ参照），前記(1)の利害関係確認のために裁判所に赴いた際，受任が内定すれば，この希望日を基に，管財人候補者の予定を確認した上で，財産状況報告集会等（本書106頁参照）の期日，破産者が自然人の場合の免責意見申述期間の末日及び破産手続開始決定日時（速やかな開始が望まれる。）を決める。

イ　面談期日の調整（個別管財手続の場合）

個別管財手続の事件においては，担当裁判官との面談により破産手続開始後の換価業務に関する進行管理が行われることから，前記アの期日調整

に加え，財産状況報告集会までに行われる面談（開始1か月後面談・集会前面談（本書113，114頁参照））の日程も併せて調整する。

3　管財業務のポイント確認

　大阪地裁では，管財人の事案検討の参考とするため，今後の管財業務のスケジュール，破産債権に関する訴訟係属や破産債権に基づく給料差押えの有無等の情報，同時廃止から管財手続に移行された事件について重点的に調査すべきポイント等について記載されている「管財業務スケジュール」（本書428頁【資料401】）を管財人に交付しているので，担当書記官から同書面を受け取って検討を行う。

4　申立代理人との連絡・引継ぎ

　管財人への就任が内定すると，裁判所は，直ちに申立代理人に管財人候補者の氏名・電話番号，開始決定日，財産状況報告集会期日等を伝え，これを受けて申立書副本を含む当該事件の記録が申立代理人から管財人候補者に直送されるので（本書30頁参照），直ちに記録等を十分に検討する。その上で，破産手続開始決定の前後を問わず，管財人の事務所等において申立人及び申立代理人等と面談し（面談で確認すべき事項等は本書102頁参照），必要に応じて，申立代理人等に対して補正や追完を依頼するなどして，破産手続開始決定後の管財事務が迅速かつ円滑に開始できるように準備を行う。申立書に補充・追完すべき点があれば，破産手続開始決定前であっても申立代理人に補充を依頼する。申立代理人の協力が得られにくいような場合には，裁判所を通じて補充・追完を求めた方がよい場合もあるので，状況に応じた対応が必要である。

5　裁判所との打合せ・債務者審尋

　手続の迅速化の観点から，債権者申立事件等例外的な場合を除き，破産手続開始決定に当たって債務者審尋は実施されない。引継ぎが円滑に行われるかどうかについて疑問があるなど，審尋を実施した方がよいと思われる場合には，速やかに裁判所に申し出て審尋期日の指定を受ける必要がある。

96 第4章 破産管財人の手引

第3 破産手続開始決定と開始直後の事務

1 裁判所との書類の授受・事務連絡等

(1) 利害関係確認時

利害関係確認のために裁判所に赴いた際，受任が内定すれば，事務所の住所等の確認のため，書記官に名刺を交付する。また，事件番号等が記載された用紙のコピーを受けとる。

(2) 破産手続開始決定後

破産手続開始決定時刻直後に下記の書類を受領し，④の届出書を作成の上提出する。

① 破産手続開始等の決定正本（本書429頁【資料402】，431頁【資料405】，付属CD−ROM【資料402〜405】）

② 破産管財人証明書（付属CD−ROM【資料407】）

破産管財人証明書が不足する場合は，書記官に連絡して必要枚数を作成してもらう（不動産登記用は，本書138頁及び付属CD−ROM【資料408】参照。）。

③ 破産手続開始等の通知書（本書434頁【資料409】，435頁【資料412】，付属CD−ROM【資料409〜412】）

④ 届出書用紙（本書433頁【資料406】）

印鑑届と高価品保管場所等の届出書（規51①）が一体化したものである。

なお，高価品の保管場所として開設する銀行口座の名義は，必ず「破産者○○○○破産管財人△△△△」とし，絶対に弁護士個人名義で開設しないようにする。

⑤ 破産債権の届出の方法等について（本書486頁【資料701】）

⑥ 破産債権届出書（本書492頁【資料703】），労働債権等届出書（本書493頁【資料704】）

⑦ 開始決定通知等発送用の封筒

⑧ 郵便回送嘱託書（本書436頁【資料413】）

第3　破産手続開始決定と開始直後の事務　　97

⑨　商業登記嘱託書
⑩　保管金請求書（引継予納金（本書12頁）の方法がとられていない
　　場合のみ）

2　開始等の通知

(1)　通知書等の発送

　大阪地裁では，裁判所からの要請に基づき，管財人が開始決定通知等を
発送している（規7）。管財人は，開始決定後速やかに，裁判所から受領した
通知用の封筒（前記1(2)⑦）及び申立代理人から直送された宛名シール（本
書30頁参照）の内容を確認した上で，これを使用して以下の各文書を発送
する。

　ア　発送先
①　知れている破産債権者（法32③一）
②　知れている財産所持者等（法32③二）
　　商品の寄託先や，売掛先，貸付先等である。
③　労働組合等（法32③四）
　　労働組合が存在しない場合，従業員の過半数を代表する者（労働
　基準法施行規則6条の2参照）となる。
④　許認可官庁（規9①）
　　許認可事業を営む法人の破産の場合のみ発送が必要である。
⑤　公租公課庁（法32③一）
　　公租公課は財団債権（法148①三など）になるものもあるが，優先的
　破産債権となるものもあるし，延滞税や加算税は劣後的破産債権と
　なるから（本書213頁以下参照），法32条3項1号に基づく通知をすべ
　きである。また，交付要求を遅滞なくさせ，管財業務を円滑に推進
　するためにも，通知を行うべきである。

　イ　発送する文書
　　（ア）　破産債権者に発送する文書
①　破産手続開始等の通知書（本書434頁【資料409】，435頁【資料412】，
　　付属CD－ROM【資料409〜412】）
②　管財人名の「ご連絡」文
　　債権者に対し，配当の見込み等，事件の見通しを知らせるもので

98　第4章　破産管財人の手引

個別の問合せを減少させる効果がある。期日型用は本書497頁【資料708】，留保型用は本書498頁【資料709】を参照して，文面を事案ごとに調整する。
③　破産債権の届出の方法等について（本書486頁【資料701】）
　　債権届出期間を指定した場合（期日型）のみ発送する。
④　破産債権届出書（本書492頁【資料703】），労働債権等届出書（本書493頁【資料704】）
　　期日型の場合のみ発送する。なお，各債権者が労働債権者であると主張するかどうかは債権者の選択に委ねられているし，労働債権者が貸金債権等の一般債権を有している場合もあることから，金融機関等を除き，原則として全ての債権者に対して2種類の届出書を両方とも送付する。
（イ）　財産所持者等，労働組合等，許認可官庁等及び公租公課庁に発送する文書
　破産手続開始等の通知書（本書434頁【資料409】，435頁【資料412】，付属CD－ROM【資料409〜412】）
　売掛金等の財産所持者等に対して開始決定通知を発送する際，裁判所の承認を得て同封する旨を注記した上で，売掛金回収のための請求書や債務額の回答を求める回答書を同封すると，効果的に回収業務を進めることができることもある（本書141頁参照）。
(2)　裁判所への発送報告等
　前記(1)イの各文書の発送後，裁判所に「ご連絡文」（前記(1)イ(ア)②）を添付して「知れている債権者等への発送報告書」（本書437頁【資料414】）をFAX等により提出する。なお，債権者宛の通知書が送付できなかった場合は，担当書記官から申立代理人にその旨連絡があるので，申立代理人が調査の上，管財人及び裁判所に新たな通知先住所を報告することになっている。
　債権者が新たに判明した場合には，管財人がその段階で当該債権者に前記(1)イの文書を郵送し，その上で「新たに知れたる債権者等への発送報告書」（本書438頁【資料415】）を裁判所にFAX等により提出し，申立代理人に連絡する。申立代理人は，新たな債権者が判明した旨の報告書及び債権

者一覧表の追加分を裁判所に提出する（本書32頁参照）。

(3) 受訴裁判所に対する上申

　破産手続開始決定によって，破産者を当事者とする破産財団に関する訴訟手続は中断する（法44①。身分関係，組織関係に関する訴訟手続は中断しない。）。管財人は，中断する訴訟が係属する裁判所に，破産手続開始決定正本の写しと管財人証明書を添付して，訴訟が中断した旨の上申書を提出する。

　中断した訴訟のうち，破産債権に関するものを除き，管財人は直ちに受継することができる（法44②）。財団債権に関する訴訟や，破産財団に属する財産に関する訴訟がこれに当たる。もっとも，財団増殖に寄与しないことから，受継の必要がないと判断した場合，速やかに管理処分権を放棄して受継しないか，いったん受継した上で，訴えの取下げや財団からの放棄を行う。財団からの放棄後は，破産者が訴訟手続を受継する（法44⑤⑥類推）。

　これに対し，中断した訴訟のうち，破産債権に関するものは，管財人が直ちに受継することはできないので，注意を要する。債権調査を経て，管財人等が異議等を出し，届出債権者が受継申立てをした場合（法127①）か，届出がされた有名義債権に対して異議を主張する場合（法129②）に，はじめて管財人は中断していた訴訟を受継することが可能となり，かつ，その必要が生じる（本書291頁参照）。債権調査において異議が出されなかった場合には，中断していた訴訟は目的を達するので，当然に終了する。この場合，受訴裁判所に対し，破産債権者表を提出し，当然終了となる旨を伝える。

　留保型のまま異時廃止となった場合の中断した訴訟の処理については，破産者が廃止決定確定後に当然受継した上で（法44⑥），破産債権者が訴えを取り下げる方法もある。しかし，破産者が法人の場合には，訴えの取下げに対する同意（民訴261②）を得るために特別代理人又は清算人の選任が必要となるなど，破産債権者の手続的な負担が大きい。そこで，破産債権者が管財人に対して当該訴訟の請求債権を破産手続において破産債権として行使しない旨の書面による意思表示をすることで，当該訴訟を「破産債権に関しないもの」（法44②）とし，管財人が直ちに訴訟手続を受継して破産債権者が訴えを取り下げることができると考える余地もある。この点については，受訴裁判所とよく相談する必要がある。

100　第4章　破産管財人の手引

○破産者につき訴訟が係属していることが判明した場合の処理

破産手続開始決定→破産者につき訴訟係属の有無を調査	
破産財団に関する訴訟	その他の訴訟（破産者の自由財産に関する訴訟，破産者の身分関係に関する訴訟など）

↓　　　　　　　　　↓

当然に中断する（法44①）			中断しない（法44①）
破産財団に属する財産に関する訴訟	財団債権に関する訴訟	破産債権に関する訴訟	破産者がそのままその訴訟を追行する

↓　　　↓　　　↓

管財人が直ちに受継可能（法44②）→受継して争うか，当該財産を財団から放棄し，破産者に受継させるか	管財人が直ちに受継可能（法44②）→受継して争うか，訴訟外で任意に弁済（交渉）するか	管財人は直ちには受継できない（法44②）	→	留保型で異時廃止が見込まれる場合は本文を参照

↓

債権調査	
管財人及び債権者から異議等なし	管財人又は債権者から異議等あり

↓　　　　　　　　　↓

破産債権が確定する（法124①）↓訴訟は当然に終了する	債務名義等がないときは届出債権者（訴訟の相手方）の申立てにより（法127①），債務名義等があるときは異議者等（管財人又は債務者）が（法129②），それぞれ受継可能

↓

破産債権確定訴訟として続行する

第3 破産手続開始決定と開始直後の事務 101

(4) 執行裁判所・保全裁判所等に対する届出，差押え等の解除

ア 執行手続・保全手続の帰趨

破産手続開始決定により，破産財団に属する財産に対する破産債権又は財団債権に基づく強制執行，仮差押え等を行うことは禁止され（法42①），同決定の当時に破産財団に属する財産に対して既にされていた強制執行，仮差押え等は，破産財団に対してはその効力を失う（法42②本文）。また，同決定により，執行対象財産の管理処分権は破産管財人に専属する（法78①）。

イ 強制執行に関する手続

このため，不動産競売等の強制執行が行われている場合には，執行裁判所等に対して破産手続開始決定日及び管財人選任についての届出（本書440頁【資料417】執行裁判所への届出書）を行う。ただし，特に給与債権の差押えが行われている場合には，破産者の生計の維持のために早急に執行の終了上申をする必要があるので，速やかに債権執行の担当係に連絡し，債権執行終了の上申書（本書439頁【資料416】）を，破産手続開始決定正本の写し，破産管財人証明書及び必要な額の郵券と共に提出する（本書32，35頁参照）。

ウ 仮差押え・仮処分に関する手続

破産財団に属する財産に対する仮差押え，仮処分等の保全事件がある場合にも，同様に，保全事件を終了させる場合にはその旨の上申を行う（本書441頁【資料418】）。ただし，その要否については本書191頁，仮差押登記の抹消については本書150頁を参照。

エ 担保不動産競売等に関する手続

これらに対し，抵当権等に基づく担保不動産競売手続など，別除権者の権利行使となる担保権の実行手続については，破産財団との関係では失効しない。もっとも，その後の書類の送達先は，担保目的物の管理処分権者となる破産管財人に移ることから，執行裁判所に破産手続開始と破産管財人選任の事実についての届出を行う（本書440頁【資料417】執行裁判所への届出書。書式は前記の強制執行の場合と同じものを利用する。）。

(5) 留保型について債権調査期日等を指定する必要が生じた場合

留保型の事件について，管財業務遂行中に配当可能であることが判明し

102　第4章　破産管財人の手引

た場合については，本書246頁以下を参照。

3　破産者及び申立代理人との打合せ

　大阪地裁では，開始決定に当たっては原則として債務者審尋が行われないため（本書95頁参照），管財人は，破産手続開始決定の前後を問わず，申立代理人と連絡をとって，破産者及び申立代理人との面談，事情聴取及び引継ぎを速やかに行う（本書21，32，95頁参照）。

　管財人は，破産者に対して，説明義務（法40）や重要財産開示義務（法41），自然人の場合は上記の義務違反が免責不許可事由に該当すること（法252①十一），郵便物の転送がなされること（法81①），居住地を離れる場合には予め裁判所の許可が必要であること（法37①・39）などを説明する（住所変更等の許可申請については，本書426頁【資料304】）。その上で，管財人は，破産者に対して，連絡先の確認，破産手続開始に至った事情（法157①一参照）の聴取，各種財産の管理状況の聴取，自由財産拡張の相当性等に関する事情の聴取（本書87，89頁参照）並びに未処理契約の存否，否認該当行為の存否及びこれらが存在する場合はその詳細の確認などの事情の聴取を行う。この場合，破産者の収支明細や資産の状況等についても確認する必要があるため，個人事業者や法人では経理担当者等の，消費者である個人では配偶者等の事情に明るい者の同席を求めることも考えられる。

4　財産の引継ぎ・保全

　管財人は，開始決定の後直ちに破産財団に属する財産の管理に着手しなければならない（法79）。管財人証明を受領したら直ちに高価品保管用の管財人口座を開設して裁判所に届出をし（規51①。本書433頁【資料406】），同口座に（引継）予納金を入金する。

　換価が必要な財産は必ず引継ぎを受ける。預貯金通帳，自動車の鍵及び車検証，有価証券，不動産の登記済証や実印等の重要な財産並びに帳簿，賃金台帳，売掛金元帳及び請求書等の帳票類は内容を確認した上で速やかに引継ぎを受け，自動車等は占有を確保し，必要な場合は後記5のとおり建物等に告示書（本書443頁【資料501】）を貼付して管財人が占有しているこ

とを明示する。

　もっとも，前記3の打合せを行った時点で，自由財産拡張の対象とすることが明らかである財産については，開始決定時の財産の価額（預貯金の場合最終記帳）を確認した上，コピーをとって破産者に財産（通帳原本，拡張した預貯金の銀行印等）を返却して差支えない（本書90頁参照）。

5　現地確認，告示書の貼付等

　現地確認及び現況調査報告書の作成の要否については，事案ごとに必要性を勘案して判断することになる。もっとも，賃借物件の明渡しが必要な場合や，明渡しについてトラブルが予想される場合，在庫商品，仕掛品，事業用リース物件等が存在する場合などには，現地確認が必要となることが多いし，記録上はうかがわれない事情が判明することがあるので，事業所等については，破産手続開始決定の前後を問わず，できるだけ早期に現地確認をするのが望ましい。他方，賃借物件で明渡し済みであるとされている場合などでは，現地確認及び現況調査報告書の作成に代えて，①明渡しの有無について賃貸人に確認する方法，②申立代理人から写真を提出してもらい，説明を受ける方法等も考えられる。

　さらに，現地に高価品があり，散逸の危険性が高いなどの事情がある場合には，執行機関による封印執行，裁判所書記官による帳簿閉鎖の措置を検討する必要がある（法155①②）。これらの措置は，破産手続開始決定直後に行われなければならないことから，事前に裁判所とその実施について打ち合わせておく必要がある。もっとも，実務上は，破産者の事業所や住居所の内部又は物品等に管財人の告示書（本書443頁【資料501】）を貼付し，帳簿等については管財人が占有・保管することにより，財産管理着手の目的を達し得る場合が多い。

6　その他の留意事項

(1)　郵便回送嘱託

　破産者宛の郵便物等の管財人への回送は裁判所の選択に委ねられているが（法81①），大阪地裁では，その重要性にかんがみ，全件について終期を定

104　　第4章　破産管財人の手引

めずに郵便回送嘱託（本書436頁【資料413】）を行うこととしている。管財人が新たな郵送先からの回送嘱託を希望する場合は，速やかにその旨の上申書等を裁判所に提出する。

　管財人は，回送された郵便物を開披し，破産債権者や財産に遺漏がないかを確認する（法82①）。郵便物の内容を確認し，原本を保持する必要がなければ，速やかに破産者に返還する必要がある（法82②）。

　返還の方法としては，破産者又は申立代理人が時期を見計らって管財人事務所に取りに来るか，破産者から一定の郵券を預かり，これを用いて破産者に定期的に郵送する方法が一般的である。いずれの方法によるかは，初回の面談時に管財人と破産者及び申立代理人とで相談して決めることとなる。郵送により返還する場合，返還する郵便物を入れた封書に「破産管財人からの郵便物であるため転送不要」と朱筆すれば，郵便回送嘱託において管財人からの郵便物は回送の対象から除外されているため（本書436頁【資料413】），再度回送されずに破産者の手許に届く。

　また，破産者が急ぎ対応する必要がある郵便物が回送された場合，破産者又は申立代理人に架電等で速やかに通知することが望ましい。

　なお，郵便局は，逐次回送するのではなく，数日ごとに回送されることが通常であるので，回送された時点で郵便の発送時から相当の期間が経過している場合も多いことに注意が必要である。また，親族宛の郵便物が紛れて回送されてくることもあるので，開披時には宛名を十分に確認することが必要である。

(2)　破産登記

　破産者が自然人である場合，①当該破産者に関する登記があることを知ったとき，②破産財団に属する権利で登記がされたものがあることを知ったときには，職権で破産手続開始の登記がされる（法258①）。もっとも，大阪地裁では，当該不動産に破産登記がなくとも売却に伴う移転登記をすることはできること（登研545・153，昭和36年4月20日民事三発第102号民事局第三課長心得電報回答（会社更生法の事案）），特に一般管財手続では短期間で破産手続の終了に至る事件が多いことから，破産手続開始決定直後は不動産についての破産登記の嘱託を留保している。

第3　破産手続開始決定と開始直後の事務　　105

したがって，破産者が不正を働くおそれがあるなど破産登記をする必要が生じた場合には，管財人は，裁判所に破産登記が必要となった旨の上申書及び登記嘱託用の物件目録2部を持参し，速やかに登記嘱託をしてもらう。

なお，破産者が法人である場合は，個別の財産についての破産登記を要しないこととされている（法257）。

7　支障部分の閲覧等の制限について

破産手続の円滑な進行を図るため，管財人の申立て（本書442頁【資料419】）による下記の文書等の支障部分の閲覧等の制限の規定が設けられている（法12）。これは，管財人が，否認権の行使等に関わる情報等が不必要に外部に漏れることを懸念して，許可申請書や報告書等に具体的な理由の記載を差し控えるといった弊害が生じることを防止するための規定であり，申立てに際しては，事前に裁判所にその必要性や範囲等について相談することが望ましい。

閲覧等の制限の対象となる主要な文書等には，次のようなものがある（法12①）。

① 管財人が破産者の事業を継続する場合に，裁判所の許可を得るために提出された文書等（法36）

② 管財人が破産者の従業員等に説明を求める場合に，裁判所の許可を得るために提出された文書等（法40①ただし書）

③ 管財人が不動産の任意売却その他裁判所の許可を得なければならない行為をする場合に，裁判所の許可を得るために提出された文書等（法78②等）

④ 管財人が警察上の援助を求める場合に，裁判所の許可を得るために提出された文書等（法84）

⑤ 管財人が法定報告事項（法157①）以外の事項を裁判所に報告することを命じられた場合の報告に係る文書等（法157②）

閲覧等の制限の申立ては，当該申立てに係る文書等の提出の際にしなければならない（規11②）。そして，申立てに当たっては，支障部分を具体的

106　第4章　破産管財人の手引

に特定するとともに，当該部分が支障部分に該当することについての疎明資料を提出する必要がある（法12①，規11①）。また，当該文書等から支障部分を除いた文書等も提出する必要がある（規11③）。

第4 債権者集会

1　債権者集会の開催に関する運用方針

(1)　一般管財手続

ア　招集型手続

　一般管財手続では，原則として，破産手続開始決定と同時に，法定の債権者集会である財産状況報告集会（法31①二），廃止意見聴取集会（法217①後段）及び計算報告集会（法88③）を同一日時に一括して指定し，その後も破産手続終了までこれらを続行する運用（招集型手続）を採用しており（後記2(1)，3(1)），続行期日の公告及び通知は行っていない。その理由としては，①上記各集会は開催しないこともできるものの（法31④・217②・89①参照），多数の事件の進行管理を合理的に行うという観点からは，債権者集会期日を開催してこれを続行する方法によることが合理的であること，②一般管財手続のうち相当数の事件は初回又は第2回の債権者集会で換価等を終了して異時廃止にて終了するため，廃止意見聴取集会及び計算報告集会を財産状況報告集会と同時に招集して換価終了まで続行する方法を続けることが迅速処理に資すると考えられることが挙げられる。

イ　非招集型手続

　もっとも，債権者集会を招集しても出頭する債権者が皆無であり，初回の債権者集会で異時廃止となることが見込まれる事案では，債権者集会を招集しない方が，期日調整や期日出頭の負担を課すことなく合理的に事件を処理することができる。そこで，そのような事案では，債権者集会を招集することなく財産状況の報告（法31④，規54①），廃止意見の聴取（法217②）

及び計算の報告（法89①）をする運用（非招集型手続）を採用している（後
記4。本書118頁参照）。

(2) 個別管財手続

個別管財手続では，一般管財手続と同様に，破産手続開始決定と同時に
各集会を同一日時に一括して指定するが，一般管財手続とは異なり，第1回
集会で財産状況報告集会を終了して廃止意見聴取集会及び計算報告集会の
次回期日を追って指定とし，換価等を終えた後，管財人の申立てを受けて
の廃止意見聴取集会（法217①後段）及び計算報告集会（法88③）を招集する運
用を採用している（後記2(2)，3(2)）。これは，個別管財手続では，換価に
相当期間を要することが多く，換価終了まで債権者集会を続行する意義が
乏しいことが多いからである。

2 債権者集会の事前準備

(1) 一般管財手続

基本的には管財人と担当裁判官との面談期日は指定されない。したがっ
て，裁判所と相談すべき点があれば，管財手続連絡メモ（本書476頁【資料
601】）をFAX送信して適宜担当書記官に連絡し，場合によっては担当裁判
官との面談を行ったり電話で相談をしたりする。管財手続連絡メモには，
事実関係や問題点を過不足なく指摘し，管財人の見解も記載しておくとス
ムーズに相談を行うことができる。なお，一般管財手続の場合，債権者集
会は，同一日時に多数の事件が指定されている上，集会を担当する裁判官
は事件の担当裁判官とは異なる場合があるため，集会期日において担当裁
判官と打合せをすることが困難である。そのため，必要があれば，債権者
集会に先立って，FAX，電話又は面談により担当裁判官と打合せを行う。

債権者集会の準備として作成，提出すべき書類は以下のとおりである。

なお，以下の書面のうち，業務要点報告書・財産目録・収支計算書・高
価品保管口座通帳写し（アからエまで）及び出席債権者に対する配付資料
（ク）は集会ごとに必ず作成することを要し，免責に関する意見書・自由財
産拡張に関する意見書・破産債権者表（オからキまで）は必要な場合に作
成することになる。出席債権者に対する配付資料（ク）以外の書面は遅くと

108 第4章 破産管財人の手引

も集会期日の1週間前まで（集会が続行された場合には，続行された集会期日の1週間前）に裁判所に必ず提出し，出席債権者に対する配付資料（ク）は集会当日持参する。破産手続開始決定（本書429〜431頁【資料402〜405】）には，少なくとも1か月に1回の報告をしなければならない旨の記載があるが，これは，管財人が管財業務を行う中で，そのような頻度で報告事項があるであろうことから定められたものである。一般管財では，通常，裁判所からは集会期日の1週間前に各書類を提出すること以外は求められないが，管財人としては，報告事項等があれば，裁判所に対して適宜，報告や相談を行う。

　　ア　業務要点報告書（本書477頁【資料602】）
　管財業務の概要をチェック方式で記入し，特記すべき事項があれば別紙等も利用して記載する。業務要点報告書及びこれが引用する財産目録（後記イ）及び収支計算書（後記ウ）は，破産管財人が裁判所に提出する報告書（法157）と債権者集会（法158・159）で報告する資料を兼ねるものであるため，法定の事項を過不足なく正確に記載する。また，2回目以降の業務要点報告書別紙は，前回報告以降の変動部分のみを記載すれば足りる。
　業務要点報告書の作成上，特に留意すべき点は，以下のとおりである。
　　（ア）　破産者・破産手続開始に至った事情（法157①一二）
　本項目の内容は，破産申立書に記載されたとおりであればこれを引用すれば足りる。もっとも，調査の結果，破産申立書の内容とは異なる事実が判明した場合や，破産申立書には記載されていない否認，役員責任を含む換価や免責の判断に当たって必要な事実が判明した場合，その他事案の特徴を示す事実がある場合は，別紙に記載するとよい。
　　（イ）　役員の財産に対する保全処分又は役員責任査定決定を必要とする事情の有無（法157①三）
　本項目は，破産者が法人である場合には記載しなければならない。本項目の事情がある場合や調査中である場合，特に関心を示している債権者がいる場合等は，別紙に具体的な判断過程を示すとよい。
　　（ウ）　破産財団の経過・現状（法157①二②）
　本項目は，基本的には，財産目録（後記イ）及び収支計算書（後記ウ）

を引用すれば足りる。もっとも，以下のような場合には，別紙を用いて説明を補足することを検討する。

① 封印執行の実施等，破産手続開始決定を受けて把握した財産の現状について特に裁判所及び債権者に対して報告を要する事情がある場合

② 続行集会において，前回集会以降の破産財団の変動の内容を明らかにすることが相当である場合

③ 前回集会以降の破産財団の変動がない場合における，この間の管財業務の内容

④ 許可不要行為ではあるものの，価格の相当性や訴え提起等の権利行使の断念を含む換価等の経過を裁判所及び債権者に対して報告するのが相当である場合

　なお，大阪地裁では，自動車の任意売却，取戻権の承認及び有価証券の市場における時価での売却は，金額を問わず許可不要行為とされている（本書137頁）一方で，破産手続開始決定において要報告行為とされている（法157②。本書429頁【資料402】参照）ので，これらがあった場合は，業務要点報告書及び財産目録において報告する。

（エ）　財団債権及び破産債権

　大阪地裁では，財団債権の承認は，金額を問わず許可不要行為とされている（本書137頁）一方で，破産手続開始決定において要報告行為とされている（法157②。本書429頁【資料402】参照）ので，収支計算書の支払欄を活用するなどして報告する。

（オ）　債権調査期日の予定，配当可能性等，今後の破産手続・換価業務の状況等，その他特記事項（法157①四）

　これらの項目は，債権者集会期日はもとより，破産手続全体の進行に影響を及ぼす事情である。したがって，各項目について必要十分な記載をしつつ，報告書に記載することが相当ではない事項については管財手続連絡メモ等を用いて裁判所に報告することも検討すべきである。

　このうち，換価終了時に財団債権額（管財人報酬等）との関係で配当できるかどうか微妙である事案については，本書306頁以下を参照しつつ，配

当事案か否かを確定させることになる。

また，債権者の出席が予想される場合には，集会の円滑な進行のために，出席見込みのある債権者の人数や言動，配慮を要する事情（補聴器や車いす利用の有無等）などの当該債権者に関する情報等について予め管財手続連絡メモを使用するなどして報告しておくとよい（なお，破産者について配慮を要する事情については，第一次的には申立代理人が対応すべきではあるが，事案によっては管財人から裁判所へ情報提供するのが相当である場合もあろう。）。

そのほか，換価に当たって価格の相当性を説明する必要がある場合，申立書に倒産直前の処分行為一覧表が添付されているなど，否認すべき行為か否かを説明する必要がある場合，破産財団から放棄した理由を補足して説明する必要がある場合については，これらを特記事項として記載すべきである。

イ　財産目録 （法153②，本書481頁【資料603】，482頁【資料604】）

財産目録は，一覧性のある表形式で作成する。売掛金等の個別の財産が多数存在する場合には，財産目録には「別紙売掛金回収状況一覧表のとおり」などと記載して，個別の明細表を別紙として添付する。

財産目録の作成上，特に留意すべき点は，以下のとおりである。

（ア）　申立書に記載された財産を網羅すること

財産目録は，財団に属する財産の全体像及び換価状況を把握するために作成するものであるから，申立書に記載された財産は，破産手続開始決定段階で存在しないことが判明したとしても，全て計上し，備考欄等に「不存在」「第三者○○名義」「申立前に処分済み」等と記載する（最初から財産として計上しない形式にすると，管財人が見落としたり，記載を漏らしたりしたのか，それとも財産が存在しないのかが不分明となる。）。

（イ）　各財産の管財人評価額を記載すること （法153①参照）

財産目録には，回収額欄のほかに，管財人評価額（簿価ではない。）を必ず記載する必要がある。ただし，管財人の評価の根拠を知る手掛かりとして，売掛金，貸付金等の名目額の存在するものについては，できる限り備考欄に名目額も併せて記載する。

長期不良在庫や回収可能性が不明な長期貸付金等，評価が困難なものについては，「現段階では不明」「評価困難」等と記載して差支えない。

　（ウ）　新たに発見した財産はその旨明記すること

　開始決定後，管財人が新たに発見した財産については，備考欄に「開始決定後に判明」などと記載する。

　（エ）　残務の有無を明らかにすること

　財産目録の右端（自然人の場合は右から2列目）に，「残務」の欄を設けて，「有」「無」の別を必ずチェックする。

　（オ）　自由財産拡張手続の進捗を明らかにすること（自然人のみ）

　自由財産拡張手続により拡張済みの財産については，備考欄に「拡張済み」と記載し，残務欄の「無」にチェックし，拡張済額欄に拡張済みの金額を記載し，財団組入はないので管財人評価額と回収額欄はそれぞれ0円と記載する。また，拡張する財産の総額が99万円を超過することから，超過部分について現金を組み入れて拡張した場合については，99万円超過部分組入れの欄に超過組入れ分を記載する（本書83，91，482頁【資料604】参照）。

　（カ）　放棄済みの財産はその旨明記すること

　管財人の適正な評価額を基準として，その評価額が100万円以下の権利の放棄は許可不要行為とされていることから（本書137頁参照），管財人が集会までに放棄した場合は，備考欄に「倒産しており回収不能」「固定資産評価額●円　●年●月●日放棄許可，同日放棄」などと簡潔に理由等を付して「放棄済み」と記載し，残務欄の「無」にチェックする。

　（キ）　集会で放棄予定の財産はその旨明記すること

　100万円を超える価額の権利のうち，不動産以外の放棄の場合は，集会において口頭で放棄許可申請を行うことも可能であり，その場合は，集会において放棄許可がされる（本書138頁参照）。口頭で放棄許可申請を行う場合は，財産目録の備考欄に「行方不明」などと簡潔に理由を付して「放棄予定」と記載し，残務欄の「有」にチェックし，業務要点報告書1頁目の「今回の集会で放棄予定の財産」欄の「有」にチェックする。

　また，100万円を超える相殺見込みの預金等で，相殺未了のものについて

は，処理未了となることを避けるため，「相殺予定につき放棄予定」と記載して放棄許可を得るのが望ましい。なお，集会が続行された場合，前回の集会までに放棄済みの財産については，備考欄に「放棄済み」，残務欄に「無」とチェックする。

　　ウ　収支計算書（本書483頁【資料605】）

　収支計算書は，破産手続開始決定以後の破産財団に関する経過（法157①二）を明らかにするために作成する必要がある。

　収支計算書の作成上，特に留意すべき点は，以下のとおりである。

　　①　財産目録で換価済みと記載した財産が，収入の部に記載されていること

　　②　収支計算書に記載された入出金が，管財人口座通帳写しに反映されていること（収支計算書の財団組入日と通帳入金日は一致する）

　　③　収入の部と支出の部の各合計額やその差引残高，財団債権や優先的破産債権の金額に誤りがないこと

　　④　収入の部の合計額と財産目録の合計額が一致していること

　　⑤　収支計算書の通帳残高と管財人口座通帳写しの現残高が一致していること

　なお，立替管財事務費については，その旨を明記しておく必要がある（この場合，通帳残高と一致しない）。

　　エ　高価品保管口座通帳写し

　財団の現状を示すため，高価品保管口座の通帳の写しの提出が必要である。預金通帳には，入金や出金があった都度，鉛筆で摘要（売掛金入金，司法書士費用支払等）を記入しておくとよい。

　　オ　免責に関する意見書（自然人の場合）（本書484頁【資料606】）

　免責に関する意見をチェック方式で記入する。免責不相当意見の場合，免責不許可事由はあるが裁量免責相当である場合，債権者から免責意見が申述された場合（法251①），その他問題となる事情がある場合には，理由を具体的に記載する。

　ただし，免責調査を続ける必要がある場合，建物明渡し等や換価に破産

者の協力を得る必要がある場合など，免責に関する意見書の提出をいったん留保すべきときは，業務要点報告書（本書477頁【資料602】）の所定の項目をチェックし，留保する理由を簡単に記載する。この場合は，留保すべき事情の解消後に免責に関する意見書を提出する（本書341頁参照）。

　　カ　自由財産拡張に関する意見書（本書485頁【資料607】）

　自由財産拡張手続において，管財人と申立代理人及び破産者の見解が一致せず，自由財産拡張に関する意見書の提出を要する場合（本書91頁参照）には，原則として第1回債権者集会期日の1週間前までに意見書を提出することが必要である。

　　キ　破産債権者表（債権調査を行う場合）（本書501頁【資料713】，504
　　　頁【資料714】）

　当該期日において債権調査の結果を発表する場合，結果発表の1週間前までに認否結果を記載した破産債権者表を提出する必要がある。

　詳しくは本書257頁以下を参照。

　　ク　出席債権者に対する配付資料（集会当日までに準備）

　債権者の出席が予想される事件については，集会での配付が相当でないような事情がない限り，裁判所に提出した財産目録及び収支計算書の写しやこれらの要旨などの資料を出席債権者への配付用に準備しておく。そうすることによって，破産債権者の理解と協力が得られ，債権者集会の進行及び管財事務が円滑に運営されることにもなる。

（2）　個別管財手続

　個別管財手続の場合，破産手続開始決定の約1か月後と，債権者集会の約1週間前に担当裁判官との面談期日が設定される。なお，第1回の債権者集会終了後も，面談期日は1か月から3か月ごとに指定されることが多く，この機会を利用するなどして定期的に管財業務の進捗状況を報告することになる。

　　ア　開始1か月後面談

　　（ア）　報告事項

　定期面談における報告事項は，以下の①から⑥までであり，開始1か月後面談の際には，これに加えて⑦を報告する。

① 破産財団に属する財産の概要

② 管財業務の処理状況

③ 今後の換価業務の見通し（残務の内容及び処理方針と処理見込み期間）

④ 配当見込みの有無

⑤ 配当可能な債権の範囲（優先的破産債権までの配当にとどまるか，一般破産債権まで配当が可能か）

⑥ 債権調査の要否

⑦ 破産手続開始決定直後における管財業務遂行上の問題点の有無及びこれに対する対処方法等

（イ）　提出書面

大阪地裁では，個別管財手続について，開始1か月後面談，集会前面談を含むすべての定期面談の際，原則的に，毎回，以下の書面を提出することを求めている。

ⓐ　財産目録（本書481頁【資料603】，482頁【資料604】。残務欄と管財人評価額欄のあるもの。記載についての注意点は一般管財手続と同じ。）

ⓑ　収支計算書（本書483頁【資料605】。記載要領は一般管財手続と同じ。）

ⓒ　報告書（業務要点報告書（本書477頁【資料602】）を利用する場合は，報告事項については適宜別紙を補充する。）

ⓓ　高価品保管口座の通帳の写し

ただし，開始1か月後面談の場合に限り，管財業務が最も繁忙な時期であることにかんがみ，書類の作成が困難な場合には，ⓐからⓒまでの書面に代えて財産の概要を記載したメモを提出しても差支えない。しかし，ⓓの預金通帳の写しは必ず提出する必要があるし，以後の定期面談においては必ずⓐからⓓまでの書面を提出する。

イ　集会前面談

（ア）　報告事項

開始1か月後面談の際に報告した前記ア（ア）の①から⑦までの事項の進

渉状況・変化の有無に加えて，集会の準備のため，次の事項を報告する。

⑧　破産手続開始に至った事情，破産者及び破産財団に関する経過及
び現状など，法157条1項所定の事項

⑨　集会進行上の問題点（警備の必要性，集会紛糾の可能性）と対策

⑩　債権調査結果を期日に発表するか否か（期日型の場合）

また，債権調査期日を延期する場合は，あらかじめ次回の調査期日を打
ち合わせておく。債権調査を実施する事案については，本書257頁以下の
とおり，債権調査の結果発表の少なくとも1週間前に認否表（大阪地裁では
破産債権者表に認否を直接記入したもの）を裁判所に提出する必要がある
から，当初指定した債権調査期日に調査結果を発表する場合は，集会前面
談の際に認否表を提出することとなる。

（イ）　提出書面

集会前面談の際には，前記ア（イ）に記載した@から@までの書面に加え，
集会を円滑に進行させるために，次の書面を提出する。

@　出席債権者確認用の50音順債権者名簿（債権者一覧表を表計算ソ
フトで並べ替えるなどして作成する。間に合わなければ前日までに
提出する。）

@　債権者用配付資料（内容は前記(1)のクと同じ。間に合わなけれ
ば当日でもよい。）

@　自由財産拡張に関する意見書（本書485頁【資料607】。ただし，自
由財産拡張について管財人と破産者及び申立代理人の見解が一致せ
ず，意見書の提出が必要な場合に限る。）

なお，集会前面談の場合，@の報告書には，前記アで記載した報告事項
に加え，前記⑧の事項を記載する必要がある。

3　債権者集会の進行の概要

（1）　一般管財手続

ア　破産者，破産会社代表者の挨拶

集会に債権者が出席する場合，冒頭で破産者又は破産会社代表者に簡潔
に挨拶をさせることによって出席した債権者の納得を得られる場合も少な

116 第4章 破産管財人の手引

くないので，管財人は，破産者等に事前にその旨を伝えた上で出頭を求める。

イ 破産の経緯，財団の経過と現状等の報告

　財産目録及び収支計算書の記載に基づき，財産状況の報告を行う。債権者が出席した場合には，配付用の資料に基づき口頭で報告した上，質疑応答を行うことになる。同一期日に多数の事件が指定されている関係で，報告は簡潔に行う必要があるため，報告内容は，財団形成の結果，これによる配当の見込みの有無やその時期，配当見込みがない場合における廃止時期のほかは，特に手数を要した業務内容，主要な残務とその見込み期間程度にとどめ，破産に至る経緯等については，質疑応答の中で，必要に応じて報告することになろう。

　なお，債権者から事前に計画倒産や資産隠しの疑いについての指摘があった場合等，当該事案において債権者の関心が特に強いと思われる事項が予め把握できている場合には，これらについても破産手続開始に至った事情（法157①一）の報告の中で，必要に応じて報告することになろう。

ウ 換価に関する事項（放棄許可申請）

　破産財団に帰属する100万円を超える価額の財産を債権者集会で放棄する場合には，放棄予定の財産を業務要点報告書及び財産目録に明示した上（本書111頁参照），集会において口頭で放棄許可申請を行う（なお，不動産については，口頭での放棄許可申請は認められていない（本書154頁参照）。）。

　裁判所は，集会の場で同申請を許可し，その旨調書に記載することになる（なお，100万円以下の価額の権利の放棄は許可不要である（本書137頁参照）。）。

エ 債権調査の結果発表（債権調査を実施する場合）

　換価が終了し，配当が可能となった事案においては，破産債権者表記載のとおり債権調査の結果を発表する（なお，債権調査の事前準備及び結果発表の詳細については，本書257頁以下参照）。

　なお，債権者に資料追完指示をしたものの追完が間に合わなかった場合など，具体的事情によっては，債権調査期日は後記カの続行期日と同一期

日に延期されることもある。この場合，債権認否をするのに支障がなくなったときに，その後の（延期された）債権調査期日で債権調査の結果を発表することとなる。

オ　廃止決定見込みの場合の取扱い

債権者集会時において，既に換価が終了し，破産財団をもって破産手続費用を支弁することができないことが明らかになっている場合には，債権者集会終了後に廃止決定がされることになる（本書332頁参照）。

なお，財団債権の按分弁済を廃止決定後に行うことは差し支えないが，その場合の財団債権弁済報告書（本書536頁【資料902】），収支計算書及び残高が0円になっている高価品保管口座通帳写しについては，按分弁済後速やかに提出する（本書333頁参照）。

カ　期日を続行する場合の取扱い

換価未了等の理由により破産手続を終了できない場合には，開始決定時に指定された集会（財産状況報告集会，廃止意見聴取集会及び任務終了計算報告集会）を続行（延期）することとして（期日型で債権調査未了の場合は債権調査期日も延期する。），次回期日の指定を受ける。

(2)　個別管財手続

ア　破産者，破産会社代表者の挨拶

一般管財手続の場合と同様である（本書115頁）。

イ　破産の経緯，財団の経過と現状等の報告

出席債権者に対する配付資料を活用して報告する。集会の時間は通常30分程度，債権者数が非常に多い事件でも1時間程度として指定されるから，管財人の報告は，債権者に対する席上配付資料を引用しつつ，10分から15分程度で債権者の関心のある配当見込み等の点を中心に要領よくまとめて行うようにする（報告書を逐一読み上げるような方法は望ましくない。）。

ウ　質疑応答

出席した債権者から質問等を受け，管財人が回答する。なお，債権者から事前に問合せがあった事項等，質問が予想される事項については，あらかじめその回答を準備しておくべきである。前記イの管財人の報告の際に触れておくのも一つの方法である。

118 第4章 破産管財人の手引

　　エ　債権調査の結果発表（債権調査を実施する場合）

　大阪地裁では，債権者集会室の前に破産債権者表を備え付けて出席した債権者にあらかじめ閲覧してもらう方法をとっているので，集会の際に破産債権者表を読み上げることはせず，破産債権者表のとおりである旨を管財人が発表するにとどめ（債権調査の事前準備等については，本書257頁以下参照），管財人による破産債権の認否に関し債権者から個別に質問があった場合に，当該認否の内容，理由について説明するようにする。

　　オ　債権調査期日を延期する場合の取扱い

　財産状況報告集会は，当初指定した期日において財産状況を報告することにより終了し，続行することは予定されていないが，併せて指定されていた債権調査期日を延期する必要が生じた場合には，事前に打ち合わせておいた債権調査の延期期日を裁判官が告げる。

4　非招集型手続

　ここでは，非招集型の手続について，申立てから廃止決定に至るまでの手続の流れに沿って，招集型との相違点を中心に説明する。

　(1)　対象事件

　非招集型の手続は，債権者不出頭が見込まれる第1回目の債権者集会で異時廃止となる事件について，債権者集会を招集しないことによって事件処理の合理化を図るものである（前記1(1)イ参照）。このような目的を踏まえ，大阪地裁では，次の各要件のいずれをも満たす事案を非招集型の対象事件としている。

　　①　破産手続開始決定から12週間で換価が終了して配当できないことが確定し，かつ，自然人の場合には，免責についての報告も可能となることが見込まれること

　　②　債権者集会を招集しても，出頭する債権者は皆無であることが見込まれること

　そして，上記各要件の認定判断に当たっての考慮要素は以下のとおりである。

　　ア　破産財団の規模や内容に関する考慮要素

　　　㋐　廃止事案であること

④　未回収の過払金，売掛金，貸付金又は出資金がないこと

　　　⑦　不動産を所有していないこと（ただし，売却先が決まっている
　　　　場合及び公衆用道路や原野など換価可能性が極めて低い場合を除
　　　　く。）

　　　㋑　破産財団に関する訴訟が係属していないこと

　　イ　破産者及び申立代理人に関する考慮要素

　　　㋔　申立代理人が大阪府内に事務所を有する弁護士であること

　　　㋕　倒産直前に問題のうかがわれる処分行為をしていないこと

　　ウ　申立人が事業者の場合における考慮要素

　　　㋖　支払停止後おおむね2か月以内の破産申立てであること

　　　㋗　事業用賃借物件の明渡しが完了していること

　　　㋘　未解雇の従業員がいないこと

　　　㋙　PCBを含有するコンデンサ等廃棄処分に時間を要する物件がな
　　　　いこと

　　エ　その他の考慮要素

　　　㋚　個人債権者がいないこと（ただし，親族を除く。）

　　　㋛　免責観察型の事件でないこと

　(2)　破産申立て

　　ア　手続選択

　大阪地裁では，債務者に非招集型手続として取り扱われることについて
異議がない場合は，申立時に提出する報告書（法人用）（本書357頁【書式
104】）又は管財補充報告書（本書388頁【書式204】）において，その旨を明
示することとしている。ただし，裁判所は，債務者の意見に拘束されるこ
となく対象事件を選定し，前記(1)の対象事件に当たるとはいえない場合
は，招集型手続によることになる。

　　イ　予納金

　非招集型手続による場合，招集型手続よりも官報公告が1回多いため，同
手続と比べて官報公告料1回分相当額（数千円）が多く必要となる（なお，
最終的に招集型手続で破産手続を開始することとなった場合，上記相当額
分の差額は破産財団に組み入れられることとなる。）。

　(3)　管財人候補者選任

　管財人候補者は，裁判所で利害関係を確認して受任が内定した際（本書

120　第4章　破産管財人の手引

94頁），非招集型手続として進行するに当たって問題がないかについて口頭で意見を述べる。問題がなければ，管財人候補者は，財産状況報告書の提出期間等を確認し，破産手続開始決定後，「債権者集会非招集型手続の指定について」（付属CD－ROM【資料1001】）の交付を受ける。

(4)　破産手続開始決定

　ア　申立代理人への通知

申立代理人は，破産手続開始決定正本を普通郵便で受領するが（本書31頁），非招集型の場合，進行予定を記載した文書（付属CD－ROM【資料1002】）が同封されているので，内容を確認する。

　イ　債権者への通知

管財人は，開始等の通知（本書97頁）の際，非招集型手続に係る通知書（付属CD－ROM【資料1003】）を同封して発送し，裁判所へ発送報告書を送付する（本書98頁）。

(5)　招集型手続への移行

　ア　招集型手続への移行を検討すべき場合

管財人は，以下の場合には，招集型手続への移行の当否について，裁判所に相談する。

　　①　破産者や申立代理人が管財業務に非協力的であるため資産調査が進まない場合

　　②　否認対象行為が判明した場合

　　③　配当可能な程度に破産財団が形成された場合

　イ　招集型手続への移行手続

管財人は，前記アの相談の結果，招集型手続への移行が相当であるとされた場合，債権者集会の招集の申立て（法135①一）をする。この場合の官報公告費用（法136③）は，非招集型手続のために予納された官報公告費用が用いられる。

(6)　財産状況報告書提出期間の延長

前記(3)の財産状況報告書の提出期間内に調査や換価が終了しないことが判明した場合，管財人は，直ちに，調査又は換価終了に要すると考える期間を記載した提出期間の延長に係る上申書を提出する。

第4 債権者集会 121

裁判所は，上記上申書を受けて，改めて提出期間を定める（規54①）。

(7) 報告書・申立書の提出

ア 提出書面

管財人は，調査及び換価終了後（提出期間終期未到来でも差支えない。），速やかに次の書類を裁判所に提出する。

① 財産状況報告書兼破産手続廃止の申立書兼任務終了の計算報告書兼書面による計算報告の申立書（以下「報告書兼申立書」という。付属CD－ROM【資料1004】）

② 財産目録

③ 収支計算書

④ 高価品保管口座通帳写し

⑤ 免責に関する意見書（破産者が自然人の場合）

イ 記載要領

報告書兼申立書（前記ア①）は，財産状況報告書（法157①），破産手続廃止の申立書（法217①前段），任務終了の計算報告書（法88①）及び書面による計算報告の申立書（法89①）を兼ねるものであり，各法令所定の事項が記載されている。

このうち，財産状況報告書の取扱いについては，財産状況報告集会への報告（法158）を行わない代償措置（規54③）に係る記載であり，①管財人事務所への備置き（以下「備置型」という。）と②債権者への送付（以下「送付型」という。）が想定されているところ，大阪地裁では，原則として備置型とする運用を採用している。

また，管財人は，換価終了後に引き続き郵便回送嘱託を行う必要がないと判断した場合は，裁判所にその旨を報告し，それ以外の場合は，破産手続廃止まで郵便回送嘱託を継続するよう求める。

財産目録，収支計算書，高価品保管口座通帳写し及び免責に関する意見書については，基本的に招集型と同様の文書を提出する。もっとも，収支計算書のうち支出の部には，今後見込まれる債権者通知書面の発送費用が支出されていないので，これを「見込額」として計上する。

(8) 管財人報酬決定等

前記(7)アの書面の提出を受けて，裁判所は，次の①及び②の決定を行い，

122　第4章　破産管財人の手引

③の官報公告を行う。なお，②の各期間は，原則としていずれも8週間とされている。

　　①　報酬決定兼包括的追加報酬決定
　　②　廃止意見聴取期間の決定兼計算書異議申述期間の決定（法217②・89②）
　　③　書面による計算報告の官報公告（法89②）

（9）　債権者への発送，財産状況報告書の備置き等

　管財人は，裁判所から，前記(8)①の決定正本及び前記(8)②に係る債権者通知書面（付属CD−ROM【資料1005】）の交付を受け，速やかに同通知書面を普通郵便で知れたる債権者及び公租公課庁に発送する（法217②・89②参照）。

　発送後，管財人は，裁判所に発送報告書を送付し，管財人事務所に財産状況報告書を備え置く（備置型の場合）。

（10）　異時廃止

非招集型手続の異時廃止については，本書335頁以下参照。

第5　契約関係の処理

1　はじめに

　管財人の重要な職務の一つとして，従前の契約関係の清算を行うことが挙げられる。

　この点，破産手続開始決定当時，破産者を一方当事者とする双務契約のいずれか一方の債務の履行が完了している場合や，当該契約がもともと片務契約である場合には，格別の問題が生じることはない。すなわち，双務契約で破産者が義務を履行済みの場合，あるいは片務契約であるために破産者の有する債権のみが存在する場合には，当該債権は破産財団に属する債権として，管財人はその権利行使をすることとなる。他方，双務契約で相手方の義務が履行済みの場合，あるいは片務契約であるために相手方の

有する債権のみが存在する場合には，原則として当該債権は破産債権となる。

しかしながら，破産者及び相手方の双方が共に債務の履行を完了していない双務契約の場合には，単純に契約の効力を維持すると不合理な結果を招来する。すなわち，相手方にとっては自己の債務を完全に履行することを強制される一方で，自己の債権の行使は破産債権としての地位に甘んじる結果となるのである。

そこで，法は，破産手続開始決定時点において双方未履行状態の双務契約について，管財人に，契約の解除をするか，又は破産者の債務を履行して相手方の債務の履行を請求する（履行選択）ことができることとした（法53①）。

2 双方未履行双務契約の処理概要

(1) 管財人の選択権

双務契約について破産者及びその相手方が破産手続開始の時において共にまだその履行を完了していないときは，管財人は契約の解除をし，又は破産者の債務を履行して相手方の債務の履行を請求することができる（法53①）。

「履行を完了していないとき」には，一部未履行，従たる給付のみの不履行などを含み，履行未了の事由も問わないものとされる。

契約を解除すべきか履行選択すべきかの判断基準は一概にいえないものであるが，基本的に破産財団の増殖に資するか否かを基準とし，履行選択をする場合の管財人の履行可能性と負担の程度，要する期間等を総合考慮して判断すべきである。

解除を選択する場合には裁判所の許可は不要であり，相手方は破産債権者として損害賠償請求権を行使することとなる（法54①）。ただし，相手方の反対給付が破産財団に現存するときは，相手方はその返還を請求でき，現存しない場合にはその価額について財団債権として権利行使できる（法54②）ことに注意が必要である（財団債権化されることを勘案しての解除の判断が必要となる。）。例えば，請負契約等で前受金を受領しているよう

124　第4章　破産管財人の手引

な事例において，管財人による解除を選択した場合には当該前受金の返還請求権は財団債権となるため，管財人としては，かかる財団債権化に十分留意した上，場合によっては相手方による債務不履行解除によって契約関係の処理を実現するように誘導することも検討すべきである。

　他方，100万円を超える価額について履行選択をする場合には裁判所の許可が必要であり（法78②九③一．規25。100万円以下は許可不要である。本書136頁以下参照），相手方の有する債権は財団債権となる（法148①七）。

　このように，管財人は双方未履行双務契約について，契約の解除か履行選択かの選択権を有するものであり，この行使によって，双方未履行双務契約の処理を行うこととなる。なお，その選択をする時期であるが，後記の相手方による催告がない限り，管財人の選択権は留保されるものと解される。したがって，管財人としては破産財団の増殖に最も資する時期にその選択をすることとなるが，いたずらに選択権を留保することは法的安定性を害することとなるため，できる限り早期にその判断を行うべきであろう。

(2)　相手方による確答すべき旨の催告

　このような管財人の選択権は，相手方の地位を不安定にするものであるがゆえに，相手方は，管財人に対し相当期間を定め，その期間内に契約を解除するか又は債務の履行を請求するかを確答すべき旨を催告することができ，期間内に確答をしない場合には，契約の解除をしたものとみなされる（法53②）。

　「相当期間」の程度は，当該契約の内容等によって異なるものであるが，一般的には2週間～1か月程度の期間を定められることが多い。管財人としては，相手方からかかる催告を受けた場合には，できる限り早期に契約の解除か履行選択かの判断をすべきである。

3　継続的給付を目的とする双務契約

　法は，①破産者に対して継続的給付の義務を負う双務契約の相手方は，破産手続開始の申立て前の給付に係る破産債権について弁済がないことを理由としては，破産手続開始後はその義務の履行を拒むことができず，②

その相手方が，破産手続開始の申立て後破産手続開始前にした給付に係る請求権は，財団債権とし，③一定期間ごとに債権額を算定すべき継続的給付については，申立ての日の属する期間内の給付に係る請求権は，財団債権とすることを規定する（法55①②）（本書280頁参照）。

継続的給付の義務を負う双務契約（以下，「継続的供給契約」という。）とは，電気・ガス・水道などの契約がその典型例であるが，それに限られず，当事者間の契約によって継続的給付が義務付けられる場合もこれに該当する。なお，継続的供給契約についても，双方未履行双務契約の基本処理を定める法53条の適用があり，管財人はその解除か履行選択をする必要がある。

実務上よく見られる携帯電話利用契約は，継続的供給契約に当たるものの，管財業務には必要がない。このような場合，破産者が法人の場合には，管財人としては，直ちに契約の解除（法53）をすべきである。他方，破産者が自然人の場合で，管財人に対して直接請求があった場合には，契約上の地位を移転するか，あるいは契約はそのままにした上で破産者から破産手続開始後の利用分については不当利得であるとして新得財産からの財団組入れをさせるという処理を行うことを検討する。

管財人としては，破産手続開始後できる限り早期に継続的供給契約の有無を調査，確認して，その処理を行うことが重要である。

4　賃貸借契約

(1)　賃貸人が破産した場合

ア　解除権の制限

賃貸借契約も双方未履行の双務契約であり，破産した賃貸人の管財人は，法53条によって賃貸借契約を解除するか，履行選択するかを決めることとなる。しかしながら，対抗要件を具備した賃借人に対しては，解除権を行使することができず（法56①），賃借人の有する請求権（使用収益権）は財団債権となる（法56②）ため，管財人は，賃借人に対して，継続して目的物を使用収益させなければならない。

イ　賃料前払いや将来債権譲渡の効力

旧法では，賃料の前払い又は賃料債権の処分は破産宣告時の当期及び次

期に限られ，これ以外は破産債権者に対抗できないとしていた（旧法63）が，現行法では，この制限は撤廃され，賃料の前払いや賃料債権の処分（将来賃料の債権譲渡）がある場合，その効力は管財人に対しても及ぶ。したがって，このような場合，管財人は賃料を収受できないまま賃貸物件を管理し，固定資産税等を支払う義務を負うため，賃貸目的物の譲渡，さらには破産財団からの放棄をも検討せざるを得ない（本書152頁以下参照）。

ただし，その前提として，賃料債権の譲渡事例では，これが相当な対価でなされたかなど否認の問題の調査が必要であるし，また，賃料の前払いの事例では，前払いの事実の有無及びその資金使途についての調査が必要であり，調査を行った上で放棄の可否を判断すべきである（本書153頁参照）。

ウ　敷金の処理

敷金返還請求権は，賃貸借が終了し，かつ，賃貸物の返還がされたときに，未払賃料等の賃貸借に基づいて生じた金銭債務を控除した残額についてはじめて具体的に発生するから（民622の2①一），法103条4項が適用される。

したがって，賃借人は，敷金返還請求権を自働債権とし，賃料債権を受働債権とした相殺はできない（民622の2②後段参照）。しかしながら，賃借人が管財人に対して賃料を弁済する場合，敷金返還請求権の額の限度において弁済額の寄託を請求することができ（法70後段），後に敷金返還請求権が発生したときに寄託金相当額を優先的に回収することができる。この場合，管財人としては，寄託金が一般の破産財団と混同しないよう，別口座で分別管理する，あるいは，財産目録において寄託請求分を明示して計数管理をするなどの必要がある（本書152頁参照）。

また，敷金返還請求権は敷金契約により発生するものであるが，敷金契約自体は賃貸借契約とは別個の契約であるため，管財人が履行選択した場合及び管財人の解除権が制限される場合のいずれにおいても，財団債権化される使用収益権（法148①七・56②）に該当しない。

なお，敷金返還請求権は賃貸借契約と別個の敷金契約により発生するものであるが，敷金契約は従たる契約である。そのため，敷金返還請求権は，

目的物の任意売却に伴い，賃貸借契約上の地位と共に新所有者へ承継される（民605の2④）。

また，賃貸借契約の処理に伴い，保証金の処理が問題になることがあるが，保証金返還請求権は，個々の具体的な事案に応じてその性質を検討することになる。

エ　賃料債権を受働債権とする相殺

弁済期未到来の将来賃料債権を受働債権とした賃借人による相殺も可能である（法67②）。なお，敷金返還請求権を自働債権とし賃料債権を受働債権とした相殺ができないことは，前記ウのとおりである。

(2)　賃借人が破産した場合

ア　契約の処理

賃借人が破産した場合も，管財人は，法53条により，賃貸借契約を解除するか，履行選択するかを決めることとなる（賃貸借契約は，前の期の対価である賃料の支払がないことを理由として，後の期の給付である目的物の使用収益の履行を拒絶するということを想定し難いから，法55条の予定する契約ではなく，同条は適用されないと解される。）。

管財人が履行選択をした場合に，過去の未払賃料についてまでも財団債権化（法148①七）されるか問題となるも，破産手続開始決定前の賃料は，同決定前の使用収益の対価という性質を有するから，管財人が履行選択した場合の過去の未払賃料は，単なる破産債権にすぎないと解される。なお，その場合も敷金からの充当は認められる。

イ　原状回復請求権について

賃借人の管財人が解除を選択した場合の原状回復請求権（管財人に代わって賃貸人が原状回復を実施した場合の費用請求権を含む。）は財団債権（法148①四又は八）か，あるいは破産債権かについては争いがある。

原状回復請求権が生ずる時期は，管財人による契約の解除時である。そうすると，原状回復請求権は法148条1項8号に規定する「破産手続開始後その契約の終了に至るまでの間に生じた請求権」に該当し，財団債権になるようにも思われる。しかしながら，法148条1項所定の財団債権は，破産手続全体の利益のための債権として共益的性格を有するものであり，破産手

続の遂行に必要な費用や，第三者の負担において破産財団が利益を享受する場合の第三者の反対給付請求権などであると解されている。この趣旨からすれば，その発生原因が破産手続開始前の毀損行為や設備設置行為などによる原状回復請求権については，破産手続全体の利益のための債権として共益的性格を有するものとはいえないし，破産手続の遂行に必要な費用であるとか，第三者の負担において破産財団が利益を享受する場合の第三者の反対給付請求権であるともいえない。したがって，法148条1項8号に規定する「破産手続開始後その契約の終了に至るまでの間に生じた請求権」とは，「破産手続開始後その契約の終了に至るまでの間〔の原因〕に〔よって〕生じた請求権」であると解するのが制度趣旨に合致する。

　また，原状回復請求権が管財人のした行為によって生じた請求権であるとして財団債権になると解する余地もある（法148①四）。しかしながら，同号は，破産債権者の利益を代表する管財人の行為に起因するものは，破産債権者全体すなわち破産財団で負担するのが公平であるとする趣旨で規定されたものと解される。一方，原状回復請求権は，破産手続開始決定前の毀損行為や設備設置行為などに起因するものであり，破産手続開始と同時に選任される管財人の行為に起因するものではない。

　以上のような点から，大阪地裁では，原状回復請求権は財団債権ではなく，破産債権と解している。もっとも，管財事件の内容は千差万別であり，管財人としては賃貸借目的物の円滑な明渡しを含めた管財業務の迅速かつ適正な遂行のために臨機応変に対処すべき場面も多い。したがって，具体的な原状回復請求権が問題となった場面ごとに，裁判所とも十分に協議した上で事案に即した対処方法を決定する必要がある。

　なお，この場合でも敷金からの充当は認められる。

　　ウ　違約金条項について

　賃借人の管財人が解除を選択した場合にも，賃貸借契約上定められた違約金条項の適用があるか否かについては，裁判例が分かれるところである。

　そもそも，法53条1項に基づく解除権は，民法上の解除原因（民541〜543参照）の存否や契約当事者間の合意内容いかんにかかわらず行使し得るものであることからすれば，法によって管財人に与えられた特別の権能（法定

解除権）であり，法は契約の相手方に解除による不利益を受忍させても，破産財団の維持・増殖を図るために，管財人にこのような法定解除権を付与し，もって破産者の従前の契約上の地位よりも有利な法的地位を与えたものと解される。したがって，管財人が法53条1項に基づく解除権を行使する場合には，破産者にとって不利な契約条項には拘束されないものと解される。

　以上のような点から，大阪地裁では，管財人が法53条1項に基づいて賃貸借契約を解除した場合には，当該賃貸借契約中の違約金条項の適用はないものと解している。

　このような見解に対しては，賃貸人は，賃借人の破産という偶然の事情によって，本来であれば賃借人に主張することができた特約を主張できなくなり，予想外の不利益を被る結果となるとの反論が考えられる。しかしながら，前記のような法53条1項の趣旨からすれば，同条項は，賃貸人に一定の不利益が及ぶ可能性があることを想定した上で，あえて財団維持・増殖の観点から管財人に解除権を付与したものと考えられ，また，実際の賃貸借契約においては違約金条項の内容が著しく賃貸人に有利なものとなっていることも多く，法53条1項に基づく解除の場合にその適用を認めることは，むしろ破産手続における債権者平等の観点から疑問があるといわざるを得ない。

　違約金条項の適用がない場合でも，法54条1項に基づき，賃貸人は損害賠償請求権を行使し得るが，その範囲は管財人の解除によって賃貸人が現に被った損害の範囲に限られる。具体的には，管財人が賃貸借契約を解除して目的物を明け渡してから新たな賃借人との間で賃貸借契約が締結されるまでの合理的期間における賃料相当額が損害金として観念し得るであろう。

　さらに，この場合，賃貸人がその有する損害賠償請求権に敷金を充当することができるかについても両説あり得るところである。

　この点，法53条1項に基づく解除権の法定解除権としての性質を重視し，敷金からの充当（当然控除）を認めることは賃貸人に財団債権としての行使を認めるのと同じことになり，法54条1項によって解除に伴う損害賠償

130   第4章　破産管財人の手引

請求権は破産債権であるとされた趣旨を没却するとして，敷金からの充当を否定する見解も有力に主張されている。しかし一方では，法54条1項の存在や趣旨のみによって直ちに敷金からの控除をも否定することには，疑問を呈する見解もある。

このように，違約金条項の適用の有無や法54条1項に基づく損害賠償請求権に対する敷金の充当の可否については，争いのあるところであり，管財人としては，賃貸人と交渉の上合意解約を行ったり，法53条1項に基づく解除をした上で和解的処理を行うなどして，できる限り破産財団の維持・増殖を図ることが求められる。

　　エ　敷金返還請求権に質権が設定されている場合について

最高裁平成18年12月21日判決（民集60・10・3964）は，敷金返還請求権に質権が設定されている場合における破産した質権設定者（賃借人）の管財人の担保価値維持義務に関して，①質権設定者（賃借人）の管財人は，質権設定者が質権者に負担すべき敷金返還請求権の担保価値を維持すべき義務を承継し，②管財人は，質権者に対し，正当な理由に基づくことなく未払債務を生じさせて敷金返還請求権の発生を阻害してはならない義務を負うとした。

管財人としては上記判例の趣旨にのっとり，敷金返還請求権の担保価値をいたずらに毀損することのないように管財業務を遂行する必要がある。

5　請負契約

　(1)　請負人が破産した場合

　　ア　法53条の適用の有無

請負契約の目的である仕事の性質において代替性がある場合には，法53条の適用がある（最判昭62・11・26民集41・8・1585）。これに対し，請負契約の目的である仕事の性質において代替性がない場合には，法53条の適用はない。以下，代替性がある場合とない場合のそれぞれについて，管財業務処理上の留意点を述べる。

　　イ　代替性のある場合

　　(ア)　代替性のある請負契約について，管財人が履行を選択する場

合には，破産者本人又は従前の従業員等を履行補助者として雇用したり，従前の下請業者に依頼するなどして仕事を完成させることにより，その報酬を破産財団に組み入れることとなる。履行選択するか否かは，下請業者等の協力が得られるか否か，契約の早期履行が可能かどうか，履行選択することで財団形成にどの程度貢献できるかなどの諸般の事情を勘案して決定する必要がある。実務上は，後記の施工済みの出来高部分の精算をより円滑にするために，解除して契約関係から離脱した上で，注文者と下請業者との間の新たな請負契約を締結させるなどして，工事を続行させることが少なくない。この場合，破産者が受け取るべき報酬額と下請業者が受け取るべき報酬額を，関係者間で合意しておくことに留意すべきである。

　（イ）　契約を解除する場合でも，既に施工済みの出来高部分については，注文者に対して報酬又は費用を請求することができる（出来高部分の精算）。他方，注文者に損害が生じたとしても，その損害賠償請求権は破産債権である（法54①）。

　実務上，施工済みの出来高の査定をめぐって争いが起きる場合が多いため，管財人としては破産手続開始後のできる限り早期の段階で，工事現場等で発注者（元請業者）立会いの下に出来高部分の確認を行い，写真等により現場の状況を証拠化するなどの工夫が必要である。

　また，請負契約の場合，注文者から請負人に対して前渡金が支払われていることが多く，注意が必要である。すなわち，前渡金と出来高部分の報酬額を比較し，前渡金が出来高部分の報酬額を上回る場合には，その差額は財団債権となる（法54②）。このような場合，管財人としては履行選択をすることも考えられるが，完成時に受領できる報酬額に比して履行に要する費用の負担が重くなることにより，かえって損失を拡大する懸念もあり，実務上は，注文者との間で和解的処理を行うことが多い。

　（ウ）　実務上，注文者から契約解除の主張がなされる場合がある。請負人が破産手続開始決定を受けたということだけでは注文者には解除権は発生せず，法53条2項に基づく確答すべき旨の催告ができるのみである。また，請負契約において倒産解除条項のような約定解除権の合意があった場合には，その効力には争いのあるところであり，管財人としては，破産

132　第4章　破産管財人の手引

財団の維持・増殖が図れるよう柔軟かつ迅速な解決を図るべきである（本書124頁参照）。

　　ウ　代替性のない場合

　代替性のない請負契約には，法53条の適用はなく，管財人の管理処分権から独立して，破産者と注文者との契約が継続する。管財人が履行選択しても，意思のない請負人に労務を提供させることができないからである。

（2）　注文者が破産した場合

　　ア　請負契約の注文者が破産した場合には，法53条の特則として民法642条が適用される。したがって，管財人及び請負人の双方が契約の解除権を有するが（民642①本文），請負人は，仕事を完成した後は解除することができない（同ただし書）。解除した場合，仕事の結果は注文者の破産財団に帰属する（最判昭53・6・23金融法務875・29）。他方，請負人の有する破産手続開始決定までの仕事に対する報酬・費用は破産債権となり（民642②），管財人が解除した場合の請負人に限り，解除によって生じた損害賠償を破産債権として請求できる（民642③）。また，請負人及び管財人は，それぞれ相手方に対して確答すべき旨の催告をすることができ，確答がないときは契約が解除されたものとみなされる（法53③②）。

　　イ　管財人及び請負人の双方が契約の解除をしない場合には，請負人は仕事を完成させる義務を負うこととなり，破産手続開始後の出来高に対する報酬請求権は当然に財団債権（法148①七）となるが，開始前の出来高についても，請負人の義務の不可分性ないしは当事者間の公平を根拠に財団債権であるとする見解が通説である。そのため，管財人としては，契約を一旦は解除して，改めて残りの部分についての契約をするなどの対応も考えられるが，このような対応は権利濫用であるとの請負人からの主張もあり得るところであるから，この点について裁判所と事前に協議すべきである。

　　ウ　建物の建築請負等においては，請負人が商事留置権（商521等）を主張して建物に加えて敷地も留置することがある。不動産は商事留置権の対象となり得るが（最判平29・12・14民集71・10・2184），建物の建築請負の場合，建物に対する商事留置権で敷地までも留置できるのかなどの問題がある

上，敷地には抵当権が設定されていることが多く，その抵当権者との優劣
関係も問題となる。このように，多数の利害関係人が存在するため，管財
人としては，これら利害関係人と協議の上，当該土地・建物を一括した任
意売却を試みることにより，利害関係人の利益を調整するなどして，でき
る限り破産財団の維持・増殖を図るように努力することが肝要である。場
合によっては，商事留置権消滅請求（法192）を検討することもあり得よう。

6　その他の契約

(1)　労働契約

ア　労働者の破産

　労働者の破産の場合，法53条は適用されず，管財人は，雇用契約を解除
することは許されない。使用者も，破産を理由に労働者を解雇することは
できない（法令上の欠格事由がある職業は除く。）。

イ　使用者の破産

　破産手続開始決定時において雇用契約が存続している場合，法53条の特
則として民法631条が適用される。したがって，管財人及び労働者の双方
が民法627条の規定によって雇用契約の解約権を行使することができ，い
ずれからも解約に基づく損害賠償請求はできない。ただし，管財人による
解約（解雇）については，労働基準法20条の適用を受けるため，解雇予告
に関する制約がある。

　管財人において事業継続をする必要のあるような場合などを除き，原則
として，破産手続開始後直ちに労働者を解雇すべきである。管財業務の補
助として従前の労働者の協力が必要な場合には，短期の労働契約を改めて
締結することが多い。

(2)　ライセンス契約

　特許権等の知的財産権のライセンス契約も，双方未履行双務契約として
法53条以下の規定に従った処理がされる。

　ライセンシー（利用者）の破産の場合には，管財人は，法53条によって，
契約を解除するか，履行選択するかを決定することとなる。履行選択は，
管財人による事業譲渡のような場合に限られるものと思われる。

他方，ライセンサー（権利者）の破産の場合，管財人は，特許権等の知的財産権を任意売却する前提として，法53条によって，契約を解除するか，履行選択するかを決定することとなる。もっとも，管財人は，対抗要件を具備したライセンシー（なお，特許，実用新案及び意匠についての通常実施権については，いわゆる当然対抗制度により，登録を必要とせずに特許権等の譲受人等の第三者に対して対抗できる（特許99参照）。）に対しては，解除権を行使することができず（法56①），この場合，ライセンシーの有する請求権（使用権）は財団債権となる（法56②）ため，管財人はライセンシーに対して，継続してライセンスを利用させなければならない。その場合には，ライセンサーとしての地位も併せて譲渡することとなる（本書165頁参照）。

（3）　委任契約

委任契約は，委任者又は受任者が破産手続開始の決定を受けたことにより終了するが（民653二），この終了事由は，これを相手方へ通知し，又は相手方がこれを知っていたときでなければ，これをもって相手方に対抗できない（民655）。したがって，委任者が破産手続開始決定を受けたにもかかわらず，受任者がこれを知らずに委任事務を処理したときは，受任者には，費用償還請求権（民650）や報酬請求権（民648）が認められる。この請求権は，破産債権として行使し得る（法57）。

（4）　リース契約

　ア　法53条の適用及びリース料債権の取扱い

リース契約のうち，フルペイアウト方式（残価を0円とみて投下資本の全てを回収できるようにリース料を定めるもの）によるファイナンス・リース契約のユーザーが破産した場合，当該リース契約は双方未履行の双務契約ではなく，法53条は適用されない（最判平7・4・14民集49・4・1063参照）。この場合，管財人は，リース料債権を破産債権として扱うことになる（債権調査における留意点につき，本書274頁参照）。

他方，リース契約のうち，メンテナンス方式のリース契約等，賃貸借的性質の強いリース契約のユーザーが破産した場合，法53条が適用されることもあり得る。

イ　リース物件の取扱い

　リース契約のユーザーが破産した場合，リース業者は，リース物件について，取戻権（法62）を有すると解する見解と別除権（法2⑨）を有すると解する見解がある。もっとも，いずれの見解を採用しても，リース業者は，破産手続では，手続によらずに権利を行使することができる（法62・65）一方で，残債権と目的物の返還によって受けた利益（リース物件が返還時において有した価値とリース期間満了時の残存価値との差額）との差額の清算義務を負う（最判昭57・10・19民集36・10・2130参照）。したがって，管財人は，多くの場合，リース物件を返還し，清算をすることになる。

第6　換価業務

1　換価業務の基本的方針

(1)　初動の重要性

　大阪地裁における管財事件は，①破産財団それ自体が乏しいことによる廃止見込み事案では基本的に破産手続開始決定の約3か月後に開催される財産状況報告集会において手続を終結させ，②比較的換価業務の少ない事案では開始決定後半年以内，③相当程度複雑な事件でも配当手続を含めて開始決定後1年以内には手続を終結させることが標準的な処理期間とされている（もちろん，債権回収や否認権行使のための訴訟が控訴や上告等により長期化するなど，避けることのできない原因に基づく場合は，それ以上の期間を要することとなってもやむを得ない。）。

　したがって，管財人は，前記標準処理期間内に破産手続を終了させることができるよう，換価業務を受任当初から積極的に進行させて，破産手続開始決定の約3か月後の財産状況報告集会までの間に回収のための訴え提起及び不動産等の任意売却について見通しをつける必要があろう。

(2)　財産目録の作成，提出と進行管理

　換価業務を適正かつ迅速に進行させるためには，その前提として，管財人が破産財団に帰属する財産を把握し，その価値を的確に評価した上で，

136　第4章　破産管財人の手引

適正な価額で売却・換価を進めることが必要である。したがって，管財人は，就職後直ちに破産財団に属する財産の管理に着手し（法79），遅滞なくその価額を評定し（法153①），財産目録を作成しなければならない（法153②）。そして，管財人は，作成した財産目録に換価状況を逐次反映させ，残務の有無及び内容を明らかにすることによって換価状況を把握し，見通しを立てて計画的に換価を進める必要がある。

　その上で，管財人は，前記財産目録（本書481，482頁【資料603，604】）及び収支計算書（本書483頁【資料605】）を，債権者集会の1週間前（個別管財手続の場合は面談の前）までに提出することによって破産財団に関する経過及び現状を裁判所に報告しなければならない（法157①二）。また，財産状況報告集会で財産目録及び収支計算書の要旨を報告する（法158）際にもこれらの写しや要旨などを資料として配付することが多い。

　このように，財産目録は，換価業務の指針となるばかりでなく，裁判所や債権者に対する報告にも用いられる重要な資料となる。

(3)　換価価額の相当性の確保

　換価を適正な価額で行うためには，①入札方式で買手を募る，②専門業者等の査定や見積りをとる等の方法があるが，高額な在庫商品等，債権者の関心の大きい物件については，売却に先立って債権者に通知等を行い，買受け希望や価額について意見を述べる機会を与えるなどして，価額の相当性について疑義を持たれることのないよう配慮する必要がある。

2　換価と許可申請

(1)　裁判所の許可を要する行為（要許可行為）

　以下の行為については，あらかじめ後記(2)の許可不要行為の定めがない限り，裁判所の個別の許可が必要である（法78②）。

法律上許可を要する行為
①　不動産に関する物権（地上権，永小作権，地役権を含む。）の任意売却（法78②一）
②　登記すべき船舶の任意売却（法78②一）

③ 鉱業権・漁業権及び知的財産権等の任意売却（法78②二）

④ 商品の一括売却（法78②四）

⑤ 100万円を超える価額の動産の任意売却（法78②七③一，規25）

⑥ 100万円を超える価額の債権又は有価証券の譲渡（法78②八③一，規25）

⑦ 100万円を超える価額の和解又は仲裁合意（法78②十一③一，規25）

⑧ 100万円を超える価額の権利の放棄（法78②十二③一，規25）

⑨ 100万円を超える価額の訴えの提起（法78②十③一，規25）

⑩ 100万円を超える価額の財団債権，取戻権又は別除権の承認及び別除権の目的たる財産の受戻し（法78②十三十四③一，規25）

⑪ 100万円を超える価額の双方未履行の双務契約についての履行請求（法78②九③一，規25）

⑫ 営業又は事業の譲渡（法78②三）

⑬ 借財（法78②五）

⑭ 相続放棄の承認等（法78②六）

(2) 許可不要行為の定め

裁判所があらかじめ許可を要しないものとした行為については，前記(1)に該当するものであっても個別の許可申請を要しない（法78③二）。

大阪地裁では，以下の行為について，破産手続開始決定と同時に許可不要行為とする旨の定めを行っている（本書429頁【資料402】参照）。

大阪地裁における許可不要行為
① 自動車の任意売却（100万円以下は本来的許可不要行為である。以下同じ）
② 取戻権の承認
③ 財団債権の承認
④ 有価証券の市場における時価での売却

(3) 許可申請の方法

重要な財産の換価については，方法・内容・条件等について裁判所と事

138　第4章　破産管財人の手引

前に相談した上で相手方と交渉し，具体的条件が決まった段階で契約書案を作成し，これを添付した許可申請書を裁判所に提出して許可を得た後に契約を締結するという方法が実務上多く行われている。相手方との契約を急ぐ特段の事情が存するような場合には，裁判所の許可を条件として契約を締結し，事後的に許可申請を行う場合もあるが，許可申請の際，契約の内容に修正を要する点が存する旨の指摘が裁判所からなされた場合等に問題を生ずるため，できるだけ契約前に許可を得ることが望ましい。

　許可申請の際には，許可申請書正副本各1部を裁判所に提出する。許可申請書には，許可を求める理由（当該許可申請の内容が相当であることを裏付ける事実）を必ず記載する。また，管財人の連絡先電話番号のほか，特定及び整理の便宜のため，冒頭に許可申請の通し番号（「許可申請第○号」）を記載するとよい（本書458頁【資料507】参照）。なお，不動産以外の財産については，債権者集会において口頭で放棄許可申請を行い，口頭の放棄許可を受けることも可能である（本書111頁参照）。許可が出た後又は許可申請と同時に，許可証明申請書（本書460頁【資料509】）を裁判所に提出することによって，許可があったことの証明書（許可証明書）を受領できる。不動産の任意売却や訴訟提起等の場合には有用である。併せて，不動産登記用の管財人証明書（付属CD－ROM【資料408】）を取得しておく。

　(4)　許可不要行為と許可申請

　前記(1)の要許可行為に該当しない行為及び(2)の許可不要行為については，管財人はその権限と裁量に基づいて行うことができ，許可申請は不要である。

　ただし，事案によっては，許可不要行為であったとしても，額面額が多額に上る債権の放棄や，債権者が強い関心を寄せている財産の換価などにおいて，管財人として許可を取っておく必要が高いと考えられる場合には，慎重を期すべき事情を明示した上で，念のために許可申請を行っても差し支えない。

　100万円以下の財産の換価等については許可を要しないこととされているところ（前記(1)の表⑤から⑪まで），100万円を超えるかどうかの判断は，合理的な資料や根拠に基づいた管財人の適正な評価額を基準とする。例え

ば，賃貸借契約の敷金返還請求権は契約書記載額，自動車等では評価書が出ている場合はその評価額が考慮されることになるが，常にこれらの額によるというわけではない。金銭債権について，消滅時効の完成が明らかであったり，立証が困難なため額面どおりの債権の存在にそれなりの疑義があったりする場合には，管財人において，これらの点を考慮して適正に評価すべきである。他方，訴えの提起や訴訟上の和解については，いずれも訴訟物の価額が管財人の評価額となるので，例えば訴訟物の価額が150万円である訴訟を提起したが30万円で和解すべき場合には，訴訟物の価額が100万円を超えるため，訴えの提起及び訴訟上の和解のいずれも許可申請を行う必要がある。

債務名義に基づく強制執行は，許可を要する行為ではないから，許可申請は不要である。なお，執行費用が多額に及ぶ見込みであるが，執行が奏功するかどうかについて問題がある場合や，債務者の営業用動産を差し押さえる場合等は，事前に破産裁判所と打合せをしておくことが望ましい。

3　換価の際の留意事項

個別の財産についての留意事項は次のとおりである。なお，自然人の破産の場合，自由財産拡張に関する判断が換価に先行するので，この点について注意が必要である（本書88頁以下参照）。

（1）　現　金

管財人は，破産手続開始決定後直ちに破産者又は申立代理人から自由財産対象外の現金を受領して引き継ぎ，管財人口座に入金する。

（2）　預貯金

管財人は，破産手続開始決定後，破産者又は申立代理人から通帳を受領して記帳を行い，通帳がない場合は，必要に応じて取引履歴を取り寄せるなどして，残高を確認する。

自然人の破産の場合は，拡張不相当と判断されたため換価の対象となる預貯金であっても，残高が僅少か又は破産者が口座の使用継続を希望するときは，残高と同額の金銭について破産者に財団組入れをさせて，当該預金を放棄することができる。それ以外の預貯金については，破産手続開始決定後速やかに解約手続をとる。

140　第4章　破産管財人の手引

　解約手続に当たっては，管財人は，適宜金融機関に口座の有無や預金残高の照会をすることとなる。もっとも，自然人の破産の場合は，管財人から一律に金融機関に問合せをすると，自由財産拡張後の対応や前記の財団組入れの事務が煩雑になることがあるから，これらの対象となる銀行口座については破産手続開始決定時の残高が通帳等により把握できれば金融機関への照会を省略する（本書75頁参照）。

　なお，残高が非常に少なく，解約に要する費用が預貯金残高を上回る場合は，法人であっても破産財団から放棄することも可能である。

　預金先の金融機関が破産債権者である場合，支払停止後に預金口座に破産者の取引先から振込送金された金員について，当該金融機関が支払停止の事実を知っていたにもかかわらず相殺処理してくることがあるので，支払停止後の入金の有無を確認し，相殺禁止（法71①三）を主張することを検討する。

　管財人が破産手続開始決定後に金融機関に預金残高等の照会を行う際には（本書444頁【資料502】参照），預金口座からの自動引落しを防ぐため，当該口座からの入出金を停止したい旨も述べておく。また，開始決定直後に破産者の預金口座を引き続き利用して売掛金回収を行う必要性がある場合は，出金のみ停止して入金は停止しないという対応もあり得る。

　労働組合に対する積立金等も預金債権と性質は同じである。

　また，信用組合などの出資金についても，同様に払戻手続をとるか，破産者に出資金相当額を財団組入れさせた上で放棄する。出資金の払戻しには一定の期間が必要となるので注意を要する。出資金払戻請求権を第三者に譲渡して換価することが可能か当該信用組合などに問い合わせるのも一つの方法である。

（3）　手形・小切手

　受取手形・小切手の支払呈示期間の徒過によって回収不能にならないよう，破産手続開始決定後早期に金融機関を通じて交換に回し，回収する。

（4）　売掛金

　ア　一般的な留意点

　売掛金回収には意外に手間と時間がかかることが多い。売掛先等は，取

引先が破産したと聞くと，途端に根拠のない返品や取引停止による損害賠償請求権との相殺を主張し出すことも多く，時間が経過するほど回収が困難になるし，消滅時効（民166①）にも留意する必要がある（特に，令和2年4月1日より前に発生した債権には2年間の短期消滅時効（旧民173一）が適用される点にも注意を要する。）。したがって，開始決定後，直ちに回収に着手すべきである。

　また，売掛先等について倒産手続が開始された場合には，所定の期間内に債権届出等の対応をする必要があることに注意する。

　　イ　売掛金回収手順の例

　売掛金回収については様々な手法があるが，（特に，多数の売掛先等がある場合を想定した）効果的な売掛金回収の手順の一例を示すと，次のとおりである。

　　①　管財人内諾後，破産手続開始決定前に，あらかじめ申立代理人から売掛金目録のデータを受け取って，売掛金目録を基に売掛金管理台帳を作り，1回目の請求書（本書447頁【資料504】）を作成しておく。この請求書には，後記②のとおり相手方が認める債務の額を記載する回答書（本書448頁【資料504】）を同封し，返送を求めることになる。この回答書は，相手方の主張額を把握するとともに，万一訴訟になったときに証拠にもなる。

　　②　破産手続開始決定後，直ちに，売掛先等に対し，破産手続開始等の通知（本書434，435頁【資料409，412】，付属CD－ROM【資料409～412】）とともに，前記①のとおり準備しておいた1回目の請求書と回答書を送付する。なお，大阪地裁においては，裁判所に相談した上で，破産手続開始等の通知用の封筒にこれらの書面を同封して送付してよい扱いとなっている（本書98頁参照）。後日訴訟提起する場合に備え，売掛金元帳や請求書の控え等の疎明資料を確保しておく。

　　③　売掛先等から入金がされたら，その都度売掛金管理台帳に入力していく。返品要求等に対しては，法律上の根拠がない時期遅れの返品申出は受けられないこととその理由についての説明書などを送付

142　第4章　破産管財人の手引

すると有効である。

　④　破産手続開始決定当初から，2回目又は3回目の請求書を送付する
　　時期，訴訟提起するか否かを判断する時期及び判断基準を決めてお
　　くと良い。

　例えば，開始決定の1か月後に2回目の請求書を，2か月後に3回目の請求
書（支払がされない場合には訴訟提起をする旨の最後通告も記載する。）を
送付する。そして，開始決定の3か月後（遅くとも財産状況報告集会まで）
には，訴訟を提起する売掛先等を決定し，その準備に取り掛かる。

　以上のような手順は一例であり，事案によっては，1回目の請求書に対す
る回答状況を見て，直ちに訴訟提起した方が有効な場合もあるから，当該
破産事件の内容（売掛先等の業種）等も考慮して，効率的な回収方法を検
討する。

　なお，訴訟提起に際しては，多数の事件を併合提起するとかえって訴訟
進行が遅れるので，一つの訴訟に異なる売掛先等を併合する場合は5社程
度までが相当であろう。

　ウ　訴訟提起の検討

　管財人は，売掛先等の主張の当否，証拠の有無，相手方の支払能力や執
行対象となる財産の有無等を踏まえた回収可能性等を基に，費用対効果（訴
訟に要する期間等も含む。）の観点も考慮し，訴訟提起や和解の枠組みにつ
いて一定の方針を持って訴訟提起の要否を検討し，裁判所ともその認識を
共有することが相当である。

　この点に関し，客観的な証拠が十分に確保できない事案でも，例えば，
破産者の説明がある程度具体的かつ説得的であれば，これを陳述書にまと
めるほか，相手方が事前の交渉や前記イ①の請求書への回答の際に債務の
存在を争っていない場合には，管財人においてその旨の報告書を作成する
などして，訴訟提起に必要な最低限の証拠を確保することが考えられる。

　また，訴訟提起によって売掛先等が支払ってくることもあるので，売掛
先等の資力に疑問がある場合でも訴訟提起には一定の意義がある。しか
し，訴訟に出頭してきた売掛先等に資力がなく，差押対象財産も見当たら
ない場合等には，柔軟に和解による解決を図るのが相当である。

以上の検討を踏まえ，訴訟物の価額が100万円を超える場合は，訴状を添付した訴え提起許可申請書を作成し，裁判所の許可があり次第，訴訟を提起する。訴訟物の価額が100万円以下であれば訴訟提起について裁判所の許可は不要であるが，必要に応じて事前に裁判所との相談をしておく。

　エ　和解の検討

　和解をする場合は，過怠約款を忘れないよう注意を要する。また，あまりに長期の分割払を認めると，管財手続が長期化するので，他の換価業務の終了時期を考えてなるべく一括で早期に回収するのが望ましい。また，100万円を超える訴訟物についての訴訟上の和解には（和解金額が100万円以下であっても）破産裁判所の許可が必要である。訴訟係属裁判所には許可証明書を提出することになる（本書137頁参照）。

　オ　放棄の検討

　破産事件では費用対効果が重要な要素なので，費用倒れになるような少額の売掛債権については，他の換価が終了した段階で一括して放棄せざるを得ない場合もある。また，少額ではないが，売掛先等に支払能力がなく，回収見込みがないと認められる場合，できる限り和解による解決に努力するが，それもできないときには，売掛先等に支払能力がないことに関する資料等を提出させた上で放棄せざるを得ない。交渉段階で相手方と連絡が取れず，訴状の送達すら危ぶまれる場合や，事前の交渉段階から相手方が相応の根拠に基づいて売掛金の存在を強く否定しているような場合も放棄を検討することになる。

　カ　サービサーへの売却等

　債権の回収については，これ以外に，サービサーへの売却という方法も検討する。この場合，当該債権の額面，債務名義の有無，回収可能性あるいは回収に要する期間の見込み等を踏まえ，売却先や売却方法，売却金額等について，必要に応じて裁判所と協議する。

（5）　在庫商品・仕掛品・原材料

　ア　基本的な換価手順

　在庫商品等については，保管費用を抑え，陳腐化を防ぐために，破産手続開始決定後速やかに売却を試み，遅くとも財産状況報告集会までに換価

144　第4章　破産管財人の手引

するようにする。

　適当な売却先が見つからない場合，債権者の中に購入希望者がいる場合があるので，債権者に買受け募集等の案内を送付してみると効果的なことがある。特に納入業者や取引先等は値崩れを防ぐために高額で買い取ってくれることがあるから，事案によってはこれらの関係者にも案内するとよい。この場合，破産債権者に対する売却は，破産債権と相殺できない点（法71①一）についても説明し，誤解を招かないように注意すべきである。

　在庫商品等を一括して売るか，個別に販売するかは，在庫商品等の性質，換価にかかる時間とコスト（特に保管費用は財団債権となる（法148①二）。）を考慮して判断する。なお，在庫商品を一括売却する場合には，価額が100万円以下の場合であっても裁判所の許可を要するので注意を要する（本書136頁）。

　在庫商品等の売却価額については，債権者が関心を持っている場合が多いから，複数の業者に見積りを出させたり，入札をするなどの方法で価額の適正性を確保するよう注意する。前記のとおり，買受け募集等の案内を広く行っておけば，後日不満が出ることも少ない。

　　イ　半製品・ブランド品などがある場合の処理

　半製品がある場合，そのままで下請業者等に相当な価額で売却できることもあるが，一般的には半製品のままで売却することは困難である。その場合，製品の納入先が購入を希望するなど，完成させることによって確実に売却できる場合には，裁判所の許可によって事業を継続するか，破産者の元従業員や下請業者等に加工を委託し，完成品を売却することを検討する。

　また，破産者がブランド品を取り扱っていた場合，それが偽ブランド品であれば，第三者の保有する知的財産権を侵害することになるため，廃棄処分等を検討する。正規品であっても，在庫商品を売却する際には，ライセンス契約に抵触しないかどうかを事前に確認する必要がある。

　　ウ　動産売買先取特権への対応

　仕入先の債権者は，納品した在庫商品等について，別除権である動産売買の先取特権（民311五）を有し，さらに，債務者が在庫商品等を転売した対

価となる売買代金債権に対して物上代位権を行使することができる（民304，民執193，最判昭59・2・2民集38・3・431参照）。

　他方で，管財人は目的物の引渡義務や差押承諾義務を負うわけではないから，基本的には，目的動産の換価を進め，代金を全額財団に組み入れることになる。もっとも，先取特権者が動産売買先取特権の存在を証する文書を提出して動産競売開始の許可決定を受けた上，その申立てを行えば，執行官は目的商品の捜索ができるため（民執190①三②・192・123②），管財人は，速やかに換価を進めるべきである。また，物上代位権の行使を受けないよう，売買代金の支払方法を現金による即時決済とするなどの工夫が必要である。

　これに対して，商品等が特殊なもので仕入先でなければ換価できないような場合には，仕入先において売却し，その対価を財団と仕入先とで分配したり，仕入先に仕入値の一定割合で買い取ってもらい，その商品についての売掛債権を放棄してもらったりするなどの和解的処理が相当な場合もある。

　　エ　所有権留保への対応

　所有権留保は，破産法上別除権に該当するから，不動産の場合（後記(7)参照）と同様に，留保所有権者の同意を得て管財人が物件を任意に売却し，差額を財団に組み入れるか，又は債権者が担保権の実行として物件を売却し，清算金を管財人に交付することとなる。清算金が生じる事案で留保所有権者が売却を行う場合は，管財人は，物件の引渡し前に適正な評価額を債権者に示して清算金について交渉することが望ましい。

　他方で，代金が未払いの在庫商品等が所有権留保の目的物として特定されていなければ，管財人は目的動産の換価を進めることとなる。

　　オ　放棄の検討

　売却の見込みがない場合は放棄を検討することになるが，放棄した場合には，目的物の所在に応じて廃棄費用や賃借物件の明渡義務等が問題となるので，業者等に一括で売却したり，建物等の明渡しに際して一括して処理したり，原状回復義務免除と抱き合わせで賃貸人に売却したりするなどして，廃棄や明渡しのために支出する費用を抑えるよう努力する必要があ

146　第4章　破産管財人の手引

る。

カ　商事留置権消滅の制度

　破産手続開始時において，破産財団に属する財産について商事留置権を主張する者がある場合，当該財産が法36条により継続されている事業に必要な場合，その他当該財産の回復が破産財団の価値の維持又は増加に資する場合は，管財人は，裁判所の許可を得て，当該財産の価値に相当する金銭を弁済して，留置権者に対して当該留置権の消滅を請求することができる（法192①～③）。例えば，破産手続開始時に在庫商品の一部について商事留置権が主張されているときに，当該在庫商品を他の在庫商品等と一括して換価した方がはるかに高額に売却できるとか，当該在庫商品が部品等であり，他の仕掛品等の完成に不可欠である場合等にこの制度を利用することが考えられる。

(6)　貸付金

　貸付金の回収については，基本的に売掛金の場合（本書140頁以下参照）と同様である。

　なお，破産者が和解金等の長期分割払いの債権を有している場合には，他の財産の換価に要する期間を想定した上，当該期間内での分割払い又は一括払いに変更する旨の変更合意を行い，回収のために破産手続が遅延することのないように注意する。変更合意が不可能な場合は，売掛金の場合と同様に，サービサーの利用等を検討する。

(7)　不動産

　不動産の換価は，管財業務の中でも最も重要な業務の一つであるが，その反面，換価業務が長引く原因ともなりやすい。そのため，不動産の換価については，管財人就任当初から一定の方針と計画性をもって臨むことが肝要である。原則的には財産状況報告集会までに，遅くとも破産手続開始決定後6か月以内には，売却か放棄かの見極めをつけ，場合によっては担保権消滅手続（本書171頁以下参照）の利用を検討する。この期間内に任意売却の目途が立たず，売却が困難なものについては，裁判所とも相談の上財団からの放棄を検討する。

ア　買受希望者の探索

　(ア)　不動産の買受希望者を探索するに当たっては，信頼できる業

者に依頼する場合が多い。また，多数の引き合いが見込まれる物件の場合には，管財人において，入札手続を実施する場合もあり（その際にも業者に依頼する場合もあれば，管財人が直接実施する場合もある。入札に当たっては，本書449頁【資料505】の入札要綱の書式例も参考にして，事案ごとに工夫する必要がある。），どのような方法で買受希望者を探すかについては，不動産の特性，担保権者の動向などを考慮して，個別判断を行うことになる。

仲介業者に依頼する場合であっても，担保権者との間の売却価額，財団組入額，配分割合等の交渉には管財人が関与することが望ましい。担保権者との間の交渉を仲介業者に行わせる場合には，弁護士法で禁止されている非弁行為に該当しないように留意する必要がある。

（イ）　また，売主側（管財人側）として活動する業者に対する仲介手数料は，売買における必要経費として売却価額から支払われる例が多いことから，後記エのとおり，担保権者との連絡を密に取りながら，担保権者の十分な理解を得た上で進めることが，仲介手数料額の金額の認識違いなど買受希望者決定後のトラブルの防止にもつながり重要である。

（ウ）　このほか，買受希望者の探索については，破産者の関係者（親族，友人，職場，取引先など）の中に買受希望者がいないかを探る，隣地所有者などの近隣の不動産所有者に買受希望がないか声をかける，別除権者にも併せて探索希望があることを伝え協力を依頼するなどの方法もあり，あらゆるルートを通じて，迅速に探索活動を進めることが必要である。なお，買受希望者の探索に当たって，業者や関係者から謝礼等を受領してはならない（法273参照）。

イ　売却価額

（ア）　適正な価額で不動産を売却すべきことは当然であるが，必ずしも正式な不動産鑑定をする必要はなく，公示価格や路線価，固定資産評価額，不動産業者の査定結果，入札方式で売却を行ったこと，あるいは担保権者の評価などを踏まえ，総合的にみて適正な金額であると認められれば足りる。ただし，買受希望が多数寄せられている物件等については，原則として入札方式で売却先及び価額を決定することが相当である。入札の

148 第4章 破産管財人の手引

結果，最終的に条件及び金額が近接した買受希望者が2社程度残った場合
などは，最終段階でせりを行うと，予想以上に高額で売却できる場合があ
る。

また，一見，売却が困難と思われたり，別除権者側の物件に対する評価
が実勢に比して高額と思われたりする物件等においても，管財人が主導的
立場に立って，公正中立に入札方式を遂行して買受希望者・売却価額を確
定させることは，別除権者から売却価額が相当であることについての理解
を得る上でも，一定の効果がある。

　　（イ）　土地・建物を一括で売却したり，所有者を異にする複数の筆
で構成されている土地を一括で売却したり，不動産ごとに別除権者の順位
が異なったりして権利関係が複雑になっている場合には，売却価額の割付
けが重要な問題となる。すなわち，対象不動産の割付額は，別除権者にお
いては，得られる受戻金額に影響を及ぼし，買受希望者においては，建物
消費税額の確定に直接影響を及ぼす場合があり，管財人においては，財団
組入額の多寡に影響を及ぼす。

この場合，買受希望を総額表示のみで行い，買受候補者が確定した後に
なって詳細を確定させようとすると，各関係者の理解を得られない結果，
契約を締結することができないおそれがある。

そこで，権利関係が複雑になっている不動産の任意売却手続では，売買
価額が確定する前に，あらかじめ割付条件（費用負担割合を含む。）を明確
にし，関係者の利害を調整して理解を得た上で，買受希望者との間で不動
産ごとの売却価額を確定させる必要がある。

　　ウ　財団組入額
任意売却の場合の財団組入額について，大阪地裁では，不動産が別除権
の負担により無剰余の状態（いわゆるオーバーローン状態）であっても，
担保権者の協力により，不動産の売却価額の5％から10％程度を財団に組
み入れる運用を行っており，どのような事情があっても，不動産の仲介手
数料や登記費用，固定資産税，消費税，その他の諸費用を除いた実質的な
財団組入額が売却価額の3％を下回る場合には，当該不動産の任意売却は
許可しない方針である。このため，買受希望者との交渉においては，あら

かじめ諸費用の負担を含め細部についてまで合意しておく必要がある。

　なお，前記財団組入基準は担保権消滅手続における財団組入額の基準と連動しており（本書179頁参照），任意売却に際して財団組入額について担保権者の同意を得られない場合でも，売却価額が相当である場合には，財団組入額が前記範囲（売却価額の3％から10％）であればほぼ間違いなく担保権消滅許可がなされることとなるから，管財人としては，担保権者に対してその旨を説明してできるだけ任意売却に協力するよう説得することが必要である。それでも納得を得られない場合は，担保権消滅手続を利用することを検討する。

　　エ　担保権者との交渉

　不動産の任意売却を行う場合，管財人は，買受人の募集と併行して破産手続開始決定後の早い段階から，担保権者との間で，電話，FAX，面談等の適宜の方法を通じて（最低）売却価額及び財団組入率についての交渉を行う必要がある。特に，財団組入額，仲介手数料，固定資産税，その他諸費用等を売却価額から適切に控除し，担保権者が当該任意売却によって具体的にいくら弁済を受けることができるのかを明示しつつ，交渉を進めるとよい（価額面で交渉が難航し，別除権者から競売の申立てを受けた場合でも，その売却基準価額が判明してから再交渉することも有効な方法とされている。）。このうち，破産財団形成に当たって最も重要な財団組入額の交渉に際しては，買受人及び売却価額の決定に当たっての管財人の貢献が適切に反映されるよう説明を尽くすことはもとより，大阪地裁では大多数の事案においておおむね5％以上の財団組入れが実現していることや担保権消滅手続を利用した場合の見通し（前記ウ），手続の進行次第では別除権者が不足額を証明できずに配当から除斥されること（法198③）なども必要に応じて説明すべきであろう。これらの交渉により，任意売却が破産財団のみならず別除権者にとっても有利なものであることを理解してもらうことが重要である。

　なお，規則56条は，別除権者の利益保護の観点から，管財人が別除権の目的となっている不動産の任意売却をしようとするときには，任意売却の2週間前までに，担保権者に対し，任意売却をする旨及び任意売却の相手方

150 第4章 破産管財人の手引

の氏名又は名称を通知しなければならない旨を定めているが，任意売却における担保権者との協議の重要性に鑑みれば，この規定は最低限の保障という趣旨で設けられたものと考えるべきであり，管財人が任意売却の当初の段階から担保権者と密接な交渉をすることは当然である。特に金融機関においては，社内稟議手続が不可欠であることを念頭に置き，金融機関内での承認が売買決済時までに得られるようスケジュールを組み，社内稟議に必要な資料を開示するなど，担当者に協力することに留意すべきである。また，担保権者が既に競売手続を申し立てていたり，その申立てを検討したりしている場合には，当該担保権者がいつまでであれば管財人による任意売却に対応可能なのかという期限を確認しておくべきであろう。

後順位の別除権者については，任意売却をした場合，いわゆるハンコ代程度の抹消料しか支払えないことがある旨説明することになるが，売却代金の配分に同意が得られない場合には，担保権消滅手続の利用を検討することになる。

　オ　滞納処分による差押登記

目的不動産に滞納処分による差押登記がされている場合，管財人は，課税庁とも抹消（差押解除）に関する交渉をする必要がある。

租税債権は，その法定納期限以前に設定された別除権には優先しないので，剰余を生ずる見込みがない場合には，その事情を説明して課税庁に差押えの解除を求めることを検討する（税徴79①二）。

　カ　仮差押えへの対応

破産手続開始決定によって仮差押えは失効するが（法42②），仮差押登記が当然に抹消されるわけではないため，管財人は，仮差押債権者に対し，担保取戻しに協力することを条件に仮差押えの取下げを促す。仮差押債権者の協力が得られない場合には，任意売却後に保全裁判所に職権での抹消を求めることができる。

　キ　許可申請の際の注意事項

売却許可申請の際の一般的注意事項は，基本的には前記2(3)（本書137頁）のとおりであるが，不動産の場合，特に売却価額の正当性の根拠等が重要となるので，その説明を記載した上で，根拠資料（査定書，入札に関する

報告書等）を添付すべきである（本書458頁【資料507】参照）。

　また，大阪地裁においては，不動産の売却許可について前記の財団組入率の最低基準を3％とする運用が存するため，許可申請書にも財団組入率を記載する。なお，価額決定過程や組入額について許可申請書に記載すると支障がある場合や，許可を求める理由及びその添付資料が大部になる場合は，許可申請書と同時に報告書を提出し，そちらに記載するようにするとよい（本書459頁【資料508】参照）。また，必要があれば，これらの文書について閲覧等の制限を申し立てることも考えられる（本書105頁参照）。

　そして，売買契約に際しては，不測の事態が生じても破産財団に損害が及ぶことのないように，契約条項を定めておく必要がある。多くの事案で盛り込むべき条項としては，以下のものが考えられる（本書454頁【資料506】参照）。

① 　管財人が契約不適合責任（民566等）を負わないこと（免責条項）
② 　現状有姿での引渡しとなること
③ 　公租公課（特に固定資産税）の負担に関する条項
④ 　登記費用，登録免許税等の負担に関する条項
⑤ 　公簿取引であり，測量及び境界確認の責任を負わないこと
⑥ 　所有権移転及び危険移転の時期に関する条項
⑦ 　反社会的勢力に関する条項（いわゆる暴排条項）
⑧ 　残置物の処理（所有権の帰属と処分費用の負担）に関する条項
⑨ 　建物の消費税に関する条項（法人である場合。本書170頁参照。）
⑩ 　農地法の規定による農業委員会の許可に関する条項（農地の場合）
⑪ 　賃料・敷金の精算条項（賃貸物件の場合）

　　ク　破産財団に属する財産の引渡命令（法156）

　管財人が破産者の自宅不動産を任意売却し，買受人に目的物を引き渡そうとしても，破産者が当該物件に居住しており，任意に退去しないために契約の履行ができなくなる場合がある。このような事態に対応するため，裁判所は，管財人の申立てにより，決定で，破産者に対し，破産財団に属する財産を破産管財人に引き渡すべき旨を命ずることができる（法156①）。この決定手続においては，破産者の審尋を必ず行わなければならず（法156

②），破産者には即時抗告権がある（法156③）。なお，審尋をきっかけにして，任意に退去がなされる場合も存する。引渡しを命ずる決定は，確定しなければ効力を生じない（法156⑤）。

　ケ　賃貸中の不動産についての注意事項

　破産者所有の不動産が賃貸マンション等の収益物件である場合には，収益性が極めて低く，赤字となるために放棄を検討すべきような例外的な場合（本書155頁参照）を除き，賃料の回収によって積極的に財団の増殖を図るべきである。

　　（ア）　賃貸物件，特にマンションの場合は，エレベーターや受水槽の点検，清掃等の管理業務が必要であるところ，これらが適正にされているかどうかは任意売却代金を含めたマンションの資産価値を左右し，賃借人の賃料支払意思をも左右する。したがって，賃料の回収により財団の増殖に資すると考えられる場合は，裁判所と相談の上，必要に応じて管理会社との間で管理委託契約を締結し，適正に管理を行う。賃料未払いの賃借人に対しては，売掛金の場合と同様に，適正に催告を行い，支払わない場合は訴訟等の法的措置をとる。

　　（イ）　賃貸マンション等に空室がある場合は，管財人の管理権限に基づいて新規に賃貸借契約を締結し，新たな賃借人を入居させて賃料回収額の増加を図ることができる。

　　（ウ）　賃借人から敷金・保証金等を受領している場合の処理は次のとおりとなる。

　敷金返還請求権は，賃貸借が終了し，かつ，賃貸物の返還を受けるときに未払賃料等を控除した残額について具体的に発生する権利であって（民622の2①），破産手続開始決定の段階では具体化していないから，賃借人は，このような権利を自働債権として賃料と相殺することはできない。したがって，賃借人は管財人に対して賃料を支払い続けなければならない（本書126頁以下参照）。なお，このような債権についても，法103条4項に基づき債権届出を行うことは可能である。

　敷金返還請求権を賃借人が破産債権として届け出ても，最後配当の除斥期間満了までに賃貸借が終了し賃借物件が明け渡されない限り，配当から

除斥される（法198②）。除斥期間の満了までに明渡しが完了した場合，未払賃料等を控除した残額について現実化した旨を破産債権者表に記載した上，その額に基づき配当を行うことになる（本書279頁以下，310，315頁参照）。

　ただし，賃借人が賃料の寄託を請求している場合（法70後段）には，賃借人は，最後配当の除斥期間満了までに賃貸借を終了させ賃借物件を明け渡せば，この寄託金の返還を受けられる（本書126頁参照）。

　賃貸借契約当時に保証金名下に金員の授受がされている場合，その性質は敷金，権利金等様々であるため，その実質に着目して処理を行うことになる。関西地区では，一般的に，差し入れられた保証金のうち一定額又は一定割合の金員（いわゆる敷引金）を控除した残額のみを返還対象とし，この返還対象部分からさらに賃料相当損害金や修繕費用を差し引くという約定がなされることがあるが，この場合，その保証金は，いわゆる礼金と敷金とが合わさったものと解されるから，敷金に相当する部分については前記の考えが妥当することになる。

　　　（エ）　なお，賃料債権が一括して債権譲渡されている事案や，賃借人が一般の破産債権者であって，賃料債権と破産債権との相殺を主張している事案等では，後記コ(ウ)のとおり，管理費用等により赤字となるとして，当該不動産の放棄を検討すべき場合も考えられる。ただし，債権回収を図る目的の詐害的な賃借権設定等に対しては，相殺禁止に関する法71条の原則規定を適切に行使して賃料の回収を図る必要がある（本書125頁参照）。

　　コ　破産財団からの放棄

　　（ア）　放棄を検討すべき場合

　担保権の受戻額について担保権者の同意が得られない場合は担保権消滅手続が利用できるが，そもそも買手がつかない場合や，場所が特定できない不動産の場合，このほか山林や原野等で，固定資産評価額も数千円であり，隣接する土地の所有者等も購入を希望しない場合，さらに，買手は現れているものの，担保権者がその価額に同意せず，任意売却ではなく担保不動産競売によって債権回収するとの意向を明らかにしている場合など

154　第4章　破産管財人の手引

は，そもそも担保権消滅手続を利用することができないか，又は同手続を利用しても対抗手段により不許可となることが明らかである。このような場合は，物件を破産財団から放棄することを検討せざるを得ない。なお，固定資産税は，毎年1月1日時点の所有名義人に課税されるので（地税359），放棄するのであれば，できる限り年内に放棄するように努める。

　　（イ）　放棄の場合の注意点

　別除権の目的となっている不動産を破産財団から放棄すると，当該物件について別除権を有していた債権者は，競売の申立てをするか，又は別除権を放棄して別除権の登記を抹消し不足額を確定しない限り，配当に参加できなくなる（ただし，根抵当権の極度額を超過した部分については配当に参加できる（法198④・196③後段）。）。特に法人の破産の場合には，破産財団から放棄された不動産は清算会社に帰属するところ，破産手続開始決定によって従来の代表者との委任契約が終了しているため（会社330，民653二），財産の管理処分権との関係では，別除権者が別除権を放棄して配当に参加しようとする場合には，清算人選任の手続をとる必要が生じる。しかしながら，清算人選任にはある程度の時間を要するところ，現行法は除斥期間を最後配当の場合は2週間（法198①），簡易配当の場合は1週間（法205・198①）としているから，時間的に別除権放棄の手続が間に合わなくなる可能性もある。

　規則56条は，放棄に伴うこのような別除権者の不利益を回避するため，管財人は，法人の破産の場合において別除権の目的となっている不動産を財団から放棄するときには，放棄の2週間前までに別除権者にその旨を通知すべきことを定めている。そこで，管財人は，不動産を放棄する場合，担保権者に対し，2週間程度の期間を定めた上，不動産を財団から放棄する方針であること，配当の見込みの有無及びその内容，並びに別除権を放棄する場合は所定の回答期限までに放棄の意思表示をされたいことを通知するのが一般的な取扱いである。加えて，翌年1月1日時点で当該不動産が破産財団に含まれていないことを明示するため，市役所等の固定資産税係へ連絡をするほか，競売手続中であれば，執行裁判所にも届出書（本書440頁【資料417】）を提出する。

　なお，大阪地裁では，不動産の放棄に関しては，一般的にその財産的価

値が高く，その換価につき債権者の関心が強いことに鑑み，その金額の多寡にかかわらず，口頭での放棄許可申請を認めていない。したがって，書面による許可申請を行う必要がある。

（ウ） 賃貸中の不動産の放棄

賃貸中の不動産で，現に賃料収入が財団に入っている場合でも，担保権者が任意売却に応じず，競売の意向が固いなどの理由で放棄せざるを得ないことがある。また，賃貸中の物件でも，物上代位（民372・304）により賃料の大半が差し押さえられていたり，担保不動産収益執行（民執180二）が実施されていたりして収益が少なく，固定資産税や都市計画税が高額であったり，管理委託費やエレベーター，受水槽等の点検，維持費用等の管理費がかさみ，破産財団にかえって負担を与える場合には，担保権者及び裁判所と協議の上，放棄を検討すべきである。

ただし，破産者が法人の場合には，賃借人らに賃借物件の管理組合等の管理態勢を整えさせるなどして，できる限りその後のケアが可能な体制を整えた上で放棄するように配慮すべきである。また，放棄した場合には，放棄の日以後の賃料が破産者に帰属することになるので，第1順位の抵当権者に抵当権に基づく物上代位として賃料を差し押さえることを求め，一定期間経過後に放棄するのが適当である。

サ 危険物や有害物質が存在する場合の対応

工場の建物内や敷地内にPCBを含むコンデンサーが置かれていたり，土壌がダイオキシン等の有害物質で汚染されていたりする場合等には，任意売却が可能であれば，十分な情報開示を行って，対策の負担を不動産の購入者に負わせる方法や，担保権者の協力を得て，不動産の任意売却のための必要経費の一部として認めてもらう方法により対応することが多い。

しかし，任意売却が困難であるような場合には，処理及び管理について法律上の問題を生ずるばかりでなく，周辺住民に生命・身体に関する損害を与える可能性もあるので，安易に放棄することなく，管財人報酬等の最低限の手続費用を控除した残りの破産財団を投入してでも，有害物質等の調査や適正な処理に努める必要がある。

財団に余裕がない場合には，所轄官庁，地方公共団体，周辺住民等に協

力を要請する。例えば，PCB廃棄物であれば，引取り又は早期処理への協力について依頼を求めることになるし，土壌汚染であれば，その対策についての協力を求めることになる。

　所轄官庁等の協力が得られない場合には，PCB廃棄物に関しては，破産者が自然人の場合は破産者本人に，法人の場合は旧役員等にその保管を委ねるのが通常の処理と考えられる。また，土壌汚染された土地の場合には，最終的に放棄することもやむを得ない。

　ただし，いずれにしても裁判所と十分に協議した上で対応する必要があるので注意する。

(8)　機械・工具類

　機械・工具類等は，その種類によって著しく価額が異なり，無価値なものから数百万円の価額で売却可能なものまで存する。

　重要な機械類については，在庫商品等（本書143頁参照）と同様に，同業者や債権者が関心を有している場合も多いため，これらの者に売却に関する案内を出して買受希望を募ると後日不満が出る等のトラブルも防止できる。なお，重量のある機械等の場合は，搬出費用を買受人負担とする条件をつけて入札を行うなど，売却条件についても注意が必要である。

　安価な工具類等は，破産者本人に財団組入れさせて放棄するとか，親族に買い取らせるなどの方法もある。なお，工具類等が民事執行法上の差押禁止動産（民執131六）に当たる場合には，破産財団を構成せず，換価不要である（本書66頁以下参照）。

(9)　什器備品・家財道具等

　什器備品のうち，事務机やロッカー等については専門業者に一括で売却して片付けるほかないことが多い。

　パソコン，タブレット，スマートフォン等の情報通信機器類については，内部に重要な経理資料のデータ等管財人業務に必要な情報や機密情報が存する場合が多いため，破産手続開始直後にこのようなデータの有無を確認し，データが存する場合は保全措置を講じておく必要がある（本書102頁参照）。その際，当該機器やデータに特殊な設定・設計がされていたり，特殊かつ高価なソフトを利用している場合があるほか，電気の供給を停止する

とデータが抹消される場合があるので注意を要する。その上で，売却する場合はもとより，放棄する場合であっても，顧客データなどの個人情報や機密資料が流出しないように留意する。なお，破産者本人や破産者の元従業員等が買受けを希望する場合があるので，その意向を確認しておくとよい。

破産者の所有する家財道具は，骨董品等の高価品を除いて基本的には差押禁止動産（民執131一）に該当するから，破産財団を構成せず，換価不要である（本書66頁以下参照）。

(10) 自動車

ア 査定の要否

自動車については，自由財産拡張がされない限り，基本的に査定をとってそれ以上の価額で売却を行う。しかしながら，普通自動車で新車時の車両本体価額が300万円未満であり，外国製自動車でないものは，初年度登録から7年，軽自動車・商用の普通自動車で5年以上を経過している場合は，ほぼ無価値であることが多いから，管財人は，損傷状況等からみて無価値と判断できるときは，査定をせず適宜決めた価額で売却して差し支えない。この場合，破産会社代表者や元従業員，破産者の親族等に数万円から数千円程度で売却する例が多い。

なお，毎年4月1日現在の所有者，使用者及び所有権留保売買における買主に自動車税・軽自動車税（種別割）が課されることになるほか（地税146・177の8・443・463の16），管財人の管理下で交通事故が発生すると財団に大きな負担が生じることになりかねない（自賠3）ので，早急に売却又は廃車の処分，あるいは自由財産拡張の判断を行う必要がある。

イ 売却手続

売却に当たっては，売買契約書を作成し，現状有姿での引渡しを条件とするとともに，契約不適合責任（民566等）を負わない旨の条項を加える（ただし，買受人が消費者の場合は，消費者契約法との関係で問題を生じることがあるから，買受人に十分な説明を行うよう留意する。）。また，できるだけ自動車税・軽自動車税を買主負担とするよう努力する。

売却後は，買主が登録の変更をできるように，買主に対して，普通自動

車の場合は①譲渡証明書，②車検証，③委任状，④管財人証明書の4点の書類を，軽自動車の場合は①軽自動車検査協会宛ての自動車検査証記入申請書，②車検証，③委任状，④管財人証明書の4点の書類をそれぞれ交付する。トラック等の大型車の場合には，あらかじめ買受申出者に自動車保管場所証明書（いわゆる車庫証明）の入手を依頼し，保管場所の確保を確認した方がよいこともある。

　なお，大阪地裁では，自動車の任意売却について価額にかかわらず許可不要行為としている（本書137頁参照）。これに関連して，大阪運輸支局以外の運輸支局では，自動車の名義変更時に，100万円以下の自動車であれば価額を疎明するための査定書等を，100万円を超える自動車であれば裁判所の売却許可書をそれぞれ要するという取扱いがされていることも多い。しかし，大阪運輸支局においては，自動車の価額にかかわらず，裁判所の売却許可書も査定書等も不要とする運用が行われている。一部の近畿圏の運輸支局でも，同様の取扱いがされている。

ウ　法人破産と放棄

　法人の破産の場合，自動車をみだりに放棄すると，保管場所の問題を生ずるほか，運行供用者責任の問題も生じるため，放棄後の所有権の帰属が明らかな自然人の破産の場合と異なり，基本的に売却が不可能な場合は費用を負担してでも廃車手続（永久抹消登録（道路運送車両法15①一）等）を行う方が望ましい。

エ　所有権留保がされている自動車

（ア）　普通自動車

　販売会社が破産者の購入した普通自動車に所有権留保をしている場合であっても，第三者性を有する管財人に対してこれを主張するためには，所有者としての登録を行い，対抗要件（道路運送車両法5①）を具備していることが必要である。管財人は，販売会社から所有権留保の主張を受けた場合，契約書により所有権留保がなされていることに加え，自動車検査証（車検証）の所有者欄に販売会社が登録されているかを確認する必要がある。

　販売会社が所有権留保を管財人に対抗できる場合であっても，清算義務があるので，自動車の価額が売買残代金等の被担保債権額を上回る場合は，

清算金の交渉を行うことになる。なお，清算義務の具体的内容は，契約書で確認する必要がある。

（イ）　軽自動車

　販売会社が所有権留保をしているのが軽自動車の場合でも，管財人に対して対抗要件を具備する必要があることは同じであるが，対抗要件は，引渡し（民178）となる。引渡しは，契約条項上の占有改定の方法によってなされることが多い。

（ウ）　信販会社が所有権留保を主張する場合

　信販会社のために破産者の購入した普通自動車に所有権留保がされている場合，信販会社が別除権者として管財人に対して権利を行使することができるかが問題となる。

　この点，当初から所有者の登録が信販会社とされている場合は，管財人に対抗できることに問題はない。

　他方，販売会社に登録名義があるものの手続開始時点で登録名義を有しない信販会社による所有権留保の行使について，代金債務を一括立替払いした再生事案で別除権行使を否定した判例（最判平22・6・4民集64・4・1107）と，代金債務を保証履行した破産事案でこれを肯定した判例（最判平29・12・7民集71・10・1925）とがある。このような事案では，管財人は，自動車の登録名義，被担保債権など当該事案の契約内容（約款等）を基に，いずれの判例の射程が及んでいるかなどを踏まえて，信販会社が管財人に対して別除権を主張できるか否かを検討し，交渉の方針を決めるべきである。

　信販会社の留保所有権が管財人に対抗できないとみられる場合には，信販会社と交渉して登録名義の変更のために必要な書類の交付を受けた上，管財人において自動車を売却し，売却先への引渡しと登録名義の変更を行うことになる。ただし，交渉による時間の経過に伴い，自動車の保管費用が発生し続けることによって財団債権の負担が増大したり自動車の価値が下落してしまうことが懸念される場合，売却代金から相当額の財団組入れを受けることを条件として，信販会社による自動車の引揚げ及び売却を認めることも考えられる。

（エ）　破産手続開始決定前に引き揚げられている場合

　販売会社や信販会社が，管財人に別除権の主張ができない場合において，

危機時期以降に破産手続開始前に自動車を引き揚げていたときは，管財人は，当該引揚げ行為（その後の換価充当行為）を偏頗行為として否認することができるか否かを検討すべきである。この場合，信販会社との間で約款の解釈その他否認権の成否をめぐって争いがある場合は，必要に応じ裁判所と協議しつつ，自動車の評価額の一定割合に相当する額の財団組入れをもって和解することも検討すべきである。

　　オ　所在不明の場合

　盗難によって車両が所在不明となっている場合には，盗難届を提出した上，その受理証明を添付して運輸支局で廃車手続を行い，新たに自動車税が課税されないようにする。

　また，所在不明の自動車の場合でも車検が切れるまでは自動車税が課税されるが，管財人が課税庁に相談の上，自動車税報告書を提出することで，車検切れ後の課税の留保を受けることができる。

　なお，所在不明の自動車の所在の追及方法であるが，普通自動車の場合，自動車の占有者が車検を更新しようとするときには未納自動車税の全額を支払わなければ更新手続ができないので，車検の更新時期が迫っている場合には，課税庁に相談の上，継続検査用納税証明書の発行に際し，事前に連絡してもらうよう依頼しておくことで，占有者が車検の更新手続をとろうとした際に連絡を受けることができ，自動車の占有者及びその所在を確認する一助となることがある。

　いずれにしても，自動車損害賠償保障法3条によるいわゆる運行供用者責任の追及を受けることがないよう，できる限りの所在調査を尽くし，占有を確保した上で適切に管理し，当該自動車による事故を未然に防止するよう努めることが重要であり，手段を尽くしてもその所在が不明である場合には，速やかに財団から放棄すべきである。

　(11)　電話加入権

　大阪地裁では，電話加入権を換価不要財産とし，財産目録への記載も要しない運用である。

　(12)　有価証券

　有価証券（株式，投資信託等）の市場における時価での売却は，100万円

以下の場合は本来的に許可不要であるし，大阪地裁では価額を問わず許可不要行為とされている（本書137頁以下参照）。これは，売却の遅延により市場価格が低下することを回避する目的であるから，原則として，破産手続開始決定後，速やかに証券会社を通じて成り行きで売却する。

　非上場会社の株式は，価額の算定が問題となるが，結果的に当該会社の役員や株主等の関係者，あるいは関連会社やその関係者に売却することが多いと思われるので，当該会社の代表者等に対して買受けの意向がないか打診した上，会社の決算書類等の提示を受けて価額について協議するのが相当である。なお，以上の前提として，当該非上場株式に譲渡制限がされているかどうか，当該株式を破産者が有していたことに争いがないかなど，基本的な事実関係について，商業登記簿や株主名簿，税務申告書（特に法人税申告書の別表二・同族会社等の判定に関する明細書）等の記載により確認しておくことが必要である。

(13) 保証金等

ア 敷金・賃借保証金

　破産者が賃借中の不動産の敷金・賃借保証金は，破産財団を構成する。高額な敷金を差し入れている案件では，破産手続開始決定後の賃料が財団債権とされることから（法148①七八），なるべく早期に明渡しを行い，敷金の減少を防止すべきである。また，高額な原状回復費用の特約や，敷引特約がある場合は，相当な範囲に限定するよう貸主と交渉する。なお，質権が設定されている場合もあるので注意を要する（本書130頁参照）。

　自然人である破産者が居住用の賃借建物に開始決定後も引き続き居住することを希望する場合は，自由財産拡張申立てがされない限り，契約書上の返還予定金額から滞納賃料及び原状回復費用予定額として60万円を控除した残額を財団構成財産とみて（本書76頁参照），破産者に同額を財団組入れさせた上で放棄することが可能である。

　現実には，滞納賃料が多額に及んでいたり，賃借建物が大きく改築されるなどして原状回復費用が多額に上ったり，賃借建物内の残置物の処分に手間取り，明渡しが遅れたことによる多額の賃料相当損害金が発生したりするなど，敷金の返還どころか財団を毀損してしまう事態が一定数生じう

162　第4章　破産管財人の手引

る。そのような場合は，賃貸人と交渉して，まずはゼロ和解を目指すなど，出費を最小限に抑えるよう努めることが望まれる。

　　イ　宅地建物取引業法，旅行業法等に基づく弁済業務保証金等

　解約に6か月程度の時間を要するので，破産手続開始決定後，速やかに解約手続をとる。

(14)　保険解約返戻金

　自由財産拡張がされない限り，常に全額を換価する。解約返戻金額についての資料がない場合は，申立代理人に追完を求める。また，解約返戻金請求権に質権が設定されている場合（保険金請求権への質権設定とは異なる）は，管財人に対する対抗要件を具備しているか否かについても確認する。

　なお，不動産に火災保険が付されている場合及び自動車に任意保険が付されている場合は，事故や火災に備えて，これらの財産の売却が完了した後に解約する。

(15)　退職金

　法律上，破産手続開始決定の時点で退職した場合に支給される退職金の4分の1が差押可能財産であり（民執152②），自由財産拡張がされない限り破産財団を構成するが，退職までの間に不祥事を起こして懲戒解雇されて退職金を受給できなくなるなどのリスクも存することから，大阪地裁では，前記金額をさらに半分にした8分の1が破産財団を構成するものとして換価を行っている（本書77頁参照）。ただし，開始決定前に退職し，実質的危機時期以降に退職金の支給を受けた場合には，退職金請求権が現金又は預金等の財産に変化することとなるので，基本的には全額が破産財団を構成する点に注意する（最判平2・7・19民集44・5・853参照）。開始決定前に退職したが，退職金の支給が未了の場合には，退職金額の4分の1が破産財団を構成することになる。また，半年以内に定年を迎えるなど，解雇等のリスクが極めて少ない場合には，8分の1ではなく，4分の1に近い額を基礎とすべき場合もあるから，裁判所と相談する。

　換価の方法は，基本的に破産者に財団組入れをさせる方法による。組入額が多額となる場合には，分割での財団組入れをさせることもあり得る。

(16) ゴルフ会員権

預託金会員制ゴルフクラブの会員権について，預託金返還据置期間が経過していないときは，管財人が法53条1項に基づく解除をして預託金返還請求権の即時行使をすることはできない（旧法59条1項に基づく解除について判断した最高裁平成12年2月29日判決（民集54・2・553参照））。そこで，まずは市場における売却を，次いで破産者又は関係者への売却を試み，これらが難しい場合は放棄を検討するほかない。

これに対して，預託金返還据置期間が経過しているときは，退会手続をとった上でゴルフ場経営会社（ゴルフ会社）に対する預託金返還請求を検討する。

なお，ゴルフ会員権の譲渡担保における第三者対抗要件は，確定日付のある証書によるゴルフ場経営会社への通知又は承諾であるから，債権者は，単に会員権証書を預かっているだけでは管財人に譲渡担保権を対抗できず，管財人は，会員権証書を取り戻すなどして換価することが可能である。

(17) 過払金返還請求権

平成22年6月18日の改正貸金業法完全施行以前に利息制限法の制限利率を超える利息を徴求していた消費者金融業者（クレジットカードのキャッシングを含む。）や商工ローン業者（以下，本項でこれらを併せて「高利貸金業者」という。）との取引について利息制限法に基づいて引直し計算を行った場合，過払金が発生している可能性がある。このような取引がある場合には，高利貸金業者から取引履歴の開示を受け，利息制限法の制限利率に基づく引直し計算を行って過払金がないかを調査し，消滅時効が完成していなければ返還請求を行う。また，高利貸金業者との間の取引が完済により終了している場合，過払金が発生している可能性が高い。破産者が完済した高利貸金業者との取引がある場合，業者名，取引期間及び完済時からの経過期間（消滅時効の成否）等を確認しておくべきである。

(18) 貸金庫内の財産

破産者が，金融機関の貸金庫に資産を保管している場合があるので，金融機関に対して預金残高等の照会をする場合には，同時に貸金庫の有無も照会すると簡便である。預金残高照会の回答書に貸金庫の有無に関する回

164　第4章　破産管財人の手引

答欄を加えておくとよい（本書445頁【資料502】参照）。

　(19)　知的財産権

　　ア　換価可能性のある知的財産権には，登録により発生する特許権・実用新案権・意匠権・商標権等の権利と，登録なくして発生する著作権や不正競争防止法上の保護を受けるノウハウ等の権利及び育成者権などがある。なお，出願中の特許を受ける権利等も，内容によっては財産的価値を有し，譲渡の対象となるので注意する。

　　知的財産権の任意売却については裁判所の許可を得なければならず（法78②ニ），本来的許可不要行為の対象とされていない（したがって，金額の多寡にかかわらず裁判所の許可が必要となる。）ことに注意を要する（本書136頁以下参照）。

　　イ　貸借対照表や会計書類の記載内容，代表者等からの聴取及び特許情報プラットフォーム（https://www.j-platpat.inpit.go.jp/）によって知的財産権が存在することを把握できた場合には，換価の可否を検討する。特に，その権利について破産者が自ら実施している場合や，第三者に対して現にライセンスしている場合は換価可能性が高まるので，この点に注意して調査や聴取を行う。

　　ウ　当該知的財産権が第三者によって侵害されていれば，侵害者に対して損害賠償請求を行うことが可能な場合がある（特許102①②③）。ただし，権利侵害の成否や損害額についての判断は専門性が高いので，請求をしようとする場合は，知財事件を専門に扱っている弁護士等に事前に相談することが望ましい。また，第三者に知的財産権の使用を許諾している場合には，使用の対価（ロイヤリティ）が支払われているかを確認し，未払いの場合は売掛金（前記(4)参照）と同様に回収を行う。

　　エ　破産者の有する知的財産権に価値があると思われる場合には，使用許諾先や競業会社等にその権利の取得の意思を確認するなどして換価を試みる。なお，第三者に処分する場合，後に当該第三者と実施権者等との間で紛争が生じる可能性があるため，実施権者の確認及び実施状況（登録の有無，契約書面の有無，使用状況等）について，可能な限り事前に破産者等に確認し，当該第三者に説明しておくべきである。また，登録制度の

ある権利（特許権，実用新案権，意匠権，商標権）については，移転登録が効力発生要件となっているため（特許98①一，実用新案26，意匠36，商標35），代金の授受のみならず，移転登録まで行う必要がある。これに対し，著作権の移転登録は効力発生要件ではなく対抗要件とされている（著作77一）。

第三者（買受人）が知的財産権の購入に当たって実施権等を消滅させた上で負担のない権利を移転してほしいと希望してくることがあるが，双方未履行の双務契約の解除を定めた法53条1項は，ライセンシー保護のため，登録その他の第三者対抗要件を備えたライセンス契約については適用がないから（法56①），登録が効力要件とされている専用実施権（特許98①二参照）については，法53条1項に基づく解除を行うことはできないし，特許，実用新案及び意匠についての通常実施権については，いわゆる当然対抗制度により登録を必要とせずに特許権等の譲受人等の第三者に対して対抗できるとされているから（特許99，実用新案19，意匠28参照），これについても法53条1項に基づく解除を行うことはできない。したがって，実施権の設定がある場合は，当然対抗制度の下，当該実施権の負担がついた状態で当該知的財産権を譲渡せざるを得ない場合が多い。この場合，ライセンサーとしての契約上の地位が，当該知的財産権の移転に伴って，譲受人に当然承継されるかどうかについては学説の対立が見られ，実務上の運用も定まっていない。そこで，管財人としては，譲受人がライセンサーの地位を承継することの承諾をライセンシーから得る，あるいは従前のライセンス契約変更を行うなどの交渉・調整をすることが考えられるが，これらの処理方針については，裁判所と事前に協議すべきである。

なお，知的財産権の譲渡の対価について判断が難しい場合には，弁理士等に鑑定を求めることが有用な場合もある。

　　オ　登録により発生する知的財産権については，特許庁に毎年支払うべき特許料等（特許107参照）を支払っているかに注意する。価値のある権利であれば，権利を存続させるために特許料を支払う必要があるが，価値のない権利であれば特許料を支払わず財団から知的財産権を放棄することもあり得る。

(20)　税金の還付請求

破産者が法人の場合は，次のような場合に税金が還付され，あるいは，

166　第4章　破産管財人の手引

税金還付分が既発生の税金の弁済に充当されて交付要求支払分が減額され
たりすることにも留意の上，税理士に依頼する等して必要な申告又は還付
手続等をとる。なお，破産者が自然人の場合，税法上は管財人に申告義務
はないが，申告をすることにより還付を受けられるときは，破産者に確定
申告をさせた上で，還付金を破産財団に組み入れさせる。

ア　欠損金の繰戻しによる法人税の還付

　青色申告法人で破産手続開始決定日前1年以内に終了したいずれかの事
業年度又は開始決定日の属する事業年度（解散事業年度）において欠損が
生じている場合で，これらの事業年度開始の日前1年以内に開始した事業
年度において法人税が発生しているときは，納付済みの法人税額のうちの
一定額につき繰戻し還付を受けることができる（法税80④①）。

　こうした欠損金の繰戻し還付制度は，法人税にしかなく，地方税には同
様の制度がないが，地方税においては，後記オの仮装経理に基づく過大申
告の還付手続（期間制限に留意する。）の検討を要する。

イ　中間納付税の還付

　当該法人が解散事業年度において既に法人税，住民税，消費税の中間申
告に係る納付を完了している場合には，解散事業年度の実績により，確定
申告をすることによって中間納付税の還付を受けることができる場合もあ
る（法税79①，消税46等）。

ウ　消費税の還付

　売上げ等により預かった消費税よりも経費（清算年度における経費には
中間配当時点で支払われる管財人の報酬も含まれることに注意を要する。）
等の支払により仮払いした消費税が多額になった場合には，その差額につ
き消費税が還付される（消税52①）。ただし，当該法人において，消費税の計
算方法につき本則課税（預り消費税から仮払消費税を控除した残額を納税
する計算方法）を選択している場合には当該差引額が還付されることにな
るが，簡易課税（業種ごとに決められた一律の割合により預り消費税の一
定部分を必ず納税する計算方法）を選択している場合にはこの限りではな
く，本則課税でも，土地等の売却があった場合には非課税売上の割合が高
くなり全額還付されないことがある点等に留意が必要である。

また，解散事業年度以前からの売掛債権につき，売掛債権を貸倒れ処理できる場合には，当該売掛債権に含まれている消費税額が預り消費税額から控除されるので，消費税の還付が可能になる場合がある（消税39）。ただし，売上債権が税法上の貸倒れに該当するか否かの判断についてよく検討することが必要であり，事前に貸倒れに該当することを判断した上で消費税確定申告をするのが相当である。

具体例として，関連会社が倒産（破産，民事再生等）したことにより，破産会社が連鎖倒産したような場合は，当該破産会社がその関連会社に対して長期間回収できていなかった売掛金等の債権を有していることが多いので，その場合は，貸倒れ処理による消費税の還付を検討してみるべきである。また，過去何期にもわたって決算書上あるいは売掛帳簿上に売掛債権が残存している取引先が認められる場合にも，税務上貸倒れ処理が可能かどうかを検討してみるべきである。なお，売掛金と異なり，貸付金は消費税の対象外であり，貸付債権が回収不能となっても消費税の還付は生じない。

エ　源泉所得税の還付

解散事業年度以前の事業年度において，金融資産に係る収入（配当，利息等）について源泉所得税が控除されているときは，当該源泉所得税相当額が法人税額から控除され，又は還付される（法税78①・74①三・68①）。

オ　更正による法人税の還付

仮装経理（架空あるいは過大な売上や在庫の計上，債務の過小計上等の粉飾決算）により過大申告がなされている法人税について，その申告書の提出期限から5年以内に限り，税額の更正を税務署長に請求すること（税通23①，法税135）により，過大申告分についての法人税の還付を受けることができる。

管財人は，後記(21)のとおり，解散事業年度，清算各期の事業年度等において法人税等を申告すべき義務を負っているが，各申告に当たり前記アからオまでに挙げた各ケースに該当しないかについて十分な検討を行い，期限に留意をして，破産財団の充実に努めるべきである。ただし，会計帳簿や証票類が散逸していたり，多年度にわたる仮装経理の疑いがある場合などには，相応の税務専門家費用を負担する必要もあるため，特に破産財

168　第4章　破産管財人の手引

団が僅少なときには，還付手続を行うかどうかについても，裁判所と事前に相談すべきである。

(21)　租税の申告義務

ア　税務申告が必要な場合

管財人において税務申告を行うべき場合は，以下のとおりである。

(ア)　自然人破産の場合

自然人の破産の場合は，破産者自身に申告義務があり（所税120①参照），管財人に申告義務はない。しかし，申告により還付が見込まれる場合には，破産者に確定申告をさせた上で，還付金を破産財団に組み入れさせる（前記(20)参照）。

(イ)　法人破産の場合

法人の破産の場合に管財人が税務申告をすべき場合は，次のとおりである。

〔法人税の申告〕

①　破産手続開始決定日の属する事業年度（解散事業年度）の確定申告

②　清算中の各事業年度（③の確定日が属する事業年度を除く。）の確定申告

③　残余財産が確定した場合における清算確定申告

〔消費税の申告〕

①　破産手続開始決定日の属する課税期間の申告

②　清算中の各事業年度の属する課税期間の申告

③　残余財産が確定した日の属する課税期間の申告

なお，管財人が税務申告を行うに当たり，税理士にこれを依頼することは差し支えないが，その費用が財団債権として破産財団の負担となる（法148①二）点に留意の上，必要な場合には破産裁判所と相談した上で対処することが必要である。

イ　破産法人の税務申告

(ア)　解散事業年度の法人税等の確定申告

管財人は，破産手続開始決定日の翌日から2か月以内に破産手続開始決

定日の属する事業年度（解散事業年度）の確定申告をしなければならない（法税14①一・74①）。

解散事業年度には，所得が生じていることは少なく，むしろ欠損が生じていることが多い。その場合，前記(20)ア，イ及びエのとおり，利子及び配当等に対する源泉所得税の還付（法税78①），中間納付された法人税等の還付（法税79①）及び欠損金の繰戻しによる法人税の還付（滞納税額がある場合には納税額の減額）（法税80④①）を受けることができる。なお，繰戻還付の請求は，破産手続開始決定日前1年以内に終了したいずれかの事業年度又は解散事業年度において欠損が生じている場合で，これらの事業年度開始の日の前1年以内に開始した事業年度において法人税が発生しているときに可能となるが，破産手続開始決定日以後1年以内に請求しなければならない（法税80④）。

（イ）　清算中の各事業年度の確定申告

破産手続開始決定日の翌日から定款記載の事業年度終了日までが一事業年度（その後は定款記載の事業年度による。）となり（法税14①一），その後も残余財産確定日の属する事業年度の前の事業年度までは，事業年度ごとに法人税の確定申告を行うことになる（なお，平成22年度の税制改革により予納法人税制度は廃止されている。）。

したがって，例えば，資産が簿価よりも高い価額で売却できた場合や債務免除を受けた場合などには破産法人に所得が生じることになり，課税される可能性がある。この場合，法人が解散した場合に残余財産がないと見込まれるときの期限切れ欠損金の制度（法税59③）の適用が可能かどうかを検討する必要があるが，その前提として，かかる制度は法人税の申告をしていなければ適用されないこと（法税59④）に留意すべきである。

（ウ）　清算確定申告

換価が完了して残余財産がないことが確定した日の翌日から1か月（2か月ではない点に留意する。）以内に清算確定申告をする必要がある（法税14①二十一・74①②）。かかる申告書の提出期間について，延長の特例の適用がないこと（法税75の2①）に注意を要する。なお，財団に属する預金が多額で受取利息等があった場合には，それに対する源泉所得税が還付される（法

170　第4章　破産管財人の手引

税78①）。

（エ）　消費税の申告

　破産手続中であったとしても，破産法人は破産手続が終結するまで存続し，破産財団は破産法人に帰属するため（法35），当該法人が免税事業者でない限り，管財人は，法人税等の申告時期と同じ時期に消費税の確定申告もしなければならない（消税2①十三・45①）。中間申告による納税が必要な場合もあるが，仮決算を行うことでいったん納税額を減額又は回避することも可能である。管財人が行う換価は事業性がないから消費税が生じないという見解もあるが，消費税法45条4項に清算中の法人にも消費税が生じることを前提とした規定があることなどから，実務上は申告義務があることを前提とした運用を行っている。納付すべき消費税が見込まれる場合には申告する。

　管財業務に当たって消費税の課税の対象となるのは，課税資産の譲渡（消税2①九）がほとんどである。よって，建物や機械類を売却する際には消費税が生じることに留意し，代金額と消費税額を明確に区分しておくことが望まれる（区分が不明確であると，内税方式とみなされて別途課税され，破産財団を毀損するおそれがある。）。また，土地と建物を一括売却する場合には，土地の取引が非課税（消税6①・別表第一の一）とされている関係で，全体の売却代金を土地・建物の代金に割り付け，建物については消費税分を上乗せし，その金額を明示しておくのが相当である。

　なお，課税期間（消税19①二）に係る基準期間（原則として解散事業年度の前々事業年度・消税2①十四）の課税売上高が1000万円以下の事業者は解散事業年度の申告義務が免除されるので（消税45①・9①，ただし，消税9の2も参照），申告に際しては確認すべきである。

ウ　延滞税の減免

　管財人は，国税徴収法上執行機関であり（税徴2十三），管財人が交付要求金額に相当する金額を受領した日の翌日から当該交付要求庁に交付するまでの間の延滞税につき免除を受けることができる（税通63⑥四，税通令26の2一）ので，配当事案においてはその手続を忘れないようにする（本書295頁以下）。

第7 担保権消滅手続

1 手続概論

(1) 制度の趣旨

　破産財団に属する担保目的物は,そのほとんどがオーバーローンであり,そのままでは売却が困難である上,担保権者の担保権実行に委ねると,売却価額が低額となる上に担保権者の不足額が増大し,破産債権者に何らのメリットもない。そこで,管財実務では,売却が可能な物件については,管財人ができるだけ高額での買受人を探しつつ,他方で担保権者と交渉し,売却代金の一部を破産財団に組み入れることについて承諾を得て,所有権の移転と担保権の抹消を同時に行ってきた。この実務の運用は,担保目的物を簡易迅速かつ高額に売却できる点で,担保権者にとっても破産債権者にとっても合理的なものであるが,このような任意売却は,あくまで担保権者との合意の上で実施されるものであるため,①破産財団への組入額をどの程度とするかについての合意が困難あるいはできないという事態が生じる,②配当受領の見込みのない後順位の担保権者からも同意を取りつける必要があるため抹消料として一定の金額を支払う必要があるなどの問題点があった。

　そこで,このような問題点を解決又は減少させるため,担保権者が不当な損害を被ることのないように配慮しつつ,管財人の申立てにより,破産財団に属する財産について,その上に存する担保権を消滅させて任意売却し,それによって取得することができる金銭の一部を破産財団に組み入れることを可能とする制度として,担保権消滅手続が設けられている(法186〜191)。

(2) 手続の概要

　担保権消滅手続の概要は,次のとおりである。

第4章 破産管財人の手引

○担保権消滅手続の流れ

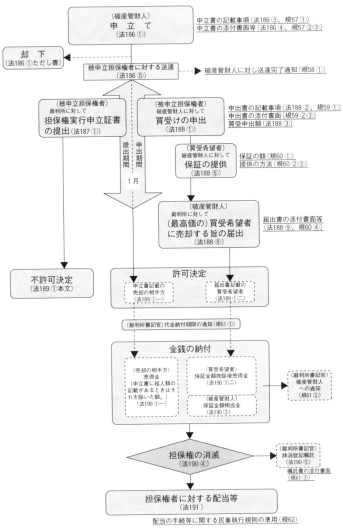

第7　担保権消滅手続　　173

ア　担保権消滅許可の申立て

　管財人は，担保目的物を任意売却し，担保権を消滅させようとする場合には，裁判所に法定の事項を記載した申立書等を提出して，担保権消滅許可の申立てをすることができる（法186①本文③④，規57①②）（本書181頁及び463頁【資料512】参照）。

　裁判所は，当該申立てがあった場合，申立書等を，消滅すべき担保権を有する者（以下「被申立担保権者」という。）に送達する（法186⑤）。

イ　担保権者の利益保護

　担保権消滅許可の申立てに異議のある被申立担保権者は，全ての被申立担保権者に申立書等が送達された日から1か月以内に，①担保権実行の申立てをしたことを証明する書面を裁判所に提出するか（法187①），②管財人に対し，被申立担保権者又は他の者が管財人の申し出た売得金の額より5%以上高額の買受申出額によって当該担保目的物を買い受ける旨の申出をすることができる（法188①③）（本書184頁以下参照）。

　前記①の場合は，担保権消滅許可の申立てにつき，不許可決定がされる（法189①本文）。前記②の場合は，買受けの申出に係る買受希望者に売却する旨の担保権消滅許可決定がされる（法189①二）。この場合，売得金は裁判所に全額納付され配当されてしまうので，破産財団への組入金はない。

ウ　担保権消滅許可決定

　裁判所は，前記イ①の書面が提出された場合を除き，担保権消滅許可決定をしなければならない（法189①本文）（本書187頁参照）。

エ　金銭の納付等

　担保権消滅許可決定が確定した場合，当該許可に係る売却の相手方は，裁判所の定める期限までに売得金等を裁判所に納付しなければならない（法190①）。期限までに金銭が納付された場合には，納付された時に被申立担保権者の有する担保権が消滅し（法190④），書記官は，消滅した担保権に係る登記又は登録の抹消を嘱託する（法190⑤）。期限までに金銭が納付されなかった場合には，担保権消滅許可決定が取り消される（法190⑥）。

オ　配当等の実施

　裁判所は，期限までに金銭が納付された場合は，配当表を作成して被申

174 第4章 破産管財人の手引

立担保権者に対して配当を実施する（法191①）（本書191頁参照）。

2 担保権消滅許可の申立て

(1) 総 論

ア 申立てを検討すべき事案

具体的にどのような場合に担保権消滅許可の申立てを検討すべきか。以下にいくつかの典型的な事例を挙げるが，管財事件の内容は千差万別であるから，事案に即した処理が求められることはいうまでもない。

第1に，最先順位の担保権者とは売却価額や破産財団への組入金についての合意ができているにもかかわらず，配当受領見込みのない後順位担保権者が高額な抹消料を要求するなどして任意売却に協力しない場合が考えられる。一番多くみられる典型的ケースである。

第2に，担保権者（特に金融機関）が，時価と著しく乖離した高額な売却価額に固執し，譲歩しない場合が考えられる。これは，管財人の提示した売却価額がかつて担保権者において行った担保評価額を大きく下回っていること等が原因であると考えられるが，担保権者が現在の適正な時価についての根拠を示さず，買受希望者を紹介するなどの行動もとらず，かといって競売申立ても行う予定がないとしている場合には，それが最先順位の担保権者であったとしても，破産財団への組入金額や配当可能性等を考慮した上で，担保権消滅許可の申立てを積極的に検討すべきである。

第3に，破産財団への組入金額につき担保権者との合意が調わない場合が考えられる。大阪地裁では，管財人が担保権者を含む破産債権者のために労力を費やして任意売却を行うことに鑑み，任意売却に際しては，諸費用を除いた純粋な組入金額として売却価額の5〜10％を確保するよう管財人に周知しているところであり，たとえどのような事情があっても，この組入金額が売却価額の3％を下回る場合は売却を許可しない扱いである（本書148頁参照）。この運用は，大阪地裁管内では定着した実務慣行であり，実務的には組入金額を5％以上とすることで担保権者と合意に至っている事案が多数を占めている。したがって，担保権者が3％を下回るような組入金額を主張している場合には，担保権消滅手続の利用を検討することに

なろう。

イ　狭義の任意売却との関係

　担保権者との合意により行う別除権の目的物の受戻し（狭義の任意売却（本書146頁以下参照））と担保権消滅手続の関係をどのように考えるべきか。規則57条1項は，担保権消滅許可申立書には任意売却に関する交渉の経過を記載するものと定めていること，被申立担保権者が担保権の実行や買受けの申出といった対抗手段をとった場合には，破産財団は全く増殖しないこと，担保権消滅手続は一定の事務的な負担を伴う手続であることなどを考慮すれば，担保権者との合意によって狭義の任意売却を実施するのが原則であり，担保権消滅手続は狭義の任意売却を実施するにつき障害がある場合に限って利用すべきものといえる。

　また，担保権消滅手続の存在を背景として担保権者との間で交渉をすることにより，任意売却及び受戻交渉において，円滑な合意形成に資するという事実上の効果にも留意すべきである（いわゆる「伝家の宝刀」としての効用）。配当受領見込みのない後順位担保権者が高額な抹消料を要求するケースにおいては，管財人が担保権消滅手続の利用を示唆することにより，あるいは管財人が実際に担保権消滅手続を申し立てることにより，低額な抹消料での担保権の抹消に任意で応じる事例もある。

ウ　破産財団からの放棄との関係

　担保権消滅手続が設けられていることによって担保目的物の破産財団からの放棄（本書153頁参照）が制約されるかという問題がある。後順位担保権者が高額な抹消料を強硬に要求している場合のように，担保権消滅手続を利用することによって任意売却が円滑に進行すると考えられる事案については，安易な放棄は許されなくなるが，原野や農地のように，そもそも買受希望者が現れにくい物件については放棄せざるを得ない。また，担保権者からの担保権実行の申立てや買受けの申出が予想される場合にも，同様に放棄することになろう。さらに，担保権消滅手続の利用が可能である場合でも，売却代金及び組入金の額，配当可能性や換価の進捗状況等から放棄することが相当な事案があり得る。例えば，破産財団への組入金を考慮しても破産債権者に配当（財団債権たる労働債権への弁済を含む。）がで

176　第4章　破産管財人の手引

きない場合や，そもそも売却代金が低額であるため，組入金を考慮しても
配当率にほとんど変化はなく，他の換価業務は既に終了しているような場
合などは，早期に換価業務を終了させる方が破産債権者の利益に資するこ
とから，あえて担保権消滅手続を利用せずに担保目的物を放棄することも
検討すべきである。

　　エ　否認権行使との手続選択

　債権者の中には，支払停止後に抵当権設定登記や仮登記をする者がおり，
それを根拠に高額な抹消料を要求し，管財人の任意売却に協力しないケー
スがある。これらの担保権設定行為は，偏頗行為否認（法162）あるいは対
抗要件否認（法164）の要件を満たすことが多い（本書192，197頁参照）。こ
のように，担保権消滅手続を利用することも否認権の行使をすることもい
ずれも可能と判断される場合，いずれの方法を選択すべきであろうか。

　破産法上いずれの手続によるべきかは定められていないため，その選択
は原則として管財人の合理的裁量に委ねられており，次のような要素を総
合的に考慮することによって，破産財団，すなわち破産債権者の最も利益
になる手続を選択すべきである。もっとも，これら要素はあくまでも目安
であり，管財事件の内容は千差万別であるから，事案に即した処理が求め
られることはいうまでもない。

　その考慮すべき要素の一つには，手続的な負担等を挙げることができる。
費用自体は大差ない（担保権消滅許可申立ては500円（民訴費3①・別表第一・
十七ホ），否認の請求は不要。）が，期間については大きな違いがある。すな
わち，否認の請求の場合には，争いがなければ，申立て後速やかに決定が
され，その送達から1か月で確定判決と同一の効力を有することとなる（法
175④①）が，担保権消滅手続の場合には，争いなく担保権消滅許可決定が
されてこれが確定しても，金銭の納付等（法190）や配当等の実施（法191）と
いう手続が必要となり，申立てから手続終了まで相当の期間（順調に進行
しても約3か月程度である。）を要するということに注意が必要である。ま
た，担保権消滅手続においては，後記3(4)及び5(3)イ（本書183，188頁参
照）のとおり，売買契約が特殊なものとなる上，手続的にやや煩雑な面が
あること，担保権者に対抗手段をとられてしまうと組入金がなくなるだけ

でなく，場合によっては費用等が持ち出しとなって破産財団にとってマイナスとなるおそれもあることを考慮する必要があろう。

また，ほかに考慮すべき要素としては，いずれの手続による方が破産財団の増殖に資するかという要素や，利用しようとする手続が奏功する可能性がどの程度あるかといった要素がある。前者についていうと，例えば，否認請求の相手方のほかに担保権実行又は任意売却による配当受領見込みのない後順位の担保権者が複数存在するため，担保権者に支払う担保抹消料が多額に上ることが予想される場合には，否認の請求を利用した任意売却の場合の方が担保権消滅手続を利用した場合に比して破産財団への組入金額が相当程度減少するなどのため，担保権消滅手続を利用する方向に傾く。他方，後者については，対象となる担保権者が対抗手段や不服申立てにより争ってくる可能性があるか否か，争われた場合に勝てる見込みはどの程度か，勝てるとしてもどの程度の時間を要するのかということを考慮することになる（本書195頁以下参照）。

　　オ　裁判所との協議

以上のとおり，担保権消滅請求の手続を利用すべきか否かについては，破産手続の進行など多くの考慮要素を踏まえる必要があることから，裁判所と十分に協議するのが相当である。

　　カ　申立ての取下げ

法188条10項は，担保権消滅許可決定の確定後も，買受人の同意があれば，管財人は，担保権消滅許可の申立てを取り下げることができる旨規定していることから，確定後も金銭が納付されるか，又は担保権消滅許可が取り消される（法190⑥）までは，買受人の同意があれば取下げが可能と解される。買受希望者等が現れていない場合にも，金銭が納付されるか，又は担保権消滅許可決定が取り消されるまでは，取下げは可能であり，この場合は，売却の相手方の同意は不要である（ただし，売買契約により，管財人が売却の相手方に対して何らかの責任を負担することはあり得る。）。

　(2)　申立ての要件

　　ア　「当該財産を任意に売却して当該担保権を消滅させることが破産債権者の一般の利益に適合するとき」であること

担保権消滅許可の申立ての要件として，まず，「当該財産を任意に売却し

て当該担保権を消滅させることが破産債権者の一般の利益に適合すると
き」であることが要求されている（法186①本文）。「破産債権者の一般の利益
に適合する」とは，①高額での売却による別除権不足額の減少と，②組入
金の獲得による破産財団の増殖を意味すると考えられる。通常は競売より
も任意売却の方が高額に売却することが可能であるから，前記(1)ア（本書
174頁参照）の基準を満たす組入金があり，配当原資が増加する任意売却は，
原則として破産債権者の一般の利益に適合するといってよいであろう。

　なお，例えば，不動産が有害物質によって汚染され周辺地域への汚染拡
大防止措置等が必要なため，そのままでは破産財団の負担が過大となると
いった特殊な事例では，売却代金からこのような防止措置等の費用を捻出
することにより，破産財団への組入金が見込めない場合であっても，破産
債権者の一般の利益に適合することとなる場合がないではない。しかし，
このような場合は極めて稀なケースというべきであり，組入金が得られな
い場合は，担保権消滅手続よりも破産財団からの放棄を検討すべきことが
多いと考えられる（本書155頁参照）。

　　イ　「担保権を有する者の利益を不当に害することとなると認められ
　　　　るとき」でないこと
　　　（ア）　売却価額の相当性の確保
　担保権消滅許可の申立ては，被申立担保権者の利益を不当に害すること
となると認められるときは許されない（法186①ただし書）。担保権者は，担
保目的物の交換価値を把握しており，これは不動産では競売手続における
買受可能価額（民執188・60③）として表れるが，この買受可能価額は担保権
者に保障された価値であるから，これを侵害することは許されない。した
がって，管財人が担保目的物を買受可能価額を下回るような低廉な価額で
売却することは，被申立担保権者の利益を不当に害することとなる。なお，
この場合は，別除権の不足額も不当に増大することから，破産債権者の一
般の利益に適合しないともいえる。

　そこで，管財人は，担保目的物の売却に際し，売却価額の相当性に留意
すべきであり，査定等によって売却の基準となるべき価額を求めるととも
に，広く売却の相手方を募集するなどして，適正価額での売却が実施され

るよう配慮する必要がある。少なくともこれらの方法のうちの一方を実行しておかなければ，売却価額の相当性が争われた場合，その主張立証に困難を来すこととなろう。

大阪地裁では，担保権消滅手続の利用に際し，売却価額の相当性を示す資料として，①2社以上の業者による査定書等の提出を求めることを原則とするが，②現実に2名以上からの買受希望があり，かつ，競争によって適正な売却価額が形成されたことを示す資料（管財人の報告書及び買付証明書等）を提出することによって，これに代えることができるとしている。

（イ）　組入金額の決定と実務の運用

担保目的物が適正な価額で売却された場合であっても，管財人の要求する組入金が不当に多額であって，被申立担保権者に分配されるべき金額が買受可能価額（担保不動産の場合）を下回るような場合には，被申立担保権者に確保されるべき価値が侵害されることになる。このような売却は，低廉な価額での売却と同様に，被申立担保権者の利益を不当に侵害するものとして許されない。

それでは，管財人は，どのようにして組入金の額を決定すべきか。法186条1項ただし書が「当該担保権を有する者の利益を不当に害することとなると認められるときは，この限りでない。」と規定していることを考慮すれば，管財人の主張する組入金額が不当であることについては，その不当性を主張する者が主張立証をすべきであり，管財人としては，組入金額の相当性を基礎付ける資料を積極的に提出する必要はないものと考えられる。実質的にみても，担保権者は，通常，ある物件に担保を設定するに際し，何らかの方法で回収可能金額を評価しているはずであり，管財人の組入金額に不服があれば，それに基づいて組入金額の不当性を主張すればよく，また，後記4（本書184頁参照）の担保権実行の申立てなどの対抗手段を講じることも可能であることを考慮すれば，特に不都合はないと考えられる。したがって，裁判所は，管財人が不当な組入金額を主張していると認められない限り，他の要件に問題がなければ，担保権消滅許可の申立てにつき許可してよいものと考えられる。

そこで，次に「不当な組入金額」とはどのようなものかが問題となる。

180 第4章 破産管財人の手引

前記のとおり（本書174頁参照），大阪地裁における管財事件では，従来から，担保不動産の任意売却に際して3～10％程度の組入金が確保されており，多くの事案で5％以上の組入金が確保されてきたこと，競売における買受可能価額は市場価額よりも低額となることが想定されていること（民執60③・188参照）などを考慮すれば，任意売却の場合，3～10％程度の組入金額であれば不当な組入金額とはいえないものと解される。他方，管財人が10％を超えるような組入金額を主張して担保権消滅許可の申立てを行った場合，裁判所としては，その金額だけで不当な組入金額とは判断しないものの，これまでの運用による組入金額を超えることから，組入金額についての被申立担保権者との協議の内容及びその経過（法186③七②）や任意売却に関する交渉の経過（規57①）についての申立書の記載などを手掛かりとして，その組入金額が不当でないかを確認することになろう。また，被申立担保権者との関係では，「売買代金額－（売買契約費用等（法186④かっこ書）＋組入金）≧買受可能価額」であることが必要であるから，売得金に算入しない売買契約費用等が多い場合には，組入金の額を抑える必要がある。

　なお，担保権消滅手続による場合と狭義の任意売却の場合とで破産財団への組入金額が同じでは，被申立担保権者が狭義の任意売却に応じようとするインセンティブが小さくなる上，担保権消滅手続は，前記(1)イ（本書175頁参照）のとおり，管財人側にリスク及び事務負担を伴う手続であることも考慮すれば，担保権消滅許可申立ての場合には，狭義の任意売却の場合よりも組入金額を若干高めに設定すべきであろう。

　(3)　対象となる担保権

　担保権消滅許可の申立ての対象となる担保権は，破産手続開始決定時において破産財団に属する財産につき存する担保権，すなわち特別の先取特権，質権，抵当権又は商事留置権である（法186①本文）。仮登記担保権も対象になる（仮登記担保19①参照）。譲渡担保については，実務上別除権と扱われており，理論的には対象になるものと解されるが，不動産の場合には，嘱託による移転登記が可能かという問題がある。

　他方，賃借権などの用益権については，原則として対象とならない。なお，民事執行実務においては，抵当権等と併用されている担保目的の賃借

権は，独立の用益権と評価されず担保権と同様に扱われている。現況調査制度のない破産手続において同様の扱いをすることが可能かは問題であるが，登記事項証明書の記載等から当該賃借権が担保目的であることが明らかであり，実質的には担保権の一部であると解される場合には，申立書に記載されていれば，担保権として抹消登記の対象とする余地もあるものと考えられる。

3　申立書の記載事項等

　担保権消滅許可の申立書には，法186条3項各号に掲げる事項のほか，財産の任意売却に関する交渉の経過を記載した上（規57①），担保目的物の売買契約の内容を記載した書面を添付する必要がある（法186④）（本書463頁【資料512】担保権消滅許可申立書）。以下，これらに関する若干の問題点について検討する。

　(1)　売得金の額（法186③二）

　「売得金」とは，管財人が担保目的物の売却によって相手方から取得できる金銭であって，売買契約費用のうち破産財団から現に支出し又は将来支出すべき実費及び消費税額等（消費税額及びこれを課税標準として課される地方消費税額）に相当する金銭であって売買契約において相手方の負担とされるものに相当する金銭を控除したものをいい（法186①一），売得金の額については，担保権消滅許可の対象財産が複数ある場合には，売得金の総額と各財産の内訳の額の記載が要求されている（法186③二かっこ書）ことに注意する必要がある。すなわち，各財産の内訳の額の記載が要求される結果として，売得金の総額としては適正であっても，その割り付けに問題があれば，場合によっては被申立担保権者の利益を不当に害する（法186①ただし書）ものとして不許可とされ，又は即時抗告によって許可決定が取り消される（法189④⑤）可能性があるということになる。この点に関し，特に注意すべきは法定地上権（民388）の成否である。通常の土地付建物の売却であっても，担保権の設定状況によっては，法定地上権の成否によって各担保権者への配当額が異なるので，土地と建物とで担保権の設定状況が異なる場合には，法定地上権の成否やその価額について注意する必要があ

182 第4章 破産管財人の手引

る。

(2) 消滅すべき担保権の表示（法186③四）

「消滅すべき担保権の表示」は，原則として，破産手続開始決定時において，担保権消滅許可の対象とされる担保目的物に設定されていた全ての担保権が対象となる。一部の担保権につき買主が引き受けるものとし，その余の担保権のみを消滅させるということは許されない。他方，消滅すべき担保権として申立書に記載されなかった担保権は，申立書等が送達されず（法186⑤参照），担保権消滅を受け容れるか対抗手段をとるかを選択する機会が与えられないことから，消滅しないものと解される。同様に，「消滅すべき担保権の表示」に記載されていても，申立書等が送達されなかった担保権は，手続的保障が欠けることから，原則として消滅しないものと解される。

このような考え方を前提とすれば，管財人の過失によって「消滅すべき担保権の表示」に記載されなかった担保権が存在する場合には，当該担保権は消滅しないこととなり，売却の相手方は不測の損害を被ることがあり得る。このような場合には，相手方から管財人に対する損害賠償請求が可能となるが，このようなことのないように，管財人としては，消滅すべき担保権を売買契約書に記載したり，売却の相手方に申立書の確認を求めるなどの注意が必要である。

(3) 法186条2項に定める被申立担保権者との協議の内容及びその経過（法186③七）

被申立担保権者との協議義務（法186②）は，破産財団への組入金額の設定について管財人のイニシアティブが強すぎるのではないかとの指摘から，それを抑制するための方策として規定されたものである。協議をする義務であるから，被申立担保権者と合意に達する必要はなく，協議の程度についても，特に規定がないことから，管財人の合理的な裁量に委ねられていると考えられる。また，この協議義務は，配当受領可能な担保権者の利益保護を目的とするものであるから，管財人が実施しようとする任意売却によっては配当受領見込みのない被申立担保権者との協議義務はないと考えられる。

管財人が組入金額につき被申立担保権者と全く協議していない場合について，どのように考えるかは問題のあるところであるが，「担保権を有する者の利益を不当に害することとなると認められるとき」（法186①ただし書）に該当するとして申立てが不適法却下されるとの見解がある。

もっとも，実務の運用としては，担保権消滅手続は狭義の任意売却の補完的な制度として位置付けられるので，管財人はまず最初に任意売却を試みるべきであり（規57①参照），その際に各担保権者と売却価額や組入金額につき協議を行うことになると考えられる。したがって，事前協議を全く行わずに申立てがされた場合，裁判所は，狭義の任意売却を試みない理由や協議が行われていない理由を確認した上で，必要があれば，管財人に対して被申立担保権者と協議するよう指導するものと考えられ，実際にはこのような問題が顕在化することはないと思われる。なお，事前協議による売得金及び組入金の額につき合意がある被申立担保権者は，担保権の実行の申立てや買受けの申出をすることができなくなる（法187③・188⑥）ので，この点からも事前協議は励行すべきである。

(4)　売買契約の内容を記載した書面の添付（法186④）

管財人は，担保権消滅許可の申立書に売買契約の内容を記載した書面を添付し，この書面には，売買契約費用のうち破産財団が現に支出し又は将来支出すべき実費及び消費税額等に相当する金銭であって，売買契約において相手方の負担とされるものを記載しなければならない（法186④）。売買契約費用等のうち相手方の負担とされ管財人が立て替えて支払ったものや将来納税が必要なものについてまで，担保権者への配当原資とすることは相当でないことから，対象となる財産の任意売却によって相手方から取得することができる金銭の額から相手方の負担とされる売買契約費用等は除外し，独立して取り扱うこととしたものである。したがって，管財人としては，被申立担保権者から買受けの申出がされる事態に備えて，売買代金とは別にこの費用等の内容及び額について記載しておく必要がある。

法186条4項にいう「売買契約の締結及び履行のために要する費用」には，売買契約書に貼付する印紙代，仲介手数料，測量費用，登記手続費用のほか，賃借人等の立退料，工作物等の撤去費用，土壌汚染の調査費用などが

184　第4章　破産管財人の手引

含まれると考えられる。

　滞納された固定資産税は，当該不動産の任意売却の有無いかんにかかわ
らず支払う必要があるものであるから，売買契約の締結及び履行のために
要する費用とは認められない。したがって，狭義の任意売却の場合はとも
かく，担保権消滅許可の申立ての際には，売得金から控除することはでき
ないと解される。ただし，滞納された固定資産税等に基づき国税滞納処分
による差押えがされている場合には，この解除を受けないと売買契約が履
行できないので，この場合には，売買契約の履行のために要する費用とみ
ることが可能であると考えられる。

4　担保権者の利益保護

(1)　担保権実行の申立て（法187）

ア　概　要

　管財人による担保権消滅許可の申立てに対し，被申立担保権者は，いく
つかの対抗手段を有している。その一つが担保権実行の申立て（法187）で
ある。すなわち，被申立担保権者は，担保権消滅許可の申立てにつき異議
があるときは，全ての被申立担保権者に申立書等が送達された日から1か
月以内に，担保権実行の申立てをしたことを証明する書面を裁判所に提出
することができ，この場合，裁判所は，担保権消滅を不許可とする決定を
することになる（法189①）。担保権実行の申立期間経過後は，金銭の不納付
により担保権消滅許可決定が取り消されるか，又は担保権消滅につき不許
可決定がされ，それが確定するまでは，新たな担保権実行の申立てが禁止
される（法187④）。

イ　担保権の実行の申立てをしたことを証する書面

　被申立担保権者が，担保権消滅許可の申立てに対抗するために裁判所に
提出すべき書面は「担保権の実行の申立てをしたことを証する書面」（法
187①）であるが，具体的には，不動産の場合には，担保不動産競売手続開始
による差押登記が記載された登記事項証明書が典型的なものと考えられ
る。ただ，申立てから間もない場合には差押登記が反映されていない可能
性があるので，そのような場合は，執行裁判所が発行する競売申立受理証

明書や競売開始決定書謄本を提出することになろう。

ウ　既に担保権が実行中の場合

法187条の体裁や，被申立担保権者が担保権消滅許可の申立てに異議を申し立てて担保権実行の意思を表明するという同条の趣旨からすれば，担保権消滅許可の申立ての際，既に被申立担保権者による担保権の実行がされている場合であっても，当該被申立担保権者が裁判所に担保権実行の申立てをしたことを証する書面を提出しない限り，裁判所は担保権消滅許可決定をして差し支えないと考えられる。

法187条3項は，管財人と被申立担保権者との間に売得金及び組入金の額について合意がある場合には，当該被申立担保権者は担保権実行の申立てをすることができない旨を規定しているが，その合意前に担保権実行の申立てがある場合や，合意がない場合についての規定がないことから，担保権の実行と担保権消滅許可の手続が並行する事態が発生することが想定される。この場合，売却の相手方は，担保権の実行の手続を停止し執行処分を取り消すためには，金銭の納付後，速やかに民事執行法183条1項各号に掲げる文書を執行裁判所に提出する必要がある。通常は，同項4号の「担保権の登記の抹消に関する登記事項証明書」を提出することになろう。

(2)　買受けの申出（法188）

ア　概　要

管財人からの担保権消滅許可の申立てに対する担保権者の対抗手段として，法188条は，被申立担保権者からの買受けの申出の制度を設けている。これは，管財人の指定する売却の相手方よりも高額で買い受ける者が存在する場合に，必ず担保権の実行によらなければならないとすると迂遠であることから，担保権消滅許可の申立ての手続を利用して，より高額での買受を希望する者に対して売却できるようにしたものである。

イ　買受けの申出

法188条1項は，被申立担保権者が，管財人に対し，当該被申立担保権者又は他の者が買受けの申出をすることができる旨を規定しており，買受希望者は被申立担保権者に限られない。自然人の破産の場合には，自由財産や新得財産を用いるのであれば，破産者も買受希望者となることが可能で

186　第4章　破産管財人の手引

ある。

　買受希望者からの買受申出額は，管財人の申立てに係る売得金額（法186
③二）より5％以上高額である必要があり（法188③），さらに，買受けの申出
の濫用防止のため，買受希望者は，買受けの申出に際し，買受けの申出の
額の20％に相当する額の保証を管財人に提供する必要がある（法188⑤，規60
①）。

　買受けの申出は，全ての被申立担保権者に申立書等が送達された日から
1か月以内の買受申出期間内であれば，いつでも撤回することができる（法
188⑦）。また，担保権消滅許可の申立てについての裁判があった場合には，
その裁判が確定するまでの間，買受人となった者以外の買受希望者は，買
受けの申出を撤回することができる（法189③）。したがって，買受申出期間
経過後から担保権消滅許可の申立てについての裁判がされるまでの間は，
撤回は許されない。担保権消滅許可の申立てについての裁判が確定した場
合には，買受人となった者以外の買受希望者からの買受けの申出は失効す
るため，特に撤回する必要はない。なお，法188条10項は，担保権消滅許可
の決定が確定した後でも，管財人は，買受人の同意があれば，担保権消滅
許可の申立てを取り下げることができる旨規定していることから，買受人
は，金銭を納付するか又は担保権消滅許可決定が取り消されるまでは，管
財人の同意があれば，買受けの申出の撤回が可能であると考えられる（こ
の場合，管財人によって担保権消滅許可の申立てが取り下げられることに
なる。）。

　　ウ　買受希望者に売却する旨の届出
　管財人は，買受けの申出があったときは，買受申出期間経過後，裁判所
に対し，任意売却の対象である担保目的物を買受希望者に売却する旨の届
出をしなければならない（法188⑧前段）。担保権消滅許可の申立ては裁判所
に対してされるが，買受けの申出は管財人に対してされるため，裁判所に
対して担保権消滅許可決定の相手方を示しておく必要があるからである。

　なお，管財人は，違法な買受けの申出がされた場合（例えば，買受申出
額が売得金額の5％増の金額より低額である場合，法188条2項3号の買受申
出額の各財産の内訳額が法186条3項2号の売得金額の各財産の内訳額を下

回っている場合，買受けの申出に際して保証を提供しない場合など。），第
一次的な判断権があることから，違法な申出を除外し，適法と判断する申
出の中から最高の買受申出額に係る買受希望者に売却する旨の届出をする
ことができると考えられるが，最終的な判断権は裁判所にあるので，管財
人が違法と判断するものも含めた全ての買受けの申出に係る書面を裁判所
に提出する義務がある（法188⑨）。

　　エ　担保権実行の申立てと買受けの申出の競合
　ある被申立担保権者が買受けの申出をした場合でも，他の被申立担保権
者が担保権の実行の申立てをしたことを証する書面を裁判所に提出した場
合には，担保権実行の申立てが優先し，担保権の消滅の不許可決定がされ
る。しかしながら，例えば，第1順位の抵当権者が買受けの申出をし，第2
順位以下の抵当権者が担保権実行の申立てをしている場合には，担保不動
産競売手続が無剰余取消し（民執188・63）となる可能性があることから，こ
のような場合には，裁判所は，競売手続の進捗状況によっては手続経済の
観点から担保権消滅許可の申立てに対する許否の決定を留保し，競売手続
の進行を見守るということも考慮されよう。

5　担保権消滅許可決定

　(1)　概　要
　裁判所は，担保権消滅許可の申立てに対し，一定の期間内に被申立担保
権者が担保権実行の申立てを証する書面を提出しなかった場合，審理の上，
担保権消滅の許可の決定を行う（法189①）。

　(2)　許可の要件
　前記2(2)ア及びイ（本書177〜178頁参照）のとおり，担保権消滅許可の
積極的な要件は，当該財産を任意売却して担保権を消滅させることが破産
債権者の一般の利益に適合すること，消極的な要件は，被申立担保権者の
利益を不当に害することがないことである。これらの要件の具備について
は，即時抗告で争うことが可能である（法189④）。

　(3)　許可決定の効力
　　ア　概　要
　担保権消滅許可決定は，その確定によって効力が生じる。ただし，確定

後も買受人の同意があれば，担保権消滅許可の申立てを取り下げることが可能であり（法188⑩），それによって失効する。

担保権消滅許可決定の効力が生じると，買受けの申出がされた場合には，買受人との間で売買契約が締結されたものとみなされるとともに（法189②），買受人は金銭の納付期限までに所定の金銭を納付しなければならない（法190①）。また，担保権消滅許可決定は，「当該財産を任意に売却し，……当該財産につき存するすべての担保権を消滅させることについての許可」（法186①本文）と規定されていることからも明らかなように，任意売却についての許可（法78②）を包含しているので，管財人は，別個に任意売却の許可を得る必要はない。

イ　売買契約の締結

担保権消滅許可決定が確定すると，買受けの申出がされた場合には，買受人との間で売買契約が締結されたものとみなされる（法189②）。したがって，売買契約はこの時点で成立するが，所有権の移転時期は契約内容によって定まり，また，売得金から保証金を控除した額の納付期限は，別途裁判所が定める（法190①）。なお，売買契約は，当初の売却の相手方に対するものと同一内容のものが締結されたとみなされる（法189②）。ある契約条項が被申立担保権者からの買受けの申出を事実上制限する趣旨で設けられているような場合は，担保権者の利益を不当に害することとなる可能性があるから，このような条項を付さないよう注意する。

他方，買受けの申出がされなかった場合は，法律上売買契約の効力発生時期は明記されていないが，裁判所の許可事項について管財人が許可を得ないでした行為は無効とされており（法78⑤本文），前記アのとおり，担保権消滅許可決定には財産の任意売却についての許可も包含されていると解されるので，原則として担保権消滅許可決定の効力発生によって売買契約の効力が生じると解される。もっとも，法78条5項は，同条2項に列挙する管財人の法律行為の効力を裁判所の許可に係らしめるという趣旨であるから，場合によっては，管財人は，担保権消滅許可決定が得られないことを解除条件として売買契約を締結することも許容されると考えられる。

なお，売買契約の効力発生時期につき疑義を防止するという観点から，

契約書に効力発生時期を記載しておくべきである。

(4) 決定の送達

担保権消滅許可の申立てについての裁判があった場合には，その裁判書を当事者に送達しなければならない（法189⑤前段）。ここにおける「当事者」とは，管財人及び被申立担保権者を指すものと解され，売却の相手方や買受希望者等は該当しないから，これらの者には送達を要しない。

6 金銭の納付等・配当等の実施

(1) 金銭の納付等

ア 概 要

担保権消滅許可の決定が確定すると，当該許可に係る売却の相手方には，法に定められた金銭を裁判所が定める期限までに納付する義務が生じる（法190①）。

買受けの申出に係る買受希望者を売却の相手方とする許可決定がされた場合，裁判所に納付する金銭は，売得金とみなされる買受申出額から管財人に提供した保証金額を控除した全額とされ（法190①二），保証金も売得金に充当され（法190②），管財人から裁判所に納付されるので（法190③），破産財団に対する組入金はないことになる。

法及び規則には，納付期限に関する規定がないので，裁判所の合理的な裁量で定められることになる。裁判所は，売買契約の内容を尊重しつつ，民事執行では，民事執行規則56条1項が代金納付期限につき，「売却許可決定が確定した日から1月以内の日」と，また，民事再生では，担保権消滅許可の申立てに係る民事再生規則81条1項が価額に相当する金銭の納付期限につき，「それぞれ当該各号に定める日から1月以内の日」とそれぞれ規定していることから，これらを参考に定めることになるものと思われる。なお，納付期限は，裁判所が定めた期限であることから，裁判所はこれを変更することができると考えられる（法13，民訴96①参照）が，安易に変更を認めるような運用は慎むべきであろう。

イ 金銭の納付の効果等

(ア) 担保権の消滅

被申立担保権者の有する担保権は，金銭の納付があったときに消滅する

190　第4章　破産管財人の手引

（法190④）。ただし，前記3(2)（本書182頁参照）のとおり，全ての被申立担保権者の有する担保権が当然に消滅するわけではなく，消滅する担保権は，担保権消滅許可の申立書の「消滅すべき担保権の表示」（法186③四）に記載された破産手続開始時の担保権であって，かつ，申立書等が送達された被申立担保権者の有する担保権に限られる。

　　（イ）　登記又は登録の抹消の嘱託

　金銭の納付があったときは，裁判所書記官は，消滅した担保権に係る登記又は登録の抹消を嘱託する（法190⑤）。

　担保権消滅手続と並行して担保不動産競売手続が行われている場合には，前記4(1)ウ（本書185頁参照）のとおり，執行裁判所に対し，担保権の登記の抹消に関する登記事項証明書を提出して，当該手続の停止を受ける。

　　（ウ）　金銭の不納付の効果

　期限までに金銭の納付がなかったときは，裁判所は担保権消滅許可決定を取り消す（法190⑥）。この場合，買受人は，保証金の返還を請求できず（法190⑦），保証金は破産財団に組み入れられる。その他売買契約の条項に債務不履行責任が規定されていれば，それに従う。買受けの申出がされなかった場合には，保証金の問題は生じないが，その他の債務不履行責任については，同様に売買契約の条項に従う。

　　ウ　融資利用について

　担保権消滅手続では担保権の消滅前に売買代金の納付が必要となり，担保権の消滅登記と所有権移転登記の同時申請はできない。よって，担保権消滅手続に際して，買受人が当該物件を担保提供することにより売買代金について融資を受けることを前提としている場合には，この点に留意する必要がある。

　すなわち，狭義の任意売却においては，担保権抹消登記手続，所有権移転登記手続及び新たな担保権設定手続を代金決済と同時に行えるが，担保権消滅手続においては，代金決済時点において既存の担保権の抹消が行われないため，融資の実行の際には先順位担保権者による登記が設定されたままとなるのである。そのため，新たな担保権の順位は設定時点では後順位となるが，前記イ（ア）及び（イ）（本書189頁参照）のとおり，代金納付に

より担保権消滅許可の申立書に記載された破産手続開始時の担保権であって，かつ，申立書等が送達された被申立担保権者の有する担保権は消滅し，職権によってこれら既存の先順位担保権が抹消されるため，新たな担保権は第1順位に繰り上がることとなる。したがって，担保権消滅手続における任意売却においても，融資金融機関の利益を殊更に害することはない。管財人としては，融資金融機関との間でこれら手続の仕組みや融資実行の段取りについて，事前に十分な協議をしておく必要がある。

(2) 配当の実施等

　金銭の納付があった場合，裁判所は，被申立担保権者が1人である場合又は被申立担保権者が2人以上であって被担保債権全額の弁済ができる場合を除き，配当表に基づいて配当を実施する（法191①）。

　配当の順位及び額は，配当期日において全ての債権者間に合意が成立した場合には，その合意により，その他の場合には，民法，商法その他の法律に定めるところによる（法191③，民執85①②）。

　ここで問題となるのが，仮差押えと担保権の関係である。例えば，担保不動産について，最優先順位の抵当権に先立つ仮差押えが存在しており，債権調査の結果，当該仮差押えに係る被保全債権が異議なく認められる場合，仮差押えに後れる抵当権を否定して処理することが破産財団の増殖につながることがある。

　すなわち，法42条2項によれば，破産財団に属する財産に対する強制執行，仮差押え，仮処分等は，破産手続開始決定により破産財団に対してはその効力を失うと規定されている。これは，個別執行が総債権者の公平な満足という破産制度の目的を阻害するからであり，したがって，既にされた強制執行等であっても，前記目的を阻害せず又は進んで破産財団にとって利益である場合には，あえてこれを無効とする必要はなく，かえって管財人においてこれを承継し利用できるものと考えられる（名古屋高決昭56・11・30下民32・9〜12・1055，判タ459・57参照）。

　したがって，前記設例の場合，管財人は，仮差押えの効力を肯定し，それに後れる抵当権を否定することが，破産財団の増殖につながるため望ましい。この場合，管財人は，民事執行の申立てをする方法によって換価す

192　第4章　破産管財人の手引

ることが可能である（法184。なお，前記設例の場合には，仮差押えが優先
し，抵当権者は配当を受けることができない（前掲名古屋高決昭56・11・30）。）。
また，前記設例の場合，担保権を消滅させるために担保権消滅手続を利用
することが可能であると考えられる。

　なお，保全処分による仮差押えではなく，滞納処分に基づく差押えがさ
れている場合は，その続行を妨げないので（法43②），管財人が任意売却を
実行するには，別除権の目的である財産の受戻しと同様に，税務当局と差
押えの解除について交渉する必要がある。破産法上，一定の範囲の租税債
権は財団債権ではなく，破産債権とされるが（本書213頁以下参照），別除
権付破産債権と同様に考えられるので，交渉の上，裁判所の許可を得て差
押えの解除を受けることに問題はなく（法78②十四類推），前記3(4)（本書183
頁参照）のとおり，この場合には，租税を支払って差押えの解除を受けな
いと任意売却できないので，そのための費用は売買契約の履行のための費
用と解される。

第8　否認権の行使

1　否認権の類型

　破産法では，否認の対象となる行為を類型化した上で，それぞれの要件・
効果が定められている。すなわち，まず，否認対象行為は，隠匿・処分す
るなどして破産者の責任財産を絶対的に減少させる行為（詐害行為）と一
部の債権者に対する優先的な弁済行為等の債権者平等に反する行為（偏頗
行為）とに区分されている。そして，詐害行為については，基本規定とな
る狭義の詐害行為（法160①）のほか，無償行為（法160③），対価的均衡を欠く
場合の特則（法160②），相当な対価を得てした財産の処分行為の否認の特則
（法161）が定められている（なお，法160条1項柱書においては偏頗行為に
当たる「担保の供与又は債務の消滅に関する行為」が除かれている。）。偏

頗行為については，法162条1項に基本規定が定められ，明文でその対象が「既存の債務」についてなされた担保供与・債務消滅行為に限定されている（例えば，破産者が新たに資金を借り入れ，その担保のために担保権を設定するような，いわゆる同時交換的取引は，否認の対象に含まれない。）。なお，偏頗行為は，原則は支払不能後の行為となるが，非義務行為（破産者の義務に属せず，又はその時期が破産者の義務に属しない行為）については，支払不能になる前30日以内にされた行為も否認権の対象となる（法162①二）。また，偏頗行為には手形債務支払の場合等の例外が定められている（法163）。

以上のほか，特殊な否認の類型として，権利変動の対抗要件否認（法164），執行行為否認（法165），転得者に対する否認権行使（法170）等も定められている。

否認権行使の効果については，「破産財団を原状に復させる」ものとされており（法167①），否認権行使の意思表示によって当然に当該否認対象行為によって移転した財産権が破産財団に復帰し，管財人が当該財産権につき管理処分権（法78①）を行使し得ることになるものと解される（形成権説のうち物権的効果説）。その上で，相手方の反対給付に係る原状回復請求権が原則として財団債権となる（法168①一②一）。ただし，引渡しを求めるべき目的物が滅失あるいは第三者に譲渡されるなどして，目的物自体の返還を求めることができない場合には目的物に代えて価額の償還を請求することができる（法168①二②二）。また，管財人による差額償還請求権の行使も認められている。すなわち，管財人は，詐害行為否認（法160①），無償行為否認（法160③），相当の対価を得てした財産の処分行為の否認（法161①）を行う場合は，当該財産の返還に代えて，相手方に対し，当該財産の価額から財団債権となるべき価額又は反対給付の価額を控除した額の償還を請求することができる（法168④）。

実務上よく見られる否認対象行為（管財人において否認権の行使可能性を検討することが多い行為類型）としては，次のようなものがある。

① 受任通知後の給料の差押えや，実質的危機時期以降の給与天引きの方法による勤務先からの借入れに対する返済

194 第4章 破産管財人の手引

② 実質的危機時期以降にされた取引先，親族，知人等の一部の債権者に対する偏頗弁済

③ 実質的危機時期以降にされた親族に対する贈与等の無償行為（元配偶者に対する不当な財産分与や不当な割合の遺産分割を含む。）

④ 実質的危機時期以降にされた無償又は不当な対価による事業譲渡

⑤ 実質的危機時期以降にされた不動産の所有権移転登記又は（根）抵当権設定登記，あるいは売掛先等に対する債権譲渡通知

⑥ 受任通知後の割賦販売業者（信販会社等）による所有権留保付きの自動車の引揚げ（当該自動車の登録名義や契約内容に照らし，当該業者が管財人に対して留保所有権を別除権として行使できない場合。本書159頁参照）

なお，参考のため，否認権の行使及び相殺についての時期的制限や要件・効果等に関して，203頁及び204頁に一覧表を掲載している。

2 否認権行使における手続選択

(1) 相手方との交渉

否認権の行使を，訴え又は抗弁に限ると，本来早期に解決できる事案ですら否認訴訟を提起せざるを得なくなり，管財手続を長期化させる一因となり得る。よって，早期解決を可能とするため，破産法は，否認の請求による否認権行使を認めている（法173①）。

ただし，否認の対象となる行為が認められた場合，まずは，相手方と交渉して，早期和解的解決を目指すことが原則である。最終的に和解に至らない場合でも，この交渉の過程で，改めて事実関係や相手方の現状・対応等に関する情報が得られ，今後の手続選択に資することにもなる。交渉の過程においては，事実関係を押さえつつ，相手方に否認権行使の可能性を主張し（明らかに否認権行使の要件を満たしており，相手方に反論の余地がないものと判断される事案等では，否認の請求という裁判上の早期解決制度が存在することなどを伝えると効果的な場合がある。），否認の請求や否認の訴えといった手続より和解的解決による方が相手方にとっても利益となる旨説得して，和解的解決を目指すこととなる。

(2) 否認の請求と否認の訴えの選択

和解的解決が困難と判断される場合，否認の請求によるか，又は否認の訴えによるかについての手続の選択を検討することとなる。訴えと請求の手続選択は，管財人に委ねられており，請求を先行させる必要があるわけではない。管財人としては，早期の解決を図る趣旨から否認の請求が設けられたことを考慮し，まず，否認の請求の利用を検討することになろう。すなわち，管財人が否認権行使の要件を吟味した上で，明らかに要件を満たしており，相手方に反論の余地がないものと判断される事案や，当初から和解的解決が見込まれる事案等については，短期間による解決を期待し得る否認の請求の選択が望ましい。他方，否認権行使の要件を満たすか否かが微妙な事案や，交渉段階から相手方が否認権行使の要件を激しく争っている事案等，請求を認容する決定がされても，異議の訴えが不可避と予想される場合には，否認の請求をしても結局異議の訴えにより通常部で審理をやり直すことになり，かえって迂遠であるから，直接否認の訴えを提起すべきであろう。また，否認の請求は取下げに相手方の同意を必要としないので，予想される反論の内容が不明の場合等においては，否認の請求に対する相手方の反論等に応じて，否認の請求を取り下げた上で直ちに否認訴訟を提起するという方針を採ることも考えられる。いずれにしても，どの方法によるかについては，その事案について否認権の行使をするかどうかも含め，裁判所と十分に協議すべきである。

3　否認の請求

(1)　申立て

ア　申立ての方法

否認の訴え及び否認の請求は，破産裁判所の専属管轄である（法6・173②）。なお，法は，「裁判所」と「破産裁判所」という用語を区別して用いており，「裁判所」という場合には破産事件が係属している裁判体を意味し，「破産裁判所」という場合には破産事件が係属している裁判体を含む官署としての裁判所を意味するから，注意が必要である。大阪地裁本庁では，否認訴訟は通常部に配付されるのに対し，否認の請求は第6民事部において当該

破産事件を担当している裁判体が審理を行う運用となっている。

否認の請求の申立ては書面でしなければならない（規1②二）。なお，申立書の記載事項等の申立ての方式については，規則2条のとおりであり（本書473頁【資料513】否認の請求申立書），管財人は，申立てをする際，申立書及び証拠書類の写しを相手方に送付する必要がある（規2④）。

否認の請求は否認訴訟の提起と異なり申立手数料は不要である（民訴費3①・別表第一参照）。

イ　申立ての趣旨

（ア）　総　論

申立ての趣旨としては，否認の対象となる行為を特定して「否認する」との申立てをした上で，否認の効果としての給付又は確認の裁判の申立てを行うことも，否認の効果としての給付又は確認の裁判の申立てのみをすることも許される。

否認の請求に関しては裁判所に対する許可申請が不要であり，否認の請求は申立書の提出と同時に立件され，以後の訂正は原則として申立ての趣旨の変更によることとなる。許可が必要とされ，裁判所が請求の趣旨等を確認する機会のある否認の訴え（訴額が100万円以下のものを除く。）と異なるので，申立ての趣旨の記載等に不明な点がある場合には，申立て前に裁判所と相談すべきである。

（イ）　不動産処分行為の否認

不動産の処分行為を否認するときは，抹消登記手続を求めるのではなく否認の登記（法260①）を求めることになる。そして，否認の登記を求める場合，登記実務上「登記の否認」（法260①後段）と「登記原因の否認」（法260①前段）があり，両者は明確に区別され，申立ての趣旨が異なるので注意が必要である。

対抗要件否認（法164）の場合，法260条1項後段に規定される「登記の否認」に当たり，申立ての趣旨は，「相手方は，申立人に対し，別紙物件目録記載の不動産について，大阪法務局令和○年○月○日受付第○号抵当権設定登記の破産法による否認登記手続をせよ。」となる。

不動産が支払停止直前に贈与されたといった詐害行為や，支払不能後に

不動産に抵当権が設定されたといった偏頗行為等が認められる場合の否認権の行使は，法260条1項前段の登記原因の否認を行うこととなる。この場合の申立ての趣旨は，「相手方は，申立人に対し，別紙物件目録記載の不動産について，大阪法務局令和○年○月○日受付第○号抵当権設定登記原因の破産法による否認登記手続をせよ。」となる。

　　（ウ）　債権譲渡の否認

　債権譲渡の否認においては，①既に債務者が供託をしている，②相手方（譲受人）が取立てを完了している，③債務者による供託も相手方に対する弁済も行われていない場合，が考えられる。

　①の場合，申立ての趣旨は「申立人と相手方との間において，申立人が別紙供託金目録記載の供託金について還付請求権を有することを確認する。」となる。

　②の場合，申立ての趣旨は「相手方は，申立人に対し，○○円（相手方が弁済を受けた額）及びこれに対する令和○年○月○日（相手方が弁済を受けた日）から支払済みまで年○分の割合による金員を支払え。」などとなる。

　附帯請求については，否認権の行使が「破産財団を原状に復させるものである」こと（法167①）からすれば，相手方が債務者から金銭を受領した日から，その時点における法定利率による利息又は遅延損害金を請求できると解される。

　③の場合，申立ての趣旨は「申立人と相手方との間において，申立人が，別紙債権目録記載の債権を有することを確認する。」となるが，債務者が通知のないことを理由に支払を拒んだり，否認権が行使された後においても相手方が第三者に債権を譲渡したりするおそれがある場合には，続けて「相手方は，別紙債権目録記載の債権の債務者に対し，同債権が否認権行使の結果，破産者○○の破産財団に復帰したことを通知せよ。」との申立ての趣旨を記載する。

　　（エ）　偏頗弁済の否認

　偏頗弁済を否認する場合（法162①）については前記（ウ）の②の場合と同様になる。

198　第4章　破産管財人の手引

　なお，否認権の行使に対し相手方が破産者から受けた給付を返還した場合，相手方は破産者に対する債権を破産債権として行使できることになる。相手方が一般調査期日の終了までに債権届出をしていなくても，届出をすることができなかったことに帰責性はないと考えられるので，偏頗弁済による給付を破産財団に返還した日から1月以内に限り債権届出をすることができる（法112①参照）。そこで，管財人としては，否認権を行使した結果，相手方が破産者から受けた給付を返還した場合には，当該相手方に対して，債権届出書等を送付しておくとよい（本書255頁参照）。もっとも，和解により解決できる場合には，管財人と相手方との間で，相手方が破産債権として届出をしない旨の合意をしておくことができれば，別途債権調査を経る必要がなくなり，簡易・迅速な処理が可能となる。

(2)　審理及び裁判

ア　疎　明

　管財人は，否認の請求をするときは，その原因となる事実を疎明しなければならない（法174①）。ここにいう「疎明」とは，事実認定のための心証の程度及び証拠提出の方法の双方を意味する。したがって，疎明方法は，即時に取り調べることができる証拠方法に限定される（法13，民訴188）。

　疎明の範囲であるが，申立てを理由付ける具体的な事実として，否認権の発生原因事実のみならず，逸出した財産が破産財団に帰属していたことを基礎付ける事実及び相手方の債権の存在などについても疎明を要するものと解される。

イ　審　理

　審理は，決定手続で実施される（法174②）。決定手続では，通常，当事者の審尋は任意であるが（民訴87②），否認の請求の手続においては，相手方又は転得者を審尋しなければならない（法174③）。なお，書面審尋も可能であり，実際には，相手方又は転得者から書面によって主張等を提出させることが多い。また，裁判所は，職権で必要な調査をすることができる（法8②）。

　否認の請求に対する決定には理由が付され（法174②），請求を認容する決定については，裁判書を当事者に送達しなければならない（法174④本文）。否認の請求を却下し又は棄却する決定については，送達が要求されていな

いので，相当と認める方法で告知すれば足りる（法13，民訴119）。なお，否認の請求の手続は，決定までに破産手続が終了したときは，当然に終了する（法174⑤）。

　否認の請求を全部又は一部認容する決定に対しては，その送達を受けた日から1か月の不変期間内に異議の訴えを提起することが可能（法175①）であるが，同期間内に訴えが提起されなかったとき又は却下されたときは，当該決定は確定判決と同一の効力を有する（法175④後段）。否認の請求を却下し又は棄却する決定に対しては，不服申立てをすることができない。法に特別の定めもないので，即時抗告もできない（法9）。

　ただし，否認の請求を却下し又は棄却する決定は確定しても既判力等の判決効はないので，管財人は，新たに否認の訴えを提起することができる。この場合，決定の効力発生から6か月以内に否認の訴えを提起すれば，否認権行使の期間（破産手続開始の日から2年，否認しようとする行為の日から10年の期間制限。法176）は遵守されたものと解される。ただし，簡易迅速な決着を目的とした否認の請求を選択しながら，疎明に成功せず請求認容の決定が得られなかったからといって訴えを提起しては，否認の請求の制度趣旨に反する。よって，否認の請求が却下又は棄却された場合に否認の訴えを改めて提起することは，例外的な場面に限られるといえる。

ウ　和　解

　否認の請求の手続は，通常の民事訴訟手続においても行使できる権利を簡易迅速に審理するための手続にすぎず，また，審理の対象とされる権利も当事者による処分が可能なものである。そして，破産手続においては，特別の定めがある場合を除き民事訴訟法が準用される（法13）。よって，否認の請求の手続においても和解が可能である（民訴89・267参照）。否認の請求を選択した事案では，交渉段階で相手方が強く争っていない，単に引き延ばしを図っている，といった場面が想定されるので，否認の請求という法的手続に乗せることで膠着した状況を打破し，和解等による簡易迅速な解決が可能となり得る。

(3)　否認の請求を認容する決定に対する異議の訴え

ア　総　論

　否認の請求を全部又は一部認容する決定は，相手方の実体的権利関係に

影響を及ぼすので，法は，相手方の手続保障のために，異議の訴えによって口頭弁論を経て裁判を受ける権利を保障した。その反面，異議の訴え以外の不服申立方法は認められていない。これに対して，否認の請求を却下し又は棄却する決定は，実体的権利関係に影響を及ぼさないので，異議の訴えは認められず，前述のように，管財人は，新たに否認の訴えを提起することができる。ただし，否認の請求を一部認容する決定については，審理の分裂や判断の矛盾を回避するため，相手方のみならず，管財人も異議の訴えによって不服申立てをすべきものと解される（なお，否認の請求を一部認容する決定に対する管財人からの異議の訴えの可否については，見解が分かれているため，事前に裁判所に相談すべきである。）。

イ　訴えの提起

否認の請求を認容する決定に不服のある者は，その送達を受けた日から1か月の不変期間内に，異議の訴えを提起することができる（法175①）。異議の訴えは，破産裁判所の専属管轄である（法6・175②）。

ウ　審理及び裁判

異議の訴えは，通常の民事訴訟手続で審理される。判決としては，①訴えの不適法却下，②否認の請求を認容する決定の認可，③否認の請求を認容する決定の変更，④否認の請求を認容する決定の取消しがあり得る（法175③）。これらの場合の主文は，①の場合は，訴えを却下するものとなり，②の場合は，異議の訴えにつき請求を棄却するとともに，認容決定を認可する旨のものとなる。④の場合は，決定を取り消す旨を宣言すればよく，否認の請求に対する応答の裁判は不要である。③の場合は，相手方からの異議の訴えに対して，一部認容の判決をする場合には，「○○○○との決定を○○○○と変更する。」という主文となり，一部認容決定についての管財人からの異議の訴えにつき，認容部分を拡張する場合には，維持する認容部分については認可の主文を，拡張して認容する部分については，否認の訴えの実質を有することから，独立して請求の認容の主文を掲げることになる。認可判決又は変更判決については，仮執行宣言を付することができる（法175⑤）。

異議の訴えにおいて，認容決定を認可する判決が確定したときや，訴え

を却下する判決が確定したときは，認容決定は確定判決と同一の効力を有する（法175④）。認容部分を拡張する判決が確定したときは，拡張して認容された部分は独立して効力を有する。

　なお，異議の訴えは，破産手続が終了したときは，中断・受継されず，当然に終了する（法175⑥）。この場合には，否認の請求も確定しておらず，否認権が行使されなかったのと同様の状態となる。

4　否認権のための保全処分

(1)　総　論

　債務者が破産手続開始決定前にその財産を第三者に譲渡した場合において，開始決定後，管財人によって否認権が行使されることが予想されるときは，否認権の行使による当該財産の引渡請求権を保全するため，当該第三者による当該財産の処分を禁止し，否認権行使の相手方を恒定する必要がある。また，否認対象行為が弁済の場合には，当該第三者に対する金銭債権を保全するため，第三者の責任財産を保全する必要がある場合がある。しかしながら，破産手続開始決定前はまだ否認権が発生していないし，管財人も選任されていないことから，否認権を被保全権利として民事保全の申立てを行うことはできず，開始決定後に管財人が通常の民事保全の申立てをするしかないこととなる。しかし，それでは将来形成されるべき破産財団の充実が阻害されることになりかねない。そこで，破産法は，特別な類型の保全処分を設けるとともに，保全処分後に開始決定がされる場合の担保の引継ぎの規定を整備している。

(2)　保全処分の発令等

　この保全処分は，利害関係人の申立てにより又は職権で発令され（法171①），状況に応じて担保を立てることが必要となる（法171②。役員の財産に対する保全処分（法177）の場合とは異なる。）。利害関係人については，保全管理人が選任されている場合には保全管理人が，その他の場合には債権者や債務者が該当するものと解される。管財人の内定の段階において保全の必要性が認められる場合は，申立代理人等に連絡し，保全処分の申立てを促すことも考えられる。

202 第4章 破産管財人の手引

　保全処分の発令時期は,「破産手続開始の申立てがあった時から当該申立てについての決定があるまでの間」である（法171①）。破産手続開始決定後は,管財人が否認権を被保全権利として通常の民事保全の申立てをすることで足りるからである。なお,破産手続開始の申立てを棄却する決定がされたが,これに対して即時抗告がされている場合には,まだ開始決定がされる可能性があるため,保全処分の発令が可能である（法171⑦）。

　実体的な要件については,「否認権を保全するため必要があると認めるとき」とされている（法171①）。したがって,申立人は,①否認権が成立すること（破産手続開始決定がされること及びいずれかの類型の否認権の要件に該当する事実が存在すること）及び②保全の必要性があることについて疎明する必要がある。

(3)　保全処分に係る手続の続行と担保の取扱い

　否認権のための保全処分がされている場合,破産手続開始決定後,管財人は,その保全処分に係る手続を続行するか否かを検討する（法172①）。手続を続行する場合には,開始決定後1か月以内に,その旨を裁判所に届け出なければならない（規55①）。開始決定後1か月以内に続行しない場合は,当該保全処分は失効する（法172②）。

　保全処分が続行される場合,①保全処分の執行手続に着手前の場合には,管財人が承継執行文の付与を受けて執行手続に着手し,②執行手続に着手後完了前の場合には,承継執行文の付された決定書正本を裁判所に提出して執行手続の続行を申し立て,③執行手続が既に終了している場合には,管財人が否認訴訟等において保全処分の執行の効果を主張する際に,自らが管財人であることを主張立証すれば足りる。

　なお,管財人は,保全処分に係る手続を続行しようとする場合,当該保全処分の担保が破産財団に属する財産でない場合は,当該担保を破産財団の負担に帰せしめるため,担保の変換を申し立てなければならず,裁判所も必ず担保の変換の決定をしなければならない（法172③・13,民訴80）。

第8　否認権の行使　203

○否認権の行使について

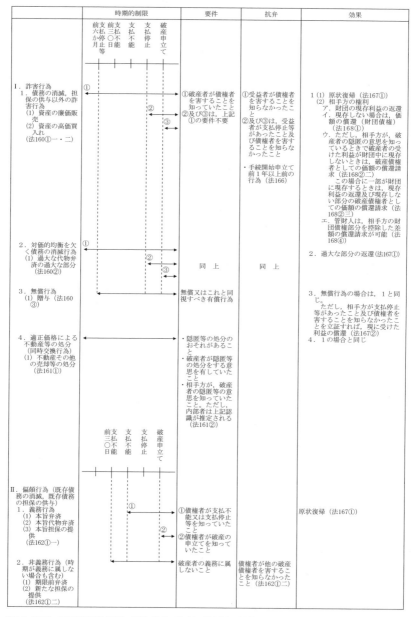

※この一覧表は，桃尾重明弁護士作成の一覧表に基づいて作成し，同弁護士の御厚意により掲載させていただくものです。

○相殺の禁止について

時期的制限（時期軸）

一年前／申立前／支払不能／支払停止／申立て／開始

I．債権者の新たな債務負担による相殺の禁止

項目	要件	抗弁
1．開始後の負担（法71①一）	1．開始後の負担（例：開始後の預金）	
2．支払不能後の契約による負担（法71①二）	2．(1) 専ら相殺を目的とする新たな財産処分を内容とする契約による負担又は他人の債務を引き受ける契約による負担 (2) 契約の当時，支払不能であることを知っていたこと	2．ないし4．（法71②） (1) 法定の原因 (2) 支払不能，支払停止又は申立てを知る前の原因 (3) 申立てより1年以上前の原因
3．支払停止後の負担（法71①三）	3．支払の停止を知っていたこと	3．支払停止時に支払不能でなかったこと
4．申立て後の負担（法71①四）	4．申立てのあったことを知っていたとき	

問題になる例
(1) 破産者の銀行振込
(2) 第三者から破産者の口座宛銀行振込
(3) 破産者の第三者への送金依頼
(4) 銀行，破産者，第三者の合意による第三者から破産者の口座への振込（振込指定）
(5) 手形取立依頼による取立金

II．債務者の破産債権の取得による相殺の禁止

項目	要件	抗弁
1．開始後の取得（法72①一）		
2．支払不能後の取得（法72①二）	2．支払不能を知っていたこと	2．ないし4．（法72②） (1) 法定の原因 (2) 支払不能，支払停止又は申立てを知る前の原因 (3) 申立てより1年以上前の原因 (4) 破産者に債務を負担する者と破産者との契約
3．支払停止後の取得（法72①三）	3．支払停止を知っていたこと	3．支払停止時に支払不能でなかったこと
4．申立て後の取得（法72①四）	4．申立てがあったことを知っていたこと	

※この一覧表は，桃尾重明弁護士作成の一覧表に基づいて作成し，同弁護士の御厚意により掲載させていただくものです。

第9 法人の役員の責任の追及等

1 総論

　破産手続開始決定を受けた法人の理事，取締役，執行役，監事，監査役，清算人又はこれらに準ずる者（以下「役員」という。退任した役員を含む。）が当該法人に対して損害賠償責任を負っている場合には，その責任を明らかにするとともに，破産財団を増殖させるためにも，可及的速やかにその責任を追及する必要がある。しかしながら，このような損害賠償責任については，その存否や額をめぐって紛争が生じる可能性が高く，通常の民事訴訟を提起すると，かなりの時間と費用を要する。そこで，裁判所が簡易迅速に役員に対する損害賠償請求権の存否及び額を確定し，損害賠償を命じ得る査定制度が設けられている（法178以下）。

　もっとも，争点が複雑多岐にわたるなど役員責任査定決定に対する異議の訴えが不可避と想定される場合や，関係者の尋問によって事実を立証する必要がある場合には，役員責任査定の申立てによるのではなく，最初から通常の民事訴訟を提起するのが相当である。

　なお，管財人としては，役員責任査定の申立てや訴訟提起に先立って，まずは相手方たる役員と交渉して早期に和解的解決を目指すことが多い。最終的に和解に至らない場合でも，交渉の過程で事実関係や相手方の資力等の情報が得られるから，このような交渉を先行させるべきである。ただし，交渉を始めることが相手方の財産隠匿の契機にもなり得ることに留意すべきであろう。

　いずれにしても，管財人が役員責任査定の申立てをする場合には，裁判所と事前に協議する。

2 役員責任査定手続

(1) 申立手続

　裁判所は，管財人の申立てにより又は職権で，役員の責任の査定の裁判

206　第4章　破産管財人の手引

をすることができる（法178①。ただし，職権で役員責任査定手続を開始される例はまれであろう。）。ここにいう「裁判所」とは，本書195頁のとおり，破産事件が係属している裁判体を意味するから，管財人は，当該破産事件が係属している裁判体に役員責任査定の申立てをすることとなる。

　役員責任査定の申立ては，書面でしなければならず（規1②四。申立書の記載事項につき，規2），申立てをするときは，役員の任務懈怠に基づく損害賠償請求権（会社423①・462・120④，民644等参照）等の発生原因となる事実について疎明しなければならない（法178②）。ここにいう「疎明」とは，事実認定のための心証の程度及び証拠提出の方法の双方を意味する。したがって，疎明方法は，即時に取り調べることのできる証拠方法に限定される（法13，民訴188）。なお，申立書の記載事項等の申立ての方式については，規則2条のとおりであり，管財人は，申立てをする際，申立書及び証拠書類の写しを相手方に送付する必要がある（規2④）。また，申立ての手数料は不要である（民訴費3①・別表第一参照）。

　(2)　審理（必要的審尋）

　役員責任査定手続は，決定手続により審理される（法179①）。決定手続では，通常，当事者の審尋は任意であるが（民訴87②），役員責任査定手続においては，相手方たる役員を審尋しなければならない（法179②）。事案によって，書面審尋による場合と，審尋期日を指定する場合とがある。また，裁判所は，職権で必要な調査をすることができる（法8②）。

　(3)　裁判（役員責任査定決定等）

　役員責任査定の申立てを認容する決定（役員責任査定決定）は，「～円と査定する。」との主文が用いられる（申立ての趣旨も同様である。なお，仮執行宣言を付すことはできないと解される。）。

　査定の裁判には理由が付され（法179①），役員責任査定決定については，裁判書を当事者に送達しなければならない（法179③本文）。申立てを却下し又は棄却する決定については，送達が要求されていないので，相当と認める方法で告知すれば足りる（法13，民訴119）。

　役員責任査定決定は，その送達日から1か月の不変期間内に異議の訴えが提起されなかったとき，又は異議の訴えが却下されたときは，給付を命

ずる確定判決と同一の効力を有する（法181）。却下し又は棄却する決定に対しては，不服申立てをすることができないが，それが確定しても既判力等の判決効はないので，管財人は，新たに損害賠償請求訴訟を提起することができる。ただし，簡易迅速な決着を目的とした役員責任査定手続を選択しながら，疎明に成功せず申立てを認容する決定が得られなかったからといって訴えを提起しては，役員責任査定手続の制度趣旨に反する。よって，役員責任査定の申立てが却下又は棄却された場合に通常の民事訴訟（当該役員に対する損害賠償請求訴訟）を改めて提起することは，例外的な場面に限られるといえる。

なお，役員責任査定手続は，決定までに破産手続が終了したときは，当然に終了する（法178⑤）。

(4) 役員責任査定決定に対する異議の訴え

ア 総論

役員責任査定決定は，相手方たる役員の実体的権利関係に影響を及ぼすので，法は，相手方の手続保障のために，異議の訴えによって口頭弁論を経て裁判を受ける権利を保障した（法180）。その反面として，法は，異議の訴え以外の不服申立手段を認めていない。これに対して，役員責任査定の申立てを却下し又は棄却する決定は，実体的権利関係に影響を及ぼさないので，異議の訴えは認められず，前述のように，管財人は，新たに損害賠償請求訴訟を提起することができる。ただし，申立てを一部認容する決定に不服がある者は，審理の分裂や判断の矛盾を回避するため，異議の訴えを提起しなければならない（法180③参照）。

イ 訴えの提起

役員責任査定決定に不服がある者は，その送達を受けた日から1か月の不変期間内に，異議の訴えを提起することができる（法180①）。異議の訴えは，破産裁判所の専属管轄である（法6・180②）。ここにいう「破産裁判所」とは，破産事件が係属している裁判体を含む官署としての裁判所を意味する（本書195頁参照）。

ウ 審理及び裁判

異議の訴えは，通常の民事訴訟手続で審理される。異議の訴えに先駆け

208 第4章 破産管財人の手引

て役員責任査定決定がされていることから，異議の訴えの判決としては，
①訴えの不適法却下，②役員責任査定決定の認可，③役員責任査定決定の
変更，又は④役員責任査定決定の取消しという形で判断が示される（法180
④）。

異議の訴えにおいて，役員責任査定決定を認可し又は変更した判決は，
判決主文中に給付を命ずる文言を含んでいないが，その実質は役員に損害
賠償を命ずる内容を含んでいるので，強制執行に関しては，給付を命ずる
判決と同一の効力を有し（法180⑤），仮執行宣言を付することができる（法
180⑥）。

3 役員の財産に対する保全処分

(1) 総論

役員に対する損害賠償請求を簡易迅速に実現する手段として役員責任査
定手続が設けられているが，その実効性を確保するためには，役員の個人
財産の隠匿又は費消等を防止する必要がある。そこで，破産法上の特殊保
全処分として，役員の財産に対する保全処分（法177）が設けられている。
なお，かかる保全処分の被保全権利は役員に対する損害賠償請求権であり，
これは金銭債権であるから，保全処分の内容としては，仮差押えが通常と
なる。

(2) 保全処分の発令等

この保全処分は，破産手続開始の申立てから破産手続開始決定までの間
は，債務者（保全管理人が選任されている場合には保全管理人）の申立て
により又は職権で，開始決定後は，管財人の申立てにより又は職権で発令
される（法177①②）。この申立ては，当該破産事件が係属している裁判体に
対して行う。

保全処分の発令時期は，原則として「法人である債務者について破産手
続開始の決定があった場合」であるが（法177①），緊急の必要があると認め
るときは，「破産手続開始の申立てがあった時から当該申立てについての
決定があるまでの間」においても，発令が可能である（法177②）。なお，破
産手続開始の申立てを棄却する決定がされたが，これに対して即時抗告が

されている場合には，まだ開始決定がされる可能性があるため，保全処分の発令が可能である（法177⑦）。なお，この保全処分は，特殊保全処分であることから，立担保は不要である。

保全処分発令のための実体的な要件は，①役員に対する損害賠償請求権が成立すること及び②保全の必要性があることであり，これらについて疎明する必要がある。

第10 破産債権と財団債権

1 破産債権と財団債権

(1) 破産債権と財団債権の性質の異同

ア 破産法上の定義（法2）

破産債権とは，破産者に対し破産手続開始決定前の原因に基づいて生じた財産上の請求権で，財団債権に該当しないものである（法2⑤）。

財団債権とは，破産手続によらないで破産財団から随時弁済を受けることができる債権である（法2⑦）。

イ 破産債権と財団債権の範囲

財団債権は，本来，「破産手続の遂行に伴って必然的に発生する債権」であり，破産手続開始決定後の原因によるものが原則であるが，政策的な理由から，本来的には破産債権である破産手続開始決定前の債権も一部財団債権とされ，優先権を与えられている。

他方，破産債権は，破産手続開始決定前の原因によるものが原則であるが（法2⑤），政策的理由から破産手続開始後の原因による債権も一部破産債権に加えられている（法97）。例えば，破産手続開始決定後の利息は，破産手続開始決定後の原因による債権であるが，免責の効果を及ぼすため政策的に破産債権とされたものである。

ウ 破産債権と財団債権の異同

破産債権と財団債権の異同の主な点を比較すると以下のとおりである。

破産債権	財団債権
① 破産手続内でのみ行使できる	① 破産手続外で行使される
② 届出，認否，確定など破産法上の債権調査の対象となる	② 債権調査の対象とならない（確定が必要な場合は訴訟による）
③ 配当手続によらなければ弁済できない	③ 配当手続ではなく任意の方法で弁済できる
④ 原則として免責の対象となる	④ 免責の対象とならない

(2) 財団債権の破産手続上の特徴

ア 債権調査の要否

財団債権は債権調査の対象とならないので，届出は求められず，債権確定手続の対象ともならない。存否，金額又は財団債権該当性について争いがある場合は，債権者が管財人を相手方として通常の訴訟により支払を求めることとなる。

ただし，租税等の請求権については，財団債権であるか破産債権であるかを問わず，法の債権確定手続の対象とはならず，管財人が審査請求，訴訟その他の不服申立てにより争うほかない（法134）（本書284頁参照）。

イ 承認のための許可

管財人が財団債権を承認するには裁判所の許可を要する（法78②十三）。なお，大阪地裁においては，許可不要行為とされている（本書137頁参照）。

ウ 支払についての原則

（ア） 随時支払

破産債権は配当手続によらないと支払うことができない（ただし，大阪地裁においては運用により和解許可による弁済を行うことが可能である（本書298頁参照）。）が，財団債権は配当によらず，財団不足にならない限り，随時，任意の方法で支払うことができる。

（イ） 優先性

財団債権は破産債権に先立って支払う（法151）。ただし，支払順位の優劣という趣旨であり，時間的に先行する必要まではない。

第10 破産債権と財団債権　211

（ウ）　財団債権の支払の終期

　簡易配当の場合には管財人が簡易配当の通知の到達すべき期間を経過した旨の届出をした後2週間を経過した時（配当表に対する異議申立期間を経過した時（法205・203・200①），最後配当の場合には配当額の通知を発した時（法203），同意配当の場合には同意配当の許可があった時（法208③・203・208①））までに管財人に知られていない財団債権は，実質的に破産財団から弁済を受けることはできなくなる。逆にいうと，それまでに管財人が財団債権の存在を知った場合にはその財団債権の支払を行う必要がある。

（3）　財団債権の種類

　財団債権の種類は以下のとおりである。租税債権と労働債権については，後記2（本書213頁）及び3（本書232頁）で詳しく解説する。また，財団債権相互間の優先順位に注意する必要がある（本書241頁参照）。

財団債権の種類
①　破産債権者の共同の利益のためにする裁判上の費用の請求権（法148①一） 　　債権者申立ての場合の申立費用，債務者会社の特別代理人が選任されたときの代理人報酬相当額の予納金相当額，第三者予納（法テラス含む）の場合の予納金補填分など。 ②　破産財団の管理，換価及び配当に関する費用の請求権（法148①二） 　　管財人報酬，管財事務遂行の費用（元従業員を補助者として雇用した場合の給料，税務申告のための税理士報酬など），管財人報酬や補助者への給与・報酬に対する源泉所得税（法人破産の場合），破産財団に属する不動産に対して開始決定後に賦課される固定資産税・都市計画税（以下「固定資産税等」という。），管財人が破産財団に属する財産を売却したときの消費税など。管財人が管財業務のために使用した上下水道・電気・ガスの使用料債権は同号により財団債権となる（本書280頁）。 ③　破産手続開始前の原因に基づいて生じた租税等の請求権の一部（法148①三） 　　平成26年7月1日以後に支弁された生活保護費に関する生活保護法

78条1項に基づく費用徴収権，平成30年10月1日以後に支弁された生活保護費に関する同法63条に基づく費用返還請求権も財団債権となる。また，厚生年金基金の脱退又は解散に伴う特別掛金の請求権が財団債権に当たり得るので注意を要する。下水道使用料も公課として財団債権に当たる（本書281頁参照）。

④　破産財団に関して管財人がした行為によって生じた請求権（法148①四）

⑤　事務管理又は不当利得により破産手続開始後に破産財団に対して生じた請求権（法148①五）

⑥　委任の終了又は代理権の消滅後，急迫の事情があるためにした行為によって破産手続開始後に破産財団に対して生じた請求権（法148①六）

⑦　未履行の双務契約について管財人の履行選択により相手方が有する請求権（法148①七）

⑧　破産手続の開始によって双務契約の解約の申入れがあった場合において破産手続開始後その契約の終了までの間に生じた請求権（法148①八）

⑨　管財人が負担付遺贈の履行を受けたときに，その負担した義務の相手方が有する当該負担の利益を受けるべき請求権（法148②）

⑩　保全管理人が権限に基づいてした行為によって生じた請求権（法148④）

⑪　給料，退職手当請求権の一部（法149①②）

⑫　民事再生手続上の共益債権（民再252⑥）

民事再生手続の終了に伴う破産手続では，民事再生手続上の共益債権は財団債権となる。

⑬　会社更生手続上の共益債権（会社更生254⑥）

会社更生手続の終了に伴う破産手続では，会社更生手続上の共益債権は財団債権となる。

⑭　破産手続開始決定の時点で既にされていた強制執行等を管財人が続行した場合の手続費用の請求権（法42④）

⑮　破産者を当事者とした訴訟が中断し，管財人が受継した場合の相手方の訴訟費用償還請求権（法44③）

⑯　債権者代位訴訟，詐害行為取消訴訟が中断し，管財人が受継した場合の相手方の訴訟費用償還請求権（法45③）

⑰　管財人が双方未履行の双務契約を解除した場合に，破産者が受けた反対給付が破産財団に現存しない場合の価額償還請求権（法54②）

⑱　継続的給付を目的とする双務契約の相手方が，破産手続開始の申立て後破産手続開始前にした給付の請求権（一定期間で算定する場合には，申立日の属する期間分の全部を含む。）（法55②）

　　上水道・電気・ガスの使用料債権のうち，破産手続開始の申立て後破産手続開始前のものは同項により財団債権となる（本書280頁）。

⑲　異議を主張した破産債権者が査定申立てないし確定訴訟で勝訴した場合の訴訟費用償還請求権（法132）

⑳　債権者委員会に貢献的活動があった場合に，その費用を支出した破産債権者の費用償還請求権を財団債権とするとの許可を得た場合の請求権（法144④）

㉑　社債管理会社等の費用報酬請求権を財団債権とする許可がされた場合の請求権（法150④）

㉒　破産者の行為が否認された場合の反対給付が破産財団に現存しない場合の価額償還請求権（法168①二）

2　租税等の請求権

(1)　租税等の請求権の取扱い

法97条4号は，国税徴収法又は国税徴収の例によって徴収することのできる請求権を租税等の請求権と定義している。

租税等の請求権の破産法上の性質は，財団債権，優先的破産債権及び劣後的破産債権の3つに分かれ，その区分は，①発生原因が生じた時期が破産手続開始決定の前か後か，②具体的納期限と破産手続開始決定日の関係，③当該租税が本税か附帯税か等の基準により判断されることになる。

租税等の請求権のうち破産債権に該当するものは，債権届出（交付要求）が必要であり，配当手続によらなければ支払を受けることができないなど，他の破産債権と同様の制限に服する点もあるが，破産債権の調査・確定手続等の適用を受けないなど，それ以外の破産債権とは取扱いが大きく異な

214　第4章　破産管財人の手引

る。

　このように，租税等の請求権の取扱いは，相当程度複雑なものとなっている。以下，租税等の請求権の区分について順次解説するが，全体の相互関係を一覧できる表としては「租税等の請求権の優先関係」（本書227頁）を，租税等の請求権が破産債権となるか財団債権となるかの判断に関する流れについては「租税等の請求権に関する判断フローチャート」（本書227頁）をそれぞれ参照されたい。

(2)　財団債権となる租税等の請求権

ア　総　論

租税等の請求権のうち，財団債権となるものは，次の3種類である。

財団債権となる租税等の請求権
①　破産手続開始前の原因により発生した租税等の請求権で，手続開始当時，納期限が未到来又は納期限から1年を経過していないもの（法148①三）
②　破産手続開始後の原因により発生した租税等の請求権で，財団の管理，換価及び配当に関する費用に該当するもの（法148①二）
③　①及び②の延滞税（破産手続開始決定の前に発生すると後に発生するとを問わない。）

イ　各　論

（ア）　破産手続開始前の原因に基づいて生じた租税等の請求権であって，破産手続開始当時，まだ納期限の到来していないもの又は納期限から1年を経過していないもの（法148①三）

　租税等の請求権のうち破産手続開始前の原因に基づく本税が財団債権となるのは，上記要件に該当する場合である。破産手続開始前の原因に基づく租税等の請求権でこれに含まれないものは，破産債権となる（法2⑤。なお，法97五・148①三かっこ書により，納期限から1年を経過していなくても，加算税及び加算金は破産債権となる。）。破産手続開始決定の時は一義的に明らかであるから，この財団債権と破産債権の区分に当たっては，当該租税等の納期限がいつかという問題が重要となる。

a　法148条1項3号にいう納期限の意味

　租税等の請求権の納期限には，法定納期限と具体的納期限がある。法定納期限とは，法律が本来の納期限として予定している期限のことであって，納税義務の消滅時効の起算日となり，その翌日が延滞税の計算期間の起算日となる。これに対し，具体的納期限とは，その期限を過ぎると督促状により督促しなければならず（税通37），督促状を発してから10日を経過しないと滞納処分はできない（税通40）という法的効果からいう概念であり，法令上は，具体的納期限のことを単に納期限と呼ぶ。具体的納期限は法定納期限と一致することが多いが，異なることもある。

　法148条1項3号が破産手続開始の前の一定期間に納期限が到来する租税等の請求権のみを財団債権とした趣旨は，租税債権者が国税徴収法等により付与されている自力執行権を合理的期間内に行使しなかった場合には，その地位を引き下げることに一定の合理性があること等によるものであり，そこでいう「納期限」とは，法定納期限ではなく具体的納期限であるとされている（法務省民事局参事官室「破産法等の見直しに関する中間試案補足説明」別冊NBL74・127）。そこで，以下では，具体的納期限の判断方法について述べる。

b　具体的納期限と租税の確定方式の関係

　具体的納期限は，次の(a)から(c)までのとおり，租税の確定方式によって異なる。

(a)　申告納税方式の租税の具体的納期限

　所得税，法人税，相続税など国税の大部分がこの申告納税方式による租税である（地方税で，国税の申告納税方式に相当する確定方式は申告納付という。地税1①八）。納税者の申告によって確定し，申告がない場合又は申告が不相当な場合に限って，課税庁の更正又は決定によって租税が確定される（税通16①一）。この方式の租税の法定納期限は，申告期限である。

　①　申告納税方式の租税で期限内申告がされた場合

　　申告期限が具体的納期限である（税通35①）。

　②　申告納税方式の租税で期限後申告がされた場合

　　期限後申告の日が具体的納期限である（税通35②一）。

216　第4章　破産管財人の手引

　③　申告納税方式の租税で修正申告がされた場合

　　修正申告の日が具体的納期限である（税通35②一）。

　④　申告納税方式の租税で申告（又は修正申告）がなされず，更正又
　　は決定がされた場合

　　その通知書が発せられた日の翌日から起算して1月を経過する日（税
通35②二）が具体的納期限である。

　申告納税方式の国税（消費税，所得税，法人税，相続税，贈与税など国
税の大部分を占める。）では，法定申告期限内に申告がされる限り，申告期
限が同時に法定納期限であり，具体的納期限でもある。ただし，後日修正
申告がされた場合は，修正申告の日が具体的納期限となる。

　期限内に申告がなされない場合は，期限後申告となるか，課税庁による
更正又は決定がされることになり，前者の場合には，期限後申告の日が，
後者の場合には，更正又は決定の通知を発した日の翌日から起算して1月
を経過する日が具体的納期限となる。

　なお，期限後申告でも，更正又は決定でも，法定納期限は申告期限であ
るから，延滞税は，具体的納期限よりも前の日である法定納期限の翌日か
ら起算され，かつ，無申告加算税などのペナルティが課せられる。

　　(b)　賦課課税方式の租税の具体的納期限

　国税で賦課課税方式を採用するものはごく例外的である。地方税では，
住民税や固定資産税などが普通徴収の租税である（地方税で，国税の賦課
課税方式に相当する確定方式を普通徴収という。地税1①七）。専ら課税庁
の処分（賦課）によって租税が確定するものであり（税通16①二），徴収の
ためには納税告知がされる（税通36①）。

　具体的納期限は，納税告知書の発せられた日の翌日から起算して1月を
経過する日となる（税通36②，税通令8）。

　　(c)　自動確定方式の租税の具体的納期限

　源泉徴収による国税，登録免許税，予定納税の所得税などが自動確定方
式の租税である。この租税は，特別の手続を要せず，法律の規定によって
当然に確定する。徴収のためには納税告知がされる（税通36①）。

具体的納期限は，納税告知書の発せられた日の翌日から起算して1月を経過する日となる（税通36②，税通令8）。ただし，予定納税の所得税は，後記(6)アのとおり，法定納期限が具体的納期限である。

c　具体的納期限の調査手順

次に，それぞれの事例における具体的納期限を調査する方法について述べる。具体的納期限についての定めは，国税については国税通則法35条及び36条2項に（税通37），地方税については，個々の税目ごとに規定されている。

賦課課税方式の国税の場合は納税告知書に具体的納期限が記載されている（税通36）。普通徴収の地方税も，納税通知書に具体的納期限が記載されている（地税1①六七）。したがって，これらの場合は納税告知書又は通知書を見れば，具体的納期限が判明する。

また，交付要求がされた場合は，交付要求書に具体的納期限が記載されているので（税徴令36①二），この記載を確認することによって具体的納期限を判断することができる。

公課の具体的納期限については，統一的な法令はなく，それぞれの根拠法令を調査するほかない。

公課のうち，国税でいう申告納税方式のものは，労働保険料などのごく一部で，大部分の公課は，賦課課税方式又は自動確定方式であって，これについては法定納期限の前に送付される通知書に納期限が記載されており，これが法定納期限であると同時に具体的納期限である。

主要な国税，地方税，公課の具体的納期限は，「主要な国税の法定納期限・具体的納期限」（本書229頁），「主要な地方税の法定納期限・具体的納期限」（本書230頁），「主要な公課の法定納期限・具体的納期限」（本書231頁）のとおりである。

（イ）　破産手続開始後の原因により発生した租税等の請求権であって，破産財団の管理，換価及び配当に関する費用に該当するもの（法148①二）

租税等の請求権のうち，破産手続開始後の原因に基づく本税が財団債権

となるのは，前記要件に該当する場合である。

　法148条1項2号は，特に租税等の請求権を含む旨を明示していないが，本号が租税等の請求権を含むことは立法過程で当然の前提とされている（法務省民事局参事官室「破産法等の見直しに関する中間試案補足説明」別冊NBL74・128）。

（ウ）　財団債権である租税等の請求権の延滞税

　前記(ア)又は(イ)により財団債権となる租税等の請求権について発生する延滞税は，その発生時期が破産手続開始決定の前か後かを問わず，財団債権となる。

　これについては，明文の規定が置かれていないため，破産手続開始後に発生する延滞税については法97条3号の「手続開始後の延滞税等の請求権」として法99条1項1号により劣後的破産債権とされるのではないかとの疑問を生じるところである。しかし，本税（元本）が財団債権であって手続外で行使し得る以上，その不履行によって発生する遅延損害金に相当する延滞税も手続外で行使し得る，すなわち財団債権であると解するのが相当である（立法担当者も同様に考えていた（法務省民事局参事官室「破産法等の見直しに関する中間試案補足説明」別冊NBL74・127））。このことは，法97条が破産債権となる請求権を列挙するに当たって，あらかじめ「（財団債権であるものを除く。）」と規定していることからも根拠づけられる。

(3)　優先的破産債権となる租税等の請求権

ア　総　論

　国税及び地方税には，一般的優先権があり（税徴8，地税14），「国税徴収の例によって徴収することのできる請求権」（法97四）も，国税に固有の性質のものを除いて国税徴収に関する法規の一般的な準用を受けるという意味で一般的優先権が認められる（吉国二郎・荒井勇・志場喜徳郎共著『国税徴収法精解〔平成30年改訂版〕』92頁（大蔵財務協会，2018）。なお，国年98，厚年88等参照）。

　したがって，租税等の請求権であって，破産者に対し破産手続開始前の原因に基づいて生じたものは，個別の規定によって財団債権又は劣後的破産債権とされるものを除くほかは，すべて優先的破産債権となる（法98①）。

イ　各　論

優先的破産債権となる租税等の請求権は，次のとおりである。

（ア）　破産手続開始決定前の原因に基づいて生じた租税等の請求権
であって，破産手続開始決定当時，納期限から1年を経過したも
の（法148①三の反対解釈）

これは，破産手続開始前の原因に基づいて生じた租税等の請求権から法
148条1項3号による財団債権を除外したものである。財団債権性が認めら
れない結果，破産債権となり，一般的優先権があることから優先的破産債
権となるものである。

なお，加算税等は法97条5号及び99条1項1号により劣後的破産債権とな
るので，優先的破産債権には当たらない。具体的納期限については，既に
解説したとおりである。

（イ）　（ア)に関する延滞税等のうち，破産手続開始前に発生するも
の

優先的破産債権である租税等の請求権についての破産手続開始後の延滞
税等が劣後的破産債権となることについては，明文の規定がある（法97三・
99①一)。

優先的破産債権である租税等の請求権についての破産手続開始前の延滞
税等のうち，手続開始前1年以上経過しているものが優先的破産債権とな
ることについては問題がないが，破産手続開始当時，発生から1年を経過し
ていない延滞税については，法148条1項3号により，延滞税のみ財団債権化
されるのではないかとの疑問が生じる。しかしながら，延滞税は，本税の
納付と同時に納付すべき租税であり，本税の具体的納期限が延滞税の具体
的納期限であると解されるので（税通37①)，延滞税のみに対し独立して法
148条1項3号を適用するのは相当でない。したがって，本税が，破産手続開
始当時具体的納期限から1年を経過したものであることによって優先的破
産債権とされるのであれば，その延滞税等で破産手続開始までの期間に発
生するものは，破産手続開始の前1年未満の期間のものであっても，法148
条1項3号による財団債権ではなく，優先的破産債権になると解すべきであ

220　第4章　破産管財人の手引

る。

(4)　劣後的破産債権となる租税等の請求権

租税等の請求権の中で劣後的破産債権であるものは次のとおりである。

ア　破産手続開始決定後の延滞税等（法97三・99①一）

前記のとおり，財団債権である租税等の請求権について生じる延滞税は延滞の時期が破産手続開始の前後のいずれであるかを問わず財団債権となるので，本号には含まれない。優先的破産債権である租税等の請求権の破産手続開始後の延滞税等のみが劣後的破産債権となる。

イ　破産財団に関して破産手続開始後の原因に基づいて生ずるもののうち，破産財団の管理，換価及び配当に関する費用等に該当しないもの（法97四・99①一・148①二反対解釈）

法148条1項2号（破産財団の管理，換価及び配当に関する費用）に該当するものは，財団債権となるので，劣後的破産債権とはならない。

本号により劣後的破産債権となるものの例としては，破産会社所有の建物が抵当権の実行により競売され，買受代金の全額を抵当権者が取得した場合の売却に伴う消費税が挙げられる（法制審議会倒産法部会破産法分科会第10回（平成14年3月29日）議事録参照）。

なお，破産手続開始後の原因に基づいて生ずる租税等の請求権であっても，破産財団に関して生じたものでなければ，そもそも破産債権には該当しないので，破産財団から配当を受けることはできない。

ウ　加算税等（法97五・99①一）

加算税等は，罰金が劣後的破産債権である（法97六・99①一）のと同じ趣旨で劣後的破産債権とされたものであり，発生時期にかかわりなく劣後的破産債権となる（法制審議会倒産法部会第32回（平成15年6月27日）議事録参照）。

破産手続開始前の原因により生じた債権は本来破産債権であり，それが租税等の請求権であれば一般的優先権を有するので，本来は優先的破産債権となるのが原則であるが，加算税はその例外として，劣後的破産債権とされたものである。

第10　破産債権と財団債権　221

(5)　租税等の請求権の除斥

ア　財団債権である租税等の請求権

　財団債権である租税等の請求権が実質的に支払を受けることができなくなる時期は本書211頁のとおりであり，この時期までに管財人に知られていない財団債権は，破産財団から弁済を受けることはできないが，それまでに管財人が財団債権の存在を知った場合にはその財団債権を支払う必要がある。

イ　破産債権である租税等の請求権

　破産債権である租税等の請求権の除斥については，明文の規定がない。法198条は，債権調査・確定手続に服する破産債権に関するものであって，その制限を受けない破産債権である租税等の請求権については適用されない。

　法200条は，配当表に対する異議の申立期間を定めるが，異議申立権者は届出をした破産債権者であるから，優先的破産債権である租税等の請求権者も，届出と同時に異議申立てをすることが可能であり，異議申立期間（最後配当に関する除斥期間が経過した後1週間）の経過により配当表は確定する。

　不動産競売手続での交付要求は配当要求の終期までにされなければ配当を受けることはできないとする最高裁判例（最判平2・6・28民集44・4・785）が，「既に他の執行機関による強制換価手続が進行している場合に，その手続に参入して債権の満足を得ようとするものであるから，……特段の法令の定めがない限り，当該強制換価手続の手続上の制限に従うべきである」とする趣旨からいえば，法200条による配当表の確定後は，優先的破産債権である租税等の請求権の届出（交付要求）があっても除斥されると解される（本書254頁参照）。

(6)　具体的な税目に関する検討

ア　所得税（源泉所得税を除く）

　所得税は，申告納税方式の国税であり，期限内に申告された場合の具体的納期限は，申告期限である翌年3月15日である。期限後申告や修正申告

がされた場合は，申告の日が具体的納期限となり，課税庁による更正や決定がされた場合は，それらの通知書を発した日の翌日から起算して1か月を経過する日が具体的納期限となる。なお，所得税が成立するのはその年の終了時であるため，破産手続開始決定があった日の属する年分の所得税は，財団債権にも破産債権にも該当しない（予定納税分を除く。）。

前年分の確定申告における納税額によっては，当年分の所得税の予定納税をしなければならない場合がある。所得税の予定納税は自動確定方式であるものの，第1期分は7月31日，第2期分は11月30日がそれぞれ法定納期限であるとともに，具体的納期限となる（税通37①，所税104①・107①・115）。その額は，破産者宛の「予定納税額の通知書」で確認できる。予定納税をした場合は，最終的には翌年3月15日までに行われる当年分の確定申告において，納付すべき所得税額が調整される。

　イ　源泉所得税

破産者が従業員を雇用していた場合，従業員に給料を支給する際に源泉徴収を行い，翌月10日までにこれを納税する義務を負うが（ただし，個人のうち常時2人以下の家事使用人のみに対し給与を支払っている者は除く。），この源泉所得税の納付がされていなかった場合，その具体的納期限は納税告知書の発せられた日の翌日から起算して1か月を経過する日である。納税告知書が法定納期限（支給日の翌月10日）から相当遅れて発せられることがあるが，その場合，破産手続開始決定日との関係によっては，相当以前の日に支給された給料に関する源泉所得税が財団債権となることがある。

　ウ　法人税及び地方法人税

法人税及び地方法人税は，申告納税方式の国税であり，事業年度の終了の日から2か月を経過する日が申告期限であり，具体的納期限となる。期限後申告や修正申告がされた場合はそれらの申告の日が，課税庁による更正や決定がされた場合は，それらの通知書を発した日の翌日から起算して1か月を経過する日が具体的納期限となることについては，所得税と同様である。

中間申告が必要な法人について，その中間申告分の法人税及び地方法人税も申告納税方式であり，事業年度の日以後6か月を経過した日から2か月を経過する日が申告期限であり，具体的納期限となる。なお，中間申告については，申告がなされない場合であっても，前期の実績に基づきみなし申告がされたこととなる。

エ　消費税

消費税は，申告納税方式の国税であり，個人の場合は翌年3月31日，法人の場合は課税期間の終了の日から2か月を経過する日が申告期限であり，具体的納期限となる。期限後申告や修正申告がされた場合，あるいは課税庁による更正や決定がされた場合については，所得税や法人税と同様である。また，前年（法人の場合は前課税期間）の消費税の年税額によっては，中間申告が必要となるが，その具体的納期限は「主要な国税の法定納期限・具体的納期限」記載のとおりである。中間申告がされていない場合であっても，みなし申告として取り扱われるので，その具体的納期限は同様となる。

破産手続開始後に管財人が商品を売却したことにより生じた消費税は，法148条1項2号による財団債権となる。同じ消費税であっても，本条に基づく財団債権は法152条2項により手続開始の前に破産者が商品を売却したことにより生じた消費税で具体的納期限が手続開始の前1年以内であるもの（法148条1項3号による財団債権）よりも優先することに留意する必要がある（本書241頁参照）。

オ　個人の住民税・事業税・事業所税

個人の住民税は，毎年1月1日を賦課期日として課税されるので，破産手続開始決定日の属する年度の住民税は破産手続開始決定前の原因に基づく請求権となり，翌年度の住民税は破産手続開始後の原因に基づく請求権（非財団債権，非破産債権）となる。普通徴収にかかる住民税の具体的納期限は，6月，8月，10月及び翌年1月の条例で定める日であり，納税通知書によって確認できる。破産者が給与所得者等であり住民税が特別徴収されている場合（国税の源泉徴収に対応する地方税の確定方式を特別徴収という。地税1①九），勤務先が特別徴収分の住民税を納付している限り，交付要求がされること

224　第4章　破産管財人の手引

はないが，勤務先も破産した，破産者が退職したなどの事情により特別徴
収から普通徴収に切り替えられた場合，特別徴収済みの分を除く住民税額
が普通徴収分として賦課決定される。法人が破産し特別徴収した住民税を
滞納している場合，その住民税の具体的納期限は，6月から翌年5月までの
各月の翌月10日である。

　個人の事業税の具体的納期限は，8月及び11月中において条例で定める
日である。

　一定の要件を満たす事業者には事業所税が課せられるが，この事業所税
は申告納付方式の地方税であり，その具体的納期限は，申告期限である3月
15日である。

　　カ　法人の住民税・事業税・事業所税

　法人の住民税，事業税は，申告納付方式の地方税であり，いずれも事業
年度終了の日から2か月を経過する日（中間申告分については，事業年度開
始の日以後6か月を経過した日から2か月を経過した日）が申告期限であり，
具体的納期限である。

　一定の要件を満たす法人には事業所税が課せられるが，この事業所税も
申告納付方式であり，同様に事業年度終了の日から2月を経過する日が申
告期限であり，具体的納期限である。

　　キ　固定資産税等（固定資産税・都市計画税）

　固定資産税等は，普通徴収方式の地方税であり，毎年1月1日の所有者に
1年分が課税される。したがって，租税としての発生時期は1月1日になり，
破産手続開始決定前に発生した租税となるか否かは，1月1日時点で破産手
続開始決定がされていたか否かによって決まる。これに対し，固定資産税
等の具体的納期限は，4月，7月，12月及び2月中において条例で定める日と
4期にわたり，破産手続開始決定前1年以内かどうかはこの具体的納期限に
応じて判断することとなる。

　平成31年1月15日に破産手続が開始された場合を例にとると，平成31年
分の固定資産税等は，平成31年1月1日時点の所有者に課税されるので，4期
分全体が破産手続開始前の租税ということになる。そして，具体的納期限
は平成31年4月から翌年2月にわたる4期となるが，そのいずれの納期限も

破産手続開始時点ではいまだ到来していないから，法148条1項3号の財団債権となる。この場合，破産手続開始決定後に個別の具体的納期限が到来しても，租税としては破産手続開始決定の前である平成31年1月1日に発生しているのであるから，破産手続開始決定後の破産財団の管理に関する費用として同項2号の財団債権に該当することにはならない点に注意を要する。

　固定資産税等が破産手続開始決定後に発生した「破産財団の管理に関する費用の請求権」として，法148条1項2号による財団債権となり，他の租税等の請求権に優先するのは，破産手続開始決定後に1月1日が到来し，その時点で，管財人がその資産を換価又は破産財団から放棄しておらず，保有し続けている場合のみである。なお，このような場合，その年度の納税通知書が送付されてくるのは，当該年度の税額が確定した後である4月以降となるため，財団債権が発生していることを失念しないよう留意すべきである。

　　ク　自動車税・軽自動車税

　自動車税及び軽自動車税（種別割）は，いずれも普通徴収方式の地方税であり，4月1日時点における名義人に対して課税される。自動車税については5月中において条例で定める日，軽自動車税については4月中において条例で定める日が具体的納期限となる。

　　ケ　社会保険料・厚生年金保険料・国民年金保険料・厚生年金基金掛
　　　　金

　社会保険料，厚生年金保険料及び国民年金保険料はいずれも公課であり，その具体的納期限は，翌月末日である。ただし，任意継続被保険者の社会保険料・厚生年金保険料については，当月10日，日雇特例被保険者の標準賃金日額に係る社会保険料・厚生年金保険料については，使用する日ごとである。

　厚生年金の上乗せ部分である厚生年金基金の掛金も公課であり，具体的納期限は，それぞれの基金の規約によって判断される。

　　コ　国民健康保険料（税）

　国民健康保険については，「国民健康保険料」として徴収される場合と「国

民健康保険税」として徴収される場合があり，前者は公課，後者は地方税に位置づけられるが，いずれの場合であっても，その具体的納期限は条例あるいは規約によって判断されることになる。

国民健康保険料について，破産手続開始決定の日の属する年度分の国民健康保険料全額が財団債権となるのか，破産手続開始決定前に具体的納期限が到来した国民健康保険料のみが財団債権となり，破産手続開始決定後に具体的納期限が到来する分は破産者が支払うものとなるのかについては見解が分かれている。これは，当該国民健康保険料がいつの原因に基づいて発生したと解釈されるかという問題であるところ，この問題について，破産手続開始決定の属する年度分の国民健康保険料全額を交付要求する役所も散見される。

これに対し，保険の切替えや異動の際に保険料が月割で処理されていることなどにかんがみても，財団債権となるのは破産手続開始決定前に具体的納期限が到来した部分のみであり，その後に具体的納期限が到来するものについては，破産手続開始後の原因により発生した租税等の請求権であり破産財団の管理,換価及び配当に関する費用には該当しないものとして，財団債権には該当しない（破産者が支払うべきもの）と解する見解も有力である。

なお，国民健康保険税として徴収される国民健康保険の費用（地税703の4)が優先的破産債権に該当する場合,優先的破産債権としての優先順位は，第1順位（地方税）となる（本書243頁参照）。

　サ　労働保険料

労働保険料は，公課であり，当該保険年度（毎年4月1日から翌年3月31日まで）の概算保険料の具体的納期限は当年7月10日まで（又は保険関係成立の日から50日以内）であり，翌年7月10日（又は保険関係消滅の日から50日以内）に確定申告を行うことによって保険料を確定させる。このように，労働保険料は1年分を概算で前払いする形となっているので，申告をすることによって還付が生じることが多い。

第10 破産債権と財団債権　227

○租税等の請求権の優先関係

本　税	開始決定の1年以上前から1年前までの延滞税	開始決定の1年前から開始決定までの延滞税	開始決定後の延滞税	加算税又は加算金
開始決定前に発生した租税等で，開始決定当時，具体的納期限から1年以上経過 …優先的破産債権（法2⑤・98①）	優先的破産債権（法2⑤・98①）	優先的破産債権（法2⑤・98①。法148①三は非該当）	劣後的破産債権（法97三）	劣後的破産債権（時期を問わない）（法97五）。
開始決定前に発生した租税等で，開始決定当時，具体的納期限未到来又は具体的納期限から1年を経過していないもの …財団債権（法148①三）		財団債権（下記※）	財団債権（下記※　法97三の適用なし）	
開始決定後に発生した租税等のうち，管理・換価・配当費用に該当するもの …財団債権（法148①二）			財団債権（下記※，法97三の適用なし）	
開始決定後に発生した租税等のうち，管理・換価・配当費用に該当しないもの …劣後的破産債権（法97四）			劣後的破産債権（法97三）	

※本税が財団債権であって手続外で行使し得る以上，その不履行によって発生する遅延損害金に相当する延滞税も，手続外で行使し得る財団債権となる。

○租税等の請求権に関する判断フローチャート

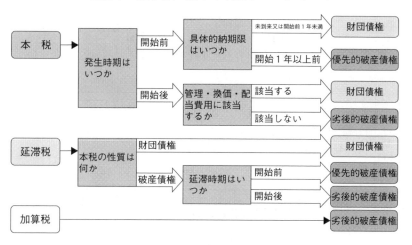

228　第4章　破産管財人の手引

○納期限（具体的納期限）一覧表

令和元年7月1日現在

国税の種類		具体的納期限	根拠法条
申告納税の租税	期限内申告分	法定納期限に同じ	税通35①
	期限後申告分	申告の日	税通35②一
	修正申告分	同上	
	更正・決定分	更正・決定の通知書を発した日の翌日から起算して1月を経過する日	税通35②二
賦課課税の租税	過少申告加算税・無申告加算税及びそれらに代わる重加算税	賦課決定通知書の発せられた日の翌日から起算して1月を経過する日	税通35③
	その他	納税告知書を発した日の翌日から起算して1月を経過する日	税通36②, 税通令8
自動確定の租税	源泉徴収税, 自動車重量税, 登録免許税	同上	
	所得税予定納税分	法定納期限に同じ	税通37①, 所税104①・107①・115

注意　上表の内容は令和元年7月1日現在である。したがって，これを参考にする際には，同日以降の改正の有無に注意する必要がある。

第10 破産債権と財団債権 229

○主要な国税の法定納期限・具体的納期限

令和元年7月1日現在

国税の種類		確定方式	法定納期限		具体的納期限	根拠法条
所得税	予定納税分	自動確定	7月31日（第1期分）		同左	所税104・106
			11月30日（第2期分）		同左	同上。特別農業所得者の場合は，第2期に2分の1。所税107以下
	源泉徴収分	自動確定	徴収の日の翌月10日		納税告知書の発せられた日の翌日から1月を経過する日	所税183・199・203の2等 税通36②・税通令8
	確定申告分	申告納税	翌年3月15日		同左	所税120
法人税・地方法人税	中間申告分	申告納税	事業年度又は連結事業年度の日以後6月を経過した日から2月を経過する日		同左	法税71・76・81の19・81の26，地方法税16・20
	確定申告分	申告納税	事業年度又は連結事業年度終了の日から2月を経過する日		同左	法税74・77・81の22・81の27，地方法税19・21
相続税		申告納税	相続の開始があったことを知った日の翌日から10月を経過する日		同左	相税27・33
贈与税		申告納税	翌年の3月15日		同左	相税28・33
登録免許税		自動確定	登記等の申請又は嘱託の時		納税告知書の発せられた日の翌日から1月を経過する日	登税21・23・24 税通36②・税通令8
消費税	中間申告分	申告納税	前課税期間1年間の消費税額(1年未満の時は1年に換算した額)			
			48万円以下	（申告義務なし）	同左	消税42・48
			48万円超400万円以下	課税期間開始日以後6月を経過した日から2月以内	同左	
			400万円超4800万円以下	課税期間開始日以後3，6，9月を経過した日から2月以内	同左	
			4800万円超	課税期間開始日以後各月末日の翌日より2月以内（第1回目は開始日以後2月を経過した日から2月以内）	同左	
	確定申告分	申告納税	課税期間終了の日から2月を経過する日		同左	消税45・49。個人事業者の場合の最終分は，当分の間，3月31日（租特措86の4）
	引取分	申告納税	保税地域から引き取る時		同左	消税47・50
個別消費税等の酒税・たばこ税	移出分	申告納税	原則として酒類を製造場から移出した日の翌々月の末日（酒税）翌月の末日（たばこ税）		同左	酒税30の2・30の4，たばこ税17・19
	引取分	申告納税	保税地域から引き取る時		同左	酒税30の3・30の5，たばこ税18・20

注意　上表の内容は令和元年7月1日現在である。したがって，これを参考にする際には，同日以降の改正の有無に注意する必要がある。
　　　申告納税方式の国税のうち，期限後申告，修正申告によるもの及び更正の決定がされたものについては本文参照。

230　第4章　破産管財人の手引

○主要な地方税の法定納期限・具体的納期限

令和元年7月1日現在

地方税の種類			確定方式又は徴収方法	法 定 納 期 限		具体的納期限	根 拠 法 条
道府県民税・市町村民税	個人	均等割, 所得割, 普通徴収分	普通徴収	6月, 8月, 10月及び1月中の条例で定める日		同左	地税41・320
		同特別徴収分	特別徴収	6月から5月まで各月の翌月10日		同左	地税41・321の5
	法人	均等割, 法人税割, 中間申告分	申告納付	事業年度又は連結事業年度開始の日以後6月を経過した日から2月を経過する日		同左	地税53・321の8, 法税71・81の19
		同確定申告分	申告納付	事業年度又は連結事業年度終了の日から2月を経過する日		同左	地税53・321の8, 法税74・81の22
事業税	個人		普通徴収	8月及び11月中において条例で定める日。事業廃止のときは, 3月31日又は廃止の時		同左	地税72の51
	法人	中間申告分	申告納付	事業年度開始の日以後6月を経過した日から2月を経過する日		同左	地税72の26
		確定申告分	申告納付	事業年度終了の日から2月を経過する日		同左	地税72の25
固定資産税・都市計画税			普通徴収	4月, 7月, 12月及び2月中において条例で定める日		同左	地税362・702の7
不動産取得税			普通徴収	条例で定める日		同左	地税73の16
自動車税（種別割）			普通徴収	5月中において条例で定める日		同左	地税177の9※
軽自動車税（種別割）			普通徴収	4月中において条例で定める日		同左	地税463の17※
地方消費税	譲渡割, 中間申告分		申告納付	前課税期間1年間の消費税額（1年未満の時は1年に換算した額）			地税72の87・附則9の4, 消税42, 48
				48万円以下	（申告義務なし）	同左	
				48万円超400万円以下	課税期間開始日以後6月を経過した日から2月以内	同左	
				400万円超4800万円以下	課税期間開始日以後3, 6, 9月を経過した日から2月以内	同左	
				4800万円超	課税期間開始日以後各月末日の翌日より2月以内（第1回目は開始日以後2月を経過した日から2月以内）	同左	
	譲渡割, 確定申告分		申告納付	課税期間終了の日から2月を経過する日		同左	地税72の88・附則9の4, 消税45, 49。個人事業者の場合の最終分は, 当分の間, 3月31日（租特措86の4）
	貨物割		申告納付	保税地域から引き取る時		同左	地税72の100, 消税47・50
国民健康保険税（普通徴収分）			普通徴収	条例で定める日		同左	地税705

注意　上表の内容は令和元年7月1日現在である（ただし, ※は令和元年10月1日改正。）。したがって, これを参考にする際には, 同日以降の改正の有無に注意する必要がある。

地方消費税は国が消費税の賦課徴収の例により, 消費税の賦課徴収と併せて行うため（地税附則9条の4）, 消費税につき期限後申告, 修正申告及び更正の決定があった場合は, 地方消費税についても本文を参照すべきである。

第10　破産債権と財団債権　　231

○主要な公課の法定納期限・具体的納期限

令和元年7月1日現在

公課の種類		法　定　納　期　限	具体的納期限	根　拠　法　条
健康保険料		原則として，翌月末日。任意継続被保険者については毎月10日（被保険者が納付義務を負う）。日雇特例被保険者の標準賃金日額にかかる保険料については，使用する日ごと。	同左	健保164①・169②
国民健康保険料		条例・規約による	同左	国保18八・81
厚生年金保険料		翌月末日	同左	厚年83①
厚生年金基金掛金		規約による	同左	平成25年法律第63号附則4・5，同法による改正前の厚年115①十
国民年金保険料		翌月末日	同左	国年91
国民年金基金掛金		規約による	同左	国年120①八
労働保険（労災保険及び雇用保険。有期事業を除く）				
一般保険料				
	概算保険料	当該保険年度（毎年4月1日から翌年3月31日まで）分につき当年7月10日まで，又は保険関係成立の日から50日以内	同左	労徴収15①
	増加概算保険料	増加が見込まれた日から30日以内	同左	労徴収16
	確定保険料	当該保険年度（毎年4月1日から翌年3月31日まで）分につき翌年7月10日まで，又は保険関係消滅の日から50日以内	同左	労徴収19③
第1種ないし第3種特別加入保険料		一般保険料に同じ	同左	労徴収15①・19①③
印紙保険料		賃金支払の都度	同左	労徴収23①

注意　上表の内容は令和元年7月1日現在である。したがって，これを参考にする際には，同日以降の改正の有無に注意する必要がある。

232　第4章　破産管財人の手引

3　労働債権

　労働債権は，その一部が財団債権となり，その余は優先的破産債権となる。

(1)　財団債権となる労働債権

ア　総　論

財団債権となる労働債権は，次の2種類である。

① 破産手続開始前3か月間の使用人の給料の請求権（法149①）

② 破産手続終了前に退職した使用人の退職手当の請求権のうち，退職前3か月間の給料の総額と破産手続開始前3か月間の給料の総額のいずれか多い方の額に相当する金額（法149②）

イ　各　論

(ア)　破産手続開始前3か月間の使用人の給料の請求権（法149①）

　使用人の給料については，破産手続開始前3か月間の請求権が，財団債権となる。

a　「給料」の範囲

　破産者との間に，労働に従事して報酬を受ける関係が実態として認められれば足り，契約書上「委任」や「請負」の形式がとられていても雇用関係を認めることを妨げない。労働の対価として支払われるものであれば名目を問わず給料に該当する。扶養家族手当，残業手当，通勤手当等の各種手当も原則として含まれるが，実費弁償として支払われる出張旅費のようなものは通常除かれる（雇用関係に基づき使用者が負担すべきものであり，優先的破産債権にはなると考えられる。）。賞与も，労働の対価として支払われるものであるから，給料に含まれる。

　解雇予告手当は，労働基準法上定められた特別の給付であり，労働の対価ではないと解されているので，「給料」には含まれない（平成29年民法（債権法）改正後は，解雇予告手当の遅延損害金については，民法404条の法定利率によることに争いがなくなるものと解される。改正前の事案における解雇予告手当については，遅延損害金も年5分の割合によるとするのが通説である。）。したがって，解雇予告手当は，本条の財団債権とはならない（なお，解雇予告手当は，雇用関係に基づき生じた債権には該当するため，

後述する優先的破産債権には含まれる。)。

ただし，解雇予告手当の支払なしになされた即時解雇は，その後30日を経過するまで効力を生じない（最判昭35・3・11民集14・3・403）ので，当該従業員が解雇の効力を争い，解雇が無効と判断される場合には，解雇後30日間の未払給料（又は休業手当）の請求権が生じ，これは，本条の給料に含まれることになり，財団債権となる。

b 算定方法

(a) 開始決定との関係

破産手続開始前3か月の給料とは，その期間内の労務の提供に対応する給料をいう。労働の対価として発生するという給料請求権の性質を考慮すると，月払であっても，労務を提供する度に，給料請求権は日々発生すると解される。給料日が破産手続開始決定後であっても，その日に支払われる給料が，この期間内に提供された労務に対応する分を含んでいれば，その部分は財団債権となる。労務提供時期を問わず合計3か月分が財団債権となるのではないことに注意が必要である。なお，3か月の計算の始期については，初日（破産手続開始決定日）を算入しない（民140）。

労務提供の日から，破産手続開始決定が3か月以内になされなければ，財団債権には含まれないことになるから，未払給料のある案件では，申立代理人は早急に申立てを行い，裁判所はできるだけ早く開始決定を行う必要がある。

(b) 手当の計算

給料とは前記aのとおり基本給だけではなく残業手当等を含む実際の支給額であるので，残業手当，休日出勤手当等の算定を行わなければならず，そのためには，賃金台帳，タイムカード等の資料が不可欠であるので，申立代理人及び管財人は，その確保に留意する必要がある。

(c) 給料の日割計算

実際上，未払給料が多額にのぼる例は珍しいが，給与計算の締日から解雇日までの期間の給料は未払となっていることは多い。給料の日割計算の例については，次の表のとおりである。

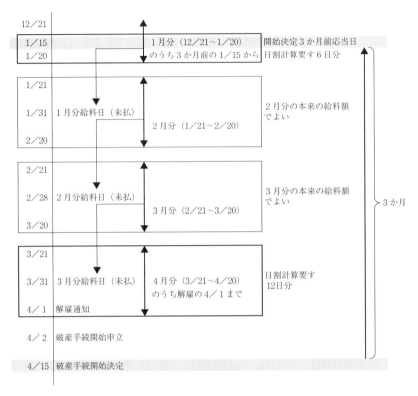

(d) 賞与についての算定

賞与の発生時期については，基本的には，支給日に全額発生すると考えられているので，財団債権となる賞与について，金額と支給日が決まり，請求権として確定していることが大前提となる。

そこで，破産手続開始決定前3か月の間に賞与の支給日が到来し，かつ未払のものが，本条にいう3か月分の給料に含まれ，財団債権となることとなる。賞与支給日が破産手続開始決定前3か月よりも前であった場合には，財団債権とならない。

また，賞与は，「支給日に在籍する従業員に支給する」と就業規則等で規定されていること（いわゆる在籍要件）が多く，在籍要件も法律上有効であると解されているので，その場合は，支給日に在籍していることも要件となる。

なお，会社によっては賞与の支給条件が異なるもの（例えば，支給日の前に退職する場合でも日割計算で賞与を支給するなど）があり得るので，就業規則などにより，支給規定を確認する必要がある。

（イ）　破産手続終了前に退職した使用人の退職手当の請求権のうち，退職前3か月間の給料の総額と破産手続開始前3か月間の給料の総額のいずれか多い方の額に相当する金額（法149②）

法149条2項は，退職手当の一部も財団債権とする旨を定めた。

この規定の対象となるのは，破産手続終了前に退職した者であり，退職が破産手続開始決定の前後のいずれかを問わない。財団債権とされる金額は，退職前3か月間の給料の総額と手続開始前3か月間の給料の総額のいずれか多い額である（期間の計算の方法は給与計算と同様である。本書233頁参照）。

退職前3か月間の給料の総額と破産手続開始前3か月間の給料の総額のいずれか多い方を選択することとされた趣旨は，破産手続開始後に雇用が一時継続される場合，給料が切り下げられることがあり，「退職前3か月間の給料の総額」が，通常勤務時のものより相当に低いことがあり得るので，その救済策として，破産手続開始決定前3か月間の給料の総額という二重の基準を設けて，その多い方としたものである。

ここでいう給料も，法149条1項の給料と同じく，名目を問わず，労働の対価として支払われるものすべてを含み，各種手当及び賞与を原則として含むが，実費弁償として支払われるものは除かれる。なお，このように，賞与を含むと解すると，算定対象期間である3か月間に賞与支給日が存したか否かによって，退職手当のうち財団債権とされる部分の金額が相当に異なることになる。

(2)　優先的破産債権となる労働債権

財団債権に該当しない労働債権は，すべて優先的破産債権となる（法98①，民306二・308）。

(3)　給料・退職手当の債権者への管財人の情報提供努力義務

使用人の給料請求権，退職手当請求権については，債権者側に権利行使に必要な情報（資料）が必ずしも存在せず，権利行使が容易ではない。そ

236 第4章 破産管財人の手引

のため，法86条は，管財人に対し，これら債権者が破産手続に参加するのに必要な情報を提供するよう努力する義務を課した（本書252頁参照）。

同条は，管財人が情報提供すべき相手方について，破産債権である給料又は退職手当の請求権を有する者と定めているが，給料又は退職手当の請求権の全額が財団債権となる者についても，情報は通常共通しており，これを除外する意味も乏しいことから管財人は，情報を提供することが望ましい。なお，労働債権の届出については本書251頁を，労働債権の優先的破産債権の和解許可による弁済については本書253頁を参照（法101条1項による労働債権の弁済許可については後記(4)参照）。

(4) 労働債権の弁済許可

ア 制度趣旨

財団債権である労働債権は随時弁済できるが，優先的破産債権である労働債権は，配当手続によらなければ弁済できないのが原則である。しかし，破産法は，労働者が生活を維持するために早期の支払を必要とする場合には，配当手続によらなくても，裁判所の許可を得て労働債権の弁済を行うことができる弁済許可の制度（法101①。以下「労働債権弁済許可制度」という。）を設けている（本書515頁【資料725】参照）。

イ 要 件

(ア) 優先的破産債権である給料の請求権又は退職手当の請求権に関するものであること

優先的破産債権となるのは雇用関係に基づいて生じた債権であって，解雇予告手当を含むと解されるが（民308），法101条1項は，財団債権となる労働債権について定めた法149条1項と同様に「給料」という文言を用いているから，法101条1項にいう「給料」の意義は，法149条1項の給料の範囲に関する解釈と同様であると解される。したがって，労働の対価として支払われるものであれば，各種手当，賞与等の名目を問わず法101条1項にいう「給料」に該当する（前記(1)イ参照）が，解雇予告手当はこれに含まれない。ただし，後記(オ)のとおり，解雇予告手当についても同項を類推適用して弁済許可を行うことができる。

（イ）　**債権者が当該労働債権について届出をしたこと**

　債権届出がない場合は法101条1項に基づく弁済はできない。したがっ
て，留保型が採用された事案において，その後破産財団が形成され，優先
的破産債権である給料及び退職手当に対して配当を行うことが可能な状態
となり，かつ同項に基づく弁済を行う必要性がある（後記（ウ））と認めら
れる場合は，債権届出期間及び債権調査期日を定めて債権者に届出を促す
か，又は労働債権者に対して管財人が届出書を交付して任意の届出を促す
必要がある（ただ，和解許可による弁済の場合は，届出を要しない。本書
253，298頁参照）。

　なお，債権調査が完了していることは同項の弁済の要件とはされておら
ず，同項が早期の支払によって労働者の生活苦を救済するという目的を有
していることからすると，債権調査の終了を待つ必要はなく，管財人の届
出債権の存否に関する法的判断に基づいて弁済を行って差し支えないと解
される。

　また，一般破産債権者に対する配当が見込まれる場合にも労働債権弁済
許可制度は利用できるが，その場合は，弁済済みの労働債権を債権調査の
対象とする事態を避けるため，労働者に送付する振込依頼書に，債権届出
を取り下げる旨の文言を挿入しておくなどの工夫が必要である。

（ウ）　**債権者が当該優先的破産債権の弁済を受けなければその生活**
の維持を図るのに困難を生ずるおそれがあること

　前記アのとおり，法101条1項は労働者保護のための規定であることから，
本要件が設けられた。

　しかしながら，給料が未払であった場合は，貯蓄等によってその間の生
活費を補わざるを得ない状態にあったと考えられ，また，退職手当が未払
であった場合も，その後の生活設計に影響を与えたものと考えられるし，
解雇された労働者が速やかに再就職して従前どおりの安定した収入を得る
ことは通常困難であると考えられる。そのような事情を考慮すると，労働
者が既に再雇用されて従前以上の収入を得ているとか，従前相当高額の給
与を得ていたために相当額の貯蓄がされていたなどの特段の事情が存在し
ない限り，その労働者は，優先的破産債権である給料等の弁済を受けなけ
ればその生活の維持を図るのに困難を生ずるおそれがあるものと解するこ

238　第4章　破産管財人の手引

とができる。

　このことを前提にすると，弁済許可を申請する際の破産管財人の疎明としては，労働者につき給料等の未払があり，解雇に伴って生活が困窮していることを上申する程度で足り，対象となる労働者が複数となる場合も，個々の労働者の個別事情まで判断する必要はない。

　　　（エ）　その弁済により財団債権又は他の先順位若しくは同順位の優
　　　　　　先的破産債権を有する者の利益を害するおそれがないこと

　法101条1項は，あくまでも配当の前倒しとして弁済を行うことを認めるにとどまり，破産債権及び財団債権相互間の優先順位を変更するものではない。したがって，後記4及び5（本書241頁以下）に記載した優先順位に従って，先順位の債権者の債権を弁済するに足りる財団が形成されていることを確認できない限り，同項による弁済を行ってはならない。

　特に，財団債権又は優先的破産債権となる公租公課は，開始決定後に発生する固定資産税等を含め，優先的破産債権となる労働債権よりもすべてが優先するから，その算定を誤らないよう注意が必要である。

　　　（オ）　解雇予告手当に対する類推適用

　前記（ア）のとおり，解雇予告手当は，「給料」ではない。法101条1項は，労働債権弁済許可制度の対象となる請求権を「優先的破産債権である給料の請求権又は退職手当の請求権」に限定している。

　しかしながら，破産法は，労働者保護の観点から，その一部を財団債権とするとともに，その余の優先的破産債権である労働債権についても，労働債権弁済許可制度によって配当手続によらずに弁済し得ると規定しているから，かかる破産法の趣旨は，労働の対価そのものではないが，雇用関係に基づき生じた債権であり，そのために「雇用関係に基づいて生じた債権」（民308）として優先的破産債権とされる解雇予告手当の場合にも及ぼすべきものである。

　そこで，解雇予告手当についても，法101条1項を類推適用し，労働債権弁済許可制度を利用することができると解する。

　　　（カ）　労働者健康安全機構による立替払がなされた場合

　労働債権については，独立行政法人労働者健康安全機構（以下（5）までに

において「機構」という。）が，その一定割合を立替払することがある。その場合に，労働者がなお有している労働債権及び機構が代位取得した労働債権について労働債権弁済許可制度は利用できるか。

　　　　a　まず，優先的破産債権のうち，機構による立替払の対象とならなかった部分については，機構によって労働債権の相当部分が立替払されているとはいえ，残額について弁済を受けていない以上，特段の事情の無い限り，「弁済を受けなければ生活の維持を図るのに困難を生ずるおそれ」を認めることができるので，労働債権弁済許可制度を利用することができると解する。

　　　　b　次に，機構が立替払によって，代位取得した労働債権については，機構自身について，機構がその労働債権の「弁済を受けなければ生活の維持を図るのに困難を生ずるおそれ」が生じるということは考えられないが，機構が代位取得した優先的破産債権の弁済だけのために，すべての破産債権につき債権調査を実施しなければならないとすると，著しく煩瑣かつ徒労であり，破産手続を遅滞させることにもなる。そこで，かかる場合は，機構の立替払は，所定の審査手続を経ていること，機構が代位取得した優先的破産債権は，本来的には，労働債権弁済許可制度が適用可能であったことにかんがみ，裁判所の許可による和解（法78②）に基づいて弁済することができると解する（本書298頁参照）。

　　ウ　手　続

　法101条1項による弁済の許可は，管財人の申立て又は職権により行われ，労働債権者には申立権がない。ただし，管財人は，労働債権を有する者から弁済許可の申立てをすることを求められた場合には，直ちにその旨を裁判所に報告しなければならず，その申立てをしないこととしたときは，遅滞なく，その事情を裁判所に報告しなければならない（法101②）。

　(5)　労働者健康安全機構による立替払との関係

　　ア　立替払制度の概要

　未払賃金立替払制度は，賃金の支払の確保等に関する法律7条に基づき，企業が倒産し，賃金未払いのまま退職した労働者に対して，国が事業主に代わって未払賃金（賃確2，労基11）の8割を立替払する制度である（注）。企業

倒産時のセーフティネットの一つとして機能している。

　事業主が全額負担する労災保険料を原資とし，機構が実施する。立替払されると，機構がその賃金債権に代位し（民499），事業主や破産管財人等に求償する。

　立替払の対象となる事業主は，労災保険の適用事業の事業主で，かつ，1年以上事業活動を行っていたものであり，対象となる労働者は，破産手続開始等の申立日の6か月前の日から2年の間に退職した者である。したがって，解雇から破産申立てが6か月以上経過している場合には労働者は立替払を受けることができない。

　立替払の対象となる労働債権は，退職日の6か月前から立替払請求日の前日までに支払期日が到来している未払賃金である（定期賃金（労基24②）及び退職手当のみが含まれ，賞与，解雇予告手当は含まれない。）。機構の立替払を受けるにあたっては，未払賃金額等を管財人が証明する必要がある。

　また，法律上の倒産以外に，事実上の倒産の場合に労働基準監督署長に倒産の事実（事業活動停止，再開の見込みなし，賃金支払能力なし）についての認定を受けて受給する方法もある（賃確7，賃確令2①四，賃確規8）。

（注）　それ以外に次に掲げる上限額がある（賃確7，賃確令4）。

退職日における年齢	未払賃金総額の限度額	立替払の上限額
45歳以上	370万円	296万円
30歳以上45歳未満	220万円	176万円
30歳未満	110万円	88万円

イ　立替払制度と立替払後の充当関係

　機構の立替払により，労働債権は機構に移転するが，立替払は前記アのとおり全体の概ね8割にとどまり，残額は元の労働者に残る。他方，労働債権の一部は財団債権，残部は破産債権となるため，移転する労働債権の充当関係の確認が必要となる。

ウ　機構の指定充当

　この点，機構の指定充当により処理されている。これは，機構が立替払

の際に，民法に基づく充当の指定を行っており，その指定に基づいて充当部分を特定し，財団債権と優先的破産債権のいずれに該当するかを識別して，それぞれを合計することにより機構に移転した債権の性質及び額を特定するものである。そして，指定充当の順位は，独立行政法人労働者健康安全機構業務方法書40条に，立替払の充当の順位を，退職手当及び定期賃金（労働基準法24条2項所定の賃金）の順序とし，退職手当又は定期賃金に弁済期が異なるものがあるときは，それぞれ弁済期が到来した順序に従い充当するものとする旨定められていることから，まず退職手当の請求権，次に定期賃金の弁済期の古いものからとなる。

エ　実務上の処理方法

　機構は，前記ウの指定充当を行っており，管財人はこれに従った処理を行う必要がある。ただ，退職手当の請求権の一部について立替払がされた場合には，一つの債権であることから指定充当による処理はできないので，この場合は，代位弁済額は，基礎となる退職手当の請求権に占める財団債権部分と優先的破産債権部分の比率と同一の比率で財団債権と優先的破産債権に按分されて機構に債権が移転したものとして処理する。

4　財団債権相互の優先順位

(1)　法の規定

　法152条1項本文は，財団不足の場合には，財団債権に関する法令上の優先権の存否にかかわらず按分弁済を行うべきことを定め，例外として，財団債権を被担保債権とする担保権の効力を妨げないこと（法152①ただし書），法148条1項1号の「破産債権者の共同の利益のためにする裁判上の費用の請求権」及び同項2号の「破産財団の管理，換価及び配当に関する費用の請求権」（保全管理人の行為により生じた費用及び破産手続開始決定後の租税債権のうち本号に該当するものを含む。）が他の財団債権に優先すること（法152②）を定めている。

(2)　管財人報酬等の例外

　破産財団の管理，換価及び配当に関する費用の請求権の中でも，管財人の報酬は，自明の法理として当然に最も優先される（最判昭45・10・30民集24・

242　第4章　破産管財人の手引

11・1667参照)。この管財人報酬には，管財人が負担した費用も含むと解される。

　また，債権者申立ての場合における申立債権者に対する予納金の補填分，第三者予納の場合の予納者に対する補填分及び債務者会社の特別代理人が選任されたときの代理人報酬相当額の予納金相当額は，手続費用の立替分という性質を有するため，管財人報酬に次ぐ優先性を有すると考えられる。

(3)　財団債権相互の優先順位のまとめ

以上をまとめると，財団債権相互間の優先順位は次のとおりとなる。

財団債権相互の優先順位
①　管財人報酬・管財人立替事務費等
②　債権者申立て又は第三者予納の場合の予納金補填分，債務者会社の特別代理人が選任されたときの代理人報酬相当額の予納金相当額
③　法148条1項1号及び2号（破産債権者の共同の利益のためにする裁判上の費用の請求権並びに破産財団の管理，換価及び配当に関する費用の請求権）のうち，①及び②を除いたもの
④　その他の財団債権

　破産手続開始決定後に賦課期日が到来する固定資産税が③の財団債権となり，優先性を有することや（本書224頁参照），逆に開始決定前に賦課期日が到来するが各具体的納期限が破産手続開始決定後となる固定資産税が④の財団債権になることを失念・誤解しがちであるので，注意を要する。

　④の公租公課は，後記5(2)の優先的破産債権となる公租公課と異なり，相互間に優劣の関係はない。

5　破産債権相互の優先順位

(1)　破産債権相互の優先順位

　破産債権のうち，優先的破産債権（法98）は，他の破産債権に優先し，劣後的破産債権（法99①）は，他の破産債権に後れる。さらに，約定劣後破産債権（法99②）は，劣後的破産債権にも後れる。

第10　破産債権と財団債権　243

(2)　優先的破産債権相互の優先順位

優先的破産債権間の優先順位は，民法，商法その他の法律の定めるところによるとされており（法98②），優先的破産債権相互間にさらに優劣の関係が生じる。具体的には以下のとおりである。

①　第1順位…国税及び地方税（公租）

優先的破産債権の中では，国税，地方税が最も優先する（税徴8，地税14）。国税と地方税の間には優劣はない（先着手主義は破産手続には適用がない（税徴13，地税14の7））。

②　第2順位…国税徴収の例により徴収することができる債権のうち，国税及び地方税以外のもの（公課）

公課の根拠規定となる各法律には，国民年金法98条，厚生年金保険法88条，健康保険法182条のように，いずれも「この法律の規定による先取特権の順位は，国税及び地方税に次ぐものとする。」といった規定が設けられており，国税徴収の例により徴収することができる債権については一様に同様の規定が存する。したがって，これら公課は，国税及び地方税に次いで優先的に支払われるべき地位を有する。

③　第3順位…私債権

第1，第2順位の優先的破産債権は，いずれも公債権であり，これらに含まれない私債権は，それに後れることになる。

私債権である優先的破産債権（代表的なものは財団債権とならない労働債権）相互の関係については，一般先取特権の優先順位に従って，破産配当における優先順位が定まることとなる（民329・306）。

(3)　破産債権相互の優先順位のまとめ

以上をまとめると，破産債権の優先順位は次のとおりとなる。

破産債権相互の優先順位
①　第1順位…優先的破産債権のうちの国税，地方税（公租）
②　第2順位…優先的破産債権のうちの公課
③　第3順位…優先的破産債権のうちの私債権
④　第4順位…一般破産債権

244　第4章　破産管財人の手引

⑤　第5順位…劣後的破産債権
⑥　第6順位…約定劣後破産債権

第11 債権調査

1　大阪地裁における債権調査の運用方針

　大阪地裁では，債権調査期日の指定について原則として留保型を採用し（後記2(1)参照），一般破産債権への配当が確実な場合に限って期日型を採用している。また，債権調査の方法は，一部の大型事件を除いて期日方式を採用している（本書248頁参照）。債権調査は，一般管財手続では，原則として換価終了後に行い，それまでの債権変動の結果や別除権付債権の不足額の確定を全て織りこんだ形で債権認否を行っている（本書248頁参照）。

2　債権調査の実施の時期及び方法

(1)　債権調査期日の指定

ア　期日型と留保型

　裁判所は，破産手続開始決定と同時に，債権調査のための債権届出期間及び債権調査期日（又は債権調査期間）を定めるものとされている（期日型）（法31①一・三）。

　しかし，配当の見込みがない事件について破産債権の届出及び調査を行うことは徒労であることから，破産法は，破産手続開始決定の時点において破産手続廃止のおそれがあると認められる場合（配当の見込みがあることが明らかでない場合）に，債権届出期間並びに債権調査期間及び期日を定めないことができる旨定めている（留保型）（法31②）。そして，留保型を採用した場合，後日破産財団の増殖に伴って配当の見込みがあることが明

らかになった段階（破産手続廃止のおそれがなくなったと認められる段階）で，裁判所が速やかに債権届出期間並びに債権調査期間又は期日を定めなければならない旨規定されている（法31③）。

　イ　留保型採用の基準

　大阪地裁では，以下のような指針に基づいて留保型を運用している。

　①　一般破産債権に対する配当の見込みがないことが明らかな場合

　　　留保型を採用し，債権届出期間及び債権調査期日（期間）を指定しない。

　②　一般破産債権に対する配当の見込みがあるか否か明らかでない場合

　　　換価の結果によっては相当額の財団形成が期待でき，優先的破産債権のみならず一般破産債権にまで配当可能と見込まれる場合であっても，開始決定の段階において，そのような財団形成が確実である事案は少ない。また，相当程度の引継予納金があるような事案であっても，開始決定後に新たな財団債権が判明する等の事情により，配当ができなくなる場合もある。このように，破産手続開始決定の段階で配当の見込みがあるか否かを確定的に予測することは困難であることが多い（上記のような場合でも，破産手続廃止のおそれはあるから，法31条2項の要件を充足する。）。

　　　そのため，大阪地裁では，多くの事件について，当初は留保型を採用し，配当可能な財団が現実に形成されてから，債権届出期間及び債権調査期日を指定する運用を行うこととしている。なお，財団形成によっても配当可能な範囲が優先的破産債権までにとどまり，かつ優先的破産債権に対する和解許可による支払（本書298頁参照）が可能なときは，留保型を維持し期日型に移行しない。

　③　一般破産債権までの配当が確実な場合

　　　期日型を採用し，破産手続開始決定と同時に債権届出期間及び債権調査期日を指定し，債権届出書に証拠書類等の必要書類を添付して届出をさせる（規32④）。

246 第4章 破産管財人の手引

ウ 留保型から期日型への移行

（ア） 移行の時期

a 一般管財手続

　一般管財手続では，管財人は，一般破産債権に対する配当可能な財団が形成された場合，換価終了後に，留保型から期日型に移行するよう裁判所に連絡する。このように，換価終了後に留保型から期日型に移行して債権調査を行うことによって，換価終了までの債権変動の結果や別除権付債権の不足額の確定を織りこんだ債権届出がなされ，債権届出後の債権変動が生じる可能性を低減させることができる（本書285頁参照）。また，換価終了後であるため，一般調査期日終了後直ちに配当手続に入ることができ，点検作業等の合理化が図られるとともに，配当過誤のおそれを減少させることができる。

　なお，例えば，換価業務がある程度進行し，配当可能な財団形成が確実な状況となり，換価業務も不動産売買契約の決済を残すのみとなっていたり，あるいは，配当可能な財団形成が確実な状況であるが，破産債権査定の申立てが予想され，破産債権確定手続に時間を要すると見込まれる等，換価業務と債権調査を並行して行うことが合理的である場合には，裁判所と相談の上，換価終了前であっても，留保型から期日型に移行することもある。

b 個別管財手続

　個別管財手続では，管財人は，裁判所と面談を行いながら事案に応じた事件処理を行うため（本書6頁参照），配当可能な財団形成が確実に見込めるに至った段階で，裁判所と相談の上，事案に応じた適宜な時期に，留保型から期日型に移行する。

（イ） 移行の具体的手順

　管財人は，裁判所に収支計算書を添付して債権届出期間及び債権調査期日を指定するよう連絡し，債権届出期間及び債権調査期日について相談する（付属CD－ROM【資料711】）。移行後のスケジュールは，債権者数等にもよるが，概ね，指定から債権届出期間の終期が1か月後，債権調査期日がさらに1か月後となる。債権調査期日は，既に指定されている債権者集会

期日と同日とすることもあるし，日程の関係でその期日に間に合わない場合は，これとは別の期日を指定し，その期日を次々回の債権者集会期日とすることもある。裁判所が上記期日等を指定した後，管財人は，官報公告費用を財団から裁判所に納付し，破産債権者に対して次の書類を発送する。公租公課庁に対しても，後記②及び③を除き送付する（法32④・③一）。

① 債権届出期間及び債権調査期日の通知（本書500頁【資料712】）

② 破産債権の届出の方法等について（留保型→期日型用）（本書489頁【資料702】）

③ 破産債権届出書（本書492頁【資料703】），労働債権等届出書（本書493頁【資料704】）

④ 管財人作成の「ご連絡」文（留保型→期日型用）（本書499頁【資料710】）

なお，保証協会等が金融機関の債権を委託を受けて保証している場合に，債権全部ではなく，一部についてのみ保証していることがある。この場合，保証協会等が代位弁済をしても，金融機関は，残部について破産債権を有しているので，保証協会等に上記書類を送付するだけでなく，金融機関にも上記書類を送付することを怠らないように注意を要する。

(2) 債権調査の方法

ア 期間方式と期日方式

法は，債権調査の方法として，①期間方式（一般調査期間に管財人作成の認否書並びに届出債権者及び破産者の異議書面によって調査を行う方法（法117・118））と②期日方式（一般調査期日に管財人が認否を行い，届出債権者及び破産者が異議を述べる方法（法121））の2つの方法を定めている。

期間方式は，債権調査期日を開催せずに債権調査を実施できる点で，債権者が多数で債権調査期日の開催場所の確保が困難な事件の場合等には有用である。

他方，期日方式は，期日の延期，続行が可能であることから柔軟に管財業務を遂行することができるという利点がある。例えば，当初は配当が可能であると考えて債権届出期間及び債権調査期日を指定していたが，後に配当が不可能であることが判明したような場合に，債権調査期日を続行又

は延期して次回期日を追って指定とし，債権調査を実施しないまま手続を終結させることにより，無益な労力を節約できる。また，財団債権となる労働債権の部分に関して争いがある等，債権調査期日に債権認否をすることが困難な事案についても，必要に応じて一般調査期日を延期し，次回期日を口頭で言い渡すことにより（法121⑩），争いのある債権について協議して解決することが可能となり，無益な査定申立ての頻発を防止できる。さらに，破産債権の届出をすることが確実であるにもかかわらず，届出が遅延している場合も，一般調査期日を延期することにより届出を完了させることが可能となり，特別調査期日の開催に要する費用や労力を節約できる。

イ　期日方式の採用

　大阪地裁では，期日方式が前記アのとおり種々の利点を有し，弾力的な運用を可能とするものであることから，債権調査の方法としては原則として期日方式を採用し，多数の債権者が全国に分散しているような大規模事件に限って例外的に期間方式を採用することとしている。そこで，以下，本書においては，期日方式を前提として説明を行うが，断りのない限り，「債権調査期日」等は，期間方式における「債権調査期間」等に読み替えることが可能である。

(3)　債権調査の時期

ア　一般管財手続

（ア）　留保型

　一般管財手続では，多くの事件で留保型が採用されており，一般破産債権に対する配当可能な財団が形成された場合，換価終了後に，期日型に移行している（本書246頁参照）。そして，期日型への移行時に指定された一般調査期日にて，債権認否の結果を発表し，一般調査期日を終了させて直ちに配当手続に入る運用を行っている。

　なお，届出債権中に，資料不足等のため債権の存否について疑義があり，一般調査期日後にもなお債権者との調整の余地がある場合は，異議を述べた上で債権者と協議が調った後に異議を撤回する方法のほか，一般調査期日を延期する方法も考えられる。また，やむを得ない事情により一部の債権者について届出が遅延した場合は，特別調査期日を回避するため，一般

調査期日を延期することも考えられる（本書250頁参照）。

　　（イ）　期日型

　換価が終了するまでの間は債権認否の結果を発表せず，一般調査期日を延期する。換価終了段階において，それまでの債権変動の結果や別除権付債権の不足額の確定を全て織りこんだ形で債権認否を行い，一般調査期日を終了させて直ちに配当手続に入る。

　なお，一般調査期日を延期する場合でも，届出債権の内容についての検討それ自体は早い段階から行っておくことが必要である。届出債権のうち，不備があるものは補正を促した上で，債権の存否又は性質に問題があり，異議を述べる見込みとなるものについては，あらかじめ債権者との交渉，調整等を適宜行っておく必要がある。届出債権者と管財人の見解の対立を解消することができる見込みがなく，査定申立てが避けられない場合には，換価終了のある程度前に債権認否を実施することが合理的である。

　　イ　個別管財手続

　　（ア）　留保型

　個別管財手続では，管財人が裁判所と面談を行いながら事案に応じた事件処理を行うため（本書6頁参照），配当可能な財団形成が確実に見込めるに至った段階で，裁判所と管財人が相談の上，事案に応じた適宜な時期に，留保型から期日型に移行する運用としている。債権調査の時期についても，裁判所と管財人が相談の上，期日型への移行時に指定された一般調査期日にて債権認否の結果を発表し，一般調査期日を終了させるか，それとも一般調査期日を延期するかを判断する。

　　（イ）　期日型

　換価業務にある程度長い期間を要する個別管財手続の場合，一律に換価終了まで債権認否の結果を発表せず，一般調査期日を延期すると，届出から認否まで長い時間を要し，かえって届出債権の承継関係や取下げ等が分かりにくくなるという問題が生じる。したがって，原則として，当初指定された一般調査期日において全ての届出債権について債権認否の結果を発表し，一般調査期日を終了させる（本書261頁参照）。法も，期日方式により債権調査を実施する場合，財産状況報告集会と同時に一般調査期日を指

250　第4章　破産管財人の手引

定し，この期日に債権認否の結果を発表して一般調査期日を終了させる運用を前提としていると考えられる。

　この運用によった場合，早期に破産債権が確定し，以後の債権届出は債権者の責めに帰することができない事由がある場合（法112①）のほかは原則として制限されるなど，手続の迅速化が図られる。

　ただし，届出債権中に，資料不足のものや，債権の存否について問題があり，そのままでは認めることができないものがある場合に，債権者との調整を行わずに直ちに異議を述べると，破産債権の査定申立期間が調査期日から1か月の不変期間とされているため（法125②），債権者からの査定申立てがなされ，かえってその答弁等のための管財人の事務負担が増大する可能性がある。そこで，このような事案については債権者との調整が終了するまでの間，全ての債権について認否結果を発表せず，一般調査期日を延期し，債権者との調整が終了したか，あるいは調整が不可能であることが判明した段階で，債権認否の結果を発表して一般調査期日を終了させることも可能である。また，やむを得ない事情により一部の債権者について届出が遅延している場合には，特別調査期日を回避するために一般調査期日を延期することも考えられる。

　なお，配当見込みがないことが明らかになった場合は，一般調査期日を延期し，次回期日を追って指定とし，債権調査を実施しないまま異時廃止とすることが考えられる。

3　債権届出の方式

(1)　通常の破産債権の届出

　ア　届出書に記載すべき事項（法111，規32①～③）（本書492頁【資料703】破産債権届出書参照）

記載事項
①　破産債権の額及び原因
②　優先又は劣後的破産債権（約定劣後破産債権）であるときはその旨

③ 別除権付債権については別除権の目的である財産と予定不足額
④ 配当額が1000円未満となる場合に配当受領意思があるときはその旨
⑤ 破産債権者及び代理人の氏名又は名称，住所，郵便番号，電話番号，FAX番号
⑥ 通知場所（日本国内に限る。）
⑦ 届出債権が有名義債権であるときはその旨
⑧ 届出債権について係属中の訴訟の裁判所，事件の表示

　なお，大阪地裁では，少額配当の受領意思の届出がない者について配当をしない制度を利用すると，配当表を二度作成する必要が生じたり，転記の際に過誤を生じるおそれがあることから，配当の際の振込費用を財団が負担する扱いとした上，配当額が1000円未満の場合も配当を行う運用としている（本書313頁参照）。このため，債権届出書式には「配当額が1000円未満の場合も配当金を受領します」との文言が定型的に記入されている。ただし，債権者によっては，管財人が送付した定型書式を使用せず，独自の書式を使用し，上記の定型文言が記入されていない場合があるので注意が必要である（本書265頁参照）。

　　イ　添付書面（規32④・12，民訴規15・18）

添付書面
① 破産債権に関する証拠書類の写し
② 有名義債権についての届出の場合は執行力ある債務名義の写し又は判決書写し
③ 代理権を証する書面
④ 法人についての資格証明書

　大阪地裁では，資格証明書は原本の提出を必要とする運用である。原本還付を求められていても応じる必要はない。

　(2)　労働債権の届出
　労働債権については，給料・退職手当の一部が財団債権であり，その余が優先的破産債権とされているため（本書232頁参照），厳密にいえば，届

252　第4章　破産管財人の手引

出を要するのは優先的破産債権の部分であるが，従業員にそのような区別
をした計算を求めることは実際的にみて不可能である。そもそも，労働債
権の総額を知るための資料を従業員が入手すること自体が困難であるた
め，管財人には，従業員に対する労働債権についての情報提供が要請され
ている（法86）（本書235頁参照）。

　このため，労働債権の届出を求めるについては，次の点に留意すること
が必要である。

　ア　労働債権の算定資料の確保

　労働債権の額を把握するために必要な資料は，賃金台帳，タイムカード，
退職金規程などであり，管財人は，破産手続開始決定後速やかにこれらの
資料を確保すべきである。最近は，データ管理がされていることが多いの
で，そのデータの確保も必要である。給与計算の業務に携わっていた従業
員の協力を有償で求めて，労働債権の額の計算をしてもらい，労働者健康
安全機構への立替払請求書の作成の援助を受けることも考えられる。もっ
とも，これらの点は，申立代理人が申立てに先立って確保・手配し，管財
人に引き継ぐことが望ましい（本書22，27，102頁参照）。

　イ　従業員専用の債権届出書による届出

　従業員が財団債権部分と優先的破産債権部分を区別して届け出ることは
実際上不可能であることから，大阪地裁では，労働債権については特別の
債権届出書（本書493頁【資料704】）を使用することとしている。この債権
届出書では，財団債権部分と優先的破産債権部分を区別することなく，労
働債権の全額を記載して届け出ることを求め，管財人において財団債権と
認める部分については財団債権であることを理由に異議を述べる。その場
合の異議通知書には，異議の部分の支払がなされないとの誤解がされない
ように配慮した記載（本書283，506頁【資料717】参照）をする必要がある。

　なお，労働債権の額に争いがある等，後記の和解許可による労働債権の
弁済という方式が採用できない場合には，この方式によることが不可避で
ある。

ウ　和解許可による労働債権の弁済

（ア）　管財人が労働債権の算定資料を確保し，労働債権の額を把握でき，労働債権に該当するか否かや，労働債権の額について争いがないと見込まれる場合には，大阪地裁では，従業員からの債権届出を留保してもらい，債権調査，配当手続によらずに，以下のような和解許可による労働債権の弁済の方式を認めている（本書298頁参照）。

（イ）　期日型で和解許可の方法により労働債権を弁済する場合，管財人は，破産手続開始通知を発送する際，債権届出の用紙を同封しない（本書282頁参照）。管財人は，従業員に対して，管財人から労働債権の額を通知するのでそれまで届出を留保してほしい旨の「ご連絡」（本書498頁【資料709】の「ご連絡」の1の部分に代えて「当職において，破産申立ての記録その他の入手できた資料により，労働債権の金額の算定作業を行っており，近く，労働債権の金額をお知らせする文書をお送りし，それについて承諾をいただくことができるかどうかの回答をしていただく予定です。もし，その算定が難しい場合には，その旨をお知らせする文書をお送りするとともに，労働債権の届出書の用紙をお送りします。したがって，上記のいずれかの文書をお送りしますので，その送付を受けるまでの間は，裁判所ないし当職に対して，書面を提出していただく必要はありません。」と記載したもの）を送る。

　その後，管財人から従業員に労働債権の額の通知を行う。従業員からその通知の金額を承諾する旨の回答を得ることにより，和解契約が成立し，裁判所から和解契約の許可を得て，弁済を実施することになる。この通知書には，管財人が認めることのできる労働債権の種類ごとの金額と支払うべき合計金額の了解を得られれば，その合計金額を支払うことができること，添付した回答書に振込口座を記入して管財人宛に送付してほしいことを記載する。同封する回答書は，通知書に記載された金額の支払によって労働債権の全部の支払を受けたものであることを承諾する旨の文言をあらかじめ記載したものとする。

　回答書がそろった段階で，和解契約の許可申請をする。許可申請書には，裁判所に労働債権の額について相手方の合意が得られたこと，当該労働債

254　第4章　破産管財人の手引

権の弁済をしても他の財団債権・優先的破産債権の弁済に支障がないこと
を記載する。

　　　（ウ）　留保型から期日型に移行したが，労働債権の額や労働債権に
該当するか否かについて争いがないことから，和解許可の方法により労働
債権を弁済する場合，管財人は，従業員に対して，債権届出期間及び債権
調査期日の通知（本書500頁【資料712】）とともに，管財人から労働債権の
額を通知するのでそれまで届出を留保してほしい旨の「ご連絡」（本書499
頁【資料710】の「ご連絡」の1から4までの部分に代えて，前記（イ）同様の
記載をしたもの）を送る。債権届出の用紙を同封しないこと及びその後の
手続は，前記（イ）同様である。

　なお，「ご連絡」の発送に代えて，速やかに，和解許可による弁済につい
て通知してもよい。

　(3)　公租公課の届出

　破産債権となる租税債権については，交付要求する相手方となるべき執
行機関が裁判所とされている（税徴82①）。したがって，公租公課庁は，納期
限に従って財団債権部分と破産債権部分を区分し，財団債権部分について
は管財人に交付要求を行い，破産債権部分については破産裁判所に交付要
求を行うことで破産債権の届出をすることとなる。ただし，公租公課庁に
よっては，破産債権部分についての交付要求についても管財人に送付され
ることがある。この場合，債権届出書が管財人に直送された場合と同様の
処理（本書258頁）を行えば足りる。

　なお，公租公課については，破産債権となる部分が破産手続開始決定後
に発生する場合もあって，前述した届出期間の制限は受けず，遅滞なく届
け出なくてはならないとされているにとどまる（法114）から，理論上は配
当表の確定に至るまでの間は届出をなし得ることになる（本書221頁参照）。
しかし，公租公課の届出（交付要求）が遅れると，配当の見通しを誤るこ
とになる。したがって，管財人は，申立書添付の被課税公租公課チェック
表や破産手続開始決定後に転送される納付書を参照するなどして，知れた
る公租公課庁からの交付要求が遅れている場合には，速やかに交付要求を
するよう督促するなど，注意して管理を行う必要がある。

4 債権届出の時期

(1) 届出期間内の債権届出

債権届出は債権届出期間内に行わなければならない（法111①）。もっとも，届出期間経過後であっても一般調査期日終了前の債権届出については，一般調査期日において調査する運用を行っている。しかし，一般調査期日終了後の届出は，後記(3)の要件を満たす場合以外は原則として許されない。

(2) 届出期間経過後一般調査期日終了前の債権届出

届出期間経過後の届出であっても，一般調査期日の終了前に届出がなされた場合は，一般調査期日において債権調査を行うことが可能であり，特別調査期日等は要しない（法119①ただし書・122①ただし書）。

すなわち，期日方式における債権調査においては，管財人及び破産債権者の異議がない場合は当該一般調査期日において届出の遅れた債権の認否を行うことができる（なお，期間方式による債権調査の場合は，管財人が提出する認否予定書に当該債権についての認否を記載していれば，一般調査期間に他の債権とともに調査を行うことができ，特別調査期間又は期日の指定等を要しない。）。一般調査期日の直前に届出がなされ，当該届出債権の調査に時間を要する場合は，全部の債権についての調査を延期して，続行期日で債権調査を行うことも考えられる（本書267頁参照）。なお，いわゆる虫食い認否を行わないことにつき，本書268頁参照。

(3) 一般調査期日終了後の債権届出・届出事項の変更 （法112）

ア 一般調査期日終了までに発生した破産債権の届出

一般調査期日終了までに発生していた破産債権であっても，責めに帰することのできない事由によって一般調査期日の終了までに破産債権の届出をすることができなかった場合は，その事由が消滅した後1か月の不変期間の間に限って，その届出をすることができる。

債権者が破産手続開始決定の個別通知を受けていないなど，破産手続開始を知り得る状況になかったと思われる場合には，責めに帰することができない事情があると判断されやすい。

256 第4章 破産管財人の手引

イ 一般調査期日終了後に発生した破産債権の届出

権利発生後1か月の不変期間内に限って届出が許される。

ウ 一般調査期日終了後の届出事項の変更

一般調査期日の終了後に，届出事項について他の破産債権者の利益を害すべき変更を加えようとする場合は，責めに帰することのできない事由による変更である場合で，その事由が生じて1か月の不変期間内に限り，届出事項の変更を行うことができる。

エ 債権届出・変更届の取扱い

以上の要件を満たす届出については，特別調査期日における債権調査が可能である（後記5(2)参照）。要件を満たさない届出については，裁判所が届出を却下する。

5 一般調査期日と特別調査期日

(1) 一般調査期日における調査

債権届出期間内に届出のあった破産債権に加え，債権届出期間経過後一般調査期日終了前に届け出られた破産債権についても，通常，一般調査期日において認否を行う（法121①⑦）。

(2) 特別調査期日における調査

一般調査期日終了後の債権届出等が法112条所定の追完の要件を満たすと認められる場合（本書255頁参照），又は，債権届出期間経過後一般調査期日終了前になされた債権届出で一般調査期日における調査の実施が不相当な場合（本書255頁参照），裁判所は，当該債権者に官報公告費用及び通知費用を予納させて特別調査期日を開催する（法119①②・122①②）。裁判所の定めた費用の予納がない場合，届出は却下される（法120）。

届出の時期	債権届出期間内	一般調査期日終了まで	一般調査期日終了後
一般調査期日における調査	必要	可（通常実施）	－

特別調査期日に おける調査	―	上記によらない 場合実施	法112条の要件 を満たせば実施

6 債権調査の準備と結果発表

(1) 一般管財手続（換価終了時に結果発表する場合）

ア 債権調査と破産債権者表（認否予定書）提出の時期

前述のとおり，一般管財手続の場合，債権調査は原則として換価終了時に一般破産債権にまで配当可能な事案に限って実施している（本書248頁参照）。

債権調査を実施する場合，換価終了後に実施される債権者集会の少なくとも1週間前には，裁判所に認否結果を記載した破産債権者表（認否予定書）を提出する必要がある。これは，書記官が事前に認否内容等を点検して，誤りがないことを確認するためである。ただし，債権者の数等によっては，具体的な期間について書記官との調整を要する。

なお，一般管財手続では，債権調査を換価終了後配当直前に実施するため，基本的に債権調査終了後の債権変動が発生しない。このため，配当表を兼ねた形式の破産債権者表（本書501頁【資料713】）を使用することで，配当表作成の手数を省くことが可能である。

イ 債権調査の具体的手順

大阪地裁における債権調査の方法で特徴的なことは，管財人が作成する認否予定書（規42）が，書記官が作成する破産債権者表と同一の書式（本書501頁【資料713】）となっているため，書記官の点検後，認否予定書を破産債権者表としてそのまま使用することが可能な点である。管財人が債権認否をしようとすれば，届出債権を整理して内容を吟味し，認否予定書を作成する必要があるが，その作業内容は書記官による破産債権者表の作成作業のそれとほぼ重複する。破産債権者表と認否予定書を書記官と管財人が別々に作成することは，転記ミスや破産債権者表の記載内容についての認識の離齬等の原因ともなるから，大阪地裁の方式は重複する作業の合理化と過誤防止の両面についてメリットを有する。

258　第4章　破産管財人の手引

（ア）　債権届出書の受領と整理

　管財人は，債権届出期間の終期の2業務日以降に裁判所で債権届出書と添付書面，製本用の表紙等を受け取り，管財人事務所に持ち帰って整理し，債権届出書の受付番号欄にナンバリングの上，製本する。なお，ナンバリングの方法は，本書262頁を参照。

　債権届出書は，提出された添付書面（資格証明書及び証拠書類等）と一体として綴り，その後に届出債権の名義変更届や取下書や追完証拠書類が提出された場合も，基礎となる債権届出書と同じ場所に一体として綴る（以下「債権届出書原本綴り」という。）。

　債権者が裁判所に提出する書類及びその通数は，次のとおりである。

債 権 届 出	債権届出書　1通 証拠書類　　1組 資格証明書　原本1通
届 出 の 変 更	変更届出書　1通 証拠書類　　1組
届 出 の 取 下 げ	取下書　　　1通
承 　 継 　 届	承継届出書　1通（旧債権者と新債権者とが連名で届け出る場合。旧債権者と新債権者それぞれが届け出る場合は2通） 資格証明書　原本1通（新債権者分）

注1　債権届出書が管財人事務所に直送されてしまった場合には，裁判所に直ちに持参して受付印の押印を受ける。
注2　届出期間経過後の取下書や変更届出書，承継届出書は，管財人事務所に直送することになっている。管財人事務所到達時に管財人の受付印を押印する。

（イ）　債権届出書の保管

　債権届出書は，破産手続の進行中，必要に応じて原本を管財人事務所で保管する。債権届出書原本綴りを裁判所に持参する時期と要領は，次のとおりである。

a　債権届出期間経過後

　裁判所で債権届出書原本綴りを受領した上，管財人事務所に持ち帰って整理し，そのまま保管する。

b　債権調査期日の1週間前

　換価が終了し債権調査を実施する場合，破産債権者表（債権調査の結果も記載したもの（本書501頁【資料713】））及び異議を述べるときは異議通知書のドラフトを提出するとともに，債権届出書原本綴りを裁判所に返還する。債権調査終了まで裁判所が債権届出書原本綴りを保管する。書記官による点検時の問合せや債権者の連絡先，異議を述べる場合の対応等に備えるため，主要部分のコピーをとっておくと便利である。

　期日型であったが異時廃止となる見込みの場合は，異時廃止集会前まで管財人が保管する。

c　債権調査期日

　債権調査終了後，必要があれば，書記官に事前連絡の上，債権届出書原本綴りの貸出しを受け，配当表提出まで管財人が保管する。

d　配当表提出時

　債権調査後に裁判所から債権届出書原本綴りが管財人に貸し出された場合には，配当表提出と同時にこれを裁判所に返還する。

　債権調査期日後に承継等の新たな債権変動が生じた場合，書記官は，変動の内容を，裁判所に提出された破産債権者表備考欄に記載することになる。そのため，管財人は，書記官に，変動があったこと及びその内容を報告する必要があるが，一般管財手続では，破産債権者表と配当表とを兼ねた一体型の書式が用いられていることから，配当表提出時に，変動内容を配当表の備考欄に記載して，該当箇所に付箋を貼り，当該変動に係る債権届出書と共に提出することで足りる。

e　任務終了集会又は廃止集会

　配当表提出後に裁判所から債権届出書原本綴りが管財人に貸し出された場合には，配当実施後任務終了集会前に，裁判所に債権届出書原本綴りを返還する。

　なお，諸般の事情により異時廃止見込みとなった場合には，廃止集会期日までに，裁判所に債権届出書原本綴りを返還する。

260　　第4章　破産管財人の手引

（ウ）　債権調査の準備・破産債権者表の作成

　期日型であっても，配当の見込みがないことが判明した場合にまで債権調査の準備に着手する必要はない。他方，一般破産債権に対する配当の見込みが確実な場合は，換価終了時期を見据えつつ，換価終了後に予定されている債権調査期日に間に合うよう，債権調査の準備を開始する。

　債権者から提出された証拠書類，手持ち資料及び破産者やその関係者からの事情聴取に基づいて，内容を確認し，本書262頁以下を参照の上，破産債権者表（本書501頁【資料713】）を作成する。

　証拠書類が不備等の理由で，そのままでは異議を出さざるを得ない債権者のうち，追完が可能と考えられる者に対しては，電話又はFAXで期限を切って証拠書類の追完を催告し，提出がない場合は異議を述べる旨予告する。また，追完の可能性がない債権者に対しては，変更届や取下書の提出を促す。査定申立ての濫発を回避するため，暫定的異議は避け，可能な限り，債権者による補正若しくは追完，又は自主的な取下げを促す（本書267頁参照）。また，知れたる未届出債権者がいる場合，届出意思の確認を検討する。

　遅くとも債権調査期日の1週間前までに，破産債権者表を債権届出書原本綴り，異議を述べるときは異議通知書のドラフトとともに裁判所に提出する。

（エ）　債権調査の結果発表

　債権調査期日において，事前に提出した破産債権者表に基づき，債権調査の結果を発表する。債権者が出席していなければ，事前に提出した破産債権者表のとおりである旨発表すれば足り，認否を読み上げる必要はない。債権者が出席した場合も，出席債権者から届出債権に対する具体的な認否を明らかにするよう求められたときに限り，該当する届出債権に対する認否を伝えれば足りる。異議の理由を聞かれたときは，その場で簡単に答えるか，期日終了後に説明を行う。破産債権者は閲覧が可能である（法11）ので，破産債権者表を交付する必要はない。

　債権調査の結果発表後，いったん認めた債権の認否の変更はできない。他方，異議を述べた債権について，異議を事後に撤回し，届出債権の一部又は全部を認める認否に変更することは可能である（本書287，290頁参照）。

管財人は，債権調査期日終了後，異議通知書を債権者に発送する。この場合，不着等のトラブルに備えて異議通知書と封筒（宛名ラベル）の写しを取る等しておくとよい。

(2)　個別管財手続（当初指定した一般調査期日に結果発表する場合）

ア　債権調査と破産債権者表（認否予定書）提出の時期

個別管財手続で債権調査を実施する場合，当初指定された一般調査期日において全ての届出債権について債権認否の結果を発表し，一般調査期日を終了させるのが原則である（本書249頁参照）。

また，破産債権者表の提出時期については，書記官による点検の時間を確保するため，債権調査期日を調整する際に書記官と相談しておく。

ただし，一般調査期日が指定されていても，配当可能性がないことが明らかとなった場合には，債権調査期日を延期してもよい。

イ　債権調査の具体的手順

（ア）　債権届出書の受領と整理

この点については一般管財手続について述べたところと同じである（本書258頁参照）。

（イ）　債権届出書の保管

債権届出書原本綴りの授受については，一般管財手続とほぼ同様であるが（本書258頁参照），債権調査実施までに換価が終了していない場合には，債権調査実施後換価終了までに債権変動が生じる可能性があることから，次のような相違点がある。

a　債権調査期日終了後

必要に応じて，債権届出書原本綴りが管財人に貸し出されるので，遅くとも①配当事案については後記bの換価終了後の点検の時まで，②廃止事案については廃止集会の時までに裁判所に返還する。

b　換価終了時

配当事案については，配当表提出の段階において，債権届出書原本綴りを，債権調査終了後の変動内容を備考欄に記載した書記官確認用の破産債権者表及び異議を撤回した場合は異議撤回報告書（本書507頁【資料718】）の写しとともに裁判所に提出する。書記官の確認が終わったら，一般管財

262　第4章　破産管財人の手引

手続と同様，必要に応じて債権届出書原本綴りが管財人に貸し出される。

　　　（ウ）　債権調査の準備，破産債権者表の作成及び債権調査の結果発
　　　　　表

　一般管財手続と同様である（本書260頁参照）。ただし，書式については
後記(3)のとおりである。

　なお，債権調査の結果発表については，大阪地裁では，債権者集会室の
前に破産債権者表を備え付けて，出席した債権者があらかじめ閲覧する方
法をとっているので，破産債権者表のとおりである旨を管財人が発表する
のにとどめている（本書118頁参照）。

（3）　破産債権者表（認否予定書）作成の注意事項

　破産債権者表の記載例は，一般管財手続については本書501頁【資料713】，
個別管財手続については本書504頁【資料714】記載のとおりである。両者
の書式の相違点は，債権認否を実施する時期の違いによって，債権調査実
施後に債権変動が生じるか否かにより生じたものである。個別管財手続で
も，裁判所と相談の上，配当表を兼ねた形式の破産債権者表（本書501頁【資
料713】）を使用しても差し支えない。

　　ア　共通の注意事項

　　　（ア）　破産債権者表の構成

　優先的破産債権の部と一般破産債権の部とは別ページにして作成する。

　なお，劣後的破産債権は，附帯請求や延滞税・延滞金であることが大多
数であるので，主たる請求や本税と枝番（後記(イ)参照）で分けて記載す
れば足りる。

　　　（イ）　届出番号の付け方

　届出債権は，債権者ごとに1つの届出番号（親番号）を付して整理する。
同一債権者が複数の債権を届出している場合には，「1—1」のように，親番
号に枝番号を付して整理する。

　届出債権は優先的破産債権と一般破産債権に分けて整理した上，それぞ
れの届出番号の順に整理して破産債権者表にまとめる。例えば，債権者数
が100人以下の事件の場合，優先的破産債権には101番以降の親番号を付し
て整理すると分かりやすい。

第11　債権調査　　263

（ウ）　債権の性質欄の記載方法

　届出破産債権欄及び債権調査の結果欄のうち，それぞれの債権の性質欄には，債権の性質を明らかにするとともに，配当の際の過誤を防止する目的で，次の符号を用いて記載する。

債権の性質欄の符号
A…優先的破産債権 　　優先的破産債権については，優先的破産債権相互間でさらに3段階の優先劣後の関係が存在するため（本書243頁参照），次のとおり必ず枝番をつけて表示する。 　　A－a…国税及び地方税の優先的破産債権部分 　　A－b…社会保険料などの公課の優先的破産債権部分 　　A－c…労働債権の優先的破産債権部分及び自然人破産の場合の上水道・電気・ガス使用料債権等の私債権のうち優先的破産債権となるもの（ただし，自然人破産の場合の私債権のうち優先的破産債権となるものは，同一符号で記載するが，民法306条各号の順に優先する（法98②，民329①・306）ので注意を要する。）
B…一般破産債権
C…劣後的破産債権
D…約定劣後破産債権
別A・別B・別C・別D…別除権付債権 　　別除権付債権（根抵当権を除く。）は，不足額が確定しない限り配当に参加できないため，配当時の過誤を防止する目的で，優先・一般・劣後・約定劣後の各性質を表すアルファベットの前に「別」を付けて，別除権付債権であることを表示する。また，原債権が別除権付である場合の求償権は，法律上の別除権ではないが，配当において不足責任主義の拘束を受けるとすることから，配当過誤を防ぐための符号として「別」の記号を付す。

264　第4章　破産管財人の手引

> 別根Ａ・別根Ｂ・別根Ｃ・別根Ｄ…別除権（根抵当権）付債権
>
> 　　別除権付債権でも，担保権が根抵当権であるものについては，不足額が確定していない状態であっても，極度額を超えた債権額について配当に加わることができる。したがって，根抵当権付債権については，配当表作成の段階で，不足額確定の有無及び極度額超過の有無を確認する必要があるため，注意喚起の趣旨でアルファベットの前に「別根」を付けて，根抵当権の別除権付債権であることを表示する。
>
> 停Ａ・停Ｂ・停Ｃ・停Ｄ…停止条件付債権及び将来の請求権
>
> 　　停止条件付債権及び将来の請求権は，最後配当の除斥期間の満了前に条件が成就又は現実化しない限り配当に参加できないため，配当時の過誤を防止する目的で，優先・一般・劣後・約定劣後の各性質を表すアルファベットの前に「停」を付けて，停止条件付債権又は将来の請求権であることを表示する。

　　（エ）　届出破産債権欄

　届出債権欄には，債権者名，債権者の住所（会社の場合本店所在地），債権の種類，金額，性質について債権届出書に記載された内容を転記する。

　　債権届出書の記載とその別紙や添付資料，資格証明書の記載が異なる場合，明らかな誤記であると認められるときには，補正までは求めず，合理的意思解釈として届出債権欄に記載すれば足る。すなわち，商号や住所については資格証明書の商号・本店所在地を記載し，債権の種類については債権者が届け出ようとしたと考えられる債権の種類を記載すればよい。ただし，異議を述べる場合，債権者は，査定手続等において，破産債権者表に記載された事項以外は主張することができないことから（法128），債権の種類について合理的意思解釈を行うことはせず，債権届出書に記載された債権の種類を忠実に転記する。

　　届出に優先・劣後の別が記載されていない場合，一般破産債権の届出があったものとして取り扱う。

　　（オ）　債権調査の結果欄

　債権調査の結果欄には，管財人の認定内容を記載する。届出は優先的破

産債権「Ａ」としてなされているが，優先性がなく一般破産債権「Ｂ」にすぎない場合は，債権届出の一部を否認するのであるから，債権の性質についての異議として後述の異議通知を送付する必要がある。

全額異議を述べる場合，確定債権額欄には「0」と記載し，債権の性質欄は空欄とする。

公租公課は債権調査の対象とならないので，届出破産債権者欄には届け出られた債権を記載するが，債権調査の結果欄はいずれも空欄とする。

（カ）　予定不足額欄

別除権付債権については，債権調査の結果欄の予定不足額欄に予定不足額の認否を記載する必要がある。もっとも，破産手続では，通常，債権者集会における決議（法138）は予定されていないため，議決権算出の基礎となるに過ぎない予定不足額の認否を厳密に行う必要はない（本書273頁参照）。

（キ）　備考欄

破産債権者表の備考欄は，債権調査実施後の債権変動の事実について記載するための欄であり，異議の理由等を備忘的に記載するための一般的な備考欄とは異なるため，債権調査の段階では空欄のままにしておく必要がある。ただし，届出債権が有名義債権（執行力ある債務名義又は終局判決のある債権）の場合には「有名義」と備考欄に記載する（規37二）。また，異議を述べる場合も，備考欄に「異議通知済」と記載する。

（ク）　少額配当の受領意思の届出の確認

債権届出に際しては少額配当の受領意思の届出を行うべきこととされており（法111①四・113②），受領意思の届出がないと，配当の際に配当表を二度作成する必要が生じることがある（本書313頁参照）。そこで，受領意思がある旨が不動文字で記入された大阪地裁の定型書式（本書492頁【資料703】，本書493頁【資料704】，本書495頁【資料706】）が使用されているかどうかに注意し，定型書式を用いず，受領意思文言の記載がない場合には，債権者に少額配当の受領意思を届け出るよう連絡する必要がある。

（ケ）　債権調査実施前の債権変動への対応

債権調査の結果発表前に届出債権について変動が生じた場合は，債権調

266　第4章　破産管財人の手引

査の結果発表時を基準として，それまでに変動があった債権については変動後の内容に基づき記載及び認否をする（本書501頁【資料713】参照）。

　例えば，債権調査の結果発表前に届出債権の取下げがあった場合は，その債権を削除し，届出番号は欠番として扱う。届出番号を繰り上げる必要はない。また，「欠番」と記載する必要もない。金額的な一部取下げの場合は，届出債権欄に取下げ後の金額のみを記載すれば足りる。また，代位弁済等による債権の承継が債権調査前に発生し，承継届が提出された場合には，承継後の新債権者を旧債権者の届出番号欄に記載すればよい。ただし，保証人が将来の求償権での届出を行っており，承継届の提出によらず原債権者が債権届を取り下げた場合には，原債権者の債権届を欠番とし，代位弁済を行った保証人の届出債権の種類を求償権として記載する。

　リース物件の引揚げ・換価等により，債権調査前に別除権付債権の不足額が確定したような場合には，債権の性質欄を最初から「別B」ではなく「B」として記載し，確定不足額のみを確定債権額欄に記載すれば足りる。

　なお，債権調査実施後の債権変動への対応は，本書285頁参照。

　　　（コ）　日付等

　破産債権者表の日付は，債権調査期日とする。また，破産債権者表に管財人の押印は不要である。

　　イ　一般管財手続の場合の留意点（本書501頁【資料713】）

　債権調査を配当直前に行う場合，それまでに生じた債権変動等は全て織り込んで認否をすることになるから，注意する。また，直後に配当を行うのであるから，後記ウ（イ）の暫定的異議を出すことは通常は考えられず，あらかじめ債権者と認否内容について十分協議し，了解を得ておく必要がある。

　　ウ　個別管財手続の場合の留意点（本書504頁【資料714】）

　　　（ア）　備考欄の手入れ

　管財人は，債権変動が発生する都度，備考欄に変更事項を逐次追記し（いわゆる「手入れ」），配当表提出時に手入れを行った書記官確認用の破産債権者表を裁判所に提出する。そして，債権調査時の破産債権者表の備考欄に，書記官が変動内容を追記する。

（イ）　暫定的異議は原則的に行わない

　証拠書類が不備な債権者について暫定的に異議を述べたり，債権の存否について心証がとれない場合に暫定的に異議を述べ，後に撤回するという運用を行うと，法125条2項により，異議を述べられた債権者から，査定申立てがなされ，その答弁に要する事務負担等がかえって増加することが考えられる。

　そのため，暫定的異議は原則的に行わない運用としており，証拠不十分等の場合には，期間を区切って債権者に証拠提出を督促し，期間内に提出がなければ異議を述べる旨通告するなどして，十分な調査を尽くした上で認否を行うことが必要である。

　また，当初指定された債権調査期日に認否を行うとするとこのような交渉や調査を尽くすための時間が不足するという場合には，換価期間との関係にもよるが，それによって破産手続全体を遅滞させない限度で債権調査期日を延期して差し支えない。

(4)　異議通知

　管財人が届出債権の内容又は性質の全部又は一部を認めず，債権調査期日において異議を述べる場合には，管財人は，当該債権者に対して異議通知書（本書505～506頁【資料715～717】）を送付しなければならない（規43④）。

　規則43条4項本文及びただし書は，異議を通知すべき場合を債権調査期日に債権者が不出頭の場合に限っており，当該債権者が異議について知っていることが明らかである場合は異議を通知する必要はないとしている。しかし，異議通知書は破産債権者表作成の際に併せて作成しておくのが便利であり，当該異議対象債権者が債権調査期日に出席したか否かを点検することはかえって煩雑であるから，後日の紛争を防止するためにも，異議対象債権者には一律に送付することが望ましい。ただし，破産手続開始決定後の遅延損害金などの額未定の劣後的破産債権については，債権届出用紙とともに送付する管財人の連絡文（本書497頁【資料708】，本書499頁【資料710】）において異議を述べることを予告していることから，債権者は異議について知っていることが明らかであるので異議通知書を送付する必要はない。

268　第4章　破産管財人の手引

　異議通知書には，無用な査定申立てを防止するためにも，簡潔に異議の
理由を記載する。特に，労働債権の届出に対して，財団債権であることを
理由に一部異議を述べる場合は，より有利な性質の債権として認定したた
めの異議であることが分かるよう，本書506頁【資料717】のような記載方
法で理由を記載するとよい。また，債権者からの問い合わせに備えて，「異
議理由の詳細については管財人にお問い合わせください。」等の記載をす
る。
　異議通知書は裁判所の封筒ではなく管財人の封筒で送付する。

7　債権認否

(1)　総　論

　管財人は，①破産債権の額，②優先的破産債権であること，③劣後的破
産債権又は約定劣後破産債権であること，④別除権付債権の場合には，別
除権の行使によって弁済を受けることができないと見込まれる債権の額
（予定不足額）についての認否をしなければならない（法121①・117①）。し
たがって，管財人は，上記①から④までの事項について調査をすることに
なる。
　届出債権の調査に当たっては，債権届出書記載事項の形式的確認や内容
の確認，添付書面の確認（形式面及び実体面）を行い，債権届出書の記載
内容や添付書面に不備があった場合には，届出債権者に対し，補正，追完
等を促すことになる（本書267頁参照）。添付書面に不足がある場合には，
破産者の帳簿等管財人の手持ち資料や破産者（破産者が法人の場合は代表
者）等からの事情聴取をもとに，債権の存否，性質及び額を確認して認否
を行う。
　なお，一部の債権についてのみ債権調査の結果を発表するいわゆる「虫
食い認否」を行うと，債権調査の終了した債権と留保中のものが分かりに
くくなり，認否忘れ等の過誤を生じるから，認否は届出債権の全部につい
て同一の機会に行うこととし，虫食い認否は行わない。
　労働債権のうち破産債権となる部分の認否については，本書283頁を参
照されたい。

(2) 貸金債権

ア 総 論

　貸金債権や損害賠償請求権等の通常の金銭債権の記載例は，本書501頁【資料713】の1，2及び504頁【資料714】の1のとおりである。貸付金とこれに対する利息，遅延損害金等は枝番を用いて区分する。

　なお，利息制限法の制限利率を超える利率による貸付けであった場合には，制限利率による引直し計算が必要となるので，注意を要する。

イ 破産手続開始後の利息，遅延損害金

　これらは，劣後的破産債権となる（法99①一）。

　ところで，金融機関や保証協会などが「金○○円に対する破産手続開始日から支払済みまで年△％による損害金」を破産債権として届け出てくる場合も散見されるが，この場合は，「額未定」の届出として扱い，かつ，その全額について異議を述べることになる（本書501頁【書式713】の2－4参照）。なお，管財人が債権調査期日に出頭しない債権者の届け出た破産債権について異議を述べた場合には，原則として当該債権者に対して通知しなければならないとされているが（規43④本文），「支払日が未定のため金額の定まらない破産手続開始日以降の損害金について債権届出をした場合には，破産管財人は異議を述べますので，予めご了承下さい。」との定型文言が挿入された「ご連絡」（本書497，499頁【資料708，710】参照）を債権届出書用紙に同封して債権者に送付していれば，当該債権者に対して異議通知書を送付する必要はない（規43④ただし書参照）。

(3) 手形債権

ア 手形金請求の要件事実の確認

　手形債権については，手形面の形式的記載事項及び裏書連続の事実の存否（さらに，裏書人に対する遡求権の行使や附帯請求がなされている場合には，適法な呈示の有無）を確認して認否を行う。なお，証拠書類として手形の表面及び裏面のコピーが添付されていない場合，必要的記載事項の一部が白地のままの手形のコピーが添付されている場合，最終被裏書人が届出債権者と異なる手形裏面のコピーが添付されている場合（隠れた取立委任裏書も含む。）などには，補正，追完を促すことになる。

270　第4章　破産管財人の手引

手形債権の記載例は，本書502頁【資料713】の6－2，3及び504頁【資料714】の2のとおりである。

イ　満期が開始決定後に到来する手形

破産手続開始後に期限が到来すべき確定期限付債権で無利息のもののうち，破産手続開始の時から期限に至るまでの期間の年数に応じた債権に対応する，破産手続開始の時における法定利率による利息の額に相当する部分が劣後的破産債権とされている（法99①二）。したがって，満期が開始決定後に到来する手形債権の開始決定から満期までの中間利息は，原則として同号により劣後的破産債権となる。

ただし，「1年に満たない端数がある場合はこれを切り捨てる」とされているので（同号），開始決定後1年以内に満期が到来する手形債権については，手形の額面額の全額を一般の破産債権として認否してよい。また，開始決定後1年を超える時期に満期が到来する手形債権についても，1年未満の端数を切り捨てて年単位で中間利息を計算し，その部分のみ劣後的破産債権として認否すればよい。

なお，中間利息部分の計算は法定利率（年3パーセント（変動制）。ただし，平成29年法律第44号（いわゆる債権法改正）の施行日（令和2年4月1日）前に破産手続が開始された事件は商事法定利率年6パーセント）により，かつ，単利で元本額を逆算する，いわゆるホフマン式算定法による。一般破産債権部分（中間利息控除後の金額）の計算式は以下のとおりである。

$$一般破産債権 = \frac{手形の額面金額}{(1 + 0.03（変動制）\times（破産手続開始日から支払日までの年数）}$$

※1年未満の端数は切り捨て

※この計算式は，令和2年4月1日以降に破産手続が開始された場合

ウ　遡求権の行使

（ア）　満期後の遡求権行使

支払呈示期間内に適法な支払呈示がなされた手形の所持人は，裏書人に対する遡求権の行使として，①手形金額及び利息，②満期以後（満期日を含む。）の利息，③拒絶証書作成の費用，通知の費用及びその他の費用の合計額を請求することができる（手77①四・48①）。したがって，遡求権の行使

として債権届出がなされた場合には，上記①，②，③の総額を破産債権として認めることになる。

なお，②について，支払呈示が満期日の2営業日後になされた場合であっても，満期当日に遡って発生することに注意を要する。

（イ）　満期到来前の遡求権の行使

満期到来前に遡求権の行使として債権届出がなされた場合には，将来の請求権として認否をすることとなる。

エ　割引手形買戻請求権

手形割引の法的性質は，一般に手形の売買と解されているが（最判昭48・4・12金融法務686・30参照），銀行以外の者が行う手形割引について，例外的に消費貸借と解される可能性もある（最判昭41・3・15民集20・3・417参照）。

もっとも，銀行取引における手形割引においても，銀行取引約定等の契約により，割引人には割引依頼人に対する割引手形の買戻請求権が留保されているのが一般である。すなわち，割引依頼人又は手形の主たる債務者について破産手続開始の申立てがなされたときには，買戻請求の意思表示がなくとも当然に，手形額面で割引手形を買い戻させるという請求権が成立するものとされている。

そこで，割引依頼人が破産した場合において，割引人が割引手形買戻請求権を破産債権として債権届出をしてきた場合の認否が問題となる。まず，銀行からの債権届出の場合，上記のとおり，手形割引の法的性質は手形売買と考えられるものの，破産者たる割引依頼人の信用不安によって割引手形買戻請求権が当然発生していることから，手形額面の全額を一般破産債権として認めることになる（満期が未到来であっても，中間利息を控除する必要はない。）。これに対し，銀行以外の者が手形割引を行った場合で，その法的性質が前記判例に照らして消費貸借と解される場合には，届出債権は，手形を担保とする別除権付債権となるから，別除権付債権として認否する。

なお，銀行からの債権届出の場合において，債権調査手続において手形額面の全額を一般破産債権として認めた後配当実施までの間に当該手形が決済された場合には，速やかに債権届出の取下げを促すべきである。もっ

272 第4章 破産管財人の手引

とも，こうした事態を避ける意味でも，手形の主たる債務者が近い将来確実に弁済する見込みがあるといった場合などは，弁済がなされるまで債権調査期日を延期するか，あるいは届出に対して異議を述べて，除斥期間の満了前に弁済がない場合は異議を撤回するのが相当である。

オ 原因債権との重複届出

手形債権と原因債権の双方が重複して届け出された場合には，いずれか一方の債権を認めれば足りるから，もう一方の債権について取下げを促すことになる。そして，届出債権者がこれに応じない場合には，原因債権について全額異議を述べる。

なお，手形の原因債権のみの届出がなされ原因債権の存在について争いがない場合に異議を述べるかについてであるが，手形が第三者に譲渡される等して債権調査期日後除斥期間内に届出債権者以外の第三者から手形債権の届出がなされるおそれがあるか等を考慮して判断することになる。また，手形の原因債権のみの届出に対して異議を述べて，除斥期間満了時に異議を撤回する方法もある（本書311頁参照）。

(4) 別除権付債権

ア 別除権付債権に該当するか否かの判断について

ある破産債権が別除権付債権となるのは，①破産財団に属する物件に担保権が設定されている場合で，②その被担保債権が破産債権である場合に限られる。

ここで間違いやすいのが，被担保債権は破産債権であるものの，担保に供された物件が破産者以外の第三者の所有物件である場合である。この場合，上記①の要件に当てはまらないので，当該債権は別除権付債権とならない（すなわち，不足額責任主義（法198③④）の制約はなく，破産手続開始時における債権額全額をもって破産手続に参加することができる。）ことに注意を要する。

また，破産者が連帯保証人と物上保証人を兼ねている場合には，主債務者に対する債権が破産者の設定した担保権の被担保債権であり，破産者に対する保証債務履行請求権は，破産者が設定した担保権の被担保債権ではなく，上記②の要件に当てはまらないので別除権付債権とならず，不足額責任主義の制約にも服さない。

第11　債権調査　　273

　同様に，破産者が設定した担保権の被担保債権が保証人（保証協会など）の求償権である場合，債権者の有する原債権は別除権付債権とならない。

　なお，抵当権等の典型担保のみならず，仮登記担保，譲渡担保，所有権留保，ファイナンス・リース等の非典型担保も別除権となる。

　別除権付債権の記載例は，本書501頁【資料713】の1及び504頁【資料714】の3のとおりである。

　　イ　別除権付債権の届出に対する認否について

　　（ア）　総　論

　前記(1)のとおり，管財人が行う債権認否の対象は，①破産債権の額，②優先的破産債権，劣後的破産債権への該当性の有無，③別除権付債権の場合における予定不足額である。したがって，別除権付債権として認否する場合には，必ず予定不足額も認否しなければならない。他方，別除権付債権の認否に際し，別除権の有無は認否の対象とならないので，注意を要する。ただし，配当過誤防止のため，債権の性質欄の符号として「別」を付することは，本書263頁のとおりである。

　別除権付債権における予定不足額は，議決権を定めるために用いるだけなので，その調査には余り時間をかける必要はない（本書265頁参照）。固定資産評価額等を参考にして一応の評価額を認定すれば足りる。

　所有権留保付自動車に係るローン債権，後記(5)のファイナンス・リース契約におけるリース料債権，破産手続開始前のマンション管理費（建物区分7①）等については，別除権付債権であることの表示（破産債権者表の性質欄への「別Ｂ」の記載）及び予定不足額の記載を忘れがちであるので注意を要する。

　　（イ）　別除権付債権が別除権のない破産債権として届け出られた場合

　この場合には，届出債権者に対して，別除権を放棄する趣旨かどうかを問い合わせた上，放棄の手続がとられた場合には別除権のない破産債権として認否し，別除権を放棄しない場合には別除権の目的及び予定不足額の届出をするよう補正を促すことになる。それでも補正しない場合は，別除

274　第４章　破産管財人の手引

権付債権として認否し（破産債権者表の性質欄への「別Ｂ」の記載），予定不足額がないものとして扱えば足りる。

　なお，この場合，別除権付債権に該当するとの管財人の認定を届出債権者が争うには，配当表に対する異議（法200①）（本書316，321頁参照）によることとなる。

　　　（ウ）　別除権のない破産債権が別除権付債権として届け出られた場合

　この場合には，届出債権者に対して，別除権のない破産債権として届け出るよう補正を促し，それでも補正しない場合は，別除権の有無は認否の対象とならないので，別除権のない破産債権として認否すれば足りる。

　(5)　リース料債権

　　ア　ファイナンス・リース契約の場合

　ファイナンス・リース契約におけるリース料債権は，リース契約締結時にその全額が発生しており，リース料の各履行期は，リース業者がユーザーに対して単に期限の利益を付与したにすぎないと解されるため，破産手続開始決定時における未払リース料債権の全額が破産債権となる。また，破産手続開始決定前の債務不履行を理由にリース業者が契約解除した場合の規定損害金請求権も破産債権になる。

　そして，ファイナンス・リース契約におけるリース物件は，リース料が支払われない場合に，リース業者においてリース契約を解除してリース物件の返還を求め，その交換価値によって未払リース料や規定損害金の弁済を受けるという担保としての意義を有している。したがって，リース料債権は別除権付債権となり，管財人はこれを別除権付債権として認否すべきである（本書272頁参照）。

　リース料債権の記載例は，本書502頁【資料713】の7及び504頁【資料714】の7のとおりである。

　なお，ユーザーについて破産手続開始の申立てがなされたときには，ユーザーは，当然に期限の利益を喪失し，残リース料や規定損害金を一括で支払わなければならないとする条項がリース契約に盛り込まれていることが一般的であると思われるが，その場合には，中間利息を劣後的破産債権

とする法99条1項2号の適用はない。他方，リース契約中に期限の利益喪失条項が盛り込まれていないような例外的な場合に限り，満期未到来の手形債権の場合と同様，中間利息部分を劣後的破産債権として扱うことになる（法99①二）。

イ　その他のリース契約

メンテナンス・リース契約や再リース契約など賃貸借的な性質の強いリース契約については，双方未履行の双務契約として法53条が適用される。したがって，管財人が履行選択をした場合には，破産手続開始決定後のリース料債権は財団債権となる。

ウ　リース物件の取戻費用

リース物件の取戻費用は，担保権の実行費用又は取戻権の行使費用としての法的性質を有しているが，これを当然にユーザーが負担すべきとする法理はなく，リース契約においてこれをユーザーの負担とする旨の規定が設けられている場合に限り，ユーザーの負担となると解される。

このように，リース物件の取戻費用は，破産手続開始前に締結したリース契約に基づく債権である以上，リース物件の取戻時期が破産手続開始後であったとしても，「破産手続開始前の原因に基づいて生じた財産上の請求権」（法2⑤）に該当するので，一般の破産債権として取り扱うべきである。

(6)　求償権・将来の求償権

ア　求償権（破産手続開始決定前に代位弁済済みの場合）

主債務者が破産手続開始決定を受ける前に保証人が保証債務を履行した場合，保証人は，求償権（民459・462）を取得し，これを破産債権として破産手続に参加できる。

なお，代位弁済が一部にとどまった場合，債権者は，代位弁済を受ける前の債権額ではなく，代位弁済により減額した債権額で破産手続に参加することになる。また，この場合に，保証人は，弁済額の限度で破産手続に参加することができる。したがって，債権者が代位弁済を受ける前の債権額で届出をする一方で，保証人は代位弁済した金額について求償権の届出をしたとき，管財人は，債権者の届出の代位弁済額部分について異議を述べ，他方で，保証人の届出について全額認めることになる。

276　第4章　破産管財人の手引

求償権の記載例は，本書504頁【資料714】の4のとおりである。

　イ　将来の求償権（破産手続開始決定時に代位弁済未了の場合）

　　（ア）　総　論

　保証人は，破産手続開始時に代位弁済が未了の場合でも，将来の求償権を有する者として破産手続に参加できるが（法104③本文），債権者が破産手続開始時における債権の全額について債権届出をしている場合には，保証人は，破産手続に参加できない（法104③ただし書）。

　したがって，債権者と保証人の双方が債権届出をした場合には，保証人の届出について全額異議を述べる。他方，保証人のみが債権届出をし，債権者が一般調査期日終了までに債権届出をしなかった場合には，債権者によるその後の届出追完が認められる余地はないと考えられるから，保証人の届出について全額認めて差し支えない。もっとも，将来の求償権を有する保証人は，債権調査において異議なく確定しても，直ちに配当に加入できるわけではなく，最後配当の除斥期間内に代位弁済をしない限り配当から除斥されることになるので注意を要する（法198②）。

　将来の求償権の記載例は，本書501頁【資料713】の3及び504頁【資料714】の5のとおりである。

　　（イ）　債権調査実施前に全額代位弁済がなされた場合

　債権者と保証人の双方が債権届出をしていた場合において，債権調査実施前に全額代位弁済がなされた場合には，①保証人による届出の取下げを促すとともに（保証人が届出の取下げに応じない場合には，全額異議を述べる。），債権者の届出を保証人に承継させて当該債権を認める（原債権を破産債権として取り扱う。）か，又は②債権者による届出の取下げを促すとともに（債権者が届出の取下げに応じない場合には，全額異議を述べる。），保証人の届出について債権の種類を「将来の求償権」から「求償権」に変更した上で全額認める（求償権を破産債権として取り扱う。）ことになる。

　保証人が破産手続開始後の利息，遅延損害金を含めて代位弁済をした場合，求償権のうち破産手続開始後の利息，遅延損害金に相当する部分は劣後的破産債権となる（法99①三）。

　　（ウ）　債権調査実施前に一部について代位弁済がなされた場合

　保証人が債権額の一部について代位弁済をしたにすぎない場合，債権者

は，破産手続開始決定時における債権額全額について破産債権として権利を行使することができ，他方で，保証人は破産手続に参加できない（開始時現存額主義。法104②④）。したがって，この場合は，債権者と保証人の双方が債権届出をしていたとしても，債権者の届出について全額認め，保証人の届出について全額異議を述べることになる。

　ただし，代位弁済後に債権者が代位弁済を受けた金額について届出を取り下げた場合には，保証人の届出について代位弁済額の限度で認めて差し支えない。また，代位弁済した金額の限度で保証人と債権者の連名又は両名それぞれからの債権承継届出がなされたときも，保証人は破産手続に参加することができる。

　　　（エ）　債権調査実施前に複数の債権全額に満たないが，一部の債権の全額について代位弁済がなされた場合

　債権者が破産者に対し複数の債権を有する場合において，開始時現存額主義は，個別の債権ごとに適用される。そのため，破産者以外の者から複数の債権全額に満たない一部について代位弁済がなされた場合，全額弁済がされた個別の債権については，複数の債権全額が消滅していなくても，法104条2項の「その債権の全額が消滅した場合」に当たり，全額弁済がされた個別の債権について求償権を有する者は，その求償権の範囲内において破産手続に参加することができる（最判平22・3・16民集64・2・523参照）。したがって，この場合は，破産者以外の者が行った弁済の充当関係を確認して，認否を行う必要があるので注意を要する（なお，全額弁済がされた個別の債権の認否は前記(イ)を，全額弁済がされていない個別の債権の認否は前記(ウ)を参照されたい）。

　　　（オ）　物上保証人への準用

　前記(ア)から(エ)までは，物上保証人が破産手続開始後に債権者に対して弁済した場合にも準用される（法104⑤）。

　　ウ　原債権と求償権のいずれか一方を被担保債権とする別除権が存する場合の認否

　保証人は，債権者に対して代位弁済をした場合，主債務者に対する求償権を取得するとともに（民459・462），債権者の有していた原債権の移転を受

278　第4章　破産管財人の手引

けることになるが（民499），両債権は別個の債権である。保証人の求償権や原債権の届出の認否一般の取扱いは前記ア，イのとおりであるが，これに加えて，原債権と求償権のいずれか一方を被担保債権とする別除権が存する場合の認否や債権者表の性質欄にいかなる記載をするかについては，以下のとおりである。

　　　（ア）　求償権を被担保債権とする担保権が設定されている場合

　保証人の届出債権が求償権の場合，別除権付債権として認否をすることになる。

　他方，保証人の届出債権が代位した原債権の場合，原債権者の届出を承継したときであるか，保証人自身が債権届出したときであるかを問わず，原債権は，担保権によって担保されていないので，別除権のない破産債権として認否することになる。もっとも，原債権は，求償権を確保することを目的として存在する附従的な性質を有しており，求償権と独立して原債権の権利行使が認められるものではないので（最判昭61・2・20民集40・1・43参照），別除権のない破産債権にすぎない原債権も，不足額責任主義と同様の制約（すなわち，担保権の実行によって満足を受けることができない求償権の不足額の限度で原債権を破産債権として権利行使することができ，求償権の不足額を確定させない限り配当に与ることができないという制約）に服するというべきである。そして，この場合，保証人が届出した原債権は，別除権付債権ではないものの，配当段階での過誤を防ぐため，債権者表の性質欄には「別B」と記載する取扱いとしているので，注意を要する。

　　　（イ）　原債権を被担保債権とする担保権が設定されている場合

　保証人の届出債権が代位した原債権である場合，原債権者の届出を承継したときであるか，保証人自身が債権届出したときであるかを問わず，別除権付債権として認否することになる。

　他方，保証人の届出債権が求償権である場合，保証人の届出債権は担保権によって担保されていないので，別除権のない破産債権として認否することになる。もっとも，原債権と求償権とは別個の債権であるとはいえ，担保権の実行により原債権が満足を受ける場合にはその限度で求償権も満足を受けるという関係にあることから，求償権も破産財団に属する特定の

資産から破産手続によらずに優先的に満足を受ける権利を有しているといえる。とすると，破産財団に属する特定の財産から破産手続によらないで優先的に弁済を受ける権利を確保しながら，さらに破産手続開始時における債権全額について破産手続に参加できることになれば破産債権者間の公平を失することになるという観点から設けられた不足額責任主義と同様の制約をここでの求償権に及ぼしても何ら差し支えないはずである。したがって，別除権のない破産債権にすぎない求償権も，不足額責任主義と同様の制約（すなわち，担保権の実行によって満足を受けることができない原債権の不足額の限度で求償権を破産債権として権利行使することができ，原債権の不足額を確定させない限り配当に与ることができないという制約）に服するというべきである。そして，この場合も，保証人の求償権は，別除権付債権ではないものの，配当段階での過誤を防ぐため，債権者表の性質欄には「別B」と記載する取扱いとしているので，注意を要する。

エ　事前求償権

委託を受けた保証人は，債権者がその破産財団の配当に加入しないときは，あらかじめ，求償権を行使することができるから（民460一），事前求償権を届け出ることができる。保証人から事前求償権の届出があった場合，既に債権者から債権届出があれば，保証人の届出について異議を述べる。債権者から債権届出がなかった場合に，保証人の事前求償権の届出について異議を述べるかどうかは，除斥期間内に債権者から債権届出がなされる可能性があるか等を考慮して判断することになる。また，債権者から債権届出の可能性があるとして保証人の事前求償権の届出に異議を述べたが，除斥期間内に債権者の債権届出がなければ，除斥期間満了時に異議を撤回する方法もある（本書310頁参照）。

(7)　停止条件付債権・将来の請求権

ア　総　論

停止条件付債権・将来の請求権であっても，破産手続に参加することができる（法103④）。単純な停止条件が付されているにすぎない停止条件付債権については，将来発生すべき債権の額に疑義がなければ債権調査においてこれを認めてよい。なお，停止条件付債権等は，最後配当の除斥期間

280 第4章 破産管財人の手引

経過前に権利行使可能な状態にならない場合，配当から除斥されるので注意を要する（法198②）。

停止条件付債権等の記載例は，本書504頁【資料714】の6のとおりである。

　　イ　敷金返還請求権

敷金返還請求権は，賃貸借契約の終了後に明渡しが完了した時点等で，賃貸借に基づいて生じた賃借人の賃貸人に対する金銭の給付を目的とする債務（未払賃料など）の額を控除してもなお残額がある場合に，その残額につき返還を求めることができる権利である（民622の2）。そのため，債権調査の時点で明渡しが未了の場合には，将来発生すべき金額を確定することができないが，認否は契約上の返還予定額に基づいて行うべきである。

　もっとも，最後配当の除斥期間経過前に明渡しが完了し，停止条件が成就した場合には，未払賃料等を控除した後の実際の敷金返還請求権の額が明らかになる。この場合，未払賃料その他控除対象となった部分については，法198条2項の定める配当加入要件である「行使可能な状態」に至らなかったものとみることができるから，明渡しにより現実化した額を債権者表の備考欄に記入した上，債権調査で確定した債権の額にかかわらず，当該現実化した額に基づいて配当表を作成すれば足りる（なお，これに対する不服がある場合は，配当表に対する異議（本書316，321頁参照）によって争われることとなる。）。

　　(8)　保証債務履行請求権

保証契約の成否及び有効性について確認するのは当然のこと，保証契約の成立時期によっては否認対象行為該当性（法160③）が問題となるので，注意を要する。

　　(9)　公共料金等

　　ア　上水道・電気・ガス

　　　(ア)　財団債権となる上水道・電気・ガスの使用料債権

破産手続開始決定後の上水道・電気・ガスの使用料債権のうち，法148条1項2号の「破産財団の管理，換価及び配当に関する費用の請求権」に該当するもの，又は同項8号の「破産手続の開始によって双務契約の解約の申入れ……があった場合において破産手続開始後その契約の終了に至るまでの

間に生じた請求権」に該当するものは財団債権となる。

　また，破産手続開始前のものであっても，破産手続開始の申立て後破産手続開始までの間の継続的給付に係る使用料債権は財団債権となる。そして，上水道・電気・ガスの使用料はいずれも一定期間ごとに債権額を算定する継続的給付に該当することから，申立ての日の属する期間内の給付に係る使用料（月払であれば1か月分）全体が財団債権となることに注意を要する（法55②）（本書125頁参照）。

　　　（イ）　破産債権となる上水道・電気・ガスの使用料債権

　破産者が自然人の場合には，上水道・電気・ガスの供給は民法306条4号，310条の日用品の供給に該当し，破産手続開始前6か月間の供給部分にかかる使用料債権が一般先取特権の対象となる。したがって，破産手続開始前6か月間の供給部分に係る使用料債権（ただし，法55条2項によって財団債権となる部分を除く。）は優先的破産債権となり（法98①），その余は一般破産債権となる。

　他方，破産者が法人の場合には，民法310条の「債務者」に法人は含まれないと解されるため（最判昭46・10・21民集25・7・969参照），一般先取特権の対象にはならない。したがって，破産手続開始決定前の供給部分に係る使用料債権は，法55条2項によって財団債権となる部分を除き，全て一般破産債権になる。

　　　イ　下水道

　下水道の使用料（下水道20）は，地方自治法上の「使用料」に該当し，地方税の滞納処分の例により徴収することができる請求権に当たるため（自治231の3③・附則6三），後記(12)の租税等の請求権と同様に，納期限等によって優先的破産債権となるか財団債権となるかが決まることとなる。

　なお，これが優先的破産債権となる場合には，先取特権の順位が「国税及び地方税に次ぐもの」とされているので（自治231の3③後段），債権者表に記載する債権の性質は「A－b」となる。

　(10)　会社の代表者その他役員からの届出債権

　　　ア　役員報酬

　役員報酬は雇用関係に基づく債権ではないので，優先的破産債権とはな

282 第4章 破産管財人の手引

らないし，法149条の財団債権にもならない。ただし，従業員兼務役員の場合については，従業員としての賃金に相当する部分のみ優先的破産債権又は財団債権となる。もっとも，その区別はあいまいな場合が多いので，具体的事案ごとに実体に即した判断が必要である。

役員報酬については，その金額が支給根拠のある適正なものであるかどうか，過大な金額ではないかどうかを調査し，役員が会社に対して損害賠償義務を負うような事案においては，届出の取下げを勧告し，それに応じないときは異議を述べるのが相当である。

　イ　役員の会社に対する貸付金請求権

役員の会社に対する貸付金請求権については，単に経理書類上の操作にすぎない場合も多いため，現実に金銭の移動があったかどうかを十分に調査した上で認否する必要がある。また，前記アと同様に，会社に対する損害賠償義務が発生する可能性がないかどうかをも検討して認否を行う。

(11)　労働債権

　ア　労働債権が財団債権となる範囲等については，本書232頁を参照されたい。

優先的破産債権となる労働債権の記載例は，本書503頁【資料713】の101及び504頁【資料714】の101のとおりである。

　イ　管財人は，破産手続開始決定後，労働債権の額の確認のために必要な資料（賃金台帳，タイムカード，退職金規程）を速やかに確保すべきである。必要に応じて，それまで給与計算に従事していた従業員の協力を取り付けることも考えられる（本書252頁参照）。

　ウ　労働債権について認否を要する場合

管財人が労働債権の算定資料を確保し，労働債権の額を把握でき，労働債権該当性及び債権額について争いがないと見込まれる場合には，債権届出を留保してもらって，管財人との間の和解許可による労働債権の弁済を行うことができるが（本書253頁参照），この場合には，労働債権の認否が行われることはない。

また，労働債権の届出がされても，異時廃止になる事案や，法101条の許可による弁済がなされて届出の取下げがされる場合にも，労働債権の認否

第11 債権調査 283

が行われることはない。

そうすると，労働債権について債権調査がされ，管財人が認否をすることが必要とされるのは，主に，異時廃止事案ではなく，かつ，労働債権の額や労働債権に該当するか否かについて争いがある場合となる。

エ 労働債権について認否のパターン

大阪地裁では，届出債権の認否は債権調査期日で行うことを原則としているため，管財人は，異議を述べた債権者に対して，異議通知書を送付しなくてはならない（規43④）。労働債権については，財団債権部分と優先的破産債権部分を一括した債権届がされる関係で，管財人が異議を述べるに当たっては，その理由としては，①届出債権のこの部分は財団債権である，②届出債権そのものの存在の資料がない，③届出債権の性質が労働債権ではなく一般破産債権である，というように趣旨の違いがある。

それぞれ，異議理由を記載した異議通知を送付するが，①の財団債権であることを理由とする異議については，届出をした労働債権者に不利益をもたらすものではない（労働債権者が債権査定手続をとる必要はない）ので，無用の誤解を与えないため，異議理由の記載方法に工夫が必要である。

異議理由の記載例は，①については後記(ア)，②については後記(イ)，③については後記(ウ)のとおりである。

（ア） 財団債権であることを理由とする異議の場合（本書506頁【資料717】）

a 異議通知書の備考欄に「ただし，金〇〇円については財団債権と認める。」と記載する。

b この場合の異議理由及び記載の趣旨については，労働債権専用の異議通知書に定型の説明が記載されているので改めて記載する必要はない。

（イ） 債権としての存在を認める資料がないことを理由とする場合

a 異議通知書の備考欄には特段の記載をしない。

b 異議理由として「異議を述べた理由は，当該部分が未払給料あるいは退職金などとして存在すると認められる資料（証拠）が提出されていないからです。今後も資料の提出がなければ，債権が存在すると認め

284 第4章 破産管財人の手引

ることはできません。」と記載する（査定手続の期間制限等については，労働債権専用の異議通知書書式の欄外に定型の説明が記載されているので改めて記載する必要はない。）。

　　（ウ）　雇用契約上の債権であると認められないことを理由に優先性について異議を述べる場合

　　　　a　異議通知書の備考欄に「ただし，金○○円については一般破産債権として認める。」と記載する。

　　　　b　異議理由として「異議を述べた理由は，当該部分が優先性を有する雇用契約に基づく債権に該当するとは認められないからです。ただし，優先性のない一般の破産債権としては債権の存在を認めます。」と記載する。

　(12)　租税等の請求権

　破産債権である租税等の請求権については，債権者から届出がなされ，破産債権者表を作成するという限度で破産債権の調査に関する規定が適用される（法114・115・134①）が，管財人が届出債権に異議がある場合は，審査請求，訴訟その他破産者が行使し得る租税等に対する不服申立方法により異議を主張するほかない（法134②）。

　財団債権である租税等の請求権についても，破産法上に定めはないが，財団債権の存否に争いがある場合には，同様に審査請求や訴訟等の不服申立方法により確定させることになるので，この点は破産債権である租税等の請求権と同じである。

　なお，交付要求は抗告訴訟の対象となる処分ではないので（最判昭59・3・29集民141・523参照），交付要求に係る租税の納税義務自体を争うには，更正，決定，賦課決定などの租税を確定させる処分に対する不服申立てによることとなるし，納税義務自体ではなく，それが財団債権であるか否かの問題であれば，財団債権でないことの確認を求める訴訟によることとなる（最判昭62・4・21民集41・3・329はこの類型の訴訟である。）。

　破産債権となる租税等の請求権の記載例は，本書503頁【資料713】の102及び504頁【資料714】の102，103のとおりである。

8 債権届出後の債権変動

大阪地裁では，管財人が作成する認否予定書が破産債権者表と同一の書式となっているため，書記官は，管財人が作成した認否予定書を点検後，そのまま破産債権者表として使用する取扱いとなっている。

そこで，債権届出後の債権変動への対応と備考欄の記入方法を以下に説明する。

(1) 一般管財手続の場合

一般管財手続では換価終了後に認否を行うため，基本的に債権調査後の債権変動は生じない。

債権届出後，債権調査の結果発表前に生じた債権変動は，破産債権者表及び認否欄に織り込んだ形で記載し，備考欄には記載しないので注意する。なお，別除権の不足額確定届や債権譲渡人と譲受人との連名又は両名それぞれによる債権承継届のように，届出債権者の側から債権変動に関する報告がされている場合には，変動後の債権について届出がされているとみて，届出債権欄に変動後の債権を直接記載して差し支えない。また，債権調査終了後に債権変動が生じた場合には，一般管財では，破産債権者表と配当表とを兼ねた一体型の書式が用いられることから，配当表提出の段階で，変動内容を備考欄に追記した配当表を裁判所に提出し，書記官が破産債権者表への追記を行う。

ア 債権の全部又は一部の取下げ

全部取下げの場合は，当該届出番号を欠番とする。この場合，破産債権者表には，欠番となった届出番号を記載する必要はない。

一部取下げの場合は，「届出破産債権」の欄に取下げ後の残額のみを記載する。

イ 債権の全部又は一部の承継

全部承継の場合で，原届出債権者（旧債権者）から承継届が提出されている場合は，「届出破産債権」の欄に承継人（新債権者）を債権者として記載する（旧債権者は記載しない。）。旧債権者から承継届の提出がなく，新債権者からの届出しかない場合は，旧債権者の届出債権について取下げをさせるか又は異議を述べ，新債権者について新たな届出があったものとし

286　第4章　破産管財人の手引

て処理する。

　一部承継の場合　届出番号を枝番（1－1，1－2など）で分割し，一方に旧債権者と承継されなかった債権額を，もう一方に新債権者と承継後の債権額を記載する。

　なお，保証協会等が金融機関の債権を委託を受けて保証している場合に，債権全部ではなく，一部分についてのみ保証していることがある。このため，原債権者の債権届出後に保証協会等が代位弁済をして，原債権者と保証協会等の連名又は両名それぞれからの債権承継の届出がなされたとしても，原債権者が残部の債権届出を維持していることがありうる。したがって，保証協会等が代位弁済をして債権が承継された場合には，承継された債権について認否するとともに，その承継が全部承継か一部承継かを確認し，原債権者が代位弁済を受けていない残部の債権届出について認否を失念しないよう注意を要する。

　　ウ　別除権の不足額確定の場合
　　　（ア）　債権調査の結果発表までの間に不足額が確定した場合
　別除権者から不足額確定報告書が提出されている場合は，「届出破産債権」欄に確定不足額のみを記載する。

　別除権者から不足額確定報告書が提出されず，管財人の不足額確定報告により確定不足額が判明した場合は，「届出破産債権」欄には当初届出のとおり別除権付債権（別B）として記載するが，「債権調査の結果」欄には，既に不足額が確定していることにかんがみ，債権の性質は一般債権(B)とし，確定不足額のみを認め，その余は認めない内容の認否を行う。

　　　（イ）　根抵当権で，債権調査の結果発表時点でいまだ不足額が確定
　　　　　していない場合
　債権調査の結果発表時点における極度額超過債権額を確認し，破産債権者表提出時に，極度額超過債権についての報告書（本書531頁【資料812】別除権に関する報告書）を提出する。債権認否は債権の額及び予定不足額について行うが，上記極度額超過債権についての報告書を提出する日（破産債権者表提出の日）を基準日として備考欄に次の記載を行う。なお，極度額を超過する債権の額を決定する基準時は，簡易配当許可の日であるが

（法205・196③），一般管財手続では，破産債権者表提出時から簡易配当許可までの間に超過額が変動することはまれであるため，破産債権者表提出の日を基準日としている。破産債権者表提出後，簡易配当許可までの間に極度額超過債権額が変動した場合は，改めてその旨の報告書と訂正した書記官確認用の破産債権者表を提出する。

「R1.5.14極度額超過債権額○○円と報告」

エ　停止条件付債権・将来の請求権の条件成就

停止条件付債権・将来の請求権について，債権調査の結果発表までに条件成就（敷金返還請求権について明渡し）した場合は，「届出破産債権」の欄には停止条件付債権（停B）として記載するが，「債権調査の結果」欄には，一般債権(B)として，現実化した金額のみを認め，その余は認めない内容の認否を行う。

オ　異議撤回

一般管財手続の場合，原則として換価終了まで債権調査を実施しないので，異議撤回はほとんど発生しない。破産債権者表提出前に証拠書類の提出を催告し，それでも証拠が提出されない場合は，確定的に異議を述べる。異議撤回をする場合の処理は，後記(2)カ（本書290頁）を参照。

カ　債権の種類・性質の変更

将来の求償権として届け出られていた債権が，債権調査の結果発表前に代位弁済によって求償権に転化し，それについて届出債権者から債権の性質変更届が提出されている場合には，「届出破産債権」欄に代位弁済後の金額のみを一般債権(B)として記載する。

代位弁済及び債権の性質の変更についての報告が，将来の求償権についての届出債権者から提出されない場合には，「届出破産債権」欄には当初の届出どおり将来の求償権（停B）として記載するが，「債権調査の結果」欄には，一般債権(B)として記載し，代位弁済によって現実化した金額のみを認め，その余は認めない旨の認否を行う。

別除権者が債権調査の結果発表前に別除権を放棄し，担保権の登記抹消済みの登記事項証明書を添えて債権の性質変更届をした場合は，同様に，「届出破産債権」欄に一般債権(B)として記載する。

288　第4章　破産管財人の手引

(2)　個別管財手続の場合

　個別管財手続においては，債権調査終了後に債権の変動が生じることが予想される。このような場合，配当の前提として変動後の債権の内容を確認し，破産債権者表に記載する必要がある。

　備考欄への記入作業は，書記官が行うものであるが，管財人においても債権の変動が生じる都度行い，配当表提出の段階で，備考欄への書き込みが完了した書記官確認用の破産債権者表を裁判所に提出する。

ア　債権の全部又は一部の取下げ

　債権調査終了後に届出債権が取り下げられた場合（破産債権取下書の書式については，本書494頁【資料705】参照）は，届出債権者によるものであるか否かを確認の上，破産債権者表備考欄に次のとおり記入する。

　全部取下げの場合　　「R1.5.14届出全部取下」

　一部取下げの場合　　「R1.5.14届出一部取下　残額○○円」

イ　債権の全部又は一部の承継

　承継に伴う破産債権の届出名義の変更届（承継届）は，新旧債権者の連名又は両名それぞれでなされるのが望ましいが，新債権者が単独で疎明資料を添付して債権全部の名義変更届を出した場合に，届出名義の変更が一切認められないとまではいえないであろう（法113①，規35①参照）。

　名義変更届に際しては，少額配当の受領意思がある場合はこれを届け出ることとされており（法113②），受領意思の届出がないと，配当の際に配当表を二度作成する必要が生じることがあるため（本書313頁参照），受領意思がある旨が不動文字で記入された大阪地裁の定型書式（本書495頁【資料706】）が使用されているかどうかに注意し，定型書式でない場合は債権者に少額配当の受領意思を届け出るよう連絡する必要がある。

　委託を受けた保証協会等が債権の一部について保証している場合，原債権者の債権届出後の代位弁済につき，原債権者が代位弁済を受けていない残部の債権届出について，認否の要否を確認する必要があることは，一般管財と同じである（本書286頁参照）。

　破産債権の承継が生じた場合の記載方法は次のとおりである。

　全部承継の場合　　「R1.5.14○○保証協会全部承継届」

一部承継の場合　「R1.5.14○○保証協会△△円承継届　旧債権者の残確定額□□円」

　　ウ　別除権の不足額確定

　　（ア）　別除権の不足額確定（本書309頁参照）の報告日は，債権者が不足額を証する書面を管財人に提出したときはその提出日，裁判所に提出した場合は受付日とする。

　記載方法は次のとおりである。

　「R1.5.14確定不足額○○円と報告」

　　（イ）　簡易配当（又は最後配当）の除斥期間経過まで（現実的には破産債権者表の備考欄点検の時まで）に別除権の目的物の売却ができず，別除権放棄もされなかった場合でも，別除権が根抵当権である場合には，極度額を超える債権の額に基づいて配当に加入できる（本書310，312頁参照）。したがって，未確定の根抵当権である別除権については，管財人は，備考欄点検の際に，備考欄に極度額を超過した債権額を記入して配当に備える。なお，極度額を超過する債権の額を決定する基準時は，簡易配当（又は最後配当）許可の日であるが（法205・196③），備考欄点検時から最後配当許可までの間に超過額が変動することはまれであるため，備考欄点検時に超過額に関する手入れを行い，書記官確認用の破産債権者表提出時に極度額超過債権額についての報告書（本書531頁【資料812】別除権（根抵当権）に関する報告書）を提出する。この報告後，簡易配当（又は最後配当）許可までの間に極度額超過債権額が変動した場合は，改めてその旨の報告書と訂正した書記官確認用の破産債権者表を提出する。

　記載方法は次のとおりである。

　「R1.5.14極度額超過債権額○○円と報告」

　　エ　停止条件付債権・将来の請求権の条件成就

　停止条件付債権・将来の請求権の届出を認める旨の認否をしていた場合でも，最後配当の除斥期間経過前に停止条件が成就する等して権利を行使することができるに至っていなければ配当に加入できないから（法198②），条件成就したか否かは重要である。

　停止条件付債権・将来の請求権には，単に権利の発生のみが条件に係る

こととされているものと，条件成就時に金額が確定するもの（敷金返還請求権等）がある。条件成就により金額が確定する債権については，確定額を備考欄に記入し，配当の基礎とする必要がある。

条件成就した場合の記載方法は次のとおりである。

単なる停止条件の場合　「R1.5.14条件成就」

金額の確定を伴う場合　「R1.5.14条件成就（明渡）○○円について現実化」

オ　債権の種類・性質の変更

将来の求償権として届け出られていた債権が，代位弁済によって求償権に転化した場合は，次のとおり記載する（この場合の届出書の書式は本書496頁【書式707】破産債権変更届出書（保証会社代位弁済用）参照）。

「R1.5.14債権の種類を求償債権に変更」

また，別除権者が別除権を放棄してその旨の登記も完了した場合，届出債権は一般破産債権に変化するので，次のとおり記載する。

「R1.5.14債権の性質をBと変更」

カ　異議撤回

管財人が債権調査期日において発表した異議を撤回する場合，債権者に異議撤回通知を送付する必要があるが（規38），五月雨式に異議撤回を行うと，事務が煩雑になるので，異議撤回は，債権調査期日若しくは債権調査期間の末日から1か月の不変期間（すなわち，破産債権査定申立期間（法125②））の終了直前にするか，又は換価終了時の破産債権者表点検の前に一括して行う（大阪地裁では，最後配当の除斥期間満了まで異議撤回を認める取扱いをしている。）。

異議を撤回する場合は，まず異議撤回書（本書508頁【資料719，720】）のドラフトを裁判所に提出し書記官の点検を受ける。書記官から異議撤回書を発送して差し支えない旨の連絡を受けた後，異議撤回書を債権者に対して発送する。

異議撤回した場合は，備考欄に次のとおり記載した書記官確認用の破産債権者表を作成し，異議撤回報告書（本書507頁【資料718】。別紙として異議撤回書を添付することに留意）とともに裁判所に提出する。

第11　債権調査　291

異議の全部撤回の場合　　「R1.5.14異議全部撤回・確定額(B)○○円」

異議の一部撤回の場合　　「R1.5.14異議一部撤回・確定額(B)○○円」

9　破産債権の確定手続（破産債権査定手続・破産債権査定異議の訴え）

(1)　破産債権査定手続

　ア　債権調査において管財人又は債権者が金額又は優先性（劣後性）について異議を述べた債権を有する破産債権者は，当該債権調査期日又は債権調査期間の末日から1か月の不変期間内に，裁判所に対して破産債権査定の申立てをすることができる（法125）。

　ただし，異議を述べた債権について既に係属中の訴訟が存する場合には，当該債権の確定を求めようとする破産債権者は，当該債権調査期日又は債権調査期間の末日から1か月の不変期間内に異議者全員を相手方として当該訴訟手続の受継を申し立てる方法によらなければならない（法127）。また，異議を述べた債権が有名義債権（本書265頁参照）である場合には，管財人は，当該債務名義について破産者が行い得る訴訟手続（確定判決の場合は再審の訴えや請求異議の訴え，未確定の終局判決については上訴等）によって異議を主張するほかない（法129）（本書99頁参照）。

　イ　破産債権査定の申立書の記載例は本書509頁【書式721】のとおりである。

　破産債権査定手続の制度は，簡易迅速な債権の確定を目的として導入されたものであるから，民事保全の申立て等と同様，当事者目録や査定の目的となる債権目録等は，前記記載例の書式のように，そのまま決定書に添付できる別紙方式で提出することが望ましい。また，申立書には，単に争いになっている点のみを記載するのではなく，届出債権の発生原因事実を特定して記載する。

　破産債権査定手続では，簡易迅速に判断を行うため，審尋期日は開かれずに書面による審尋のみで決定がなされる場合も多いため，自らの債権の発生原因を裏付ける証拠は，申立段階で漏れなく提出しておく必要がある。

　なお，破産債権査定手続における債権者の主張は，自らが届け出て破産債権者表に記載された債権の内容（発生原因，金額，優先又は劣後の別）

292　第4章　破産管財人の手引

に拘束され，これと異なる主張は許されない（法128）ことに注意する必要
がある（この点は，後述する破産債権査定異議の訴えの手続でも同様であ
る。）。

　　ウ　管財人は，破産債権査定の申立てがなされたら，速やかに申立て
の趣旨に対して答弁し，届出債権の発生原因事実について認否するととも
に，債権調査において述べた異議理由に即して具体的な反論をした答弁書
を提出する。答弁書の記載例は本書513頁【書式722】のとおりである。

　管財人の反論を裏付ける証拠や債権者の主張を排斥するための証拠が存
する場合には，原則として答弁書とともに全て提出する。

　　エ　破産債権査定手続において，管財人は，まず和解を試みることが
望ましい。

　破産債権査定手続における和解は，通常訴訟等とは異なり，手続外で管
財人が主体的に交渉して進める。本来，債権者との交渉は債権調査段階で
済ませておくべきであるが，査定申立てに当たって債権者から新たな証拠
が提出された等の事情があれば，柔軟に対応すべきである。

　和解が不可能であることが判明した場合には，直ちに裁判所にその旨を
報告し，査定決定を求める。

　　オ　査定決定の記載例は付属CD－ROM【書式723】のとおりである。
簡易迅速を旨とした手続であるから，理由の記載はごく簡潔なもので足り
る。

(2)　破産債権査定異議の訴え

　　ア　破産債権査定決定に不服がある場合は，決定の送達を受けた日か
ら1か月の不変期間内に，異議の訴えを提起することができる（法126①）。

　異議の訴えは破産裁判所が管轄するものとされているが（法126②），ここ
にいう破産裁判所とは，破産事件を担当する裁判体を直接に指すものでは
なく，当該裁判体を含む官署としての裁判所を指す。大阪地裁では，異議
の訴えは通常部に配付されることとなっている。

　　イ　異議の訴えについての判決は，訴えを不適法却下する場合を除き，
査定決定を認可する判決又は変更する判決となる（法126⑦）。

第12　財団債権・優先的破産債権の弁済　　293

第12 | 財団債権・優先的破産債権の弁済

1　財団債権と優先的破産債権の弁済（配当）の原則と大阪地裁の運用

　財団債権に対する弁済は，随時弁済であるのに対し（後記2参照），優先的破産債権に対する弁済は，法律上，他の破産債権と同様，債権調査を経て配当手続によることが原則であり，労働債権である優先的破産債権については，労働債権弁済許可制度が設けられている（本書236頁参照）。しかし，大阪地裁においては，労働債権及び租税等の請求権である優先的破産債権のうち，他の破産債権者の利益を害しないと考えられる事案については，管財人及び破産債権者の不要な手続負担を回避するため，和解許可による簡易な分配を認めている（本書298頁参照）。

2　財団債権の弁済についての原則

　管財人は自分の知った財団債権の総額を支払うに足りる破産財団があると判明すれば，その承認について裁判所の許可を得て，適宜の時期に支払う（法2⑦・78）。なお，大阪地裁においては，許可不要行為とされているので，許可は不要である（本書137頁参照）。

　しかし，財団債権の総額の支払ができないときには，財団債権の優先順位（法152②）に従い，同順位のものについては按分して支払う必要がある（法152）。

　したがって，財団債権の支払に当たっては，財団債権の総額と優先順位を把握してから行うのが相当である。

　財団債権が弁済を受けられないこととなる時期は，簡易配当では，管財人が簡易配当の通知の到達すべき期間を経過した旨の届出をした後2週間を経過した時（法205・203・200①・198①）であり，最後配当，同意配当にもこれに準じた財団債権の除斥期間がある（本書318，322，324頁参照）。

294　第4章　破産管財人の手引

逆にいうと，その時点までに知れた財団債権を弁済の対象から除くことはできない。

3　財団債権の把握

　財団債権に関して管財人が第一にすべきことは，財団債権の存在，範囲及び金額を把握することである。特に，租税等の請求権・労働債権については，一部が財団債権となり一部が優先的破産債権となるので，その区分を行う必要がある。ただし，後述のとおり，区分が不要なケースも多い（本書298頁参照）。

　租税等の請求権のうちの財団債権部分については，管財人に交付要求がなされ，破産債権部分については，破産裁判所に対する交付要求の形で債権届出がなされる（本書254頁参照）。しかし，租税等の請求権で財団債権となるものの中には，管財人に対していまだ交付要求がなされていないものも含まれるから，この点について特に注意が必要である。交付要求がなされない財団債権でも，管財人がした行為により生じた請求権（法148①四）など，管財人が当然把握できているものは問題がないが，把握を忘れがちになるものも存する。以下，いくつかの具体的事例を挙げる。

(1)　具体的納期限未到来の固定資産税

　ある年の2月に破産手続開始決定がなされた場合，その年度分の固定資産税の具体的納期限は，その年の4月，7月，12月と翌年2月であるから，通常，破産手続開始決定時点ではいまだ交付要求はされていない。しかし，この固定資産税は，その年の1月1日に不動産登記又は課税台帳に所有者として登記又は登録されていることを原因として生ずることから（地税343・359），手続開始前の原因に基づいて生じた手続開始当時に納期限が到来していない租税等の請求権として財団債権となり（法148①三），1月1日時点で破産者の所有名義であったことにより，財団に負担が求められることが確定している。

　破産手続開始決定の後の1月1日に破産者名義で登記されていて財団から放棄されていないことにより発生する固定資産税も，まだ交付要求がなくても「破産財団の管理に関する費用の請求権」（法148①二）として財団債権

となることが確定しており，しかも，前述の開始決定前1月1日の登記により発生する固定資産税より，同じ財団債権であっても優先する（法152②）。したがって，管財人は交付要求がなされていなくても，物件所在地の市町村に対して破産手続開始がなされたことを通知し，税額を確認する書面の提出を求めることが必要である（財団債権である租税等の請求権把握に特定の方式は要求されていないので，必ずしも「交付要求」としての書面である必要はない。）。

(2) 従業員の所得に対する特別徴収の地方税

破産者が従業員を雇用していた案件では，国税である所得税の源泉徴収分は破産者に納税義務があり，破産者所在地の税務署が扱うが，その所得に対する特別徴収の地方税は（破産者所在地ではなく）各従業員の住所地の自治体により課せられる。各従業員の住所地が判明していれば，その自治体に問い合わせをすることが必要である。

(3) 管財人の支払う報酬等に対する源泉所得税

法人破産の事案において，管財業務遂行のために管財人が元従業員を雇用した場合や税務処理等のために税理士，公認会計士に依頼をした場合に，給与や報酬を支払うにあたって所得税の源泉徴収をする必要がある。また，法人破産の事案における管財人報酬についても，所得税の源泉徴収をする必要がある（最判平23・1・14民集65・1・1。本書307頁参照）。

源泉所得税は，納税義務が成立すると同時に，法令によって自動的に税額が確定し(自動確定方式)，徴収した月の翌月10日が法定納期限となる(破産者が納期の特例を受けている場合には1月から6月までは7月10日，7月から12月までは翌年1月20日が法定納期限となる。)。

4　配当可能な場合の財団債権の弁済

配当可能な場合とは，破産財団が財団債権の総額を超えて存在するケースである。

この場合，適宜の時期に支払う（法2⑦・78）のが原則であるが，ここで管財人がなすべきことは，延滞税等のうちで財団債権となるものについての

296 第4章 破産管財人の手引

免除を求める折衝である。財団債権者への支払は，個々に，減免交渉がまとまった段階で行うことになる。ただ，減免の可能性が見込めないのに支払をしないで折衝を続け，最終的に減免が実現しないと延滞税等が肥大化するので，適宜に折衝を打ち切ることが必要である。

(1) 財団債権たる租税債権を支払うに足りる財団が形成されたことを根拠とする延滞税（延滞金）の免除

管財人は，国税徴収法上は執行機関とされており（税徴二十三），強制換価手続には破産手続を含む（税徴二十二）ので，国税，地方税とも「執行機関が強制換価手続において当該金銭を受領した日の翌日からその充てた日までの期間」の延滞税につき「免除することができる」との規定の適用を受けることができると考えられる（国税については税通63⑥四，税通令26の2一，地方税については，地税20の9の5②三，地税令6の20の3①）。

これを根拠として，管財人は，交付要求を受けた金額を支払うに足りる財団が形成された日の翌日以降の延滞税の免除を求めることになる。条文では「免除することができる」とされているが自由裁量ではなく，免除事由がある場合には免除すべきであると解されており（羈束裁量），管財人は積極的に減免を求める必要がある。

例えば，Ａ公租公課庁の交付要求に係る国税が500万円であったとして，当該金銭である500万円の財団形成がされた日の翌日からの分については，Ａ公租公課庁に延滞税の免除を求めることになる。

具体的な免除申請手続は，当該金銭に該当する財団形成時点を確認できるように高価品保管口座の銀行通帳の写しを添付し，延滞税の免除申請書を当該公租公課庁に対し提出することになる。

(2) やむを得ない理由があることを根拠とする延滞金の免除

地方税については，上記(1)に該当しなくても，各税目ごとに納期限までに税金を納付しなかったことについて，やむを得ない理由がある場合には延滞金の減免を受けることができる旨の規定があるので（地税64④〔道府県民税〕・326④〔市町村民税〕・369②〔固定資産税〕・463の24②〔軽自動車税（種別割）〕・608②〔特別土地保有税〕・701の60②〔事業所税〕・702の8⑦〔都市計画税〕等），破産財団の一般財源不足等を理由として当該公租公課庁に対し延滞金の免除申

第12　財団債権・優先的破産債権の弁済　297

請をすることになる（なお，地方税の場合，延滞金に限らず，条例により
租税の免除を受けることができる旨が規定されていることがある（地税61・
463の23等）。）。

(3)　公課についての延滞金の減免

公課についても，同様の理由から，延滞金の減免を受けられることがし
ばしばあるので，減免を求める折衝を行うべきである。

5　異時廃止の場合の財団債権の弁済

破産財団が財団債権の総額に足りなければ，異時廃止となる。

この場合，財団債権の支払は，法152条に従って行う。同条1項は，「法令
に定める優先権にかかわらず，債権額の割合により弁済する」と規定する
が，同条2項は，財団債権の優先順位に関する規定であるから，これに従っ
て弁済をなすべきこととなる（優先関係の詳細は，本書241頁参照）。

異時廃止となる事案では，管財人が延滞税等の減免折衝を行っても，破
産債権に対する配当原資の増加にはつながらないので，減免折衝を行う意
味は乏しい場合がある。

個々に時期を違えて弁済を行うと，延滞税等の関係で正確な割合弁済が
できないので，基準時を定めて，全ての財団債権者にその時点での財団債
権の現在額（延滞税等を含むもので差し支えない。）の届出を求める。その
上で，届出額を基準として按分表を作成し，それにより弁済を行うのが相
当である。

6　優先的破産債権である租税等の請求権・労働債権の弁済方法

(1)　弁済手続の合理化

優先的破産債権である租税等の請求権・労働債権の弁済は，配当手続に
よって行うことが原則である。特に，労働債権について争い（労働債権該
当性，総額，財団債権部分と優先的破産債権部分の区別のいずれか）があ
る場合には，優先的破産債権である労働債権について債権届出を求めて，
債権認否を行い，債権調査手続による確定を行い，配当手続による弁済を
行うこととなる。優先的破産債権である租税等の請求権についても，その
額に争いがあれば，確定させた上で（ただし，債権調査手続での確定はで

298 第4章 破産管財人の手引

きない（本書284頁参照）。）配当手続による弁済を行うこととなる。

優先的破産債権である租税等の請求権・労働債権を配当手続によって配当するためには，債権調査を終えることが必要である。債権調査を終えるためには，一般破産債権の配当がなされない場合にも，一般破産債権を含む全ての破産債権について債権調査を行わざるを得ない。また，一般破産債権の配当をなし得る場合には，租税等の請求権，労働債権の全額を支払うことができるにもかかわらず，債権調査においては，その区分（財団債権部分と優先的破産債権部分の区分）を行わざるを得ない。

大阪地裁では，このような無駄な作業を管財人が行うことを回避するために，優先的破産債権を配当手続によらず，和解許可により支払う方法を認めることとしている（なお，労働債権については，弁済許可による手続も可能である（本書237頁及び515頁【資料725】参照）。）。

ただ，和解許可による支払の場合，債権調査手続を経ないために他の破産債権者がその債権について異議を述べる機会がないこととなる。租税等の請求権については，もともと，債権調査の対象ではなく，他の破産債権者の債権調査への参加は問題とならないが，労働債権については，この点が問題となり得る。したがって，労働債権について和解契約による支払をなし得るのは，管財人が労働債権の算定資料を確保し，労働債権の額を把握でき，労働債権に該当するか否かや労働債権の額について争いがないと見込まれる場合であり，このような場合に，労働債権の債権届出の留保を求めて和解契約の締結，和解許可による支払を行うこととなる（本書253頁参照）。そうでない場合には，労働債権の債権届出を求めて，債権調査を行う必要がある。

以下，租税等の請求権及び労働債権を優先順位に従って弁済する場合について，後記(2)で優先順位を示し，(3)〜(6)で弁済を行う範囲に応じた和解契約の種類を例示し，その際の債権調査等の要否について述べる。

(2) 租税等の請求権及び労働債権の優先順位

ア　財団債権相互の間の優先順位は，次の①〜④の順である（本書241頁参照）。

①　管財人報酬・管財人立替事務費等

第12 財団債権・優先的破産債権の弁済 299

② 債権者申立て又は第三者予納の場合の予納金補填分，債務者会社の特別代理人が選任されたときの代理人報酬相当額の予納金相当額

③ 破産債権者の共同の利益のためにする裁判上の費用並びに破産財団の管理，換価及び配当に関する費用の請求権（①，②に該当するものを除く。）

④ それ以外の財団債権

租税等の請求権及び労働債権であって財団債権である部分は，③に該当しなければ，④がその順位である（管財人の換価により生じた消費税，開始決定の後の1月1日を賦課基準日とする固定資産税・都市計画税，管財人が雇用した者に対する給料などは③に該当することに留意する必要がある（本書242頁参照）。）。

イ 優先的破産債権の相互の間の優先順位は，次の①〜③の順である（本書243頁参照）。

① 国税及び地方税（両税は同順位）

② 公課

①と②が租税等の請求権の内の優先的破産債権部分であり，①は②に優先する。

③ 私債権（私債権相互間の優劣は，民法等の実体法の定めによる。）

ウ 優先的破産債権が租税等の請求権及び労働債権のみである場合

実務上は，前記アの①〜③の財団債権は支払済み又は支払が予定されており，租税等の請求権及び労働債権である優先的破産債権以外の優先的破産債権が存在しない場合が多い。

この場合，租税等の請求権及び労働債権の優先順位は次のとおりである。優先順位は，①＝②，③，④の順である（①と②は同順位）。

① 財団債権である租税等の請求権（法148条1項1号及び2号に該当するものを除く。）

② 財団債権である労働債権（法148条1項1号及び2号に該当するものを除く。）

③ 優先的破産債権である租税等の請求権

④ 優先的破産債権である労働債権

300 第4章 破産管財人の手引

(3) 財団債権の按分弁済の場合

①（財団債権である租税等の請求権）＋②（財団債権である労働債権）
の一部しか弁済できない場合には，①＋②を按分弁済することになる。①
と③（優先的破産債権である租税等の請求権）の区別（逆にというと①の
額の確定），②と④（優先的破産債権である労働債権）の区別（逆にいうと
②の額の確定）の作業は必要であるが，当然に異時廃止となるので，債権
届出及びその後の債権調査手続は不要である。

(4) 優先的破産債権である租税等の請求権の按分弁済の場合

①（財団債権である租税等の請求権），②（財団債権である労働債権）は
全額を弁済できるが，③（優先的破産債権である租税等の請求権）の一部
しか弁済できない場合には，①，②の弁済と③の一部の弁済を行う。③の
一部の弁済は，配当手続ではなく，租税等の請求権についての和解契約の
許可申請を行い（本書514頁【資料724】），その許可を得て按分弁済を行い，
その後，異時廃止とする。①と③の区別，②と④（優先的破産債権である
労働債権）の区別の作業は必要であるが，異時廃止となるので，債権届出
及びその後の債権調査手続は不要である。

(5) 優先的破産債権である労働債権の按分弁済の場合

①（財団債権である租税等の請求権），②（財団債権である労働債権），
③（優先的破産債権である租税等の請求権）は弁済できるが，④（優先的
破産債権である労働債権）の一部しか弁済できない場合には，①，②，③
の弁済と④の一部の弁済を行う。①，②，③の弁済及び④の一部の弁済は，
配当手続ではなく，租税債権及び労働債権についての和解契約の許可申請
を行い，その許可を得て行い，その後，異時廃止とする。

①と③の区別は不要であるが，②と④の区別の作業は必要である。異時
廃止となるので，債権届出及びその後の債権調査手続は不要である。

④の一部の弁済を配当手続によらずに行う方法としては，前述の労働債
権の弁済許可（法101）（本書236頁参照）によることも考えられるが，その場
合には，労働債権の債権届出が必要となる。弁済手続の合理化が前提とし
ている労働債権は，労働債権該当性，総額，財団債権と優先的破産債権の
区別のいずれについても争いがない場合であるので，ここでは，労働債

の債権届出を要しない労働債権についての和解契約（本書253頁参照）によることがより合理的である。

(6) 財団債権及び優先的破産債権の全額を弁済できる場合

①（財団債権である租税等の請求権），②（財団債権である労働債権），③（優先的破産債権である租税等の請求権），④（優先的破産債権である労働債権）の全部を弁済して，一般破産債権の配当が可能な場合には，①と③の区別，②と④の区別は不要であり，①～④の全部を含めて，租税債権及び労働債権についての和解契約の許可申請を行い，その許可を得て弁済を行うことができる。この場合，一般破産債権の債権届出は必要であるが，労働債権の債権届出は不要である。

債権届出のあった一般破産債権についてだけ債権調査を行い，破産債権者表，配当表を作成して，配当を実施して破産手続を終えることとなる。

租税等の請求権，労働債権については，財団債権と優先的破産債権の区別は不要であり，また，優先的破産債権である租税債権は弁済を終えており，同じく労働債権は債権届出がなされないため，破産債権者表や配当表に記載する必要もない。

第13 ｜ 配当手続

1　はじめに

破産財団が財団債権の総額を超えて存在するケースについては，一般の債権調査の終了後，配当手続により配当を行う（ただし，本書297頁以下に記載のとおり，優先的破産債権についてのみ配当が可能であり，他の破産債権者の利益を害しないと考えられる事案については，簡易な分配により，その全部又は一部を弁済した上で異時廃止で終了させる。）。

破産手続において，債権者の最大の関心は配当率及び配当の時期にあるといえるので，破産手続に対する債権者の信頼を維持する上でも，配当の

302　第4章　破産管財人の手引

迅速・適正な実施は重要である。

　実際の配当実施には時間と費用がかかるので，破産債権者の数・配当率
等を勘案しながら，時期・回数・方法等について判断する必要があるが，
これらの判断は，基本的には管財人に委ねられている。

2　配当の種類

(1)　最後配当（法195以下）（本書320頁参照）

　一般の債権調査の終了後であって破産財団に属する財産の換価の終了後
にする配当である。法律上は原則的な配当手続とされているが，実務上は
中間配当を行った場合や，簡易配当によることが適当でないと判断された
場合にのみ，例外的に選択されている。

(2)　簡易配当（法204以下）（本書305頁参照）

　最後配当をすることができる場合において，一定の要件のもと，最後配
当に代えてする配当である。最後配当と比較して，①債権者への周知方法
につき個別通知に限定されており配当公告を利用することができないこ
と，②除斥期間が2週間から1週間に短縮されていること，③配当表に対す
る異議申立てについての裁判に対する即時抗告が許されないこと，④配当
額を定めた場合の債権者への個別通知が不要であること等の手続上の特徴
があり，最後配当よりも簡易かつ迅速に配当を実施することが可能な手続
である。このため，配当手続の多くでは簡易配当が選択されており，簡易
配当は，実務上の原則的な配当手続となっている。

　なお，破産法上，簡易配当には，配当原資が1000万円未満である場合の
少額型（法204①一）並びに全届出破産債権者が簡易配当について異議を述
べないことを要する配当時異議確認型（法204①三）及び開始時異議確認型（法
204①二）の3種類があるが，大阪地裁では，配当原資1000万円未満の場合の
簡易配当は少額型により，配当原資1000万円以上の場合の簡易配当は配当
時異議確認型によることにしている（開始時異議確認型は利用していな
い。）。

(3)　同意配当（法208）（本書324頁参照）

　最後配当をすることができる場合において，届出破産債権者全員の同意

のもと，最後配当に代えてする配当である。手続が簡易配当より更に簡略化され，簡易配当と比較しても一層迅速な配当の実施が可能であるが，その利用は，管財人の定めた配当表，配当額並びに配当の時期及び方法について，届出破産債権者全員の同意が得られる事案に限られる。

(4) **中間配当**（法209以下）（本書325頁参照）

一般の債権調査の終了後であって破産財団に属する財産の換価の終了前において，配当をするのに適当な破産財団に属する金銭があると認めるときに，最後配当に先立ってすることができる配当である。個別管財手続の事案で，財団規模が大きく，配当するのに適当な財団が形成され，かつ，今後も換価業務が続き，終結まで一定程度の期間が見込まれるような場合に，例外的に行われている（なお，中間配当をした場合には，簡易配当が利用できなくなる（法207）点に注意する必要がある。）。

(5) **追加配当**（法215）（本書328頁参照）

最後配当，簡易配当又は同意配当後，新たに配当に充てることができる財産が発見されたときに，補充的にする配当である。

(6) **その他～和解契約方式による簡易分配**

前記のほか，新たな債権届出や交付要求がなされるおそれがないなど管財人において全債権者を把握できている事案では，①債権者数が少なく，②債権調査を実施して債権認否において異議を述べる必要がなく，③和解契約に適した債権者であり，債権者との間で十分なコミュニケーションがとれるのであれば，全届出破産債権者との間で和解契約を締結した上で，債権者に金銭を分配するという方法を選択することも可能である（分配は財団債権の弁済として行われるので，破産法上は異時廃止となる。）。ただし，法定の債権調査手続を経ていないため，後に破産債権の有無，額，優先性などに争いが生じた場合，管財人の善管注意義務を問われる可能性があることに注意が必要である。

この方法によると，換価等が早期に終了した場合，債権調査を実施することなく，第1回集会前までに分配行為を完了させることが可能である。

304　第4章　破産管財人の手引

3　換価終了後の配当の手続選択

　大阪地裁では，一般管財手続の事件について，原則として換価が終了するまでの間は債権調査期日を指定していない（本書246，248頁参照）。このような事件では，債権調査実施後，直ちに配当手続に入ることになる。

　個別管財手続の事件でも，多くの事件は留保型で開始し，換価終了後に一般調査期日を指定しており，このような事件では，一般管財事件と同様，債権調査実施後，直ちに配当手続に入ることになる。他方，例えば破産債権の存否及び額に争いがあるような場合などで，換価終了を待つことなく一般調査期日を指定し，債権調査を実施し，一般調査期日が終了した後にも換価が継続されることもあるが，この場合でも，換価が終了すれば，破産債権の確定のための裁判手続等が係属していても係争中の債権者に対する配当額は供託すれば足りることもあるから（法202・205）（本書308頁参照），換価終了後は，配当手続に入るかどうか検討することになる。ただし，係争中の債権者に対する配当額を供託して配当を実施すると，当該破産債権の確定後に追加配当を行う手間と費用が発生する可能性があるため，裁判手続の長期化が見込まれないのであれば，確定を待ってから配当手続に入るという結論を選択する場合が多いであろう。

　管財人は，換価終了後の配当方法として，簡易配当，最後配当及び同意配当（さらに場合によっては前記2(6)の「和解契約方式」）のいずれかを選択することになる。その選択について，大阪地裁では，以下のとおり，配当をすることができる金額に応じ，少額型又は配当時異議確認型の簡易配当を選択することを原則とする運用を行っている（なお，少額型の簡易配当と配当時異議確認型の簡易配当では，使用する書式等が異なることに注意する。）。

　(1)　配当をすることができる金額が1000万円未満の場合

　　ア　原則として少額型の簡易配当（法204①一）による。少額型では簡易配当についての破産債権者に対する異議確認の手続を要しないため（法206参照），配当原資が1000万円未満で少額型の簡易配当によることができる場合，あえて最後配当を選択する意義は乏しい。

　　イ　なお，管財人の定めた配当表，配当額並びに配当の時期及び方法

について届出破産債権者全員の同意が得られる事案では同意配当も可能である。しかし，一般に，届出破産債権者が多数の事案は上記の同意を得るための事務負担が大きく，同意配当にはなじみにくいし，届出破産債権者が少数の事案でも，債権者の中に配当に参加できない可能性のある債権者がいる場合（債権調査において異議が述べられている場合，別除権付債権で不足額が確定していない場合,停止条件付債権や将来の請求権の場合等）には，当該債権者から上記の同意を得ることが困難と予想されるので，基本的には他の配当方法を選択することになる。

(2)　配当をすることができる金額が1000万円以上の場合

ア　原則として配当時異議確認型の簡易配当（法204①三）による。ただし，管財人が債権調査において多数の届出債権を否認した場合や，否認した届出債権は少数であっても査定申立てがされ，又は予想される場合など，破産債権者が債権の存否のみならず配当手続の選択についても争う可能性が高い場合は,債権者の異議によって簡易配当の許可が取り消され（法206），手続が長期化することを防ぐため，最後配当を選択することも考えられる。また，債権者が多数に及ぶ場合には，簡易配当についての異議が述べられる可能性を考慮して，最後配当を選択することが考えられる。

イ　なお，開始時異議確認型の簡易配当（法204①二）は，配当時になって少額型によることが可能となった場合は異議確認の作業が無駄になること，結果的に異時廃止となった場合に破産債権者から不満が出るおそれがあることなどの事情から，大阪地裁では利用していない。

(3)　中間配当を実施した場合

前記(1)，(2)にかかわらず，中間配当を実施した場合は簡易配当によることはできないので（法207），この場合は，通常は最後配当を選択することになる。

4　簡易配当の手続

前記3のとおり，配当の方法としては簡易配当が選択されることが多いが，簡易配当により配当を行う場合の手続の流れは，以下のとおりである。

なお，大阪地裁では，配当手続の遅滞防止のため，換価の終了後，任務

306　第4章　破産管財人の手引

終了集会までの配当手続のスケジュールについて，進行表（本書521頁【資料803】簡易配当進行表）により打ち合わせる運用を行っている（簡易配当手続における具体的確認事項については，本書522頁【資料804】簡易配当手続チェックシートを参照）。

(1)　簡易配当前の検討事項等

　ア　換価未了財産の有無の確認

　財産状況報告集会の準備として作成した財産目録等を点検し，換価漏れのないようにする。換価不能財産は財団から放棄することになるが，その際，放棄につき裁判所の許可を要する財産の許可申請漏れや，法人の破産事件の場合で管財人が別除権の目的たる不動産を財団から放棄する場合には，2週間前までに別除権者に対してその旨を通知しなければならないこと（規56）に注意する。

　なお，自然人の破産で，換価又は放棄した不動産について破産の登記（本書104頁参照）をしていた場合には，これら破産登記の抹消上申の漏れがないよう注意が必要である。

　イ　配当事案であることの確定

　配当を行うためには，財団債権をすべて弁済した後，破産財団に余剰が残ることが必要である。したがって，配当の可否を検討するためには，財団債権の存否及び額を正確に把握することが必要となる。財団債権の種類及び判断方法については，本書209頁以下及び294頁以下で述べたとおりである。財団債権の額の把握に当たって注意すべき点は，以下のとおりである。

　（ア）　管財人報酬

　管財人報酬は裁判所の報酬決定がされるまでは判明しないため，配当事案となるか否かが管財人報酬額により決まるような場合は，換価が終了したら速やかに財産目録，収支計算書及び業務要点報告書（債権者集会まで間がある場合には，報酬決定の上申書）等を提出するなどして報酬決定を求める。報酬決定があれば裁判所から電話連絡があるので，報酬決定正本を受け取りに行く。

　管財人報酬額は，事件ごとに諸般の要素を総合的に考慮して決定される

が，大阪地裁では，管財人報酬の最低基準額を勘案して，少なくとも，形成された財団が40万円以下の場合にはその全額を管財人報酬とし，配当を実施しない運用が行われている。

　なお，法人破産の事案において，管財人は，管財人報酬を自らに支払う際にその報酬について源泉徴収義務を負うことに注意が必要である（本書295，333頁参照）。

（イ）　配当通知費用及び振込費用等の財団債権

　配当を行う場合は，配当通知費用及び振込費用等の財団債権が発生することも考慮しておく必要がある。

（ウ）　予納金補填分

　債権者申立て又は準自己破産申立ての場合で，予納金の補填が不要である旨の上申がなく，申立人が予納金を出捐しているときには，財団債権として予納金の補填分を支払う必要がある。債権者申立ての場合においては，当該債権者が納付している申立手数料及び予納金の合計額，準自己破産申立ての場合で予納金が破産会社の出捐によらず，補填が不要である旨の上申もないときには，予納金額について，それぞれ補填を要する。法テラス等による第三者予納の場合も同様である（本書242，299頁参照）。

ウ　財団債権の弁済

　以上の確認を終えて，配当事案であることが確定した後，既に発生している財団債権については速やかに支払を行い，その旨を裁判所に報告する（本書536頁【資料902】財団債権弁済報告書）。配当事案における財団債権の弁済については，本書295頁のとおりであり，交付要求については，延滞税の減免申請をし，できるだけ当該公租公課庁と交渉して免除を受けるよう努力する。

エ　簡易配当後に破産財団を残存させないための注意

　簡易配当許可後配当実施までの間に予測される破産財団の収支の変動（配当手続費用等）を考慮し，簡易配当後に破産財団ができるだけ残存しないように注意する。

オ　債権調査終了後の債権の変動の確認等

　個別管財手続の場合は，債権調査を実施してから換価が終了するまでに

308 第4章 破産管財人の手引

ある程度の期間を要することがあり，その間に債権の変動（債権の全部又は一部の取下げ，異議撤回，債権の全部又は一部の承継，別除権の不足額の確定，停止条件付債権の条件成就等）が生じることがある。このような場合，裁判所書記官が，債権の変動が生じる都度，破産債権者表備考欄への書込みを行っている。他方，破産管財人においても，債権の変動を把握し，本書266頁及び285頁以下を参照して，債権調査終了後の債権変動等を点検し，備考欄への書込みを行った後の裁判所書記官確認用の破産債権者表を提出し，裁判所書記官と認識が一致しているかについて確認を受ける。

(2) 簡易配当の対象となる債権等

簡易配当の対象となる債権は以下のとおりである。

　ア　確定した債権

債権調査の結果，異議なく確定した債権は，配当の手続に参加することができる債権として，優先・劣後等を区別した上で配当表に記載する（法205・196②）。

債権調査期日においていったん異議を述べられたがその後異議が撤回されて確定した場合，配当表には確定後の金額を記載する。債権届出の一部取下げ等によって減少した場合は，配当表には減少後の金額を記載する。

　イ　未確定の有名義債権

債権調査の結果，異議が述べられて未確定となった債権であっても，有名義債権（執行力のある債務名義又は終局判決のある債権）の場合には，異議者から訴訟手続によって異議が主張されていても無条件で配当に加えられるので（法205・198①かっこ書），配当表への記載を要する。

ただし，配当表に対する異議申立期間（除斥期間経過後1週間）の経過時に破産債権の確定のための裁判手続等が係属しているときは，その配当額が供託される（法205・202一）。

　ウ　未確定の無名義債権で，破産債権確定のための裁判手続等の係属を管財人に証明したもの

異議等のある無名義債権については，債権者が，除斥期間内に，管財人に対し，破産債権確定のための裁判手続等の係属を証明した場合に限って

配当の手続に参加することができる（法205・198①）。債権者が除斥期間内に上記の証明をしない場合は，配当から除斥されるので，当該債権の配当表への記載を要しない。

配当の対象となる場合でも，有名義債権の場合と同様，配当表に対する異議申立期間経過時に破産債権の確定のための裁判手続等が係属している限り，その配当額は供託される（法205・202一）。

　エ　別除権付債権

　　（ア）　除斥期間内に，管財人に対し，被担保債権の全部又は一部が破産手続開始後に担保されないこととなったことを証明するか，担保権の行使によって弁済を受けることのできない債権の額（不足額）の証明がなされない限り，配当からは除斥され（法205・198③），配当表への記載を要しない（破産債権者表一体型の配当表の場合，当該債権者の配当関係欄は空欄のままでよい。）。

上記証明のために管財人が別除権者に提出を求めるべき資料として，以下のものが考えられる。別除権の不足額の証明があった場合は，管財人は，不足額確定報告書（本書530頁【資料811】）に債権者から提出された資料を添付して裁判所に提出する。

　　①　別除権の目的たる物件が競売手続において競落された場合
　　　　競売事件の配当表謄（抄）本又は売却代金の交付計算書類及び債権者作成の不足額確定報告書又は計算書（配当金受領証明書等の資料を添付したもの）等
　　②　別除権の目的たる物件が任意売却された場合
　　　　管財人の関与による任意売却の場合は，目的物の売却により被担保債権の弁済を受けたことを示す債権者作成の不足額確定報告書又は計算書，それ以外の場合（譲渡担保など）は，上記報告書又は計算書に加えて，売買契約書の写し及び新所有者への移転登記済みの登記事項証明書等
　　③　別除権者が別除権を放棄した場合
　　　　債権者作成の担保権放棄書面及び放棄により抹消された登記事項証明書等

310 第4章 破産管財人の手引

④ 別除権者と管財人との間で被担保債権の範囲の限定又は縮減の合意がされた場合

別除権者と管財人の合意書等

（イ）　根抵当権については，除斥期間内に不足額を証明しない場合でも，破産債権のうち極度額を超える部分については配当に参加できる（法205・198④・196③。本書312頁参照）。

オ　停止条件付債権及び将来の請求権である破産債権

除斥期間内に現実化しない限り配当から排斥され（法205・198②。打切主義），配当表への記載を要しない。

カ　解除条件付債権である破産債権

停止条件付債権とは反対に，除斥期間内に条件が成就しない限り無条件の債権として配当の手続に参加することができる。

キ　委託を受けた保証人の代位弁済前の事前求償権について

委託を受けた保証人の代位弁済前の事前求償権（民460一。主たる債権者の届出がない場合）の届出に対して異議を述べていた場合（本書279頁参照），代位弁済があれば異議を撤回することになるが，代位弁済がされないうちに配当を実施する場合は，除斥期間内に主たる債権者の債権届出がなければ，除斥期間満了時に異議を撤回し，配当表を更正した上で，配当の対象とするのが相当である。

ク　破産手続開始後に弁済を受けた債権について

破産債権につき破産者以外の全部義務者（保証人，物上保証人等）がいる場合，破産債権確定後にこれらの義務者からその一部について弁済を受けたなどの事実があっても，当該債権の届出債権者は，当該破産債権全額につき配当を受けることができる（開始時現存額主義。法104①②⑤。本書276頁以下参照）。

また，破産債権者が破産手続開始後に物上保証人から債権の一部の弁済を受けた場合において，破産手続開始の時における債権の額として確定したものを基礎として計算された配当額が実体法上の残債権額を超過するときは，その超過する部分は当該債権について配当すべきとする判例がある（最決平29・9・12民集71・7・1073参照）。

ただし，超過配当が生じうるような場合には，裁判所と処理方針を事前に協議することが望ましい。

　　　ケ　手形債権の原因債権について

　手形の原因債権のみの届出に対して異議を述べていたが除斥期間内に手形債権の届出がない場合は（本書272頁参照），破産手続上の重複権利行使のおそれはないので，除斥期間満了時に異議を撤回し，配当表を更正した上で，原因債権を配当の対象とするのが相当である。

　(3)　簡易配当の許可

　簡易配当をするには，裁判所書記官の許可を得なければならない（法204①）。

　簡易配当の許可申請は，簡易配当許可申請書（本書524頁【資料805】）に収支計算書（本書483頁【資料605】）を添付して行う。簡易配当許可申請書は以下の要領で作成する。

　　　（ア）　許可申請書の「現在の破産財団の現金総額」欄には，収支計算書の，収入の部の合計，支出の部の合計及び差し引き残高の金額を転記する。支出の部には，未払の財団債権（管財人報酬，事務所で立て替えている管財事務処理のための費用，配当通知費用（84円×債権者数），配当金振込のための費用，商業帳簿等の書類保管費用（本書337頁）等）の見込額も計上する。

　　　（イ）　許可申請書の「配当の手続に参加することができる債権の総額」欄には，優先的破産債権・一般破産債権・劣後的破産債権を問わず，債権調査により確定した破産債権の総額を記載する。

　　　（ウ）　許可申請書の「配当をすることができる金額」欄には「財団の現金総額より御庁の報酬決定額を控除した金額」と記載する（既に報酬額を支払済みでも上記文言のまま記載し，「財団の現金総額」と記載したり，具体的な財団の現金総額を記載したりしない。）。

　(4)　配当表の作成・提出

　　　ア　配当表の作成

　配当許可がなされたら，遅滞なく，破産債権者表に基づいて作成した配当表を裁判所に提出する（法205・196①）。なお，大阪地裁では，配当許可申請書の提出の際に，配当表も併せて提出する運用を採用している。

312　第4章　破産管財人の手引

　配当表は，一般管財手続の場合は本書516頁【資料801】の書式，個別管財手続の場合は本書519頁【資料802】の書式をそれぞれ利用して（一般調査期日を終了させて直ちに配当手続に入るような事案では，破産債権者表一体型の配当表（本書516頁【資料801】）を使用しても差し支えない。），破産債権者表や債権届出書等を確認しながら，配当の手続に参加することができる破産債権者の氏名又は名称及び住所，配当の手続に参加することができる債権の額，配当をすることができる金額等を，優先的破産債権，一般破産債権，劣後的破産債権及び約定劣後債権に区別して記載する（法205・196②）。配当表の作成に際しては，本書308頁以下のほか，以下の点にも留意する。

　　　（ア）　「配当をすることができる金額」
　前記(3)の要領で作成した収支計算書の「差引残高」の金額をもとに配当率を算出し，その上で，各債権の額に配当率を掛けた金額を各債権の「配当をすることができる金額」として，その合計額を配当表の「配当をすることができる金額」の総合計としてそれぞれ記入する。なお，各債権の「配当をすることができる金額」の計算に際して1円未満を切り捨てる等の処理を行い，「配当することができる金額」の総合計が収支計算書の差引残高を超えないように注意する。

　　　（イ）　破産債権者表が枝番号を付して作成されている場合
　破産債権者表が枝番号を付して作成されている場合（本書262頁参照）は，配当表もそれぞれの枝番号に応じて債権額，配当額を記載する。この場合，債権者ごとの小計を別途計算しておくと，配当実施の際に有用である。

　　　（ウ）　債権の一部承継があった場合
　労働者健康安全機構が立替払によって労働債権の一部を承継した場合など債権の一部承継があった場合は，基礎となる届出番号に枝番号を付する方法で承継分を記載し，どの債権についていくら承継されたかが明確になるように記載する（本書520頁【資料802】配当表（単独型）参照）。

　　　（エ）　根抵当権の極度額を超えた部分についての配当参加
　根抵当権については，除斥期間の満了までに不足額の証明ができなかった場合でも，破産債権のうち，その極度額を超える額での配当参加を可能とするための特則がある（法205・196③）。したがって，配当の許可があった

日における極度額を超える部分の額（本書531頁【資料812】別除権（根抵当権）に関する報告書）を配当表に記載しなければならない（本書289頁参照）。

イ　少額配当（配当額1000円未満）の受領意思の届出制度〜振込費用財団負担方式と定型届出書式による合理的運用

破産法は，破産債権者に対して，債権届出の際又は届出名義変更の際に，自己に対する配当額の合計額が1000円（規32①）に満たない場合においても配当金を受領する意思があるときには，その旨の届出をすることを定めており（法111①四・113②），その旨の届出をしていない破産債権者に対する配当額が1000円に満たないときには，管財人は，他の破産債権者に対して当該配当額の簡易配当をしなければならないと定めている（法205・201⑤）。

しかし，この制度をそのまま実施した場合，管財人の配当表の作成に係る事務負担が増大することになるため，大阪地裁では，債権者に送付する定型の債権届出書用紙（本書492，493頁【資料703，704】）に，不動文字で「配当額が1000円未満の場合も配当金を受領します。」「振込費用は個別の配当金からは差し引かず，破産財団から支出されることになります。」と記入し，また，届出名義の変更届（債権承継届）についても同様の定型用紙（本書495頁【資料706】）を用意して，配当額にかかわらず一律に，振込費用を破産財団から支出して配当額を振り込む取扱いを行っている。したがって，定型書式によらない届出等については，債権届出書又は承継届が提出された段階で少額配当の受領意思の記載の有無を確認し，上記記載がない場合は，別途「配当額が1000円未満の場合も配当金を受領します」旨の記載がされた裁判所宛の書面の提出を求める等の対応が必要である（本書265頁参照）。

(5)　届出破産債権者への通知

少額型の簡易配当の場合，配当表を裁判所に提出した後，遅滞なく，届出破産債権者に対する配当見込額を定め（配当表の各債権の配当をすることができる金額（本書312頁参照）をそのまま当該債権の配当見込額とすればよい。），①簡易配当の手続に参加することができる債権の総額，②簡易配当をすることができる金額，③上記配当見込額を届出破産債権者に通知しなければならないとされ（法204②），配当時異議確認型の簡易配当の場合は，上記①〜③に加えて，④簡易配当をすることにつき異議のある破産債

314　第4章　破産管財人の手引

権者は裁判所に対し異議申述期間（法204条2項の規定による通知が債権者に到達したものとされる旨の届出があった日から起算して1週間）内に異議を述べるべき旨も通知しなければならないとされている（法204②・206前段）。

　そこで，配当表の提出後，裁判所から配当表確認の連絡があり次第，①配当することができる金額が1000万円未満の場合は少額型の書式（本書525頁【資料806】配当についての通知書）を使用し，②配当することができる金額が1000万円以上の場合は配当時異議確認型の書式（本書526頁【資料807】簡易配当についての通知書（配当時異議確認型））を使用して，前記通知を行う（なお，少額型の簡易配当と配当時異議確認型の簡易配当では，使用する書式等が異なることに注意する。）。

　その際，上記通知書には振込依頼書（本書527頁【資料808】）を添付し，各債権者に，配当金の振込先口座を記入の上で返送するよう求める。

(6)　通知が債権者に到達したものとみなされる旨の届出

　前記(5)の通知は，通常到達すべきであったときに到達したものとみなされ（法204③），管財人は，到達したものとみなされる日（みなし到達日）を経過したときは，遅滞なく，その旨を裁判所に届け出なければならないとされている（法204④，規67・64）。

　上記届出はみなし到達日以前に行っても差支えないので，裁判所には，必ずみなし到達日までに届出書（本書528頁【資料809】配当の通知の到達に係る届出書）を提出する（FAX可。なお，みなし到達日を過ぎて届出をすると，配当表に対する異議申立期間満了日がずれることになり，配当金の支払日が異なってくるので，再度，債権者へ配当の通知をしなければならない場合があることに注意が必要である。）。

(7)　除斥期間

　簡易配当に関する除斥期間は，通知が債権者に到達したものとみなされる旨の届出があった日から起算して1週間とされている（法205・198①）。なお，上記届出がみなし到達日以前になされた場合は，除斥期間は，みなし到達日から起算して1週間となる。

(8)　簡易配当に対する異議申述期間（配当時異議確認型の場合）

　配当時異議確認型の場合の簡易配当に対する異議申述期間も，除斥期間

と同じく，通知が債権者に到達したものとされる旨の届出があった日から起算して1週間とされている（法206前段）。上記届出がみなし到達日以前になされた場合の異議申述期間が，みなし到達日から起算して1週間となるのは前記(7)と同様である。

なお，配当時異議確認型では，上記の異議申述期間内に簡易配当に対する書面による異議申述があった場合，裁判所書記官は，簡易配当の許可を取り消さなければならない（法206後段，規67・66③①）。この場合，管財人は，最後配当の許可を得るなどして，配当手続をやり直す必要がある。

(9) 配当表の更正

管財人は，下記①〜⑦の場合には，配当表を更正しなければならない。配当表の更正について裁判所の許可は不要であるが，更正した配当表に「配当表の更正」という表題を付して裁判所に提出し，裁判所から更正配当表の確認の連絡があり次第，配当手続を進める。

① 破産債権者表を更正すべき事由が除斥期間内に生じた場合（法205・199①一）

　例えば，債権届出が取り下げられた場合，破産債権の譲渡によって債権者が変更した場合，個別管財手続で届出債権に対する異議等が撤回された場合，破産債権確定手続の決着によって破産債権が確定した場合等がこれに該当する。

② 異議等のある破産債権（無名義債権）を有する破産債権者により，除斥期間内に，破産債権査定申立て，破産債権査定異議の訴え又は受継後の破産債権確定訴訟が係属していることの証明があった場合（法205・199①二）

③ 別除権者により，除斥期間内に，債権の全部又は一部が破産手続開始後に担保されないことの証明又は別除権行使によって弁済を受けることができない債権額（不足額）の証明があった場合（法205・199①三）

④ 除斥期間内に，停止条件付債権又は将来の請求権である破産債権が行使できるようになった場合（法205・198②）。

⑤ 配当表に対する異議申立期間（除斥期間経過後1週間）内に，新た

316 第4章 破産管財人の手引

に配当に充てることができる財産が発見された場合（法205・201⑥）

これに対し，配当表に対する異議申立期間の経過後に新たに発見された財産については，配当表の更正によって対応することはできず，原則として追加配当の原資となる（法215①）。ただし，発見された財産が僅少である場合は管財人の追加報酬とする場合があるし，裁判所と相談の上，簡易配当の際に併せて配当するという事実上の追加配当を行う場合もある。

⑥ 配当表に対する異議申立期間（除斥期間経過後1週間）内に管財人に知れていない財団債権が判明した場合（法205・203）

例えば，配当表に対する異議申立期間（除斥期間経過後1週間）内に租税等の請求権の交付要求があった場合は，これを優先的に弁済することに伴って配当原資が減少するので，配当表の更正が必要となる。これに対し，上記期間経過後に交付要求があった場合は，配当原資から財団債権として弁済する必要がないため（法205・203），配当表の更正も必要ないことになる（この場合は，配当後になお破産財団に残りがあれば，その限度で弁済することになる。）。

⑦ 誤記など配当表に明白な誤りがあった場合（法13，民訴257）

配当表の更正は，配当表に対する異議申立期間（除斥期間経過後1週間）内であれば可能と解される。ただし，上記期間経過後に配当表の誤りを発見した場合でも，例えば，当該債権者に念書を提出させた上で正しい額を配当するという取扱いも考えられることから，対応について裁判所に相談する。

配当表を更正した結果，配当額が変更される場合には，届出破産債権者に対して改めて変更された配当額等を通知しておくことが望ましい。

(10) 配当表に対する異議

届出をした破産債権者は，配当表に対する異議申立期間（除斥期間経過後1週間）内に限り，配当表及び更正された配当表に対する異議を申し立てることができる（法205・200①）。

異議事由は，配当の手続に参加することができる債権を配当表に記載しなかったこと，配当の手続に参加することができない債権を配当表に記載

第13　配当手続　　317

したこと，債権の額又は順位に誤りがあることなど，配当表の記載事項に関するものに限られ，債権調査の結果，既に確定された債権の内容に関する主張は，異議事由とはならない。また，異議の申立ては，財団債権者，破産者には認められない。

　配当表に対する異議申立期間内に異議の申立てがなければ配当表はそのまま確定し，異議の申立てがあった場合は，裁判所は，申立てに理由があるか審理するが（法200②），簡易配当では，上記裁判に対して即時抗告をすることはできない（法205で法200③が除外されている。）。

　なお，異議の申立てがあったときには，遅滞なく，裁判所書記官から管財人に対して通知がされるので（規67・65），裁判所から特に連絡がなければ，そのまま配当手続を進めてよい。

　(11)　配当額の定め

　破産法上，管財人は，配当表に対する異議申立期間経過後（異議の申立てがあったときは，当該異議の申立てに係る手続が終了した後），遅滞なく，簡易配当の手続に参加することができる破産債権者に対する配当額を定めなければならないとされている（法205・201①）。特に変動がない限り，配当額は，前記(5)の配当見込額と一致する。

　(12)　配当の実施

　　ア　進行表によりあらかじめ裁判所と打合せた配当実施予定日（前記(5)の簡易配当についての通知書にも記載している。）に，配当についての通知書に添付した振込依頼書（前記(5)参照）により債権者が指定した口座に振込む方法で実施する。なお，大阪地裁では，前記(4)イのとおり，振込手数料を全額財団から支出し（振込手数料相当額を配当費用に加算する。），配当額が1000円未満となる場合も配当を実施している。

　　イ　手形・小切手債権者に対する配当金の支払は，管財人事務所における手形等の呈示がなければ行うべきでないから，配当金の振込前に手形等の原本を管財人事務所に持参してもらって確認するか，管財人事務所に送付してもらう必要がある（持参・送付に必要な費用は債権者が負担する（法193②本文）。）。債権者が紛失等のため手形等を呈示しない（できない）ときは，債権者が受け取らない配当額として供託するが（法205・202三），配当額によっては，裁判所と相談の上，債権者から手形等の紛失の経緯及び

318　第4章　破産管財人の手引

第三者が現れても当該債権者が責任を負う旨の念書等を徴求した上で配当
金を支払う場合もある。

　　ウ　配当表に対する異議申立期間（除斥期間経過後1週間）経過後，債
権者から連帯保証人より代位弁済を受けた旨の連絡があった場合，原債権
者と代位弁済者の連名で配当金受領権の承継届の提出があれば代位弁済者
に配当金を交付するという取扱いが実務上とられている。配当金受領権の
承継届が提出されない場合，従来の債権者に配当すれば足り，受領しない
場合は供託する（法205・202三）。

　　エ　債権者が配当実施期間内に配当金を受領しない場合や配当額の通
知が転居先不明等により差し戻され，電話等で確認したり，戸籍附票等で
調査したりしても，通知先を知ることができない場合には，下記(13)のと
おり供託の手続をとることになる。

　(13)　配当額の供託

　配当表に対する異議申立期間（除斥期間経過後1週間）経過時までに確定
されない破産債権に対する配当額（法205・202一・二）及び破産債権者が受け
取らない配当額（法205・202三・200①）については，債権者の利益のために供
託され，これにより管財人は支払の責任を免れる。供託先は，管財人事務
所の所在地を管轄する法務局である。また，配当実施報告書には供託書正
本の写しを添付し，供託書正本は管財人において保管する（保管期間につ
き本書338頁参照）。

　(14)　管財人に知れていない財団債権者の取扱い

　配当表に対する異議申立期間を経過した時に管財人に知れていない財団
債権者は，配当をすることができる金額をもって弁済を受けることができ
ない（法205・203。前記(9)⑥参照）。

　(15)　配当後の手続

　配当終了後，振込受付書写し・供託書写し等を添付した配当実施報告書
（本書529頁【資料810】）を裁判所に提出する（規63）。

　また，配当実施報告書を提出する際に，実際の配当結果が記されている
配当表の写しを併せて提出する（管財人は，配当実施後，配当額を破産債
権者表に記載する必要があるが（法193③），大阪地裁では，配当表の写しを
破産債権者表に引用する方法が採られているため）。

第13 配当手続

○簡易配当手続の流れ

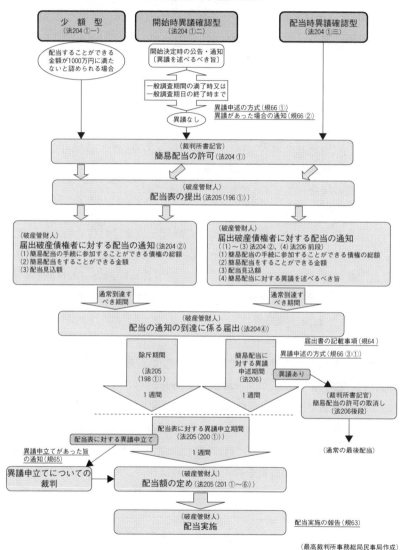

(最高裁判所事務総局民事局作成)

320 第4章 破産管財人の手引

5 最後配当の手続

本書304頁以下に記載のとおり，中間配当を実施した場合や，配当時異議確認型の簡易配当（配当原資1000万円以上）によると配当方法についての異議が出るおそれがある場合等には，簡易配当ではなく最後配当の手続を選択することになる。

最後配当における手続の流れは，以下のとおりである。

(1) 最後配当前の検討事項等

簡易配当の場合（本書306頁参照）と同様である。

(2) 最後配当の対象となる債権等

簡易配当の場合（本書308頁参照）と同様である。

(3) 最後配当の許可

最後配当をするには，裁判所書記官の許可を得なければならない（法195②）。

最後配当の許可申請（法195②）は，最後配当許可申請書（本書532頁【資料813】）により行う。最後配当許可申請書の作成要領は，簡易配当の場合（本書311頁）と同様である。

(4) 配当表の作成・提出

簡易配当の場合（本書311頁参照）と同様である（配当表の書式は本書519頁【資料802】によるが，一般調査期日を終了させて直ちに配当手続に入るような事案では，破産債権者表一体型の配当表（本書516頁【資料801】を使用しても差し支えない。）。なお，配当表の「配当の手続に参加することができる債権の総額」欄の記載について，中間配当を実施した場合でも，確定債権額から中間配当額を控除する必要はない。ただし，取下げがあった場合は控除する。

(5) 配当の公告等

最後配当では，破産法上，管財人は，配当表を裁判所に提出した後，遅滞なく，配当の手続に参加することができる債権の総額及び最後配当をすることができる金額を公告し，又は届出をした破産債権者に通知しなければならないとされている（法197①）。

大阪地裁では，最後配当の場合，基本的には，通知ではなく公告を選択

第13　配当手続　321

する運用を行っている。

　なお，配当公告には費用（1行3589円（消費税込み）で計算した額）が必要である。

(6)　除斥期間

　最後配当に関する除斥期間は，配当公告が効力を生じた日（又は通知が債権者に到達したものとみなされる旨の届出があった日）から起算して2週間とされている（法198①。簡易配当の除斥期間（上記届出があった日から1週間（法205・198①））よりも長い。）。

(7)　配当表の更正

　基本的に，簡易配当の場合（本書315頁参照）と同様である。

　ただし，前記4(9)の⑤，⑥，⑦の各場合の記述については，「配当表に対する異議申立期間（除斥期間経過後1週間）内」を「配当額の通知を発する前」に，「配当表に対する異議申立期間（除斥期間経過後1週間）経過後」を「配当額の通知を発した後」にそれぞれ読み替える必要がある（法205）。

　また，配当表の更正によって「最後配当の手続に参加することができる債権の総額」又は「最後配当をすることのできる金額」（法197①）に増減が生じることになるため，新たな公告・通知を要するとの考え方もあるが，大阪地裁では，新たな公告・通知を不要としている。

(8)　配当表に対する異議

　基本的に，簡易配当の場合（本書316頁参照）と同様である。

　ただし，異議の申立てについての裁判に対して，即時抗告をすることができる点で，簡易配当と異なる（法200③）。

(9)　配当額の定め及び通知

　配当表に対する異議申立期間経過後（異議の申立てがあったときは，当該異議の申立てに係る手続が終了した後）に配当額を定める点は，簡易配当の場合（本書317頁参照）と同様である。

　最後配当の場合，配当額を最後配当の手続に参加することができる破産債権者に通知しなければならないとされているので（法201⑦），あらかじめ決めた配当通知予定日に，配当についての通知書（本書525頁【資料806】）により，配当の日時・場所，支払方法等と併せて通知する。その際，通知

書には振込依頼書（本書527頁【資料808】）を添付し，各債権者に，配当金の振込先口座を記入の上で返送するよう求める。

この通知によって，各債権者の配当金請求権が具体化する。

(10)　配当の実施

簡易配当の場合（本書317頁参照）と同様である。

(11)　配当額の供託

最後配当の配当額の通知を発した時までに確定されない破産債権に対する配当額（法202一二。中間配当の際に寄託された配当額については法214②）及び破産債権者が受け取らない配当額（法202三）については，債権者の利益のために供託され，これにより管財人は支払の責任を免れる。

(12)　管財人に知れていない財団債権者の取扱い

最後配当の配当額の通知を発した時に管財人に知れていない財団債権者は，最後配当をすることができる金額をもって弁済を受けることができない（法203）。最後配当の配当額通知を発した後に新たに判明した財団債権者は，配当の後に破産財団に残りがあればその限度で弁済を受けることができる。

(13)　配当後の手続

簡易配当の場合（本書318頁参照）と同様である。

第13 配当手続 323

○通常の最後配当手続の流れ

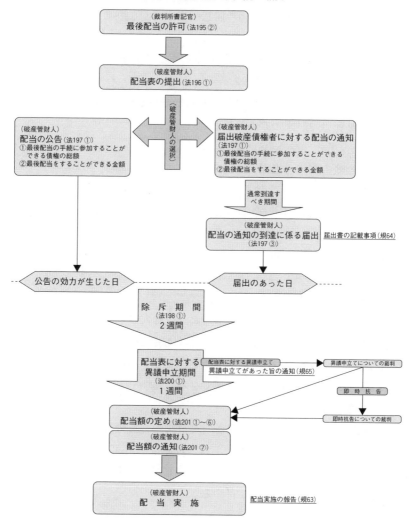

（最高裁判所事務総局民事局作成）

324　第4章　破産管財人の手引

6　同意配当の手続

　本書304頁以下に記載のとおり，同意配当が可能な事案については，同意配当を選択することができる。

　同意配当における手続の流れは，以下のとおりである。

(1)　同意配当前の検討事項等

　簡易配当の場合（本書306頁参照）と同様である。

(2)　同意配当の対象となる債権等

　簡易配当の場合（本書308頁参照）と同様である。

(3)　配当表の作成・提出

　同意配当においては，管財人は，届出破産債権者の同意を取得する前に，あらかじめ，配当表（本書519頁【資料802】）を作成し，裁判所に提出しておかなければならない。配当表の記載事項は，簡易配当の場合（本書311頁）と同様である（法208③・196①②）。根抵当権の極度額超過債権に関する特則（法196③）は，適用されない（法208③）。

(4)　届出破産債権者の全員の同意

　同意配当は，届出破産債権者の全員が，管財人が定めた配当表，配当額並びに配当の時期及び方法について同意（付属CD－ROM【資料815】同意配当に関する通知書，付属CD－ROM【資料816】同意配当についての同意書）している場合に限りすることができる（法208①）。

(5)　同意配当の許可

　同意配当をするには，裁判所書記官の許可を得なければならない（法208①）。同意配当の許可申請（法208①）は，同意配当許可申請書（付属CD－ROM【資料814】）により行う。許可申請書には，債権者から返送された同意配当についての同意書等を添付する。

(6)　配当の実施

　管財人は，同意配当の許可があった場合，前記(3)の配当表，配当額並びに配当の時期及び方法に従い，届出をした破産債権者に対して同意配当を実施する（法208②）。

(7)　管財人に知れていない財団債権者の取扱い

　同意配当の許可があった時に管財人に知れていない財団債権者は，配当

第13　配当手続　　325

をすることができる金額をもって弁済を受けることはできない（法208③・203)。

(8)　配当後の手続

簡易配当の場合（本書318頁参照）と同様である。

7　中間配当の手続

中間配当は，個別管財手続の事案で，財団規模が大きく，配当するのに適当な財団が形成され，かつ，今後も換価業務が続き，終結まで一定程度の期間が見込まれるような場合に，例外的に行われている（本書303頁参照)。

管財人としては，中間配当の実施を検討するに当たっては，破産財団の現状・中間配当後終結までの財団増殖の見込み，債権者数・内訳・債権額，財団債権の有無，中間配当を行う労力・コスト等のほか，中間配当をした場合は簡易配当をすることができなくなる（法207）などの手続的要素も考慮した上で，事前に裁判所と相談すべきであろう。

(1)　中間配当前の検討事項

　ア　財団債権（管財人報酬，予納金の補填を含む。）の処理の確認，債権調査終了後の債権の変動の確認等

簡易配当の場合（本書306頁参照）と同様である。

　イ　今後の管財業務（残務）の確認

残務，終了時期，今後の財団増殖，支出の予定を立てる。少なくとも配当後確実に財団形成ができる場合を除いて，中間配当後の残余財産で最後配当ができるかどうかを確認する。最後配当があまりに少額となることは望ましくないので，数パーセント程度の配当原資は最後配当用に確保するように中間配当率を決定する事例が多い。

(2)　中間配当の対象となる債権

配当の手続に参加することができる債権は，基本的に簡易配当の場合（本書308頁）と同様である。ただし，次の債権については，簡易配当と異なった取扱いがなされる。

　ア　別除権付債権

権利実行の着手の証明及び不足額の疎明がなされれば，別除権者は除斥

326 第4章 破産管財人の手引

されず（法210①），配当額は寄託される（法214①三）。

なお，権利実行の着手の証明としては，不動産競売の場合には，執行裁判所の競売申立受理証明，競売開始決定正本等の資料の提出があれば足り，任意売却の場合には，不動産業者に対する仲介依頼，買受希望者との交渉開始等の事実が認められれば足りよう。また，不足額の疎明としては，不動産競売の場合には，競売手続における評価書を活用した計算書の提出があれば足りると考えられる。

　　イ　停止条件付債権及び将来の請求権である破産債権

異議がない以上は配当の手続に参加することができるが（法103④参照），現実の請求権が発生するまで配当額は寄託される（法214①四）。

　　ウ　解除条件付債権である破産債権

配当の手続に加入することができるが（法103④参照），相当の担保を供しなければ，配当額は寄託される（法214①五・212①）。

　　エ　少額配当の受領意思の届出をしていない破産債権

債権届出又は届出名義変更の際に少額配当の受領意思の届出（法111①四・113②）をしていない破産債権者については，中間配当額が1000円未満であるか否かにかかわらず寄託の対象となる（法214①六）。

　　オ　前の配当で除斥された者の優先

異議等のある債権（法198①）又は別除権付債権（法210①）として中間配当から除斥された破産債権者が，その後の中間配当の除斥期間内に前記各条所定の証明又は疎明をしたときには，他の同順位の債権者に先立って，従前の中間配当において受けることができた額の配当を受けることができる（法213）。また，中間配当後に届け出た債権でも，債権調査（特別調査）を経て確定した以上，先に確定している債権との間に優劣はなく，従前の中間配当で受けるべきであった配当額につき優先的配当を受けることができる（法194②参照）。

　(3)　中間配当の許可

中間配当をするには，裁判所の許可を得なければならない（法209②）。

管財人は，中間配当をすべきであると判断した場合，裁判所に収支計算書及び預金通帳写し等とともに中間配当許可申請書（本書533頁【資料817】）

第13　配当手続　　327

を提出する。

(4)　配当表の作成・提出

基本的に簡易配当の場合（本書311頁参照）と同様である（法209③・196①②）。ただし，根抵当権の極度額を超える部分についての配当参加の特則（法196③）は，適用されない。

(5)　配当の公告等

最後配当の場合（本書320頁参照）と同様である（法209③・197，規69・64）。

(6)　除斥期間

中間配当に関する除斥期間は，最後配当の場合と同様，配当公告が効力を生じた日又は通知が債権者に到達したものとみなされる旨の届出があった日から起算して2週間とされている（法210①・209③・198①）。

(7)　配当表の更正

管財人は，次のような場合には，配当表を更正しなければならない。

①　破産債権者表を更正すべき事由が除斥期間内に生じたとき（法209③・199①一）。

②　異議の対象となった無名義債権者が除斥期間内に破産債権確定のための裁判手続等の係属を証明したとき（法209③・199①二）。

③　別除権者が除斥期間内に当該別除権の目的である財産の処分に着手したことを証明し，かつ，当該処分によって弁済を受けることができない債権の額を疎明したとき（法210③）。

(8)　配当表に対する異議

最後配当の場合（本書321頁参照）と同様である（法209③・200，規69・65）。

(9)　配当率の定め及び通知

ア　管財人は，配当表に対する異議申立期間経過後（異議の申立てがあったときは，当該異議の申立てについての決定があった後），遅滞なく配当率を定めて，その配当率を中間配当の手続に参加することができる破産債権者に通知しなければならない（法211，本書534頁【資料818】中間配当についての通知書）。

イ　また，管財人は，前記の配当率を定めたときは，遅滞なく，その旨を裁判所に書面で報告しなければならず（規68①），前記の報告書には，優先的破産債権，劣後的破産債権及び約定劣後破産債権をそれぞれ他の破

328　第4章　破産管財人の手引

産債権と区別し，優先的破産債権については法98条2項に規定する優先順位に従い，配当率を記載しなければならない（規68②）。

(10)　配当の実施

簡易配当の場合（本書317頁参照）と同様である。

(11)　配当額の寄託

中間配当においては，次のような破産債権については，配当金の支払を留保する必要があり，配当額を寄託しなければならない。

① 異議等のある債権であって，破産債権の確定のための裁判手続等が係属しているもの（法214①一）

② 租税等の請求権又は罰金等の請求権であって，配当率の通知時に不服申立手続が終了していないもの（法214①二）

③ 別除権者が疎明した不足額（法214①三）

④ 停止条件付債権又は将来の請求権である破産債権（法214①四）

⑤ 解除条件付債権である破産債権であって，担保が供されていないもの（法214①五）

⑥ 少額配当の受領意思の届出をしなかった破産債権者が有する破産債権（法214①六）

(12)　管財人に知れていない財団債権者の取扱い

中間配当における配当率の通知を発した時に管財人に知れていない財団債権者は，配当をすることができる金額をもって弁済を受けることができない（法209③・203）。

(13)　配当後の手続

簡易配当の場合（本書318頁参照）と同様である。

8　追加配当の手続

通常は，最後配当，簡易配当又は同意配当によって配当手続は終了するが，最後配当においては配当額の通知後，簡易配当においては除斥期間経過後1週間を経過した後，同意配当においてはその許可があった後，新たに配当に充てることができる相当の財産があることが確認されたときには，管財人は，裁判所の許可を得て，追加の配当を実施しなければならない（法

215①前段)。

　新たに相当な財産の形成された時期が上記の通知等の後であれば，破産手続終結の決定があった後でも差し支えない(法215①後段)。これに対して，前記の通知等をなす前であれば，配当表の更正によるべきである。

（1）　配当手続

　　ア　追加配当の許可

　追加配当をするには，裁判所の許可を得なければならない(法215①前段)。

　管財人は，追加配当をすべき場合，裁判所に追加配当許可申請書（付属CD－ROM【資料820】）を提出する。

　　イ　配当額の定め及び通知

　管財人は，追加配当の許可があったときは，遅滞なく，追加配当の手続に参加することができる破産債権者に対する配当額を定め(法215④)，通知しなければならない(法215⑤)。ただし，追加配当は，あくまで最後配当，簡易配当又は同意配当の補充として行われるものであるため，新規の配当表を作成する必要はなく，最後配当，簡易配当又は同意配当について作成された配当表に基づいて行われる(法215③)。

　　ウ　計算報告書の提出

　追加配当の場合には，計算報告のための債権者集会は開かれず，管財人は，遅滞なく，裁判所に書面による計算の報告をしなければならない(法215⑥)（付属CD－ROM【資料819】)。

　　エ　配当後の手続

　簡易配当の場合（本書318頁参照）と同様である。

（2）　追加配当に充てることができる財産

　　ア　追加配当の財源となる財産については，次のようなものが考えられる。

　　①　破産債権の確定のための裁判手続等が破産債権者の敗訴と決定し，その者のために供託した配当額を他の債権者に配当することが可能になったもの（法214②・202一二)

　　②　破産財団に対する税金の還付金や管財人の錯誤などを理由として破産債権者から返還された配当金

330　第4章　破産管財人の手引

③　最後配当の通知等の後あるいは破産手続終結後に発見された破産
者の隠匿財産
　　破産手続終結後に発見された財産についても，追加配当の原資と
することは可能である（最判平5・6・25民集47・6・4557参照）。
　イ　なお，アの①から③までの財産が，配当手続の費用等を考慮して
も配当に適する相当額に達しないほど少額の場合には，管財人に対する追
加報酬として支給されることが多いであろう。

第14 | 破産手続の終了

1　破産手続終結

　管財人は，最後配当（法195以下），簡易配当（法204以下）又は同意配当（法
208）を実施し，任務が終了した場合，遅滞なく，計算報告書を裁判所に提
出しなければならない（法88①）。これは，管財人の善管注意義務（法85①）
の一つであり，管財事務遂行の適正を確保するために課されるものである。
　書面による計算報告も可能であるが（法89），大阪地裁では，債権者集会
において計算報告を行う運用が行われている。

(1)　計算報告集会の招集

ア　一般管財手続の場合

　一般管財手続の場合，計算報告集会は，破産手続開始決定と同時にその
期日を指定し，集会期日を続行する運用が行われているので（本書106頁参
照），管財人は特別に計算報告のための債権者集会の招集の申立て（法88③・
135①本文）をする必要はなく，当該債権者集会期日において，計算報告を行
えば足りる。

イ　個別管財手続の場合

　個別管財手続の場合，管財人は，計算報告のための債権者集会の招集の
申立て（本書535頁【資料901】任務終了による計算報告のための債権者集

会の招集申立書）をする必要がある（法88③・135①本文）。大阪地裁では，配当手続について迅速処理を目指した運用が行われており，管財人は，この招集申立書を，換価終了後速やかに裁判所に提出する。

　もっとも，個別管財手続の場合でも，第1回目の債権者集会期日までに換価等が終了することが見込まれる事案では，上記アのように破産手続開始決定と同時に計算報告集会の期日を指定し，集会期日を続行することがある。

　(2)　計算報告集会に先立って提出すべき書面

　管財人は，計算報告集会期日との間に3日以上の期間を置いて，計算報告書を裁判所に提出する必要がある（法88⑤）。計算報告書を提出するに当たっては，高価品保管口座を解約し，その預金通帳の写しを添付しなければならない。

　　ア　一般管財手続の場合

　一般管財手続の場合，裁判所の事務処理上の要請から，財産状況報告集会と同様，集会期日の1週間前までに，業務要点報告書（本書477頁【資料602】），財産目録（本書481，482頁【資料603，604】），預金通帳の写しとともに収支計算書（本書483頁【資料605】）を裁判所に提出（FAX送信でよい。）する。

　　イ　個別管財手続の場合

　個別管財手続の場合，集会期日の4日前までに，任務終了の計算報告書（本書537頁【資料903】）を裁判所に提出する。

　(3)　計算報告集会の進行

　　ア　異議がない場合

　　（ア）　計算報告の承認

　管財人による計算報告につき，債権者集会において破産者及び破産債権者から異議が述べられなければ，その計算報告が承認されたものとみなされる（法88⑥）。

　　（イ）　任務終了

　計算報告集会が終結したときには，破産手続終結の決定がされ（法220①），その主文及び理由の要旨が公告されるとともに，破産者に通知される（法

332 第4章 破産管財人の手引

220②)。

（ウ）　管財人の免責

この場合，管財人の破産者及び破産債権者に対する責任は，管財人に不正な行為があった場合を除き，免責（財産上の責任を免除）される。

イ　異議が述べられた場合

債権者集会において債権者等から異議が述べられた場合には，管財人は，異議の内容について証拠書類を提出するなどして釈明し，異議の撤回に努めることになる。異議の撤回がなされなかった場合，異議をとどめたまま集会を終了し，破産終結決定をすることはできるが，管財人は，異議を述べた者に対する関係で，異議を述べた事項について免責されず，破産手続外で最終的には損害賠償請求等の訴訟を通じて解決が図られることになる。

(4)　追加報酬決定

管財人の任務終了後，財団残について追加報酬決定がされる。大阪地裁では，一般管財手続の場合，計算報告集会において，残郵券及び同集会後1か月以内に生じる3万円以下の財団残について，包括的に追加報酬とする決定がなされ，その結果について，追加報酬受領報告書（付属CD－ROM【資料904】）により裁判所に報告するという運用が行われている。他方，個別管財手続の場合，計算報告集会において上記決定は行われず，終結決定から約1か月後に財団残の確定額についての追加報酬決定が行われ，管財人に同決定正本が交付されることから，管財人において追加報酬受領報告書の提出は不要である。

2　異時廃止（非招集型手続を除く）

破産手続開始の決定があった後，破産財団をもって破産手続の費用を支弁するのに不足すると認められるときは，管財人の申立てにより又は職権で，破産債権者の意見を聴取した上で破産手続廃止の決定がされる（法217①②）。

実務上は，破産手続開始時に管財人を選任する以上，官報公告費用や各種送達費用などの最低限の手続費用のほか，管財人の報酬分を含めた予納

金を納付させた上で手続を進めているのが通常であるため，実際に異時廃止で終了するケースとしては，管財人の報酬は確保できるものの，租税債権等の財団債権が多額で破産債権者に対する配当財団が形成されないという場合が多い。

破産債権者の意見聴取は，書面によることも可能であるが（法217②），大阪地裁では，債権者集会において行う運用がなされている（本書538頁【資料905】異時廃止手続チェックシート参照）。

(1) 検討事項

ア 換価未了財産の有無の確認

財産状況報告集会の際に作成された財産目録等と照合し，換価漏れのないようにする。換価不能財産については，権利の放棄を含めて裁判所と協議する。

なお，自然人の破産で，換価又は放棄した不動産について破産の登記をしていた場合（本書104頁参照）には，これら破産登記の抹消上申を忘れないようにする。

イ 財団債権の処理

財団債権の優先順位は，本書241頁のとおりである。破産財団が不足する場合には，この優先順位に従い，債権額の割合により弁済（按分弁済）することになる（法152①本文）。先順位の財団債権，特に管財人報酬の支払を忘れて後順位の財団債権の支払をしないよう注意を要する。

また，予納金の補填分は，共益費用の中でも管財人報酬に次ぐ順位を有すると考えられるので，第三者予納や債権者予納の場合等は，補填の要否につき確認しておく必要がある。

弁済の時期は，時間的に余裕があれば任務終了計算報告集会の前にすることが望ましいが，日程的に無理であれば，異時廃止後に弁済を行い，その後に収支計算書，財団債権弁済報告書（本書536頁【資料902】）及び解約した高価品保管口座通帳写しを提出してもよい。

法人破産の事案では，管財人は管財人報酬を支払う際にその報酬について源泉徴収義務を負うことに注意が必要である（本書295，307頁）。

334　第4章　破産管財人の手引

ウ　債権調査未了の場合

　当初から債権調査期日等が指定されていない留保型（本書244頁以下参照）の場合，債権調査期日等は指定されないまま，手続は終了する。

　債権調査期日が指定されていた事案の場合には，債権調査期日は延期されたまま，手続は終了することになる。

(2)　廃止意見聴取・計算報告集会の招集

ア　一般管財手続の場合

　前記のとおり一般管財手続の場合，廃止意見聴取・計算報告集会は，破産手続開始決定と同時に指定し，債権者集会期日を続行する運用がされているので，特別に廃止意見聴取・計算報告集会の招集を申し立てる必要はない。

イ　個別管財手続の場合

　個別管財手続の場合，廃止意見聴取・計算報告集会は，破産手続開始決定と同時には指定されないことがある。この場合には，管財人は，破産手続廃止の申立て（本書540頁【資料906】破産手続廃止の申立書）を行うことになる（法217①②）。大阪地裁では，異時廃止手続についても迅速処理を目指した運用が行われており，前記の申立ても，換価終了後速やかに行うべきである。

(3)　廃止意見聴取・計算報告集会に先立って提出すべき書面

　破産手続終結の場合（本書331頁）と同様である。

　一般管財手続の場合，集会期日の1週間前までに，業務要点報告書（本書477頁【資料602】），財産目録（本書481，482頁【資料603，604】），預金通帳の写しとともに収支計算書（本書483頁【資料605】）を裁判所に提出（FAX送信でよい。）する。

　個別管財手続の場合，集会期日の4日前までに，任務終了の計算報告書（本書537頁【資料903】）を裁判所に提出する。

(4)　廃止意見聴取・計算報告集会の進行

　異時廃止の場合の債権者集会は，破産債権者から廃止についての異議が予想される場合を除き，廃止意見聴取のための債権者集会で出席債権者か

ら異議がないときは，そのまま任務終了の計算報告集会に移行する取扱いで同一期日に実施されるのが通常である。

(5) 破産手続廃止決定

破産手続廃止の決定がされたときには，その主文及び理由の要旨が公告され，その決定正本が破産者及び管財人に送達される（法217④）。

破産手続廃止により破産財団についての管理処分権は破産者に復帰するが，管財人が既になした破産財団についての処分や訴訟追行は効力を保持し，破産者もそれに拘束される。

廃止決定については，債権者及び公租公課庁に対して同決定正本の写しの交付又はFAX送信などにより通知すべきであろう。なお，法人の異時廃止の場合には，廃止決定後に，管財人より各債権者へ事件終了に関する結果報告書（本書541頁【資料907】管財業務についての結果報告書）を発送することも考えられる。

(6) 追加報酬決定

任務終了後，財団残について追加報酬決定がされる。大阪地裁では，一般管財手続の場合，破産手続終結の場合（本書332頁）と同様，計算報告集会において，包括的な追加報酬の決定がされ，その結果について，追加報酬受領報告書（付属CD－ROM【資料904】）により裁判所に報告することになる。他方，個別管財手続の場合，計算報告集会において上記決定は行われず，廃止決定確定後（廃止決定から約1か月後）に財団残の確定額についての追加報酬決定が行われ，管財人に同決定正本が交付されることから，管財人において追加報酬受領報告書の提出は不要である。

---

3 異時廃止（非招集型手続）

(1) 財産状況報告書の提出

管財人は，換価等終了後，速やかに，財産状況報告書兼破産手続廃止の申立書兼任務終了の計算報告書兼書面による計算報告の申立書（付属CD－ROM【資料1004】。法157①・217①前段・88①・89①），財産目録（本書481，482頁【資料603，604】），預金通帳写しとともに収支計算書（本書483頁【資料605】）を裁判所に提出（FAX送信でよい。）する。

336　第4章　破産管財人の手引

(2)　廃止意見聴取期間の決定等

　裁判所は，前記(1)の提出を受け，①報酬決定兼包括的追加報酬決定と②廃止意見聴取期間の決定兼計算書異議申述期間の決定（法217②・89②参照）を行った上で，管財人に対し，①につき正本を，②につき債権者通知書面（付属CD－ROM【資料1005】）及びその控えを交付する。また，裁判所は，②の決定を受けて，書面による計算報告の官報公告を行う（法89②）。なお，廃止意見聴取及び計算書異議申述の各期間は，原則としていずれも7週間程度としている（前記(1)の報告書提出から廃止決定までが8週間となる。）。

(3)　通知書等の債権者への発送等

ア　廃止意見聴取期間等通知書等の債権者への発送

　管財人は，前記債権者通知書面（付属CD－ROM【資料1005】）を速やかに普通郵便で知れたる債権者及び公租公課庁に発送した上（法217②・89②参照），裁判所に発送した旨報告する。

イ　財産状況報告書の備置き等

　管財人は，財産状況報告集会の期日を定めない場合の措置（規54③）として，債権者の閲覧に供するため，管財人事務所に財産状況報告書を備え置き，個別に財産状況報告書要旨を送付すべき債権者がいる場合には，当該債権者に同書面を送付する。

ウ　任務終了計算報告書に対する異議が提出された場合

　管財人は，提出された異議書面（法89③，規28）の内容を踏まえ，異議者に対し説明を行うか否か判断し，説明の結果，理解が得られた場合には，異議者に対して異議撤回書を裁判所に提出するよう促す。

　他方，異議者に対する説明のため破産手続廃止決定を延期すべき場合，管財人は，裁判所に対してその旨連絡する。管財人からの連絡がない場合，裁判所は，破産手続開始決定の20週間後（規則54条1項の財産状況報告書提出期間延長が行われた場合は延長分を加算。）を目途に，破産手続廃止決定を行う。

エ　破産手続廃止に関する意見が提出された場合

　提出された意見書（法217②前段，規71②）を端緒に新たな財産が発見された等，破産手続廃止決定を延期すべき場合，管財人は，裁判所に対してそ

第14 破産手続の終了 337

の旨報告する。裁判所は，招集型へ移行するか否か等を判断し，招集型に移行する場合には，債権者集会招集の官報公告費用を破産財団から支出することになる。

管財人からの連絡がない場合，裁判所は，破産手続開始決定の20週間後（規則54条1項の期間延長が行われた場合は前記ウと同様）を目途に，破産手続廃止決定を行う。

(4) 破産手続廃止決定

裁判所は，破産手続廃止に関する意見申述期間の経過後，破産手続廃止決定を行い，管財人に決定正本を送達する。管財人は，廃止決定正本受領時に，①解約済みの高価品保管口座通帳写し及び②収支計算書（差引残高が0円のもの）を添付して③追加報酬受領報告書（付属CD－ROM【資料904】）を裁判所に提出する（追加報酬がない事件の場合には上記①②のみで足りる。）。

4 破産手続終了後の管財人の事務処理

管財人は，破産手続が終結又は廃止された後も，次の業務を行うことが予定されている。

(1) 管財人の緊急処分義務

管財人の任務が終了した場合において，急迫の事情があるときは，管財人は，破産者が財産を管理することができるに至るまで必要な処分をしなければならない（法90①）。

(2) 追加配当

破産手続終結の決定があった後でも，追加配当は可能であり（法215①），破産手続終結後に発見された財産についても，追加配当の原資とすることが可能である（本書328頁参照）。管財人において新たな財産を発見した場合には，速やかに処理方針の検討を行い，裁判所に相談することを要する。

(3) 商業帳簿等の保管

これらは換価対象財産でないから，一般には破産者又は破産会社の旧代表者に返還することが多い。しかし，破産者や旧代表者が受領を拒んだり

338 第4章 破産管財人の手引

所在不明などの場合には，管財人は，それを自ら保管するか又は保管業者
に委託して保管させるしかない。管財人が保管する場合，会社法508条3項
によれば，清算結了登記時から10年間保管義務があると解されるが，消滅
時効に関する民法166条1項1号により事件終了時から5年間保管すれば帳簿
類に関する返還（保管）義務が消滅するという考え方もあり得る（平成29
年法律第44号による改正（いわゆる債権法改正）前の民法171条は，3年と
規定していたが，改正により削除された。）。保管書類が大量で保管費用が
多額になる場合には，適宜廃棄した上，重要なものだけを保管すれば足り
る。なお，保管費用及び保管期間経過後の処分費用については，あらかじ
め破産財団から支出しておく（法78②十三参照）。

(4) 郵便回送嘱託の取消し

破産手続が終了したときは，裁判所は郵便回送嘱託を取り消さなければ
ならず（法81③），裁判所から郵便局に対して取消しの通知が行われるが，
個別管財手続では，裁判所の要請を受けて管財人が郵便局に対して通知を
行うこともある。

第15 免責手続

---

1 免責についての調査

(1) 管財人による免責についての調査

自然人の破産申立てにおいて，裁判所は，管財人に対し，免責不許可事
由の有無及び裁量免責の基礎となる事情について調査を命じ，その結果を
書面で報告させることができる（法250①）。大阪地裁では，全ての事件につ
いて管財人に調査及び報告を求めている。

したがって，管財人は，就任当初から，破産者について，免責不許可事
由に該当する行為がないかどうか，破産に至る経緯等に照らして裁量免責
の事情が認められないかを調査しなければならない。

第15　免責手続　　339

手法は種々あり得るが，破産申立書，各種報告書，通帳写し等の引継書類，破産者宛の郵便物，債権者の申告及び破産者との面談等から免責不許可事由の端緒を探し，その存在がうかがわれたときは，その内容に応じて，更に破産者に説明を求めるなど必要な調査を行うのが一般的である。

(2)　免責不許可事由

法252条1項各号に列挙される免責不許可事由のうち，実務でよく見られるのは，①不当な財産減少行為（法252①一），②偏頗的な非本旨弁済等（法252①三），③浪費又は賭博その他の射幸行為（法252①四），④詐術を用いた信用取引による財産取得（法252①五）であるので，管財人は，特にこれらの免責不許可事由について注意すべきである。なお，破産会社と代表者個人の法主体は異なるから，代表者個人についての免責不許可事由の有無は，飽くまでも代表者個人との関係でのみ検討する必要がある。

以下，各免責不許可事由について注意すべき点を列挙しておく。

① 不当な財産減少行為（法252①一）について，本号に当たるのは，飽くまでも価値減少行為であることから，例えば破産申立てに際して提出した財産目録に虚偽の記載をしたり，管財人に自己の財産状況に関する説明を拒んだりしても，本号には当たらない（ただし，虚偽説明（法252①八）や管財人に対する説明義務違反（法252①十一）に当たる場合がある。）。

② 偏頗的な非本旨弁済（法252①三）について，特定の債権者に特別の利益を与える目的に加えて，他の債権者を害する目的で行った場合も，免責不許可事由に当たるとされている。なお，本旨弁済は本号には当たらない。

③ 浪費又は射幸行為（法252①四）について，これらの行為があっただけでは足らず，それらによって著しく財産を減少させ，又は過大な債務を負担したという程度に至っていることが要件とされる。これらの程度に至っているか否かに関しては，破産者の財産状態との関係において社会通念によって決せられることになる。

④ 詐術を用いた信用取引による財産取得（法252①五）について，破産者が金員の借入れに当たり負債総額や収入金額についての申告を求

340　第4章　破産管財人の手引

められた際に虚偽の事実を申し述べたといったような積極的な行動をした場合には，ここでいう「詐術」に該当することは当然である。これに対し，自らが支払不能状態にあることを認識しつつその事実を相手方に告知せずに借入れを行ったというような消極的な態度によって相手方を誤信させた場合も「詐術」に含まれるかについては，争いがある。支払不能状態にあるほとんどの破産者は，引き続いて信用取引を行っているのが通例なので，単なる不告知という消極的態度によって常に「詐術」に該当するとするのは妥当ではない。他方，消極的態度による場合を一切「詐術」から排除することも，やや硬直的である。そこで事案によっては「詐術」該当性を肯定した上で，裁量による免責許可により柔軟に対応するという方向性も考えられる。

　また，その対象期間は，破産申立日の1年前から破産手続開始決定日までとされているから，それ以前に行われた詐術がいかに悪質であったとしても，本号には当たらない。

　さらに，詐術を用いて財産を取得したことが要件とされていることから，会社代表者が会社の借入れに際し，保証人となるといった場合に代表者が自らの負債金額や収入金額等を偽ったとしても，財産を取得する主体は会社にすぎない以上，代表者自身については，本号に当たらないといわざるを得ない。さらに，債務者が債権者から返済を求められた際に，虚偽の事実を述べて当座の支払を免れたような場合も，やはり本号には当たらない。

⑤　不正の手段による管財人等の職務の妨害（法252①九）は免責不許可事由となる。

⑥　再度の免責申立て（法252①十イ）について，免責許可決定確定日から7年以内とされている。

⑦　給与所得者等再生の再生計画が遂行された場合や，個人再生手続におけるハードシップ免責（民再235①）の決定が確定した場合には，当該再生計画認可決定の確定日から7年以内の免責申立てが免責不許可事由とされている（法252①十ロハ）。

⑧　破産法上の義務違反（法252①十一）について，説明義務（法40①一），重要財産開示義務（法41）及び免責に関する破産管財人の調査に対する協力義務（法250②）が例示列挙されている。

(3)　裁量免責

免責不許可事由が認められる場合であっても，裁判所は，破産手続開始に至った経緯その他一切の事情を考慮して免責を許可することが相当であると認めるときは，免責許可の決定をすることができる（裁量免責。法252②）。ここでの考慮要素としては，主として，①破産者側の事情（免責不許可事由に該当する行為の内容・程度，破産者の行為時の主観的状況，支払不能になった原因・経過等，支払不能後の破産者の状況，破産者の反省の有無・程度等），②債権者側の事情（債権者の属性，債権の内容，実損の有無・程度，債権者がどの程度破産者の経済的信用について調査したか，免責についての意見等），③社会政策的観点や公共的観点から考慮すべき事情（破産者の免責以外の救済措置の有無・内容，債権者に対する経済的支援策の有無・内容等）がある。

2　免責に関する調査結果の報告及び意見申述

(1)　調査結果の報告等の方法

管財人は，前記1(1)のとおり，免責不許可事由の有無及び裁量免責の基礎となる事情についての調査結果を裁判所に報告すべきものとされるとともに，法律上，破産者の免責の当否について意見を述べることができる（法251参照）。そこで，管財人は，前記調査結果の報告及び意見申述の双方を兼ねて，免責に関する意見書（本書484頁【資料606】）を作成し，財産状況報告集会の1週間前までに提出する。もっとも，免責不許可意見を述べることも検討される事案においては，早期の段階で裁判所に対して相談し，免責許否に関する意見交換や集会の進行方法等についての協議を行う必要がある。

なお，免責に関する調査を更に続ける必要が生じた場合や，建物明渡しに破産者の協力を要する場合等，免責に関する意見書の提出をいったん留保すべきときには（この場合，集会は続行され，破産者は次回も出頭を求

342　第4章　破産管財人の手引

められるので，管財人への協力は得られやすいと思われる。），業務要点報
告書（本書477頁【資料602】）の該当項目に必要な記載を行い，意見書は次
回以降に提出する。

　免責に関する意見書は，基本的にチェック方式であるが，免責不相当意
見の場合，免責不許可事由はあるが免責相当意見の場合，債権者から免責
意見が申述された場合（法251①），その他問題となる事情がある場合には，
意見書の理由欄，同欄で足りないときは別紙に，それぞれ具体的な理由を
記載する（本書112頁参照）。

　(2)　裁量免責のための相当措置

　管財人は，破産者に免責不許可事由が認められると考える事案であって
も，明らかに免責を許可するのが相当でないという場合を除き，裁量免責
を検討するに当たって破産者側に有利な事情として斟酌するため，管財人
の判断により，事案に応じて裁量免責のための相当措置を講じることを検
討する。具体的な内容については，後記4(3)参照。

　(3)　意見申述期間との関係

　裁判所は，破産者の免責の当否について，管財人又は債権者が裁判所に
対し意見を述べることができる期間（以下「意見申述期間」という。）を定
めなければならないが（法251①③），大阪地裁では，意見申述期間を，原則
として財産状況報告集会の2週間前までとしている。これは，前記のとお
り，管財人の意見書の提出期限が同集会の1週間前とされているところ，そ
の更に1週間前を意見申述期間とすることにより，管財人は，債権者からの
意見申述の有無を自己の意見書作成前に知ることができ，仮に意見申述が
された場合には，その内容も踏まえて免責に関する調査を適正に行うこと
ができると考えられるからである。

　この場合，厳密には，管財人は，意見申述期間経過後に自身の意見申述
を行うことになるが，裁判所が職権でその内容を考慮することは当然許さ
れるし，免責手続の円滑な審理を妨げることもないので，そのような運用
も許されると解している。

　(4)　財産状況報告集会で債権者から意見等が述べられた場合の措置

　財産状況報告集会に出席した債権者が，集会の場で初めて，破産者の免

責不許可事由の存否等に関して事実を指摘したり，意見を述べたりすることがある。この場合，意見申述期間内に意見が述べられていない以上，裁判所としては，原則として，当該指摘等を考慮することなく免責許否の判断をすることもできる。しかし，その内容から管財人の更なる調査が必要と判断される場合には，管財人に対して調査を指示することもあり得る。そのような調査を指示された管財人は，当該債権者や破産者から個別的に事情聴取を行うなどして報告書を別途作成し，原則として，次回の集会期日の1週間前までに裁判所に提出することが必要である。

3 免責審尋

　免責審尋期日の開催は必要的ではないところ，管財事件において，破産者は，管財人から免責不許可事由に関する調査を受け，必要な事情説明を行わなければならないこと，また，財産状況報告集会に出席し，債権者から免責不許可事由に関する指摘を受ける機会があることから，免責審尋を実施しないこととしても，事実関係の調査について不備が生じるおそれはないし，モラルハザードの問題も生じない。このため，大阪地裁では，管財事件については原則的に免責審尋期日を開催しないこととした。

　なお，管財人は，免責審尋が開催されず，裁判官から個別に訓戒等が行われないという原則的な運用を念頭に置いて，免責不許可事由の調査の時点で，破産者に対して免責の意義や効果等の説明をしておくことが望まれる（本書37頁参照）。

4 免責観察型の運用

(1) 「免責観察型」の意義と内容

　「免責観察型」管財手続とは，免責不許可事由に該当する行為の内容及び程度が重大であり，そのままでは免責許可が困難というべき破産者について大阪地裁で行っている運用であり，管財人が，いわば保護観察のように，一定期間，破産者の家計管理状況等について観察・指導・監督を行いながら（具体的には，破産者が毎月1回管財人事務所に家計収支表及び家計簿を持参して，生活状況についての報告をし，管財人がその内容を確認し，

344 第4章 破産管財人の手引

必要に応じて指導をする。）, 経済的再生へ向けた破産者の意識や家計管理
能力を評価し, その結果の報告及び裁量免責の当否に関する意見申述を行
い, 裁判所がこれを裁量免責相当性判断の一つの要素として考慮し, 免責
の判断をするものである。

　以下, 大阪地裁における免責観察型の運用方法について解説する。

　(2)　対象となる事案

　免責観察型の対象は, 主に, ①同時廃止を希望して破産申立てがされた
が, 裁判所において記録を検討した結果, 免責不許可事由が存在し, しか
も, 裁量免責のためには, 訓戒, 反省文, 家計簿の作成等の相当処置では
不十分であると判断される事案である。このほか, ②免責観察型を希望し
て管財事件として申し立てられた事案等も免責観察型の対象となることが
ある。

　(3)　管財人の職務内容

　ア　予納金の引継方法及び上申書（免責観察型用）の受領

　破産者は, 官報公告費用相当額の予納金を裁判所に納めることになるが,
引継予納金（本来の予納金に代わるもの。原則20万円であり, このほかに
発送用郵券相当分として5000円（ただし, 債権者数によって増額する。）が
加算される。詳細は本書350頁（【資料001】管財事件の手続費用について）
参照）については, 管財人に直接納付しなければならない。

　免責観察型の対象となり, 一件記録上換価すべき財産がないと考えられ
る事案では, 引継予納金相当額を分割して管財人に納めること（分納）が
運用上認められているが（不動産の任意売却など, 他の換価業務が存する
事案では, 分納は認められない。引継予納金全額の準備ができた時点で破
産開始決定がされることに注意を要する。本書13, 36頁参照）, 分納が希望
される事案はほとんどないのが実情である。

　分納が認められる場合, 破産者が官報公告費用を裁判所に予納し, 引継
予納金の内金5万円と発送郵券相当分を準備した時点で, 破産手続開始決
定がされ, その後, 破産者は, 引継予納金の残額15万円について, 免責に
関する経済的生活指導を受けるのと併行して, 3か月から6か月までの期間
内に管財人に分割して納付することとなる。管財人は, 分納の場合, 分納

の予定について破産者及び申立代理人と協議して，両名からその予定について記載した連名の上申書の提出を受ける。

イ　裁量免責のための相当措置としての積立て及び按分弁済

管財人は，免責不許可事由に該当する行為の内容や程度，現在の収入及び支出の状況等を勘案し，裁量免責のための相当措置として，破産者に積立てを行わせ，その積立金を債権者に按分弁済することが裁量免責相当性の補完のために必要かつ可能と判断した場合，積立てを破産者に指示することができる（本書36，71頁参照）。ただし，この指示を行う場合には，裁判所と相談することが相当である。なお，配当が見込まれる場合等には，積み立てた金銭を当初から財団に組み入れることも考えられる（後記ク参照）。

このような積立ての要否は，手続のできるだけ早い段階で判断し，破産者及び申立代理人と協議の上，積立金額，期間及び分配方法を決定する。その内容が決まったら，上申書（本書422頁【資料241】）の提出を受ける。

この積立分については，引継予納金と異なり，直接管財人が受領するのではなく，原則として，申立代理人の預かり口座に保管し，最終的には申立代理人において按分弁済を行うことになる。したがって，その旨を申立代理人と協議し，理解を得ておく必要がある（ただし，後記クに注意）。

また，積立てを要するものと判断した破産者から自由財産拡張の申立てがされた場合，管財人が，当該破産者に対し，上記積立てを要するという理由で，当該申立て自体を取り下げさせることはできない。自由財産拡張制度と裁量免責制度とは趣旨が異なる別個の制度であり，これらを連動させることは妥当でないからである。

したがって，自由財産拡張の申立てについては飽くまで運用基準に従って判断するとともに，これとは別個に，裁量免責のための積立てとして，自由財産から破産財団への組入れ等を指示することになる（本書71頁参照）。

ウ　家計簿，家計収支表の受領

破産者には，家計簿及びこれに基づく毎月の家計収支表（申立書の添付書類と同様のもの）を作成するように指導し，その双方について後記エの

346 第4章 破産管財人の手引

面談の際に提出を受ける。

エ 破産者との面談

少なくとも毎月1回破産者と面談をし，破産者から提出された家計簿及び家計収支表の内容を点検して，家計管理状況に問題がある場合は指導を行う。

オ 免責に関する調査

免責不許可事由の内容に応じた調査を適宜行う。その方法は，前記1(1)のとおりである。また，債権者から特に免責不許可事由に関する具体的事実の指摘があればその点も調査する。

カ 免責に関する意見書の提出

破産者の再生に向けた努力の状況，積立状況等を全般的に観察し，裁量免責に足りる事由があると認められる場合は，その具体的な内容を免責に関する意見書（本書484頁【資料606】）の理由欄に記載して裁判所に提出する。その方法は，前記2のとおりである。

キ 免責不相当と判断した場合の措置

管財人の調査の結果，破産者の努力の状況，積立て・按分弁済の実績，管財人への協力等を総合的に判断して，経済的再生の見込みが乏しく，免責不許可事由との関係上，裁量免責とするには不十分であると判断される場合，あるいは，債権者の意見申述等により，破産手続開始後に免責不許可事由に関する重要な新事実が発覚した場合等は，免責不許可とする意見もやむを得ない。ただし，前記2(1)のとおり早期に裁判所に相談して意見交換等をすべきである。

ク 配当事案における積立金の処理

管財人は，換価等を行った結果，配当を実施できることとなった場合，前記イの積立てを指示していたときは，管財人による配当と申立代理人による按分弁済が二重に行われることを防ぐため，申立代理人口座保管分も財団に組入れを受けた上で，これを併せた金額について，管財人が配当を行う。

5　非免責債権

　非免責債権としては，①租税等の請求権（法253①一），②破産者が悪意で加えた不法行為に基づく損害賠償請求権（法253①二），③破産者が故意又は重過失により加えた人の生命又は身体を害する不法行為に基づく損害賠償請求権（法253①三），④養育費等（法253①四），⑤雇用関係に基づいて生じた使用人の請求権等（法253①五），⑥破産者が知りながら債権者名簿に記載しなかった債権（法253①六），⑦罰金等の請求権（法253①七）が規定されている。

第２編

書式・資料集

※本書式は大阪地方裁判所における書式です。
　各裁判所において独自の書式を定めている場
　合がありますので，他の裁判所に提出する場
　合はこの点にご注意ください。

350 〔申立費用関係〕

【001 管財事件の手続費用について】

管財事件の手続費用について

大阪地方裁判所第6民事部
令和元年12月1日現在

1 弁護士代理による自己破産（準自己破産を含む。）申立事件

表1	債権者数	法人の引継予納金 ※1	自然人の引継予納金 ※1
	1人〜99人	最低 20万円 ※2	最低 20万円 ※2
	100人〜199人	最低 50万円 ※2	最低 30万円 ※2
	200人〜	最低 100万円	最低 50万円

→ 管財人に引継

+

表2	債権者数	郵券代替分引継予納金（法人・自然人共通）
	1人〜50人	5000円
	51人〜60人	6000円
	61人〜	10人増加するごとに1000円ずつ追加

→ 管財人に引継

+

表3	法人の裁判所予納金（官報公告費用分）	自然人の裁判所予納金（官報公告費用分）
	1万4786円 ※3	1万5499円 ※3

→ 裁判所に予納

※1 引継予納金の金額は，債権者数，予想される管財業務の内容，財団形成の見込みなどを勘案し，事案の内容に応じて裁判官が個別に判断することになります。表1は，債権者数のみに着目した最低額の基準に関するものであり，明渡費用や訴訟費用等の他の要因によって大幅に増額される場合があります。なお，明渡未了物件がある場合の引継予納金の金額は，平成25年1月以降，表1を表4と読み替えて運用しています（詳細は「はい6民」（第2版）Q27参照）。

【表4】

債権者数	法人の引継予納金			自然人の引継予納金		
	明渡未了物件			明渡未了物件		
	なし	1つ	3つまで	なし	1つ	3つまで
1人〜99人	最低 20万円	最低 50万円	最低 100万円	最低 20万円	最低 50万円	最低 100万円
100人〜199人	最低 50万円	最低 80万円	最低 100万円	最低 30万円	最低 60万円	最低 100万円

→ 管財人に引継

※2 債権者数が200人未満で事業用の賃借物件がある場合，引継予納金を上記の最低基準額とするためには，明渡し及び原状回復などを申立代理人が行っておく必要があります。また，事案が複雑で換価に6か月以上かかる見込みである等の理由から，債権者数が20

〔申立費用関係〕　351

０人未満であっても，債権者２００人以上の場合の基準が適用されることがあります。

※３　債権者２００人以上又は事案が複雑で換価に６か月以上かかる見込みである事件等については，裁判所予納金（官報公告費用分）が３万円となります。

　　また，平成２３年１月から施行している非招集型（詳細は「はい６民」（第２版）Ｑ４４参照）の場合，裁判所予納金（官報公告費用分）は，法人１万９６０２円，自然人２万０３１５円となります。

※４　併存型（法人，夫婦等）の場合は次のとおりです。

　　表１…基本事件分の最低額の基準が表１のとおりとなり，付加事件分は原則として０円です。

　　表２…基本事件，付加事件ともに表２のとおり必要です。

　　表３…基本事件，付加事件ともに表３のとおり必要です。

※５　同時廃止事件から管財事件に移行した場合は，同時廃止の予納金（官報公告費用）納付後であれば，表３については差額（３６４０円）の納付となります。

※６　破産手続開始決定は，引継予納金を申立代理人が保管し，管財人に引き継ぐ準備ができたことを裁判所が確認できた時点以降に行われることになります。

２　本人申立事件（司法書士が申立書を作成した場合を含む。ただし，同廃からの移行事件を除く。）

表5	債権者数	法人の裁判所予納金	自然人の裁判所予納金	裁判所に予納
	債権者数にかかわらず	最低　１００万円	最低　　５０万円	→

※７　弁護士代理の申立事件と異なり，郵券代替分及び官報公告費用分はこの中に含まれています。この表の全額を裁判所に納めていただくことになります。

※８　司法書士が申立書を作成した同廃からの移行事件で，裁判官が相当と認めた事案については，表５（全額を裁判所に納付）の額が最低２２万０４９９円となることがあります（ただし，同時廃止係で１万１８５９円を提出済みの場合，一般管財係に予約する金額は２０万８６４０円です。）。

３　債権者申立事件

表6	債権者数	法人の裁判所予納金	自然人の裁判所予納金	裁判所に予納
	債権者数にかかわらず	最低　１００万円	最低　　７０万円	→

※９　弁護士代理の申立事件と異なり，郵券代替分及び官報公告費用分はこの中に含まれています。この表の全額を裁判所に納めていただくことになります。

※10　債権者申立事件の予納金は，破産者の協力を得られにくいことから，事案の難易度に応じて大幅に増額されることがあります。

★　定められた予納金・引継予納金を準備できない場合，予納命令を経て破産手続開始の申立てが棄却されることがあります（破産法３０条１項１号参照）。

352　〔申立代理人関係〕

【101　申立代理人の役割確認表（法人用）】

申立代理人の役割確認表（法人）

1　申立準備

＊これらの準備に時間を要する場合には、必ずしも申立て前に全ての準備を行うことにこだわらず、まずは速やかに申立てを行い、その後に継続して準備することが望ましい。

（受任通知）
- □　受任通知（時期は事案によっては申立て後の場合もあり得る。）

（現金）
- □　予納金準備・保管

（帳簿等管理）
- □　決算書・帳簿（総勘定元帳・現金出納帳・預金出納帳等）、税務申告書等の確保
- □　経理データバックアップ（外付けハードディスク・ＣＤなど）, 使用ソフト・対応可能パソコン確認
- □　経理担当者の協力確保

（印鑑）
- □　代表者印預かり
- □　銀行印預かり

（権利証等・有価証券）
- □　登記済権利証・登記識別情報通知書預かり　（　　　通）
- □　受取手形・小切手預かり　（　　　通）
- □　有価証券預かり　（　　　通）
- □　手形・小切手支払日確認／取立処理

（事務所・倉庫等）
- □　鍵預かり
- □　貼り紙

（賃借物件）
- □　明渡費用確認（見積書）
- □　明渡手続（動産等の処分を含む。）

（従業員関係）
- □　従業員の解雇, 解雇通知の受領証の徴収
- □　解雇予告手当, 未払給料, 退職金の計算（資金的に問題がなければ支払いも）
- □　雇用保険被保険者離職票の作成, 提出
- □　雇用保険の被保険者資格喪失届の作成, 提出
- □　社会保険の被保険者資格喪失届の作成, 提出
- □　給与所得の源泉徴収票の作成, 提出, 交付
- □　給与所得者異動届出書の提出
- □　退職金規程・賃金台帳・従業員名簿等の確保

1　法人用の破産手続開始の申立書関係　　353

（入金管理）
- □　管財人引継用口座開設
- □　売掛先への入金口座変更連絡
- □　金融機関への受任通知（借入ある金融機関の口座を継続利用する場合)

（預貯金）
- □　通帳記入
- □　取引履歴取寄せ（一括記載がある場合）
- □　口座解約又は引き出し

（売掛金関係）
- □　売掛台帳・請求書（控）・納品書等の確保

（賃貸物件）
- □　賃借人への受任通知，振込先変更案内

（自動車・機械・工具類・什器備品・在庫商品関係）
- □　鍵・車検証預かり
- □　保管状況確認
- □　評価額・廃棄費用確認（見積書）

（リース物件）
- □　返還
- □　受領書の受取り

（継続的契約）
- □　継続的契約（電気・ガス・水道・固定電話・携帯電話など）の有無確認
- □　管財業務に不要な継続的契約の解約

2　申立て（裁判所への持参物）
- □　申立関係書類一式
- □　官報公告費用
- □　郵券

3　申立てから破産手続開始決定まで
- □　集会の期日調整
- □　管財人候補者との面談期日の調整
- □　管財人候補者への具体的な資料・情報の提供
- □　宛名シールの作成及び管財人候補者への直送
  - □　債権者用
  - □　財産所持者等（売掛先，貸付先等）用
  - □　公租公課庁用
  - □　労働組合等用
  - □　許認可官庁用（許認可事業がある場合）

354 〔申立代理人関係〕

- □ 申立書副本・引継書類等の写しの管財人候補者への直送
- □ 管財人との面談（開始決定後の場合もあり得る。），引継
- □ 予納金の引継

4 破産手続開始決定から財産状況報告集会まで
- □ 開始決定等の受領
- □ 債権者宛の通知書が送付できなかった場合における債権者の所在調査，所在が判明したときの管財人への連絡，調査結果を記載した報告書の裁判所への提出
- □ 新たな債権者が判明した場合における管財人への連絡，所在を記載した報告書の裁判所への提出
- □ 代表者・申立人の財産状況報告集会への出頭確保

1　法人用の破産手続開始の申立書関係　355

【102　法人用破産申立書（ver.4.0）について】

法人用破産申立書（ver.4.0）について

　提出する書類は，この以下に記載した順番に綴ってください。

　また，債権者一覧表と財産目録には，それぞれ「債権者一覧表」「財産目録」と記載したインデックスあるいは付箋を右端上側に貼付してください。

　なお，記載方法の詳細については，本書40頁以下の記入要領を参照してください。

1　破産申立書（法人用）（本書356頁【資料103】）

　　申立書は1枚ものとし，報告書形式をメインにしています。

2　報告書（法人用）（本書357頁【資料104】）

3　添付目録（法人用）（本書363頁【資料105】）

　　必要な書類をチェック方式で分かるようにしています。

　　なお，添付目録はアンダーラインを引いたもの以外は必要に応じて添付してください。

4　資産及び負債一覧表（法人用）（本書364頁【資料106】）

　　財産目録及び債権者一覧表をまとめたものであって，非常貸借対照表的なものです。回収見込額を記入しますので，配当可能性の有無が一覧できるものになっています。

5　債権者一覧表等（8種）（本書364〜368頁【資料107〜114】）

　　最初に全体の債権者一覧表を綴り，その後に個別の債権者一覧表を必要に応じて綴ってください。なお，債権疎明資料は裁判所に提出する必要はありません。

6　被課税公租公課チェック表（法人用）（本書369頁【資料115】）

　　滞納がない場合においても交付要求の可能性がありますので，従前課税を受けていたものについては記入してください。

7　財産目録等（16種）（本書370〜377頁【資料116〜131】）

　　最初に総括表を綴り，その後に個別の目録を必要に応じて綴ってください。

8　リース物件一覧表（本書378頁【資料132】）

　　リース債権がある場合には必ず提出してください。

9　係属中の訴訟等一覧表（本書378頁【資料133】）

　　訴訟が係属している，差押えがなされている等の場合には必ず提出してください。

10　倒産直前の処分行為等一覧表（本書379頁【資料134】）

　　否認権行使に関する情報を提供し，回収予定財団額を把握するためのものですので，倒産直前の処分行為がある場合は必ず提出してください。

11　疎明資料目録（法人用）（本書380頁【資料135】）

　　◇の付いたものは必ず提出してください。

12　疎明資料

13　管財人引継資料一覧表（法人用）（本書381頁【資料136】）

　　添付目録，疎明資料だけではなく，管財人に引き継ぐ資料をチェック方式で分かるようにしています。

14　文字上申書（付属CD−ROM【資料1104】）

356 〔申立代理人関係〕

【103 破産申立書（法人用）】

印　紙
（1000円）

破産申立書（法人用）

令和　　年　　月　　日

大阪地方裁判所（□　　　支部）御中

申立代理人弁護士（担当）＿＿＿＿＿＿＿＿＿＿＿＿＿＿＿㊞
送達場所（事務所）〒＿＿＿＿＿＿＿＿＿＿＿＿＿＿＿＿＿＿
＿＿＿＿＿＿＿＿＿＿＿＿＿＿＿＿＿＿

TEL（　　）　　－　　　　　FAX（　　）　　－

ふりがな
債務者(商号)　＿＿＿＿＿＿＿＿＿＿＿＿＿＿＿＿＿＿＿＿＿＿＿＿＿
代　表　者　＿＿＿＿＿＿＿＿＿＿＿＿＿＿＿＿＿＿＿＿＿＿＿＿＿
申　立　人　＿＿＿＿＿＿＿＿＿＿＿＿＿＿＿（準自己破産の場合のみ）
本店所在地（〒　　－　　）□登記事項証明書（法人）記載のとおり
□〒＿＿＿＿＿＿＿＿＿＿＿＿＿＿＿＿＿＿＿（登記事項と異なる場合のみ）

申　立　て　の　趣　旨

債務者＿＿＿＿＿＿＿＿＿＿＿＿＿＿＿＿について破産手続を開始する。

申　立　て　の　理　由

債務者は，１のとおりの債務を負担し，財産総額は２のとおりであるため，支払不能又は債務超過の状態にある。

1　債務の状況（別紙債権者一覧表記載のとおり）
　(1)　一般破産債権総額＿＿＿＿＿＿＿万＿＿＿＿＿＿＿円（債権者＿＿＿＿＿人）
　(2)　優先的破産債権及び財団債権総額
　　　　　　　　　　　＿＿＿＿＿＿＿万＿＿＿＿＿＿＿円（債権者＿＿＿＿＿人）
2　財産の状況（別紙財産目録記載のとおり）
　　　　回収見込額合計＿＿＿＿＿＿＿万＿＿＿＿＿＿＿円

参　考　事　項
（必ずこの欄も記載する。）

1　破産管財人への引継予定の現金　＿＿＿＿＿＿＿＿＿＿＿＿＿＿円
2　代表者の破産申立てをしたか（□有・□無）
　　　　その係属する裁判所と事件番号等
　　　　＿＿＿＿＿地方裁判所＿＿＿支部　令和＿＿＿年（フ）第＿＿＿＿号，＿＿＿＿係
　　　　その事件の進行（□開始決定済・□同時申立・□開始決定未）
　　　　その破産管財人の氏名等（弁護士＿＿＿＿＿＿＿＿，TEL（　　）＿＿＿＿－＿＿＿＿）
　　　　今後の予定（□予定有　令和＿＿＿年＿＿＿月ころ・□予定無）

電子納付希望の場合　登録コード＿＿＿＿＿＿＿＿

印　紙	郵　券	受領印
1000円	円	

ver. 4.0

1　法人用の破産手続開始の申立書関係　　357

【104　報告書（法人用）】

報告書（法人用）

令和　　年　　月　　日

大阪地方裁判所　　　　　　　御中

申立代理人　＿＿＿＿＿＿＿＿＿＿＿＿＿＿　印

会社代表者又は
準自己破産の場合の申立人

＿＿＿＿＿＿＿＿＿＿＿＿＿＿　印

1　一般管財手続（招集型・非招集型）・個別管財手続の希望
　□本件が，一般管財手続（招集型）として取り扱われることを希望する。
　□次の注意事項を了解し，本件が，一般管財手続（非招集型）として取り扱わ
　　れることに異議がない。
　　注：破産手続開始決定の前後を問わず，一件書類に記載された事実と異なる
　　　　事実又は一件書類に記載されていない事実が判明する等して，非招集型手
　　　　続として処理することが不適切であると裁判所が判断した場合は，招集型
　　　　手続として処理されることになります。
　□本件が，個別管財手続として取り扱われることを希望する。

2　債務者会社の申立前の営業内容（現実に行っていた事業）
　＿＿＿＿＿＿＿＿＿＿＿＿＿＿＿＿＿＿＿＿＿＿＿＿＿＿＿＿＿＿＿＿＿＿＿＿

3　営業所，事務所，工場，倉庫，社宅，駐車場等の場所，自己所有又は賃借の
　別，明渡しの状況及びその必要額
　(1)　本店の住所＿＿＿＿＿＿＿＿＿＿＿＿＿＿＿＿＿＿＿＿＿＿＿＿＿＿
　　　取扱郵便局　日本郵便株式会社＿＿＿＿＿郵便局（〒　　　　−　　　　）
　　　□自己所有
　　　□賃借（賃料月額＿＿＿＿＿＿＿円，契約上の返戻金＿＿＿＿＿＿＿円）
　　　　□明渡完了
　　　　□明渡未了（明渡予定日　令和＿＿＿＿年＿＿＿＿月＿＿＿＿日　）
　　　　　その明渡及び原状回復費用見込額＿＿＿＿＿＿＿＿＿＿＿＿＿＿＿円
　　　　□見積書の写しを提出した。

Ver4.0

358　〔申立代理人関係〕

(2)　＿＿＿＿の住所＿＿＿＿＿＿＿＿＿＿＿＿＿＿＿＿＿＿＿＿＿＿＿＿＿＿＿＿
　　取扱郵便局　日本郵便株式会社＿＿＿＿＿＿郵便局（〒　　　　－　　　　　）
　　□自己所有
　　□賃借（賃料月額＿＿＿＿＿＿円，契約上の返戻金＿＿＿＿＿＿円）
　　　　□明渡完了
　　　　□明渡未了（明渡予定日　令和＿＿＿年＿＿＿月＿＿＿日　）
　　　　その明渡及び原状回復費用見込額＿＿＿＿＿＿＿＿＿＿＿＿＿＿＿＿円
　　　　□見積書の写しを提出した。

4　従業員関係
(1)　従業員数　　総数＿＿＿＿＿＿＿＿＿＿名
(2)　解雇
　　□解雇した。　　　解雇通知　令和＿＿＿年＿＿＿月＿＿＿日
　　□解雇していない。
　　　　解雇していない従業員の数＿＿＿＿＿＿名
　　　　解雇予定日　令和＿＿＿年＿＿＿月＿＿＿日
(3)　離職票
　　□解雇した全ての従業員に離職票を交付済みである。
　　□離職票を交付していない従業員がいる。
(4)　雇用保険の資格喪失届
　　□雇用保険の被保険者である全ての従業員について資格喪失届をハローワ
　　　ークに提出した。
　　□資格喪失届を提出していない従業員がいる。
(5)　社会保険の資格喪失届
　　□社会保険の被保険者である全ての従業員について資格喪失届を年金事務
　　　所に提出した。
　　□資格喪失届を提出していない従業員がいる。
(6)　源泉徴収票
　　□解雇した全ての従業員に源泉徴収票を交付済みである。
　　□源泉徴収票を交付していない従業員がいる。
(7)　住民税の異動届
　　□特別徴収を行っていた全ての従業員について普通徴収への異動届を従業
　　　員の住所地の各市町村に提出した。
　　□異動届を提出していない従業員がいる。

Ver4.0

1　法人用の破産手続開始の申立書関係　359

(8) 労働組合の有無
　　□有　その名称＿＿＿＿＿＿＿＿＿＿＿＿＿＿＿＿
　　　　　主たる事務所所在地〒＿＿＿＿＿＿＿＿＿＿＿＿＿＿＿＿＿＿＿＿＿
　　　　　組合員数＿＿＿＿＿＿＿＿＿＿＿＿名
　　　　　組合代表者氏名＿＿＿＿＿＿＿＿＿＿＿＿＿＿＿＿＿＿＿＿＿＿＿＿
　　□無　従業員の過半数を代表する者の氏名＿＿＿＿＿＿＿＿＿＿＿＿＿＿
　　　　　その者の住所〒＿＿＿＿＿＿＿＿＿＿＿＿＿＿＿＿＿＿＿＿＿＿＿

5　支払停止の状況
　　□1回目の手形不渡（又はその見込）日　令和＿＿＿年＿＿＿月＿＿＿日
　　□2回目の手形不渡（又はその見込）日　令和＿＿＿年＿＿＿月＿＿＿日
　　□閉店又は廃業の日　　　　　　　　　令和＿＿＿年＿＿＿月＿＿＿日

6　事業についての免許，登録その他の許可の有無
　　□無
　　□有　所轄行政庁又は機関の名称＿＿＿＿＿＿＿＿＿＿＿＿＿＿＿＿＿＿
　　　　　その所在地〒＿＿＿＿＿＿＿＿＿＿＿＿＿＿＿＿＿＿＿＿＿＿＿＿

7　取戻権行使の見込みの有無
　　□有　□リース物件（別紙リース物件一覧表記載のとおり）
　　　　　□預かり商品等（別紙のとおり）
　　□無

8　係属中の訴訟等（破産手続，民事再生手続，会社更生手続，督促手続，仮差押え，仮処分，競売手続等を含む）の有無
　　□有（内容は，別紙係属中の訴訟等一覧表記載のとおり）
　　□無

9　倒産直前の弁済，資産譲渡，担保設定等の有無
　　□有（別紙倒産直前の処分行為等一覧表記載のとおり）
　　□無

10　相殺予定以外の預金口座の解約
　　□終了した。
　　□解約予定である（現在手続中）。
　　　　終了予定日　令和＿＿＿年＿＿＿月＿＿＿日
　　□解約未了口座が残る予定。

Ver4.0

360 〔申立代理人関係〕

11 売掛金の回収
   □全て回収した。
   □回収していないものもある。
      未回収件数 _____件
      未回収金額 _____円
                 回収可能性　□有
                            □無
                 回収困難な場合
                 その理由(   )

12 貸付金の回収
   □全て回収した。
   □回収していないものもある。
      未回収件数 _____件
      未回収金額 _____円
                 回収可能性　□有
                            □無
                 回収困難な場合
                 その理由(   )

13 機械・工具類・什器備品・在庫商品の有無
   □有
      その評価額_____円
      □換価可能
      □換価不可能
         廃棄費用見込額_____円
         □見積書の写しを提出した。
   □無

14 継続的契約の状況
  (1) 電気
      □全て解約済み・契約なし
      □解約未了の契約がある
        (場所_____)

Ver4.0

1　法人用の破産手続開始の申立書関係　　361

　(2)　ガス
　　　□全て解約済み・契約なし
　　　□解約未了の契約がある
　　　　（場所＿＿＿＿＿＿＿＿＿＿＿＿＿＿＿＿＿＿＿＿＿＿＿＿＿＿＿）
　(3)　水道
　　　□全て解約済み・契約なし
　　　□解約未了の契約がある
　　　　（場所＿＿＿＿＿＿＿＿＿＿＿＿＿＿＿＿＿＿＿＿＿＿＿＿＿＿＿）
　(4)　固定電話
　　　□全て解約済み・契約なし
　　　□解約未了の契約がある
　　　　（番号＿＿＿＿＿＿＿＿＿＿＿＿＿＿＿＿＿＿＿＿＿＿＿＿＿＿＿）
　(5)　携帯電話
　　　□全て解約済み・契約なし
　　　□解約未了の契約がある
　　　　（番号＿＿＿＿＿＿＿＿＿＿＿＿＿＿＿＿＿＿＿＿＿＿＿＿＿＿＿）

15　申立代理人の受任後の業務内容
　(1)　債務者会社の資産及び負債に関する調査，確認
　　　□申立書に記載した資産及び負債の状況については，債務者会社の代表者（代
　　　　表者からの事情聴取が困難な場合はそれに代わる者）及び経理担当者から
　　　　十分に事情を聴取し，直近の決算書に記載された財産の内容とも照合した
　　　　上，事実関係を調査，確認し，記載した。
　(2)　現金，預金通帳，有価証券，帳簿・印鑑等の保管
　　　□債務者会社の現金，預金通帳，有価証券，帳簿，印鑑，自動車の鍵等，管
　　　　財人に直ちに引き継ぐべき資料及び財産については，申立代理人において
　　　　適切に管理する措置を講じた。
　(3)　従業員の解雇に関する措置
　　　□従業員については解雇の有無を確認し，解雇通知未了の場合，直ちに解雇
　　　　の手続を行った。

Ver4.0

362 〔申立代理人関係〕

16 代表者（代表者が死亡等によりいない場合はこれに準じる者）について
　　□代表者等は以下の連絡先により破産管財人が直ちに連絡をとりうる状態で生
　　　活している。
　　　①　現住所
　　　（〒　　　　－　　　　　　）
　　　─────────────────────────────────
　　　②　連絡がとれる電話番号　（　　　　　）－（　　　　　　）－（　　　　　　）
　　　　　携帯電話の番号　　　　（　　　　　）－（　　　　　　）－（　　　　　　）

17　破産法４１条の財産の内容を記載した書面としては，添付の財産目録を援用す
　　ることとする（ただし，開始決定までに記載内容に変動があった場合には改めて
　　提出する。）。

18　破産原因が生じた事情（債務者の事業が不振に至った経緯，債務が増大した理
　　由など）及び粉飾決算の有無は次のとおりである（できるだけ詳しく記載して下
　　さい。）。

Ver4.0

1 法人用の破産手続開始の申立書関係　363

【105　添付目録（法人用）】

添付目録（法人用）

＊添付したものは，□内にチェックする。なお，下線は添付が必須である。

1　□　資産及び負債一覧表
2　債権者一覧表関係
　①□　債権者一覧表
　②□　借入金一覧表
　③□　手形・小切手債権一覧表
　④□　買掛金一覧表
　⑤□　リース債権一覧表
　⑥□　労働債権一覧表
　⑦□　その他の債権一覧表
　⑧□　滞納公租公課一覧表
3　□　被課税公租公課チェック表
4①□　財産目録（総括表）
　②□　預貯金・積立金目録
　③□　受取手形・小切手目録
　④□　売掛金目録
　⑤□　在庫商品目録
　⑥□　貸付金目録
　⑦□　不動産目録
　⑧□　機械・工具類目録
　⑨□　什器備品目録
　⑩□　自動車目録
　⑪□　有価証券目録
　⑫□　賃借保証金・敷金目録
　⑬□　保険目録
　⑭□　過払金目録
　⑮□　その他の財産目録
　⑯□　最終の決算書に記載されており，かつ申立書の財産目録に記載のない財
　　　産についての処分状況等一覧表
5　□　リース物件一覧表
6　□　係属中の訴訟等一覧表
7　□　倒産直前の処分行為等一覧表
8　□　疎明資料目録

ver.4.0

364 〔申立代理人関係〕

【106 資産及び負債一覧表（法人用）】

資産及び負債一覧表（法人用）

債務者　○○○○株式会社
単位：円

資産

番号	科目	名目額（簿価額等）	回収見込額	備考
1	現　　　　金	1,050,000	1,050,000	
2	預　貯　金	350,000	200,000	
3	受取手形・小切手	1,500,000	500,000	
4	売　掛　金	5,000,000	4,500,000	
5	在　庫　商　品	800,000	0	
6	貸　付　金	6,500,000	1,500,000	
7	不　動　産	20,800,000	0	
8	機　械・工　具　類	5,000,000	0	
9	什　器　備　品	1,000,000	0	
10	自　動　車	1,500,000	350,000	
11	有　価　証　券	2,100,000	1,050,000	
12	賃借保証金・敷金	2,000,000	600,000	
13	保険解約返戻金	500,000	300,000	
14	過　払　金	1,000,000	702,000	
15	そ　の　他	500,000	0	
16				
	資産総合計	49,600,000	10,752,000	

＊詳細は各目録のとおり

負債

番号	債権の種類	科目	金額
1	一般破産債権	借　入　金	38,000,000
		手形・小切手債権	1,900,000
		買　掛　金	13,500,000
		リ　ー　ス　債　権	2,600,000
		その他の債権	68,000,000
		小計①	124,000,000
2	優先的破産債権・財団債権	労　働　債　権	1,900,000
		公　租　公　課	4,500,000
		その他の債権	0
		小計②	6,400,000
		①＋②	130,400,000
		債権者総数	10名

※詳細は各債権者一覧表のとおり

債務超過額　119,648,000 円

（記載にあたっての注意）各目録や各一覧表の金額を確認の上、誤りのないよう転記してください。

ver. 4.0

【107 債権者一覧表】

① 債権者一覧表

番号	債権者名	〒	住所（送達場所）	TEL FAX	債権の種類	備考
1	A信用金庫梅田支店	530-0001	大阪市北区梅田0-0-0	06-0000-0000 06-0000-0000	1	保証人：H村次郎（代表者）
2	B金融株式会社	530-0025	大阪市北区扇町0-0-0	06-0000-0000 06-0000-0000	1	
3	C産業株式会社	531-0077	大阪市北区大淀北0-0-0	06-0000-0000 06-0000-0000	2	
4	株式会社D商店	530-0011	大阪市北区大深町0-0-0	06-0000-0000 06-0000-0000	3	
5	Eリース株式会社	531-0075	大阪市北区大淀南0-0-0	06-0000-0000 06-0000-0000	4	保証人：H村次郎（代表者）
6	F田太郎	530-0017	大阪市北区角田町0-0-0	06-0000-0000 06-0000-0000	5	元従業員
7	G信用保証協会	530-0026	大阪市北区神山町0-0-0	06-0000-0000 06-0000-0000	6	求償権、保証人：H村次郎（代表者）
8	H村次郎	530-0031	大阪市北区菅原町0-0-0	06-0000-0000 06-0000-0000	6	代表者、将来の求償権
9	○○市税事務所	530-0001	大阪市北区梅田0-0-0	06-0000-0000	7	固定資産税・都市計画税
10	○○税務署	530-0052	大阪市北区南扇町0-0-0	06-0000-0000	7	消費税・源泉所得税

債権の種類の記載方法
1（借入金），2（手形・小切手債権），3（買掛金），4（リース債権），5（労働債権），6（その他），7（公租公課）
なお，〔その他〕については，備考欄にその債権の種類を記載する。また，その他についての債権者一覧表も別途作成する。

債権者数　10　名		債務総額　130,400,000 円	
	（うち優先的破産債権・財団債権　6,400,000 円）		

ver. 4.0

1 法人用の破産手続開始の申立書関係　365

【108　借入金一覧表】

② 借入金一覧表

番号	債権者名	〒	住　所	TEL FAX	金額（円）	借入日	最後の弁済日	使途	別除権	保証人	契約書等	調査欄	備考
1	A信用金庫梅田支店	530-0001	大阪市北区梅田0-0-0	06-0000-0000 06-0000-0000	28,000,000	H○.4.2	R○.5.25	事業資金	■	■	■	■	保証人：日村次郎 当初借入金額：60,000,000円 本社不動産に抵当権設定（担保不動産競売手続中）、預金、出資金あり（相殺予定）
2	B金融株式会社	530-0025	大阪市北区堂町0-0-0	06-0000-0000 06-0000-0000	10,000,000	H○.2.1	R○.5.15	事業資金	■	□	■	■	当初借入金額：12,000,000円 申立直前に、所有土地（駐車場）に根抵当権登記が設定されている
3						H/R　. .	H/R　. .		□	□	□	□	
4						H/R　. .	H/R　. .		□	□	□	□	
5						H/R　. .	H/R　. .		□	□	□	□	
6						H/R　. .	H/R　. .		□	□	□	□	
7						H/R　. .	H/R　. .		□	□	□	□	
8						H/R　. .	H/R　. .		□	□	□	□	
9						H/R　. .	H/R　. .		□	□	□	□	
10						H/R　. .	H/R　. .		□	□	□	□	
11						H/R　. .	H/R　. .		□	□	□	□	
12						H/R　. .	H/R　. .		□	□	□	□	
13						H/R　. .	H/R　. .		□	□	□	□	
14						H/R　. .	H/R　. .		□	□	□	□	
	合　計				38,000,000								

ver.4.0

【109　手形・小切手債権一覧表】

③ 手形・小切手債権一覧表

番号	債権者名	〒	住　所	TEL FAX	金額（円）	手形小切手番号	裏書関係	支払期日
1	C産業株式会社	531-0077	大阪市北区大淀北0-0-0	06-0000-0000 06-0000-0000	1,900,000	AA000000	なし	R○.3.15
2								
3								
4								
5								
6								
7								
8								
9								
10								
11								
12								
13								
				合　計	1,900,000			

ver.6.0

366 〔申立代理人関係〕

【110 買掛金一覧表】

④ 買掛金一覧表

番号	債権者名	〒	住 所	TEL FAX	金 額（円）	調査票等	備考
1	株式会社D商店	530-0011	大阪市北区大深町0-0-0	06-0000-0000 06-0000-0000	13,500,000	■	
2						□	
3						□	
4						□	
5						□	
6						□	
7						□	
8						□	
9						□	
10						□	
11						□	
12						□	
13						□	
14						□	
				合 計	13,500,000		

ver. 4.0

【111 リース債権一覧表】

⑤ リース債権一覧表

番号	債権者名	〒	住 所	TEL FAX	金 額（円）	リース物件	保証人	調査票等	備考
1	Eリース株式会社	531-0075	大阪市北区大淀南0-0-0	06-0000-0000 06-0000-0000	2,600,000	複合機	■	■	リース物件返還済み 保証人：H村次郎
2							□	□	
3							□	□	
4							□	□	
5							□	□	
6							□	□	
7							□	□	
8							□	□	
9							□	□	
10							□	□	
11							□	□	
				合 計	2,600,000				

ver. 4.0

1　法人用の破産手続開始の申立書関係　　367

【112　労働債権一覧表】

⑥　労働債権一覧表

番号	債権者名	〒	住所	TEL FAX	給料未払期間	①給料 (円)	②退職手当 (円)	③解雇予告手当 (円)	備考
1	F田太郎	530-0017	大阪市北区角田町0-0-0	06-0000-0000 06-0000-0000	R○.4.21 〜 R○.5.30	400,000	1,500,000	0	基本給月額300,000円 給料締日20日 解雇日R○.5.30
2					〜				
3					〜				
4					〜				
5					〜				
6					〜				
7					〜				
8					〜				
9					〜				
10					〜				
					小計	400,000	1,500,000	0	
					総合計	1,900,000			

ver.4.0

【113　その他の債権者一覧表】

⑦　その他の債権者一覧表

番号	債権者名	〒	住所	TEL FAX	金額（円）	債権の種類	調査委等	備考
1	G信用保証協会	530-0026	大阪市北区神山町0-0-0	06-0000-0000 06-0000-0000	68,000,000	求償権	■	R○.8.17代位弁済 原債権者：甲銀行梅田支店　連帯保証人：H村次郎
2	H村次郎	530-0031	大阪市北区菅栄町0-0-0	06-0000-0000 06-0000-0000	0	将来の求償権	□	代表者 A信用金庫梅田支店分，G信用保証協会分，Eリース株式会社分
3							□	
4							□	
5							□	
6							□	
7							□	
8							□	
9							□	
10							□	
11							□	
12							□	
13							□	
14							□	
15							□	
16							□	
				合計	68,000,000			

ver.4.0

368　〔申立代理人関係〕

【114　滞納公租公課一覧表】

⑧ 滞納公租公課一覧表

番号	税　目	所　轄	〒	住　所	TEL	金額（円）	年度	備　考
1	固定資産税・都市計画税	○○市税事務所	530-0001	大阪市北区梅田0-0-0	06-0000-0000	1,500,000	R○	
2	消費税	○○税務署	530-0052	大阪市北区南扇町0-0-0	06-0000-0000	2,000,000	R○	
3	源泉所得税	○○税務署	530-0052	大阪市北区南扇町0-0-0	06-0000-0000	1,000,000	R○	
4								
5								
6								
7								
8								
9								
10								
11								
12								
13								
14								
					合計	4,500,000		

ver. 4. 0

1 法人用の破産手続開始の申立書関係　369

【115　被課税公租公課チェック表（法人用）】

ver.4.0

被課税公租公課チェック表（法人用）

滞納しているものだけでなく、課税されている項目にチェックし、必要事項を記載する。

チェック	税目	所轄	郵便番号	所在地	電話番号	直近年度（令和）	直近年度の税額	備考（参考となる事項を詳しく記載する。）
■	法人税	（○○）税務署	530-0052	大阪市北区南森町0-0-0	06-0000-0000	R○	0	
■	法人府民税・県民税	（○○）府税事務所	530-0047	大阪市北区西大通0-0-0	06-0000-0000	R○	20,000	
□	同上	（　）府税事務所・県税事務所　地方事務局						
■	法人市区民税・町村民税	（○○）市税事務所	530-0001	大阪市北区梅田0-0-0	06-0000-0000	R○	50,000	
□	同上	（　）市税事務所・市区役所・町村役場						
	（法人住民税関係分、法人税所得割分に注意）							
□	法人事業税	（　）府税事務所・県税事務所						
□	同上	（　）府税事務所・県税事務所						
■	固定資産税・都市計画税	（○○）市税事務所	530-0001	大阪市北区梅田0-0-0	06-0000-0000	R○	1,500,000	
□	同上	（　）市税事務所・市区役所・町村役場						
□	同上	（　）市税事務所・市区役所・町村役場						
	（毎年1月1日現在の登記上の所有者に課税されることに注意）							
■	源泉所得税	（○○）税務署	530-0052	大阪市北区南森町0-0-0	06-0000-0000	R○	不明	元災害F・田太氏分
■	特別徴収住民税・町村県民税	（○○）市税事務所	530-0001	大阪府△△市0-0-0	0000-00-0000	R○	不明	元災害乙村三郎分
□	同上	（　）市役所	000-0000	○○市△△-0-0				
□	同上	（　）市税事務所・市区役所・町村役場						
□	同上	（　）市税事務所・市区役所・町村役場						
■	消費税・地方消費税	（○○）税務署	530-0052	大阪市北区南森町0-0-0	06-0000-0000	R○	2,600,000	
□	健康保険料・調整保険料・介護保険料	全国健康保険協会（　）支部／健保組合						
■	厚生年金保険料・児童手当拠出金	（○○）年金事務所	530-0041	大阪市北区天神橋0-0-0	06-0000-0000	R○	不明	
□	厚生年金基金	厚生年金基金						
■	労働保険料	（○○）労働局	530-0001	大阪市北区梅田0-0-0	06-0000-0000	R○	89,000	
□	国民健康保険料	（　）市区役所・町村役場						
■	自動車税	大阪府自動車税事務所	543-8511	大阪市天王寺区舟入0-0-0	06-0000-0000	R○	39,500	
	（毎年4月1日現在の登記上の所有者に課税されることに注意）							
□	軽自動車税	（　）市税事務所・市区役所・町村役場						
□	地方自治体に基づく分担金	（　）市区役所・町村役場						
	その他							
□								
□								
□								
						合計	4,298,500	

納付状況の有無（□・■）　過去3期分確定申告書の写し（有・□無）滞納の有無（有・□無）

370 〔申立代理人関係〕

【116 財産目録（総括表・法人用）】

① 財 産 目 録（総 括 表・法人用）

No.	科 目	名目額(簿価額等)(円)	回収見込額(円)	備 考
1	現　　　　金	1,050,000	1,050,000	引継予納金を含む。
2	預　貯　金	350,000	200,000	相殺主張見込まれる。
3	受取手形・小切手	1,500,000	500,000	相手方倒産
4	売　掛　金	5,000,000	4,500,000	相殺主張見込まれる。
5	在 庫 商 品	800,000	0	不良在庫
6	貸　付　金	6,500,000	1,500,000	相手方倒産
7	不　動　産	20,800,000	0	抵当権設定あり，根抵当権登記設定あり(直前)
8	機 械・工 具 類	5,000,000	0	陳腐化のため無価値
9	什 器 備 品	1,000,000	0	陳腐化のため無価値
10	自　動　車	1,500,000	350,000	事故車
11	有 価 証 券	2,100,000	1,050,000	民事再生手続中，相殺主張見込まれる。
12	賃借保証金・敷金	2,000,000	600,000	明渡済み，原状回復未了
13	保 険 解 約 返 戻 金	500,000	300,000	契約者貸付あり
14	過　払　金	1,000,000	702,000	合意済み，回収日R○.8.5
15	そ　の　他	500,000	0	実施実績なし
16				
	合計	49,600,000	10,752,000	

＊詳細は各目録のとおり
ver.4.0

【117 預貯金・積立金目録】

② 預貯金・積立金目録

No.	金融機関名	支店名	種類	口座番号	残高 (円)	相殺予定	回収見込額(円)	通帳等	備 考
1	A信用金庫	梅田	普通	1234567	150,000	■	0	■	
2	L銀行	堂島	当座	789456	200,000	□	200,000	■	
3						□	0	□	
4						□	0	□	
5						□	0	□	
6						□	0	□	
7						□	0	□	
8						□	0	□	
9						□	0	□	
10						□	0	□	
11						□	0	□	
12						□	0	□	
				合計	350,000		200,000		

ver.4.0

1　法人用の破産手続開始の申立書関係　　371

【118　受取手形・小切手目録】

③　受取手形・小切手目録

No.	振出人の氏名又は会社名	〒	住　所	TEL FAX	手形・小切手番号	裏書人	支払期日	額面(円)	回収見込額(円)	備考
1	(株)M販売	530-0012	大阪市北区芝田0-0-0	06-0000-0000 06-0000-0000	FA234567		R○.10.1	1,000,000	0	倒産
2	N工業(株)	530-0053	大阪市北区末広町0-0-0	06-0000-0000 06-0000-0000	AD987654	第1裏書　丙商事	R○.12.5	500,000	500,000	
3										
4										
5										
6										
7										
8										
9										
10										
11										
12										
13										
14										
15										
16										
17										
18										
19										
20										
							合計	1,500,000	500,000	

割引手形は記載しない。
ver.4.0

【119　売掛金目録】

④　売掛金目録

No.	債務者の氏名又は会社名	〒	住　所	TEL FAX	金　額(円)	回収見込額(円)	契約書等	備考
1	(株)O物産	530-0046	大阪市北区菅原町0-0-0	06-0000-0000 06-0000-0000	2,000,000	1,500,000	■	相殺主張有り
2	(株)P工業	530-0014	大阪市北区鶴野町0-0-0	06-0000-0000 06-0000-0000	3,000,000	3,000,000	■	Y商事により、同社に対する債権譲渡通知が発送されている
3							□	
4							□	
5							□	
6							□	
7							□	
8							□	
9							□	
10							□	
11							□	
12							□	
13							□	
14							□	
15							□	
16							□	
17							□	
18							□	
19							□	
20							□	
				合計	5,000,000	4,500,000		

ver.4.0

372 〔申立代理人関係〕

【120 在庫商品目録】

⑤ 在庫商品目録

No.	品名	個数	所在場所	簿価等(円)	回収見込額(円)	備考
1	ぬいぐるみ	8ケース	本社倉庫	800,000	0	長期売れ残り・返品不良在庫
2						
3						
4						
5						
6						
7						
8						
9						
10						
11						
12						
			合計	800,000	0	

ver.4.0

【121 貸付金目録】

⑥ 貸付金目録

No.	債務者の氏名又は会社名	〒	住所	TEL FAX	金額(円)	回収見込額(円)	契約書等	備考
1	Q野四郎	530-0057	大阪市北区曽根崎0-0-0	06-0000-0000 06-0000-0000	1,500,000	1,500,000	■	
2	(株)R商事	530-0002	大阪市北区曽根崎新地0-0-0	06-0000-0000 06-0000-0000	5,000,000	0	□	倒産
3							□	
4							□	
5							□	
6							□	
7							□	
8							□	
9							□	
10							□	
11							□	
12							□	
13							□	
14							□	
15							□	
16							□	
17							□	
18							□	
19							□	
20							□	
				合計	6,500,000	1,500,000		

ver.4.0

1 法人用の破産手続開始の申立書関係　373

【122　不動産目録】

⑦　不動産目録

No.	種類	所在地	地番又は家屋番号	評価額(固定資産評価証明書)又は査定価格(査定書)(円)	被担保債権額(円)	回収見込額(円)	評価証明書等	査定書	被担保債権	備　考
1	土地	大阪市北区△△1丁目	100番	5,000,000			■			本社不動産 共同担保設定(A信用金庫)
2	土地	大阪市北区△△1丁目	101番	5,000,000	27,750,000	0	■	■	■	被担保債権額は，被担保債権残額2800万円から相殺予定の預金15万円及び出資金10万円を控除した残額
3	建物	大阪市北区△△1丁目100番地	100番1	1,000,000			■			担保不動産競売手続中
4	土地	大阪市北区△△2丁目	10番	9,800,000	10,000,000	0	■	■	□	駐車場 申立直前に，B金融(株)による根抵当権の設定あり。
5							□	□	□	
6							□	□	□	
7							□	□	□	
8							□	□	□	
9							□	□	□	
10							□	□	□	
			合計	20,800,000	37,750,000	0				

回収見込額については，固定資産評価証明書における評価額ないし査定価格と被担保債権額の差額を記載する。
共同担保物件における被担保債権の算出において，重複して計算しないよう注意する。
ver.4.0

【123　機械・工具類目録】

⑧　機械・工具類目録

No.	名称	個数	所在場所	簿価等(円)	回収見込額(円)	備　考
1	機械工具類一式		本社工場内	5,000,000	0	陳腐化，老朽化
2						
3						
4						
5						
6						
7						
8						
9						
10						
11						
12						
	合計			5,000,000	0	

ver.4.0

374 〔申立代理人関係〕

【124 什器備品目録】

⑨ 什器備品目録

No.	品名	個数	所在場所	簿価等(円)	回収見込額(円)	備考
1	事務机等 一式		本社事務所内	1,000,000	0	陳腐化，老朽化
2						
3						
4						
5						
6						
7						
8						
9						
10						
11						
12						
	合計			1,000,000	0	

ver.4.0

【125 自動車目録】

⑩ 自動車目録

No.	車名	初度登録年	登録番号	保管場所	簿価等(円)	回収見込額(円)	留保 所有権	登録事項証明書等	備考
1	トヨタ・プリウス	R○	なにわ000ほ0000	本社	1,500,000	350,000	□	■	事故車
2							□	□	
3							□	□	
4							□	□	
5							□	□	
6							□	□	
7							□	□	
8							□	□	
9							□	□	
10							□	□	
				合計	1,500,000	350,000			

ver.4.0

1 法人用の破産手続開始の申立書関係 375

【126 有価証券目録】

⑪ 有価証券目録

No.	財産の内容 (ゴルフ会員権・株式・出資金等)	数量	証券等番号	証券等／所在場所	簿価等(円)	回収見込額(円)	取引相場	備 考
1	ゴルフ会員権・Sカントリークラブ	1	00000	■ 申立代理人	1,000,000	50,000	□	民事再生手続中
2	株式・Tホールディングス株式会社	1,000		■ ○○証券△△支店	1,000,000	1,000,000	■	上場会社 担当者：○○氏, 06-0000-0000
3	出資金・A信用金庫	2,000	00000	■ 申立代理人	100,000	0	□	相殺予定
4				□			□	
5				□			□	
6				□			□	
7				□			□	
8				□			□	
9				□			□	
10				□			□	
11				□			□	
12				□			□	
	合計				2,100,000	1,050,000		

ver.4.0

【127 賃借保証金・敷金目録】

⑫ 賃借保証金・敷金目録

No.	賃借物件名	差入額(円)	契約上の返戻金(円)	滞納額(円)	原状回復費用等の見込額(円)	回収見込額(円)	契約書等	備 考
1	西天満倉庫001号	2,500,000	2,000,000	200,000	1,200,000	600,000	■	賃貸人は睄丁浜商事 R○.6.30明渡済み
2							□	
3							□	
4							□	
5							□	
6							□	
7							□	
8							□	
9							□	
10							□	
11							□	
12							□	
	合計	2,500,000	2,000,000	200,000	1,200,000	600,000		

ver.4.0

376 〔申立代理人関係〕

【128 保険目録】

⑬ 保険目録

No.	保険会社名	保険種類	証券番号	名目額 (解約返戻金)(円)	回収見込額 (解約返戻金)(円)	証券	備考
1	U生命保険	生命保険	F-1234567	500,000	300,000	■	契約者貸付200,000円
2	V損害保険	店舗総合保険	A-12121212	0	0	■	本社分 月払い、掛け捨て保険
3	V損害保険	火災保険	A-34343434	0	0	■	賃借倉庫分 月払い、掛け捨て保険
4	V損害保険	自動車保険	B-56789	0	0	■	プリウス分 月払い、掛け捨て保険
5						☐	
6						☐	
7						☐	
8						☐	
9						☐	
10						☐	
11						☐	
12						☐	
	合計			500,000	300,000		

ver.4.0

【129 過払金目録】

⑭ 過払金目録

No.	相手方の氏名又は会社名	額面額	合意額又は 見込み額(円)	回収費用控除 予定額(円)	回収費用控除後 残金(円)	合意又は 債務名義 取得の有無	備考
1	W金融(株)	1,000,000	900,000	198,000	702,000	■	回収日R○.8.5
2						☐	
3						☐	
4						☐	
5						☐	
6						☐	
7						☐	
8						☐	
9						☐	
10						☐	
	合計	1,000,000	900,000	198,000	702,000		

ver.4.0

1　法人用の破産手続開始の申立書関係　　377

【130　その他の財産目録】

⑮　その他の財産目録

No.	財産の種類・内容	数量	所在場所	簿価等(円)	回収見込額(円)	備　考
1	特許権			500,000	0	特許番号第1234567号、実施実績なし
2						
3						
4						
5						
6						
7						
8						
9						
10						
11						
12						
			合計	500,000	0	

ver.4.0

【131　最終の決算書に記載されており，かつ申立書の財産目録に記載のない財産についての処分状況等一覧表】

⑯　最終の決算書に記載されており，かつ申立書の財産目録に記載のない財産についての処分状況等一覧表

※　ただし、①現金、②預貯金、③受取手形・小切手、④売掛金、⑤在庫商品（原材料）など、通常流動性が高いと思われる資産については記入する必要がありません。⑥貸付金、⑦不動産、⑧機械・工具類、⑨什器備品、⑩自動車、⑪有価証券、⑫賃借保証金・敷金、⑬保険解約返戻金、⑭その他の財産等の資産についてのみ記入してください。

No.	財産の種類・内容	架空計上	処分	処分日	処分価格(円)	処分代金の使途　又は　財産目録非掲載の理由
1	ユンボ	□	■	R○.12.25	750,000	運転資金
2	自動車・日産ＡＤバン（なにわ000に0000）	■	□			平成○○年に廃棄処分され、その後実体のないまま決算書に計上され続けていたものである。
3		□	□			
4		□	□			
5		□	□			
6		□	□			
7		□	□			
8		□	□			
9		□	□			
10		□	□			
11		□	□			
12		□	□			

ver.4.0

378 〔申立代理人関係〕

【132 リース物件一覧表】

リース物件一覧表

No.	債 権 者 名	リ ー ス 物 件	所 在 地	契約書等	返還済
1	Ｅリース株式会社	複合機	本社（大阪市北区△△1-0-0）	■	■
2				□	□
3				□	□
4				□	□
5				□	□
6				□	□
7				□	□
8				□	□
9				□	□
10				□	□
11				□	□
12				□	□
13				□	□
14				□	□
15				□	□
16				□	□
17				□	□
18				□	□

ver.4.0

【133 係属中の訴訟等一覧表】

係属中の訴訟等一覧表

No.	事件の種類	相手方	係属裁判所	事件番号	備考（訴訟内容，訴訟の進行状況等を記載してください。）
1	担保不動産競売	Ａ信用金庫	大阪地方裁判所 第○民事部○係	Ｒ○（ケ）000	本社の土地建物，開札予定日Ｒ○.11.20
2					
3					
4					
5					
6					
7					
8					
9					
10					
11					

※上記の係属訴訟には保全処分，支払督促及び民事執行も記載する。

ver.4.0

1 法人用の破産手続開始の申立書関係　379

【134　倒産直前の処分行為等一覧表】

倒産直前の処分行為等一覧表

No.	相手方	行為時期	行為類型	処分価格（円）	参考となるべき事項
1	X金属(株)	R○.4.20	弁済	14,500,000	相手方は主要な仕入先。窮状を告げて資金繰りについて相談したところ，繰り上げ一括支払を求められたため，買掛債務につき弁済した。
2	(株)Y商事	R○.5.8	債務譲渡	3,000,000	相手方は金融業者。融資時に徴収した白紙の債権譲渡通知書を使用して，返済期日当日に，(株)P工業への売掛金について債権譲渡通知を発送した。
3	B金融(株)	R○.5.9	担保設定	9,800,000	相手方は金融業者。支払延期を申し入れたところ，権利証と実印を強引に奪って所有物件に根抵当権登記を設定した。債権額（被担保債権額）は1000万円，物件評価は980万円。
4					
5					
6					
7					
8					
9					
10					

否認権の成否に疑問がある場合にも行為を記載してください。

ver.4.0

380 〔申立代理人関係〕

【135 疎明資料目録（法人用）】

疎明資料目録（法人用）

※ ◇は，常に添付が必要な書類です。添付を確認の上，◇内にチェックをして通数を記載してください。

※ ○は，該当する場合には必ず添付が必要な書類です。添付を確認の上，○内にチェックして通数を記載してください。

1 ◇委任状

2 ◇登記事項証明書（法人）

3 ○取締役会議事録　又は○取締役全員の意見一致を証する書面

4 ◇決算書（付属明細書を含むものを，直近年度から順に過去２年分）

5 ○不動産を所有している場合，登記事項証明書（不動産）（　通）及び評価証明書（　通）

6 ◇管財人引継資料一覧表（法人用）

○　準自己破産申立てである

　→○予納金財団組入に関する上申書

ver.4.0

1　法人用の破産手続開始の申立書関係　　381

【136　管財人引継資料一覧表（法人用）】

管財人引継資料一覧表（法人用）

◆全体的資料
1　□　　登記事項証明書（法人）の写し
2　□○　決算書（少なくとも直近年度から順に過去2年分，勘定科目明細書を含む）
3　□○　税務申告書控え（税務署の受付印のあるものを，少なくとも直近年度から順に過去2年分）
4　□○　債権疎明資料（金銭消費貸借契約書，債権額回答書，債権調査票等）
5　□　　印鑑（□代表者印　□銀行印）
6　□　　総勘定元帳・現金出納帳
7　□　　預金出納帳
8　□　　手形帳・小切手帳
9　□　　事務所・金庫等の鍵
10□○　退職金規程
11□○　賃金台帳
12□　　申立書及び添付書類等一式のデータを納めた媒体（CD・DVD・USBメモリー等。電子メールによる送付も可。）

◇預貯金・積立金（②預貯金・積立金目録）
②−1　□○　預金（貯金）通帳
②−2　□○　当座勘定照合表

◇受取手形（③受取手形・小切手目録）
③−1　□○　受取手形・小切手

◇売掛金（④売掛金目録）
④−1　□　　売掛台帳
④−2　△　　請求書（控）・納品書等

◇貸付金（⑥貸付金目録）
⑥−1　□○　金銭消費貸借契約書

◇不動産（⑦不動産目録）
⑦−1　□○　登記済権利証・登記識別情報通知書
⑦−2　□○　登記事項証明書（不動産）
⑦−3　□○　固定資産税評価証明書
⑦−4　△　　査定書

ver. 4.0

382 〔申立代理人関係〕

◇自動車（⑩自動車目録）
　⑩－1　□○　車検証
　⑩－2　□　　自動車の鍵
　⑩－3　△　　査定書

◇有価証券（⑪有価証券目録）
　⑪－1　□○　会員権証書，株券，出資証券

◇賃借保証金，敷金（⑫賃借保証金・敷金目録）
　⑫－1　□○　賃貸借契約書

◇保険解約返戻金（⑬保険目録）
　⑬－1　□○　保険証券
　⑬－2　□○　解約返戻金証明書

◇過払金（⑭過払金目録）
　⑭－1　□○　合意書等

◇係属中の訴訟（係属中の訴訟等一覧表）
　　1　□　係属中の訴訟等に関する訴訟資料

※　◇は財産目録に財産が存在する旨記載した場合にチェックしてください。
　◇にチェックのある項目については，原則的に□の資料を管財人に引き継ぎ，引き継ぐものにチェックをしてください。△の資料は，存在する場合に引き継ぎ，チェックしてください。
※　アンダーラインのある資料（財産）は，申立代理人が責任をもって保管し，引継に留意してください。
※　引き継ぐ資料のうち，○のあるものについては，原本が存在する場合も必ずコピーを一部作成し，申立書等の副本とともに管財人予定者に速やかに引き継ぎ，コピーを作成したことの確認のため○にチェックを入れてください。作成したコピーには，上記の○印内の数字に対応した番号を振って整理してください（従来，裁判所に提出していた疎明資料に代わる資料となります。）。
　また，原本も打ち合わせの時に，管財人に引き継いでください。

---

ver.4.0

2　自然人用の破産手続開始の申立書関係　　383

【201　申立代理人の役割確認表（自然人用）】

申立代理人の役割確認表（自然人）

★印が付いたものは，主に個人事業者に関する事項である。

1　申立準備

　　　　＊これらの準備に時間を要する場合には、必ずしも申立て前に全ての準備を行うことにこだわらず、ま
　　　　ずは速やかに申立てを行い、その後に継続して準備することが望ましい。

（受任通知）

　□　受任通知（時期は事案によっては申立て後の場合もあり得る。）

（現金）

　□　予納金準備・保管

★（帳簿等管理）

　□　決算書・帳簿（総勘定元帳・現金出納帳・預金出納帳等）・税務申告書等の
　　　確保

　□　経理データバックアップ（外付けハードディスク・ＣＤなど），使用ソフト・
　　　対応可能パソコン確認

　□　経理担当者の協力確保

（印鑑）

　□　実印預かり

★□　銀行印預かり

（権利証・有価証券）

　□　登記済権利証・登記識別情報通知書預かり（　　　通）

★□　受取手形・小切手預かり（　　　通）

　□　有価証券預かり（　　　通）

★□　手形・小切手支払日確認／取立処理

★（事務所・倉庫等）

　□　鍵預かり

　□　貼り紙

★（賃借物件）

　□　明渡費用確認（見積書）

　□　明渡手続（動産等の処分を含む。）

384 〔申立代理人関係〕

★ （従業員関係）
- □ 従業員の解雇，解雇通知の受領証の徴収
- □ 解雇予告手当，未払給料，退職金の計算（資金的に問題がなければ支払いも）
- □ 雇用保険被保険者離職票の作成，提出
- □ 雇用保険の被保険者資格喪失届の作成，提出
- □ 社会保険の被保険者資格喪失届の作成，提出
- □ 給与所得の源泉徴収票の作成，提出，交付
- □ 給与所得者異動届出書の提出
- □ 退職金規定・賃金台帳・従業員名簿等の確保

（入金管理）
- □ 管財人引継用口座開設

★□ 売掛先への入金口座変更連絡

★□ 金融機関への受任通知（借入ある金融機関の口座を継続利用する場合）

（預貯金）
- □ 通帳記入
- □ 取引履歴取寄せ（一括記載がある場合）
- □ 給与・年金等振込口座の変更

★ （売掛金関係）
- □ 売掛台帳・請求書（控）・納品書等の確保

（自動車・機械・工具類・什器備品・在庫商品関係）
- □ 鍵・車検証預かり
- □ 保管状況確認
- □ 評価額・廃棄費用確認（見積書）

★ （リース物件）
- □ 返還
- □ 受領書の受取り

（賃貸物件）
- □ 賃借人への受任通知，振込先変更案内

（自由財産拡張申立関係）
- □ 拡張申立対象財産の選別
- □ 拡張適格外財産の申立て・９９万円超の申立ての場合の別紙作成

2　申立て（裁判所への持参物）
- □　申立関係書類一式
- □　官報公告費用
- □　郵券

3　申立てから破産手続開始決定まで
- □　集会の期日調整
- □　管財人候補者との面談期日の調整
- □　管財人候補者への具体的な資料・情報の提供
- □　宛名シールの作成及び管財人候補者への直送
  - □　債権者用
  - □　財産所持者等（売掛先，貸付先等）用
  - □　公租公課庁用
  - ★□　労働組合等用
- □　申立書副本・引継書類等の写しの管財人候補者への直送
- □　管財人との面談（開始決定後の場合もあり得る。），引継
- □　予納金の引継

4　破産手続開始決定から財産状況報告集会まで
- □　開始決定等の受領
- □　債権者宛の通知書が送付できなかった場合における債権者の所在調査，所在が判明したときの管財人への連絡，調査結果を記載した報告書の裁判所への提出
- □　新たな債権者が判明した場合における管財人への連絡，所在を記載した報告書の裁判所への提出
- □　申立人の財産状況報告集会への出頭確保

386 〔申立代理人関係〕

【202 自然人用破産申立書（ver.4.0）について】

自然人用破産申立書（ver.4.0）について

　提出する書類は，以下に記載した順番に綴ってください。
　また，債権者一覧表と財産目録には，それぞれ「債権者一覧表」「財産目録」と記載したインデックスあるいは付箋を右端上側に貼付してください。
　なお，記載方法の詳細については，本書56頁以下の記入要領を参照してください。
1　破産申立書（自然人用）（本書387頁【資料203】）
　　申立書は1枚ものとし，報告書形式をメインにしています。
2　管財補充報告書（本書388頁【資料204】）
　　管財手続において特に確認しておくべき事項をチェック方式で作成するものです。
3　報告書（本書393頁【資料205】）
4　家計収支表（本書400頁【資料206】）
5　添付目録（自然人用）（本書401頁【資料207】）
　　必要な書類をチェック方式で分かるようにしています。
　　なお，添付目録はアンダーラインを引いたもの以外は必要に応じて添付してください。
6　資産及び負債一覧表（自然人用）（本書402頁【資料208】）
　　財産目録及び債権者一覧表をまとめたものであって，非常貸借対照表的なものです。回収見込額を記入しますので，配当可能性の有無が一覧できるものになっています。
7　債権者一覧表等（8種）（本書402〜406頁【資料209〜216】）
　　最初に全体の債権者一覧表を綴り，その後に個別の債権者一覧表を必要に応じて綴ってください。なお，債権疎明資料は裁判所に提出する必要はありません。
8　被課税公租公課チェック表（自然人用）（本書407頁【資料217】）
　　滞納がない場合においても交付要求の可能性がありますので，従前課税を受けていたものについては記入してください。
9　財産目録等（17種）（本書408〜416頁【資料218〜234】）
　　最初に総括表を綴り，その後に個別の目録を必要に応じて綴ってください。また，自由財産の拡張の申立てをする場合には，そのチェックを忘れないでください。
10　リース物件一覧表（本書416頁【資料235】）
　　リース債権がある場合には必ず提出してください。
11　係属中の訴訟等一覧表（本書417頁【資料236】）
　　訴訟が係属している，差押えがなされている等の場合には必ず提出してください。
12　倒産直前の処分行為等一覧表（本書417頁【資料237】）
　　否認権行使に関する情報を提供し，回収予定財団額を把握するためのものですので，倒産直前の処分行為がある場合は必ず提出してください。
13　疎明資料目録（自然人用）（本書418頁【資料238】）
　　◇の付いたものは必ず提出してください。
14　疎明資料
15　管財人引継資料一覧表（自然人用）（本書419頁【資料239】）
　　添付目録，疎明資料だけではなく，管財人に引き継ぐ資料をチェック方式で分かるようにしています。
16　文字上申書（付属CD−ROM【資料1104】）

2 自然人用の破産手続開始の申立書関係　387

【203　破産申立書（自然人・管財事件用）】

印　紙

(1500 円)

破産申立書（自然人・管財事件用）

令和　　年　　月　　日

大阪地方裁判所（□　　　　支部）御中

申立代理人弁護士（担当）＿＿＿＿＿＿＿＿＿＿＿＿＿＿＿＿　印
送達場所（事務所）〒　　－＿＿＿＿＿＿＿＿＿＿＿＿＿＿＿
＿＿＿＿＿＿＿＿＿＿＿＿＿＿＿＿＿＿＿＿＿
TEL（　　）　　　－　　　　　FAX（　　）　　　－

ふりがな
申立人氏名　＿＿＿＿＿＿＿＿＿＿＿＿＿　旧姓・通称・屋号　＿＿＿＿＿＿＿

年　　齢　（　　歳）（昭和・平成　　年　　月　　日生）
本籍・国籍　□住民票本籍欄記載のとおり　□国籍＿＿＿＿＿＿＿＿＿＿＿
住　居　所（〒　　－　　　）□住民票記載のとおり
□　　　　　　　　　　　　　　　　　　　　（住民票と異なる場合↓）
連　絡　先（　　　　）　　　　－　　　　　□居所についての疎明資料添付

申　立　て　の　趣　旨
1　申立人について破産手続を開始する。
2　別紙財産目録記載の財産のうち，同財産目録の自由財産拡張申立欄に■を付した財産について，破産財団に属しない財産とする。

申　立　て　の　理　由
　申立人は，1のとおりの債務を負担し，財産総額は2のとおりであるため，支払不能の状態にある。
1　債務の状況（別紙債権者一覧表記載のとおり）
　(1)　一般破産債権総額＿＿＿＿＿＿万＿＿＿＿＿＿円（債権者＿＿＿＿人）
　(2)　優先的破産債権及び財団債権総額
　　　　　　　　　　　＿＿＿＿＿＿万＿＿＿＿＿＿円（債権者＿＿＿＿人）
2　財産の状況（別紙財産目録記載のとおり）
　回収見込額合計　＿＿＿＿＿＿万＿＿＿＿＿＿円

参　考　事　項
（必ずこの欄も記載する。）
1　破産管財人への引継予定の現金＿＿＿＿＿＿＿＿＿＿＿＿＿円
2　法人の代表者であるか（□当・□否）　その法人の破産申立て（□有・□無）
　　その係属する裁判所と事件番号等
　　＿＿＿地方裁判所＿＿支部　令和＿＿年（フ）第＿＿＿＿号，＿＿＿係
　　その事件の進行（□開始決定済・□同時申立・□開始決定未）
　　その破産管財人の氏名等（弁護士＿＿＿＿＿＿，TEL（　　）＿＿＿－＿＿＿）
　　今後の予定（□予定有　令和＿＿年＿＿月ころ・□予定無）
3　現在個人事業者であるか（□当・□否）
4　配偶者の申立て（□有・□無）その係属する裁判所と事件番号等
　　＿＿＿地方裁判所＿＿支部　令和＿＿年（フ）第＿＿＿号，＿＿＿係

	受領印

電子納付希望の場合　登録コード＿＿＿＿＿＿＿

印　紙	郵　券
1500 円	円

ver.4.0

388 〔申立代理人関係〕

【204 管財補充報告書】

令和　年（フ）第　　号
債務者

管財補充報告書

令和　年　月　日

大阪地方裁判所　　　　御中

申立代理人＿＿＿＿＿＿＿＿＿＿＿＿印

1　一般管財手続（招集型・非招集型）・個別管財手続の希望
　　□本件が，一般管財手続（招集型）として取り扱われることを希望する。
　　□次の注意事項を了解し，本件が，一般管財手続（非招集型）として取り扱われる
　　ことに異議がない。
　　注：破産手続開始決定の前後を問わず，一件書類に記載された事実と異なる事実
　　　　又は一件書類に記載されていない事実が判明する等して，非招集型手続として
　　　　処理することが不適切であると裁判所が判断した場合は，招集型手続として処
　　　　理されることになります。
　　□本件が，個別管財手続として取り扱われることを希望する。

2　負債の状況（資産及び負債一覧表・債権者一覧表記載のとおり）

3　財産の状況（資産及び負債一覧表・財産目録記載のとおり）

4　遺産分割協議未了の相続財産の有無　　　　　　　　　　【□有　□無】

5　係属中の訴訟等（支払督促，仮差押え，仮処分，競売手続等を含む）の有無【□有　□無】
　　□係属中の訴訟等一覧表記載のとおり

6　倒産直前の弁済，資産譲渡，担保設定等の有無　　　　　【□有　□無】
　　□倒産直前の処分行為等一覧表記載のとおり

7　公租公課の滞納の有無　　　　　　　　　　　　　　　　【□有　□無】
　　□滞納公租公課一覧表のとおり

8　被課税公租公課チェック表
　　□添付した。

ver.4.0

2 自然人用の破産手続開始の申立書関係 389

9 居住物件の状況
□自己所有でない。
□自己所有である。
　□4か月以内に明渡しが可能である。
　□4か月以内の明渡しは困難である。
　　その理由

　　_____

10 住居所
□住民票記載のとおり　□外国人登録原票記載事項証明書のとおり
　　郵便取扱局　日本郵便株式会社_____郵便局（〒　　　−　　　　　）
□住民票と異なる→破産申立書記載のとおり
　　郵便取扱局　日本郵便株式会社_____郵便局（〒　　　−　　　　　）

11 住民票の異動
□申立て前1年以内に住民票を異動していない。
□申立て前1年以内に住民票を異動した。
　　前住所は_____
　　郵便取扱局　日本郵便株式会社_____郵便局（〒　　　−　　　　　）

12 居所の異動
□申立て前1年以内には居所を異動していない。
□申立て前1年以内に居所を異動した。
　　前居所は_____
　　郵便取扱局　日本郵便株式会社_____郵便局（〒　　　−　　　　　）

13 自由財産拡張の申立てについて
　(1) 金銭及び自由財産の拡張を求める財産の種類
　　　□金銭及び別紙財産目録2〜7の財産のみである。
　　　□金銭及び別紙財産目録2〜7以外の財産がある。
　　　　□金銭及び別紙財産目録2〜7以外の財産を自由財産とすべき具体的理由を記
　　　　　載した別紙を添付した。
　(2) 金銭及び自由財産の拡張を求める財産の合計額の99万円超過の有無
　　　□99万円以下である。
　　　□99万円を超える。
　　　　□99万円を超える財産を自由財産とすべき具体的理由を記載した別紙を添付
　　　　　した。

14 破産法41条の財産の内容を記載した書面としては，添付の財産目録を援用すること
　とする（ただし，開始決定までに記載内容に変動があった場合には改めて提出す
　る。）。

ver. 4. 0

390 〔申立代理人関係〕

＊以下は，申立人が現在個人事業者である場合，又は申立て前6か月以内に個人事業者であった場合にチェック又は記入して下さい。

15 事業名称　　　　　　　　　　　　　　　　　　　　　　　【□有　□無】
　　その店名・屋号＿＿＿＿＿＿＿＿＿＿＿＿＿＿＿＿＿＿＿＿＿＿＿＿＿＿

16 事業の具体的内容
　　＿＿＿＿＿＿＿＿＿＿＿＿＿＿＿＿＿＿＿＿＿＿＿＿＿＿＿＿＿＿＿＿＿

17 事業用物件（営業所，店舗，倉庫，社宅，駐車場等）の有無及び状況
　　　　　　　　　　　　　　　　　　　　　　　　　　　　【□有　□無】
　　(1) 本店の住所＿＿＿＿＿＿＿＿＿＿＿＿＿＿＿＿＿＿＿＿＿＿＿＿＿
　　　　郵便取扱局　日本郵便株式会社＿＿＿＿＿＿郵便局（〒　　　－　　　　）
　　　　□自己所有
　　　　□賃借（賃料月額＿＿＿＿＿＿＿＿円，契約上の返戻金＿＿＿＿＿＿＿円）
　　　　　　□明渡完了
　　　　　　□明渡未了（その明渡及び原状回復費用見込額　＿＿＿＿＿＿＿円）
　　　　　　　　□見積書の写しを提出した。
　　(2) ＿＿＿＿＿の住所＿＿＿＿＿＿＿＿＿＿＿＿＿＿＿＿＿＿＿＿＿＿
　　　　郵便取扱局　日本郵便株式会社＿＿＿＿＿＿郵便局（〒　　　－　　　　）
　　　　□自己所有
　　　　□賃借（賃料月額＿＿＿＿＿＿＿＿円，契約上の返戻金＿＿＿＿＿＿＿円）
　　　　　　□明渡完了
　　　　　　□明渡未了（その明渡及び原状回復費用見込額　＿＿＿＿＿＿＿円）
　　　　　　　　□見積書の写しを提出した。

18 従業員の有無及び状況　　　　　　　　　　　　　　　　【□有　□無】
　　(1) 従業員数　総数＿＿＿＿＿＿＿＿＿＿＿名
　　(2) 解雇
　　　　□解雇した。　　　　　解雇通知　令和＿＿＿年＿＿＿月＿＿＿日
　　　　□解雇していない。
　　　　　　解雇していない従業員の数　＿＿＿＿＿名
　　　　　　解雇予定日　令和＿＿＿年＿＿＿月＿＿＿日
　　(3) 離職票
　　　　□解雇した全ての従業員に離職票を交付済みである。
　　　　□離職票を交付していない従業員がいる。
　　(4) 雇用保険の資格喪失届
　　　　□雇用保険の被保険者である全ての従業員について資格喪失届をハローワークに
　　　　　提出した。
　　　　□資格喪失届を提出していない従業員がいる。

ver.4.0

2 自然人用の破産手続開始の申立書関係　　391

(5) 社会保険の資格喪失届
　　□社会保険の被保険者である全ての従業員について資格喪失届を年金事務所に提出した。
　　□資格喪失届を提出していない従業員がいる。

(6) 源泉徴収票
　　□解雇した全ての従業員に源泉徴収票を交付済みである。
　　□源泉徴収票を交付していない従業員がいる。

(7) 住民税の異動届
　　□特別徴収を行っていた全ての従業員について普通徴収への異動届を従業員の住所地の各市町村に提出した。
　　□異動届を提出していない従業員がいる。

(8) 労働組合の有無　　　　　　　　　　　　　　　　　【□有　□無】
　　その名称＿＿＿＿＿＿＿＿＿＿＿＿＿＿＿＿

19　支払停止の状況
　　□１回目の手形不渡（又はその見込み）日　　　　令和＿＿年＿＿月＿＿日
　　□２回目の手形不渡（又はその見込み）日　　　　令和＿＿年＿＿月＿＿日
　　□閉店又は廃業の日　　　　　　　　　　　　　　令和＿＿年＿＿月＿＿日

20　取戻権行使の見込みの有無及び状況　　　　　　　【□有　□無】
　　□リース物件の状況は，リース物件一覧表記載のとおり
　　□預かり商品等の状況は，別紙記載のとおり

21　売掛金の回収
　　□全て回収した。
　　□回収していないものもある。
　　　　未回収件数＿＿＿＿＿＿＿＿＿＿件
　　　　未回収金額＿＿＿＿＿＿＿＿＿＿円
　　　　　　　　　　　回収可能性　　□有
　　　　　　　　　　　　　　　　　　□無
　　　　　　　　　　　回収困難な場合
　　　　　　　　　　　その理由（　　　　　　　　　　　　　　　　　　　）

22　貸付金の回収
　　□全て回収した。
　　□回収していないものもある。
　　　　未回収件数＿＿＿＿＿＿＿＿＿＿件
　　　　未回収金額＿＿＿＿＿＿＿＿＿＿円
　　　　　　　　　　　回収可能性　　□有
　　　　　　　　　　　　　　　　　　□無
　　　　　　　　　　　回収困難な場合
　　　　　　　　　　　その理由（　　　　　　　　　　　　　　　　　　　）

ver. 4.0

392 〔申立代理人関係〕

23 機械・工具類・什器備品・在庫商品の有無　　　　　　　【□有　□無】
　　その評価額＿＿＿＿＿＿＿＿＿＿＿＿＿円
　　□換価可能
　　□換価不可能
　　　　廃棄費用見込額＿＿＿＿＿＿＿＿＿＿円
　　　　□見積書を提出した。

24 継続的契約の状況（事業以外に利用している場合を除く。）
　（1）電気
　　　　□全て解約済み・契約なし
　　　　□解約未了の契約がある（場所　　　　　　　　　　　　　　）
　（2）ガス
　　　　□全て解約済み・契約なし
　　　　□解約未了の契約がある（場所　　　　　　　　　　　　　　）
　（3）水道
　　　　□全て解約済み・契約なし
　　　　□解約未了の契約がある（場所　　　　　　　　　　　　　　）
　（4）固定電話
　　　　□全て解約済み・契約なし
　　　　□解約未了の契約がある（番号　　　　　　　　　　　　　　）
　（5）携帯電話
　　　　□全て解約済み・契約なし
　　　　□解約未了の契約がある（番号　　　　　　　　　　　　　　）

25 粉飾決算の有無　　　　　　　　　　　　　　　　　　【□有　□無】

ver.4.0

2　自然人用の破産手続開始の申立書関係　　393

【205　報告書】

令和　年　月　日

報　告　書

□　第6民事部
大阪地方裁判所　　　　　　　　　　御中
□　　　　　支部

調査した結果は，以下のとおりである。

申立代理人 ＿＿＿＿＿＿＿＿＿＿＿＿＿＿＿＿＿　印

この報告書の内容は，事実と相違ありません。

申　立　人 ＿＿＿＿＿＿＿＿＿＿＿＿＿＿＿＿＿　印

第1　申立人の経歴等

1　職歴（現在から申立ての7年前まで）

就業期間	種　　　　別	平均月収(円)
就業先（会社名等）	地位・業務の内容	退職金の有無
年　　月〜　　現　在	□勤め □パート等 □自営 □法人代表者	
	□無職	□ 退職金有り
年　　月〜　　年　　月	□勤め □パート等 □自営 □法人代表者	
	□無職	□ 退職金有り
年　　月〜　　年　　月	□勤め □パート等 □自営 □法人代表者	
	□無職	□ 退職金有り
年　　月〜　　年　　月	□勤め □パート等 □自営 □法人代表者	
	□無職	□ 退職金有り
年　　月〜　　年　　月	□勤め □パート等 □自営 □法人代表者	
	□無職	□ 退職金有り
年　　月〜　　年　　月	□勤め □パート等 □自営 □法人代表者	
	□無職	□ 退職金有り
年　　月〜　　年　　月	□勤め □パート等 □自営 □法人代表者	
	□無職	□ 退職金有り
年　　月〜　　年　　月	□勤め □パート等 □自営 □法人代表者	
	□無職	□ 退職金有り

2　婚姻，離婚歴等

時　　期	相手方の氏名	事　　　　　由
年　　月		□婚姻 □離婚 □内縁 □内縁解消 □死別
年　　月		□婚姻 □離婚 □内縁 □内縁解消 □死別
年　　月		□婚姻 □離婚 □内縁 □内縁解消 □死別
年　　月		□婚姻 □離婚 □内縁 □内縁解消 □死別

ver. 4. 0

394　〔申立代理人関係〕

3　配偶者，同居者並びに別居の父母及び子の状況

氏　　　名	続柄	年齢	職業・学年	同居・別居	平均月収(円)
				□同　□別	
				□同　□別	
				□同　□別	
				□同　□別	
				□同　□別	
				□同　□別	
				□同　□別	
				□同　□別	
				□同　□別	

4　死亡した父母等の相続の状況

被相続人氏名	続柄	相続発生日	相続状況(放棄，遺産の処理)
		年　　月　　日	□遺産なし・□放棄・□分割済・□分割未了
		年　　月　　日	□遺産なし・□放棄・□分割済・□分割未了
		年　　月　　日	□遺産なし・□放棄・□分割済・□分割未了
		年　　月　　日	□遺産なし・□放棄・□分割済・□分割未了

5　現在の住居の状況（居住する家屋の形態等）
　□民間賃貸住宅（賃借人＝申立人）
　□公営住宅（賃借人＝申立人）
　□持ち家（□一戸建・□マンション）（所有者＝申立人）
　□申立人以外の者（氏名　　　　　　　　　　，申立人との関係　　　　　　　）
　　の（□所有・□賃借）の家屋（無償で居住）
　□その他　　　　　　　　　　　　　　　　　　　　　　　　　　　　　　　

6　家計の状況
　別紙家計収支表のとおり

ver. 4. 0

2 自然人用の破産手続開始の申立書関係　　395

第2　破産申立てに至った事情（債務増大の経緯及び支払ができなくなった事情）

　1　多額の借金（以下，特に断らない限り，ここでいう借金には，連帯保証による債
　　務やクレジットカード利用による債務等も含む。）をした理由は，次のとおりであ
　　る（複数選択可）。
　　□生活費不足
　　□住宅ローン
　　□教育費
　　□浪費等（飲食・飲酒，投資・投機，商品購入，ギャンブル等）
　　□事業（店）の経営破綻（ネットワークビジネス・マルチ商法等の破綻も含む。）
　　□他人（会社，知人等）の債務保証
　　□その他　＿＿＿＿＿＿＿＿＿＿＿＿＿＿＿＿＿＿＿＿＿＿＿＿＿＿

　2　借金を返済できなくなったきっかけは，次のとおりである（複数選択可）。
　　□収入以上の返済金額
　　□解雇
　　□給料の減額
　　□病気等による入院
　　□その他　＿＿＿＿＿＿＿＿＿＿＿＿＿＿＿＿＿＿＿＿＿＿＿＿＿＿

　3　支払不能になった時期は，令和＿＿年＿＿月ころであり，そのころの月々の約定
　　返済額は，計＿＿＿＿＿＿円である。

　4　受任通知発送日
　　　令和＿＿年＿＿月＿＿日

ver. 4. 0

396 〔申立代理人関係〕

5 具体的事情（生活費不足の場合には，当時の月収と，1か月当たりの生活費及び債
務弁済月額等をなるべく具体的に記載してください。）

年月日	内　　容

ver. 4.0

2 自然人用の破産手続開始の申立書関係　397

第3　免責不許可事由に関する報告

1　浪費等（当時の資産・収入に見合わない過大な支出又は賭博その他の射幸行為
をしたことの有無　破産法252条1項4号関係）　　　　　　【□有　□無】

	内　　容	時　　期	回数・品名等	金　額　等
□	飲　食 飲　酒 （概ね1回2万 円以上のもの）	年　　月 ～　年　　月	回／月 （多い月で　　回）	円／月 （多い月で　　円） 合計　　　　円
□	投資・投機 及びネットワーク ビジネス・マルチ 商法　等	年　　月 ～　年　　月 　　年　　月 ～　年　　月	□不動産　□株式　□商品取引 □その他（　　　　　） □不動産　□株式　□商品取引 □その他（　　　　　）	合計　　　　円 損をした額 円
□	商品購入 （自動車, 電器製品,	年　　月	品名	円 （現在ある場所）
	貴金属, 衣服等）	年　　月	品名	円 （現在ある場所）
	（支払不能3年 前から申立て までに購入し た価格が10万	年　　月	品名	円 （現在ある場所）
	円以上のもの）	年　　月	品名	円 （現在ある場所）
□	ギャンブル □パチンコ 　パチスロ	年　　月 ～　年　　月	回／月 （多い月で　　回）	円／月 （多い月で　　円） 合計　　　　円
	□競馬 □競輪 □競艇	年　　月 ～　年　　月	回／月 （多い月で　　回）	円／月 （多い月で　　円） 合計　　　　円
	□その他 （麻雀,宝くじ等）	年　　月 ～　年　　月	回／月 （多い月で　　回）	円／月 （多い月で　　円） 合計　　　　円
□	その他（ゲーム 代その他の有料 サイト利用代等）	年　　月 ～　年　　月	回／月 （多い月で　　回）	円／月 （多い月で　　円） 合計　　　　円

ver.4.0

398 　〔申立代理人関係〕

2　廉価処分（信用取引によって商品を購入し著しく不利益な条件で処分したこと
　の有無　破産法２５２条１項２号関係）　　　　　　　　　【□有　□無】

品　　　名	購入時期	購入価格（円）	処分時期	処分価格（円）

3　偏頗行為（支払不能になっていることを知りながら，一部の債権者に偏頗的な
行為(非本旨弁済等)をしたことの有無　破産法２５２条１項３号関係）【□有　□無】

時　　　期	相手の氏名等	非本旨弁済額（円）

4　詐術（破産申立て前１年以内に他人の名前を勝手に使ったり，生年月日，住所，
　負債額又は信用状態等について誤信させて，借金をしたり信用取引をしたことの
　有無　破産法２５２条１項５号関係）　　　　　　　　　　【□有　□無】

時　　　期	相手の氏名等	金額（円）	詐　術　の　態　様

5　過去の免責等に関する状況（破産法２５２条１項１０号関係）
　①　　申立て前７年以内に破産免責手続を利用して免責の決定が確定したこと
　　　　　　　　　　　　　　　　　　　　　　　　　　　【□有　□無】

　　　＿＿＿＿＿＿＿地方裁判所＿＿＿＿＿＿＿支部
　　　平成・令和＿＿＿＿＿年（フ）第＿＿＿＿＿＿＿号
　　　免責決定確定日　平成・令和＿＿＿＿＿年＿＿＿＿＿月＿＿＿＿＿日

　②ア　申立て前７年以内に給与所得者等再生手続を利用して，再生計画に定めら
　　　　れた弁済を終了したこと　　　　　　　　　　　　【□有　□無】
　　イ　申立て前７年以内に個人再生手続を利用したが，再生計画の遂行が極めて困
　　　　難となり，免責の決定を受けたこと　　　　　　　【□有　□無】
　　　＿＿＿＿＿＿＿地方裁判所＿＿＿＿＿＿＿支部　平成・令和＿＿＿＿＿年（再　）第＿＿＿＿＿＿＿号
　　　再生計画認可決定確定日　平成・令和＿＿＿＿＿年＿＿＿＿＿月＿＿＿＿＿日
　　　（イの場合のみ）平成・令和＿＿＿＿＿年（モ）第＿＿＿＿＿＿＿＿＿号

ver.4.0

2　自然人用の破産手続開始の申立書関係　　399

6　その他破産法所定の免責不許可事由に該当する行為の有無　　【□有　□無】
　　その具体的行為

_____

_____

7　上記1から6に記載した場合であっても，免責不許可事由に該当しない，又は裁
　量により免責され得る事情の有無　　　　　　　　　　　【□有　□無】
　　その具体的事情

_____

_____

_____

_____

8　債権調査票に具体的事実を指摘した意見の記載があったときは，それに対する反
　論（債権者一覧表の債権者番号・債権者名を特定して記載してください。）

_____

_____

_____

_____

_____

ver. 4. 0

400 〔申立代理人関係〕

【206 家計収支表】

(別紙)

家計収支表(令和○年)

(単位:円)

	申立て前2か月分→		4月25日～5月24日	5月25日～6月24日
収入	前月からの繰越		5,000	25,216
	給　与(申立人分)	■振込 □現金	256,432	274,531
	給　与(配偶者分)		37,564	39,042
	給　与(　　　　　分)			
	自営収入(申立人分)			
	自営収入(　　　　　分)			
	年　金(申立人分)			
	年　金(　　　　　分)			
	雇用保険(　　　　　分)			
	生活保護　　　□振込 □現金			
	児童(扶養)手当		40,000	
	援　助(　　　　　から)			
	借入れ(　　　　　から)			
	その他(　　　　　)			
	合　計		338,996	338,789
支出	住居費(家賃)		87,000	87,000
	駐車場代(車名義　申立人　　)		10,000	10,000
	食　費		70,000	54,965
	嗜好品代(　　　　　)			
	外食費		20,000	14,500
	電気代		15,653	14,632
	ガス代		13,402	10,567
	水道代			11,968
	携帯電話料金(3人分)		22,351	13,294
	その他通話料・通信料・CATV等(NHK)		7,854	7,854
	日用品代		5,000	2,865
	新聞代		3,500	3,500
	国民健康保険料(国民年金保険料)			
	保険料(任意加入)		7,900	7,900
	ガソリン代(車名義　申立人　　)		5,000	5,000
	交通費		2,000	2,000
	医療費		5,640	2,590
	被服費		3,980	1,980
	教育費(　長男の塾, 書籍　　)		28,000	24,000
	交際費(　　　　　)			
	娯楽費(　長男の小遣い　　)		5,000	5,000
	債務返済実額(申立人分)			
	債務返済実額(同居者分)			
	その他(　申立費用[分割]　)			25,000
	その他(　理美容代　　)		1,500	5,000
	翌月への繰越		25,216	29,174
	合　計		338,996	338,789

ver.4.0

2　自然人用の破産手続開始の申立書関係　　401

【207　添付目録（自然人用）】

添付目録（自然人用）

※添付したものは□内にチェックをする。なお，下線は添付が必須である。

1　□　<u>資産及び負債一覧表</u>
2　債権者一覧表
　①□　<u>債権者一覧表</u>
　②□　借入金一覧表
　③□　手形・小切手債権一覧表
　④□　買掛金一覧表
　⑤□　リース債権一覧表
　⑥□　労働債権一覧表
　⑦□　その他の債権一覧表
　⑧□　滞納公租公課一覧表
3　□　<u>被課税公租公課チェック表</u>
4　財産目録
　①□　<u>財産目録（総括表）</u>
　②□　預貯金・積立金目録
　③□　保険目録
　④□　自動車目録
　⑤□　賃借保証金・敷金目録
　⑥□　退職金目録
　⑦□　過払金目録
　⑧□　不動産目録
　⑨□　有価証券目録
　⑩□　受取手形・小切手目録
　⑪□　売掛金目録
　⑫□　貸付金目録
　⑬□　在庫商品目録
　⑭□　機械・工具類目録
　⑮□　什器備品目録
　⑯□　その他の財産目録
　⑰□　処分済財産等一覧表
5　□　リース物件一覧表
6　□　係属中の訴訟等一覧表
7　□　倒産直前の処分行為等一覧表
8　□　<u>疎明資料目録</u>

ver.4.0

402 〔申立代理人関係〕

【208 資産及び負債一覧表（自然人用）】

資産及び負債一覧表（自然人用）

債務者　○○　○○
単位：円

資産

番号	科　目	名目額 (簿価額等)	回収見込額	備　考
1	現　　　　金			
2	預貯金・積立金			
3	保険解約返戻金			
4	自　動　車			
5	賃借保証金・敷金			
6	退　職　金			
7	過　払　金			
8	不　動　産			
9	有　価　証　券			
10	受取手形・小切手			
11	売　掛　金			
12	貸　付　金			
13	在　庫　商　品			
14	機　械・工　具　類			
15	什　器　備　品			
16	そ　の　他			
17				
	資産総合計			

記入例は，書式【106】を参照してください。

＊詳細は各目録のとおり

負債

番号	債権の種類	科　目	金　額
1	一般破産債権	借　入　金	
		手形・小切手債権	
		買　掛　金	
		リ　ー　ス　債　権	
		その他の債権	
		小計①	
2	優先的破産債権・財団債権	労　働　債　権	
		公　租　公　課	
		その他の債権	
		小計②	
		①＋②	
		債権者総数	名

※詳細は各債権者一覧表のとおり

債務超過額　　　　　　　　　　　　円

（記載にあたっての注意）各目録や各一覧表の金額を確認の上，誤りのないよう転記してください。

ver.4.0

【209　債権者一覧表】

① 債権者一覧表

番号	債　権　者　名	〒	住　　所（送達場所）	TEL FAX	債権の種類	備　考
1						
2						
3						
4						
5						
6						
7						
8						
9						
10						

記入例は，書式【107】を参照してください。

債権の種類の記載方法
1（借入金），2（手形・小切手債権），3（買掛金），4（リース債権），5（労働債権），6（その他），7（公租公課）
なお，〔その他〕については，備考欄にその債権の種類を記載する。また，その他についての債権者一覧表も別途作成する。

債権者数	名	債務総額	円
		（うち優先的破産債権・財団債権	円）

ver.4.0

2 自然人用の破産手続開始の申立書関係 403

【210 借入金一覧表】

② 借入金一覧表

番号	債権者名	〒	住　所	TEL FAX	金額（円）	借入日	最後の弁済日	使途	別除権	保証人	契約番号	調査結果	備考
1						H/R ． ．	H/R ． ．		□	□	□	□	
2						H/R ． ．	H/R ． ．		□	□	□	□	
3						H/R ． ．	H/R ． ．		□	□	□	□	
4			記入例は、書式【108】を参照してください。			H/R ． ．	H/R ． ．		□	□	□	□	
5						H/R ． ．	H/R ． ．		□	□	□	□	
6						H/R ． ．	H/R ． ．		□	□	□	□	
7						H/R ． ．	H/R ． ．		□	□	□	□	
8						H/R ． ．	H/R ． ．		□	□	□	□	
9						H/R ． ．	H/R ． ．		□	□	□	□	
10						H/R ． ．	H/R ． ．		□	□	□	□	
11						H/R ． ．	H/R ． ．		□	□	□	□	
12						H/R ． ．	H/R ． ．		□	□	□	□	
13						H/R ． ．	H/R ． ．		□	□	□	□	
14						H/R ． ．	H/R ． ．		□	□	□	□	
				合　計									

ver.4.0

【211 手形・小切手債権一覧表】

③ 手形・小切手債権一覧表

番号	債権者名	〒	住　所	TEL FAX	金額（円）	手形小切手番号	裏書関係	支払期日
1								
2								
3								
4			記入例は、書式【109】を参照してください。					
5								
6								
7								
8								
9								
10								
11								
12								
13								
				合　計				

ver.4.0

404 〔申立代理人関係〕

【212 買掛金一覧表】

④ 買掛金一覧表

番号	債権者名	〒	住　所	TEL FAX	金　額（円）	調査票等	備考
1						□	
2						□	
3						□	
4			記入例は，書式【110】を参照してください。			□	
5						□	
6						□	
7						□	
8						□	
9						□	
10						□	
11						□	
12						□	
13						□	
14						□	
				合　計			

ver.4.0

【213 リース債権一覧表】

⑤ リース債権一覧表

番号	債権者名	〒	住　所	TEL FAX	金　額（円）	リース物件	保証人	調査票等	備考
1							□	□	
2							□	□	
3			記入例は，書式【111】を参照してください。				□	□	
4							□	□	
5							□	□	
6							□	□	
7							□	□	
8							□	□	
9							□	□	
10							□	□	
11							□	□	
				合　計					

ver.4.0

2 自然人用の破産手続開始の申立書関係　　405

【214　労働債権一覧表】

⑥　労働債権一覧表

番号	債権者名	〒	住　所	TEL FAX	給料未払期間	①給料 (円)	②退職手当 (円)	③解雇予告手当 (円)	備　考
1					〜				
2					〜				
3					〜				
4			記入例は，書式【112】を参照してください。		〜				
5					〜				
6					〜				
7					〜				
8					〜				
9					〜				
10					〜				
					小計				
					総合計				

ver.4.0

【215　その他の債権者一覧表】

⑦　その他の債権者一覧表

番号	債　権　者　名	〒	住　所	TEL FAX	金　額（円）	債権の種類	調定異等	備　考
1							□	
2							□	
3			記入例は，書式【113】を参照してください。				□	
4							□	
5							□	
6							□	
7							□	
8							□	
9							□	
10							□	
11							□	
12							□	
13							□	
14							□	
15							□	
16							□	
			合　計					

ver.4.0

406 〔申立代理人関係〕

【216 滞納公租公課一覧表】

⑧ 滞納公租公課一覧表

番号	税 目	所 轄	〒	住 所	TEL	金額（円）	年度	備 考
1								
2								
3			記入例は，書式【114】を参照してください。					
4								
5								
6								
7								
8								
9								
10								
11								
12								
13								
14								
					合計			

ver.4.0

被課税公租公課チェック表（自然人用）

【217　被課税公租公課チェック表（自然人用）】

滞納しているものだけでなく、課税されている項目にチェックし、必要事項を記載する。

ver.4.0

チェック	税目	所在地	郵便番号	電話番号	直近年度（令和）	直近年度の税額	備考（参考となる事項を詳しく記載する。）
給与所得者等							
■	課税所得税（給料から天引き）	（　　）税務署					記入例は、本書式に加えて、書式［115］も参照してください。
□	所得税	（　　）税務署					
■	住民税（特別徴収：市町村民税・都道府県民税（給料から天引き））	（　　）市税事務所・市区役所・町村役場					
事業者							
□	所得税	（　　）税務署					
□	消費税・地方消費税	（　　）税務署					
□	都道府県民税	（　　）税務署					
□	特別徴収都道府県民税・市町村民税	（　　）市税事務所・市区役所・町村役場					
□	個人事業税	（　　）府税事務所・県税事務所					
□	住民税（事業税）市町村民税（普通徴収）	（　　）市税事務所・市区役所・町村役場					
□	健康保険料・調整保険料・介護保険料	（　全国健康保険協会・健康保険組合　）支部					
□	厚生年金保険料・児童手当拠出金	（　　）年金事務所					
□	厚生年金基金	（　　）厚生年金基金					
□	労働保険料	（　　）労働局					
共通							
□	相続税	（　　）税務署					
□	贈与税	（　　）税務署					
■	固定資産税・都市計画税	（　○○　）市税事務所	530-0001	大阪市北区梅田0-0-0	06-0000-0000	R○	96,000
□	同上	（　　）市税事務所・市区役所・町村役場					
	（毎年1月1日現在の土地・建物等の所有者に課税されること等に注意）						
□	国民健康保険料・介護保険料	（　　）市区役所・町村役場					
□	国民年金保険料	（　　）年金事務所					
■	自動車税	大阪自動車税事務所・京都自動車税管理事務所・盛岡事務所					
	（毎年4月1日現在の登録名義人の所有者・使用者に課税されること等に注意）						
■	軽自動車税	（　○○　）市区役所・町村役場	530-0001	大阪市北区梅田0-0-0	06-0000-0000	R○	7,200	処分済み事項分
□	地方自治税に基づく分担金	（　　）市区役所・町村役場					
その他							
□							
□							
					合計	102,200	

税務調査の有無（□有・■無）　過去3期分の納税申告書の有無（□有・■無）　滞納の有無（□有・■無）

408 〔申立代理人関係〕

【218 財産目録（総括表・自然人用）】

① 財 産 目 録(総 括 表・自然人用)

No.	科　目	名目額(簿価額等)(円)	回収見込額(円)	備　考	自由財産の額 及び拡張を求める財産の額(円)
1	現　　金	342,000	342,000	引継予納金205,000円、回収済み過払金137,000円含む	137,000
2	預貯金・積立金	77,400	77,400	うち普通預金17,400円	77,400
3	保険解約返戻金	462,000	362,000		362,000
4	自　動　車	300,000	0		
5	賃借保証金・敷金	300,000	0		0
6	退　職　金	1,000,000	125,000		125,000
7	過　払　金	2,602,500	1,746,600		288,600
8	不　動　産				
9	有　価　証　券				
10	受取手形・小切手				
11	売　掛　金				
12	貸　付　金				
13	在　庫　商　品				
14	機　械・工　具　類				
15	什　器　備　品				
16	そ　の　他				
17					
	合計	5,083,900	2,653,000		990,000

＊詳細は各目録のとおり
ver.4.0

【219 預貯金・積立金目録】

② 預貯金・積立金目録

No.	金融機関又は積立先の名称	支店名	種類	口座番号・積立番号等	残高又は積立総額(円)	相殺予定	回収見込額(円)	通帳等	備　考	自由財産拡張申立
1	○○銀行	梅田	普通	1234567	11,000	□	11,000	■		■
2	△△信用組合	本店営業部	普通	9876543	6,400	□	6,400	■		■
3	(株)□□工業		社内積立	111	50,000	□	50,000	■		■
4	××互助会		積立	66666	10,000	□	10,000	■		■
5						□		□		□
6						□		□		□
7						□		□		□
8						□		□		□
9						□		□		□
10						□		□		□
				合計	77,400		77,400			77,400

ver.4.0

2 自然人用の破産手続開始の申立書関係　409

【220　保険目録】

③ 保険目録

No.	保険会社名	保険種類	証券番号	名目額 (解約返戻金)(円)	回収見込額 (解約返戻金)(円)	証券	備考	自由財産 拡張申立
1	○○生命	生命保険	F-2360679	300,000	200,000	■	契約者貸付100,000円	■
2	△△保険	生命保険	314159265	100,000	100,000	■		■
3	□□海上保険	火災保険	O-72811105	54,000	54,000	■		■
4	損保××	自動車保険	KK-840840	8,000	8,000	■		■
5	◇◇共済	生命共済	D-52987463	0	0	□		■
6						□		□
7						□		□
8						□		□
9						□		□
10						□		□
			合計	462,000	362,000			362,000

ver.4.0

【221　自動車目録】

④ 自動車目録

No.	車名	初度登録年	登録番号	保管場所	簿価等 (円)	回収見込額 (円)	所有権留保	登録事項証明書等	備考	自由財産 拡張申立
1	ホンダ・フィット	R○	なにわ550の0000	自宅	300,000	0	■	■	ローン返済未了	□
2							□	□		□
3							□	□		□
4							□	□		□
5							□	□		□
6							□	□		□
				合計	300,000	0				0

ver.4.0

410 〔申立代理人関係〕

【222 賃借保証金・敷金目録】

⑤ 賃借保証金・敷金目録

No.	賃借物件	差入額(円)	契約上の返戻金(円)	滞納額(円)	原状回復費用等の見込額(円)	回収見込額(円)	契約書等	備考	自由財産拡張申立
1	自宅(○○マンション302号室)	360,000	300,000	0	600,000	0	■		■
2							□		□
3							□		□
4							□		□
	合計	360,000	300,000	0	600,000	0			0

ver.4.0

【223 退職金目録】

⑥ 退職金目録

No.	雇用主の氏名又は会社名	勤務開始日	支給見込額(円)	1/8相当額(円)	証明書	退職金規程	備考	自由財産拡張申立
1	(株)○○工業	R○.○○.○○	1,000,000	125,000	■	□		■
2					□	□		□
3					□	□		□
4					□	□		□
	合計		1,000,000	125,000				125,000

ver.4.0

2　自然人用の破産手続開始の申立書関係　411

【224　過払金目録】

⑦　過払金目録

No.	相手方の氏名又は会社名	額面額(円)	合意額又は見込み額(円)	回収費用控除予定額(円)	回収費用控除後残金(円)	合意又は債務名義取得	備考	自由財産拡張申立
1	○○○(株)	1,200,000	1,100,000	242,000	858,000	■	合意済み，回収予定日R○.9.10	□
2	△△信用(株)	402,500	370,000	81,400	288,600	■	合意済み，回収予定日R○.9.17	■
3	(株)□□信販	1,000,000	600,000	0	600,000	□	取引分断による個別計算の主張あり	□
4						□		□
5						□		□
6						□		□
7						□		□
8						□		□
9						□		□
10						□		□
	合計	2,602,500	2,070,000	323,400	1,746,600			288,600

ver.4.0

【225　不動産目録】

⑧　不動産目録

No.	種類	所在地	地番又は家屋番号	評価額(固定資産評価証明書)又は査定価格(査定書)(円)	被担保債権額(円)	回収見込額(円)	評価証明書等	査定書	残額証明書被担保債権	備考	自由財産拡張申立
1							□	□	□		□
2							□	□	□		□
3							□	□	□		□
4			記入例は，書式【122】を参照してください。				□	□	□		□
5							□	□	□		□
6							□	□	□		□
7							□	□	□		□
8							□	□	□		□
			合計								

回収見込額については、固定資産評価証明書における評価額ないし査定価格と被担保債権額の差額を記載する。
共同担保物件における被担保債権額の算出に際し、重複して計算しないよう注意する。

ver.4.0

412 〔申立代理人関係〕

【226 有価証券目録】

⑨ 有価証券目録

No.	財産の内容 (ゴルフ会員権・株式・出資金等)	数量	証券番号等	証券等 / 所在場所	簿価等(円)	回収見込額(円)	取引相場資料	備 考	自由財産拡張申立
1				□			□		□
2				□			□		□
3							□		□
4				□			□		□
5				□			□		□
6				□			□		□
7				□			□		□
8				□			□		□
				合計					

記入例は，書式【126】を参照してください。

ver.4.0

【227 受取手形・小切手目録】

⑩ 受取手形・小切手目録

No.	振出人の氏名 又は会社名	〒	住 所	TEL FAX	手形小切手番号	裏書人	支払期日	額面(円)	回収見込額(円)	備 考	自由財産拡張申立
1											□
2											□
3											□
4											□
5											□
6											□
7											□
8											□
							合計				

記入例は，書式【118】を参照してください。

割引手形は記載しない。
ver.4.0

2　自然人用の破産手続開始の申立書関係　　413

【228　売掛金目録】

⑪　売掛金目録

No.	債務者の氏名 又は会社名	〒	住　所	TEL FAX	金　額(円)	回収見込額(円)	契約 書等	備考	自由財産 拡張申立
1							□		□
2							□		□
3							□		□
4			記入例は，書式【119】を参照してください。				□		□
5							□		□
6							□		□
7							□		□
8							□		□
				合計					

ver.4.0

【229　貸付金目録】

⑫　貸付金目録

No.	債務者の氏名 又は会社名	〒	住　所	TEL FAX	金　額(円)	回収見込額(円)	契約 書等	備考	自由財産 拡張申立
1							□		□
2							□		□
3			記入例は，書式【121】を参照してください。				□		□
4							□		□
5							□		□
6							□		□
7							□		□
8							□		□
				合計					

ver.4.0

414 〔申立代理人関係〕

【230　在庫商品目録】

⑬　在庫商品目録

No.	品名	個数	所在場所	簿価等(円)	回収見込額(円)	備考	自由財産拡張申立
1							☐
2							☐
3							☐
4			記入例は，書式【120】を参照してください。				☐
5							☐
6							☐
7							☐
8							☐
			合計				

ver.4.0

【231　機械・工具類目録】

⑭　機械・工具類目録

No.	名称	個数	所在場所	簿価等(円)	回収見込額(円)	備考	自由財産拡張申立
1							☐
2							☐
3			記入例は，書式【123】を参照してください。				☐
4							☐
5							☐
6							☐
7							☐
8							☐
			合計				

ver.4.0

2　自然人用の破産手続開始の申立書関係　　415

【232　什器備品目録】

⑮　什器備品目録

No.	品名	個数	所在場所	簿価等(円)	回収見込額(円)	備　考	自由財産拡張申立
1							□
2							□
3			記入例は，書式【124】を参照してください。				□
4							□
5							□
6							□
7							□
8							□
			合計				

ver.4.0

【233　その他の財産目録】

⑯　その他の財産目録

No.	財産の種類・内容	数量	所在場所	簿価等(円)	回収見込額(円)	備　考	自由財産拡張申立
1							□
2							□
3			記入例は，書式【130】を参照してください。				□
4							□
5							□
6							□
7							□
8							□
			合計				

ver.4.0

416 〔申立代理人関係〕

【234 処分済財産等一覧表】

⑰ 処分済財産等一覧表

※ 決算書が存在する事業者については、最終の決算書に記載されており、かつ申立書別紙財産目録に記載のない財産を記載する。

※ それ以外の者については、過去2年以内に処分した財産で20万円以上の価値のあるものを記載する。

※ ただし、①現金、②預貯金、⑩受取手形・小切手、⑪売掛金、⑬在庫商品（原材料）など、通常流動性が高いと思われる資産については記入する必要がありません。
③保険解約返戻金、④自動車、⑤保証金・敷金、⑧不動産、⑨有価証券、⑫貸付金、⑭機械・工具、⑮什器備品、⑯その他の財産等の資産についてのみ記入してください。

番号	財産の種類・内容	架空計上	処分	処分日	処分価格（円）	処分代金の使途 又は 財産目録非掲載の理由	決算書記載
1	△△生命保険	□	■	RO.4.5	620,000	妻の入院費用	□
2	指輪	□	■	RO.6.8	250,000	生活費、返済 元々母親から相続を受けたもの。	□
3	自動車（スズキ・○○）	□	■	RO.12.20	350,000	引越費用	□
4		□	□				□
5		□	□			記入例は，本書式に加えて， 書式【131】も参照してください。	□
6		□	□				□
7		□	□				□

ver.4.0

【235 リース物件一覧表】

リース物件一覧表

No.	債権者名	リース物件	所在地	契約書等	返還済
1				□	□
2				□	□
3		記入例は，書式【132】を参照してください。		□	□
4				□	□
5				□	□
6				□	□
7				□	□
8				□	□
9				□	□
10				□	□
11				□	□
12				□	□
13				□	□
14				□	□
15				□	□
16				□	□
17				□	□
18				□	□

ver.4.0

2 自然人用の破産手続開始の申立書関係　　417

【236　係属中の訴訟等一覧表】

係属中の訴訟等一覧表

No.	事件の種類	相手方	係属裁判所	事件番号	備考（訴訟内容，訴訟の進行状況等を記載してください。）
1	給料差押え	(株)○○金融	大阪地方裁判所第○民事部○係	R○(ル)○○○	給料日毎月25日
2					
3					
4				記入例は，本書式に加えて，書式【133】も参照してください。	
5					
6					
7					
8					
9					
10					
11					

※上記の係属訴訟には保全処分，支払督促及び民事執行も記載する。

ver.4.0

【237　倒産直前の処分行為等一覧表】

倒産直前の処分行為等一覧表

No.	相手方	行為時期	行為類型	処分価格（円）	参考となるべき事項
1	(株)○○×金融	R○.3.5	和解	900,000	額面額950,000円，和解内容　R○.4.5に900,000円入金，回収額702,000円（和解額から回収費用及び報酬の額として198,000円を控除），うち破産申立費用として565,000円（弁護士費用330,000円，実費30,000円，引継予納金205,000円）として使用し，残額137,000円。
2					
3					
4				記入例は，本書式に加えて，書式【134】も参照してください。	
5					
6					
7					
8					
9					

否認権の成否に疑問がある場合にも記載してください。

ver.4.0

418　〔申立代理人関係〕

【238　疎明資料目録（自然人用）】

疎明資料目録（自然人用）

※　◇は，常に添付が必要な書類です。添付を確認の上，◇内にチェックをして通数を記載してください。

※　○は，該当する場合には，必ず添付が必要な書類です。添付を確認の上，○内にチェックをして通数を記載してください。

1　◇委任状

2　◇住民票（省略がなく世帯全員のもの，個人番号（マイナンバー）の記載がないもの）又は在留カード（外国籍で住民票が作成されていない場合）

3　○法人代表者の場合，登記事項証明書（法人）

4　○不動産を所有している場合，登記事項証明書（不動産）（　通）及び評価証明書（　通）

5　◇管財人引継資料一覧表（自然人用）

ver.4.0

2 自然人用の破産手続開始の申立書関係 419

【239 管財人引継資料一覧表（自然人用）】

管財人引継資料一覧表（自然人用）

◆ 全体的資料
- 1 □○ 税務申告書控え（税務署の受付印のあるものを，少なくとも直近年度から順に過去2年分）
- 2 □○ 課税証明書・源泉徴収票等
- 3 □○ 債権疎明資料（金銭消費貸借契約書，債権額回答書，債権調査票）
- 4 □○ 債権調査に関する上申書
- 5 □ 印鑑（□実印 □銀行印）
- 6 □ 総勘定元帳・現金出納帳
- 7 □ 預金出納帳
- 8 □ 手形帳・小切手帳
- 9 □ 事務所・金庫等の鍵
- 10 □○ 賃金台帳
- 11 □ 申立書及び添付書類等一式のデータを納めた媒体（CD・DVD・USBメモリー等。電子メールによる送付も可。）

◇預貯金・積立金（②預貯金・積立金目録）
- ②-1 □○ 預金（貯金）通帳
- ②-2 □○ 当座勘定照合表

◇保険解約返戻金（③保険目録）
- ③-1 □○ 保険証券
- ③-2 □○ 解約返戻金証明書

◇自動車（④自動車目録）
- ④-1 □○ 車検証
- ④-2 □ 自動車の鍵
- ④-3 △ 査定書

◇賃借保証金・敷金（⑤賃借保証金・敷金目録）
- ⑤-1 □○ 賃貸借契約書

◇退職金（⑥退職金目録）
- ⑥-1 □○ 退職金規程
- ⑥-2 □○ 退職金計算書

◇過払金（⑦過払金目録）
- ⑦-1 □○ 合意書等

ver. 4.0

420 〔申立代理人関係〕

◇不動産（⑧不動産目録）
　⑧－1　□○　登記済権利証・登記識別情報通知書
　⑧－2　□○　登記事項証明書（不動産）
　⑧－3　□○　固定資産税評価証明書
　⑧－4　△　　査定書

◇有価証券（⑨有価証券目録）
　⑨－1　□○　会員権証書，株券，出資証券

◇受取手形・小切手（⑩受取手形・小切手目録）
　⑩－1　□○　受取手形・小切手

◇売掛金（⑪売掛金目録）
　⑪－1　□　　売掛台帳
　⑪－2　△　　請求書（控）・納品書等

◇貸付金（⑫貸付金目録）
　⑫－1　□○　金銭消費貸借契約書

◇係属中の訴訟
　1　□　　係属中の訴訟等に関する訴訟資料

※　◇は財産目録に財産が存在する旨記載した場合にチェックしてください。

　　◇にチェックのある項目については，原則的に□の資料を管財人に引き継ぎ，引き継ぐものにチェックをしてください。△の資料は，存在する場合に引き継ぎ，チェックしてください。

※　アンダーラインのある資料（財産）は，申立代理人が責任をもって保管し，引継に留意してください。

※　引き継ぐ資料のうち，○のあるものについては，原本が存在する場合も必ずコピーを一部作成し，申立書等の副本とともに管財人予定者速やかに直送し，コピーを作成したことの確認のため○にチェックを入れてください。作成したコピーには，上記の○印内の数字に対応した番号を振って整理してください（従来，裁判所に提出していた疎明資料に代わる資料となります。）。

　　また，原本も打合せのときに，管財人に引き継いでください。

---

ver.4.0

2　自然人用の破産手続開始の申立書関係　　421

【240　自由財産拡張申立書】

令和○年(フ)第○○○○号

申立人　　○○○○

自由財産拡張申立書

令和○年○○月○○日

大阪地方裁判所　第6民事部○○係　御中

申立代理人弁護士　　○　○　○　○

TEL　○○-○○○○-○○○○

FAX　○○-○○○○-○○○○

1　申立ての趣旨

　　別添の財産目録記載の財産のうち，同財産目録の自由財産拡張申立欄に■を付した財産について，破産財団に属しない財産とする。

2　申立ての理由

　　別添の管財補充報告書第13項記載のとおり

422 〔申立代理人関係〕

【241　上申書（免責観察用）】

令和○年（フ）第○○○○号
破産者　　○○○○

上　申　書

令和○年○○月○○日

破産管財人　　○　○　○　○　　殿

申立人　　　　○○　○○　　　　印

申立代理人　　○○　○○　　　　印

　頭書事件について，貴職より免責不許可事由に該当するおそれがあるとの指摘を受けましたので，私（申立人）は，今後，破産手続の終結までの間，家計簿を付け，家計管理を行って節約に努めるとともに，毎月の家計収支表を<u>翌月　　　日</u>までに貴職の事務所に持参して提出し，貴職の指導を仰ぎます。

　当職（申立代理人）は，上記趣旨を申立人に説明し，貴職に協力するよう指導いたします。

　なお，私（申立人）は，下記のとおり，積立てを任意に行い，貴職の管財業務に協力いたします。

記

令和　　年　　月　　日限り　　　　金　　万円

令和　　年　　月　　日限り　　　　金　　万円

令和　　年　　月　　日限り　　　　金　　万円

令和　　年　　月　　日限り　　　　金　　万円

令和　　年　　月　　日限り　　　　金　　万円

令和　　年　　月　　日限り　　　　金　　万円

合　　　計　　　　金　　万円

以上

3　法人・自然人共通の申立代理人関係　　423

【302　申立代理人の方へ】

事件番号　大阪地方裁判所令和　　年(フ)第　　　号
債務者

申立代理人の方へ（兼ＦＡＸ送信書）

令和　年　月　日

申立代理人弁護士　　　　　　殿

大阪地方裁判所第６民事部　　係
担当書記官
TEL　　－　　　　－　　　　内線
FAX　　－　　　－

1　裁判所への提出書類等
　　裁判所予納金（官報公告費用）を納付されたら，以下のものを揃えてご提出ください。
　①　保管金受領証書写し
　②　申立代理人の宛名を記載した封筒２通
　③　債務者（債務者代表者）の住所・居所を記載した報告書【債務者（破産者）が法人，
　　あるいは債務者の住所・居所が申立時と異なる場合のみ】
　④　（■の場合のみ）
　　　　□　下記の書面（書式は，いずれも大阪弁護士会のホームページ（会員専用サイ
　　　　ト）からダウンロードできます。）
　　　　　　□　管財補充報告書　　　　　　□　添付目録
　　　　　　□　資産及び負債一覧表　　　　□　被課税公租公課チェック表
　　　　　　□　疎明資料目録　　　　　　　□　管財人引継資料一覧表
　　　　　　□

2　管財人候補者事務所への直送書類等
　①　開始決定通知発送用封筒に貼付するための被通知人についての宛名シール（シール
　　に手書きしたものでも可）
　②　申立書及び添付書類の副本
　③　管財人引継資料一覧表に掲載された資料のコピー（電子データがある場合はそれを
　　納めた媒体（ＣＤ・ＤＶＤ・ＵＳＢメモリー等））
　④　引継予納金
　　引継予納金（官報公告費用を除いたもので，これまで財団組入のために裁判所に納
　　めてもらっていた費用及び発送用郵券相当分の金額）は，ほかの引継現金とともに，
　　申立代理人から管財人に直接引き継いでいただくことになりましたので，よろしくお
　　願いします。

424 〔申立代理人関係〕

なお，管財人候補者は，
- □　決まり次第，連絡いたします。
- □　　　　　　　弁護士（TEL　　　－　　　－　　　　　）の内諾を得ています。

3　破産手続開始について

(1)　破産手続開始は，＿＿月＿＿日（水）午後3時を予定しています。
　　つきましては，債権者集会等の期日について打合せをしたいと思いますので，別紙
『期日打合せメモ』に記載の上，FAX送信する方法でご連絡ください（なお，翌日中
にFAXでのご返信をいただけない場合，管財人候補者との期日調整ができないため，
破産手続開始は翌週の水曜日に繰り越されますので，ご了承ください。）。

(2)　破産手続開始の告知については，書面で行うこととし，破産手続開始決定正本等は
後日申立代理人宛に送付します。

(3)　債務者（破産者）本人を同行して，管財人（候補者）と面談してください。
　　面談時期は破産手続開始の前後を問いませんので，申立代理人が管財人（候補者）
に連絡をとり，日時について打合せをしてください。管財人との面談が速やかになさ
れない場合には，管財人に対する説明義務の観点から，申立代理人と破産者本人にご
一緒に裁判所へお越しいただく場合があります。

4　新たな債権者等が判明した場合

　管財人に連絡した上，集会時に所在を記載した報告書を裁判所に提出してください。
裁判所宛の報告書には，管財人に連絡した旨を記載しておいてください。

5　債権者宛の通知書が送付できなかった場合

　裁判所から送付できなかった旨連絡しますから，申立代理人において調査してくださ
い。所在が判明したら，管財人に連絡した上，集会時に所在を記載した報告書を裁判所
に提出してください（裁判所宛の報告書には管財人に連絡した旨記載しておいてくださ
い。）。

6　なお，債権者集会期日には，申立代理人にも必ず出頭していただく必要があります。

（送信枚数　本送信書を含めて全　枚）

3 法人・自然人共通の申立代理人関係 425

【303 期日打合せメモ】

事件番号 大阪地方裁判所令和　　年(フ)第　　　号
債務者

期日打合せメモ

　上記事件について，管財人候補者は一両日中に選任されることになりますが，今後の手続を円滑に進めるため，あらかじめ，<u>上記事件の債権者集会期日についてご都合をうかがうことになりました。</u>裁判所としては下記の期日を予定しており，最終的には管財人候補者・申立人・申立代理人の三者の日程調整のうえ，決定することになります。ついては，下記期日のうち差し支え日に×印をつけファックス送信願います。お知らせいただいた期日をもとに管財人候補者と打合せをしたうえで期日を決定し，ご連絡させていただきます。

　なお，<u>裁判所にお知らせいただいた下記日時については，裁判所からご連絡させていただくまでの間，あけておいていただくようにお願いします。</u>

大阪地方裁判所　第6民事部　　係　（FAX　－　　－　　　）

申立代理人		TEL　　－　　　－
		FAX　　－　　　－

記

　　　月　　日（　）　　　：　　　　：　　　　：

　　　月　　日（　）　　　：　　　　：　　　　：

　　　月　　日（　）　　　：　　　　：　　　　：

　　　月　　日（　）　　　：　　　　：　　　　：

　　　月　　日（　）　　　：　　　　：　　　　：

　　　月　　日（　）　　　：　　　　：　　　　：

　　　月　　日（　）　　　：　　　　：　　　　：

　　　月　　日（　）　　　：　　　　：　　　　：

※　ご連絡をいただくのが遅れますと，管財人候補者が来庁した際に間に合わず，あらためて申立代理人において日程調整のうえ裁判所にご連絡いただくことになりますので，速やかに返信願います。

426 〔申立代理人関係〕

【304 住所変更許可申請書】

令和○年 (フ) 第○○○○号

破産者　○○○○

住所変更許可申請書

令和○年○○月○○日

大阪地方裁判所　第6民事部○○係　御中

申立人（破産者）　　○　○　○　○

申立代理人弁護士　　○　○　○　○

TEL　○○-○○○○-○○○○

　上記破産者に関する頭書事件につき、破産者の住所を下記に変更したく、許可を申請いたします。

（変更後の住所）

〒

同意書

破産者のなす上記住所変更に同意します。

令和○年○○月○○日

大阪地方裁判所　第6民事部○○係　御中

破産管財人　○　○　○　○

3　法人・自然人共通の申立代理人関係　　427

【305　旅行許可申請書】

令和○年(フ)第○○○○号

破産者　○○○○

旅行許可申請書

令和○年○○月○○日

大阪地方裁判所　第6民事部○○係　御中

申立人（破産者）　　○　○　○　○

申立代理人弁護士　　○　○　○　○

TEL　○○-○○○○-○○○○

　上記破産者に関する頭書事件につき、下記内容の破産者の旅行の許可を申請いたします。

記

1　行　先

2　期　間　　令和○年○○月○○日から令和○年○○月○○日

3　目　的

同意書

破産者のなす上記旅行に同意します。

令和○年○○月○○日

大阪地方裁判所　第6民事部○○係　御中

破産管財人　○　○　○　○

428 〔破産管財人関係〕

【401 管財業務スケジュール】

令和　　年（フ）第　　　号　破産事件
破産者

管財業務スケジュール

破産管財人　　　　　　殿

　　　　　　　　　　　大阪地方裁判所第6民事部　　係
　　　　　　　　　　　裁判所書記官
　　　　　　　　　ダイヤルイン　－　－　　（FAX　－　－　　）

　上記破産者に対する破産事件について，今後のスケジュール等について，下記のとおり連絡します。

記

1　破産手続開始決定日時　　　　令和　　年　　月　　日午　時　　分
2　**（第1回）財産状況報告集会　令和　　年　　月　　日午　時　　分**
3　手続の選定
　　□　一般管財手続（廃止意見聴取・計算報告集会も同日指定）
　　　　遅くとも集会の1週間前までに『財産目録』，『収支計算書』，『通帳写し』，『業務要点報告書』，『免責に関する意見書』の5点（法人の場合には4点）をご提出ください（FAX可）。
　　□　個別管財手続（廃止意見聴取・計算報告集会も同日指定）
　　　　開始1か月後面談日　　　　　　　月　　日　　時　　分
　　　　集会1週間前面談日　　　　　　　月　　日　　時　　分
　　　　遅くとも集会1週間前面談の際には，事前に『財産目録』，『収支計算書』，『通帳写し』，『業務要点報告書』，『免責に関する意見書』の5点（法人の場合には4点）をご提出ください。
4　留保型かどうかの別
　　□　留保型である（現段階において債権調査期日等は指定しません。）。
　　□　留保型ではない
　　＊　なお，収集財団額が40万円を超えた場合には，財団債権の総額等によっては配当になる可能性があることにご留意ください。
5　その他の参考事項
　　□　訴訟係属
　　　　（事件番号：　　地・簡裁　平成・令和　　年（　）第　　　号・期日　　／　　）
　　□　給与の差押え
　　　　（給料日　毎月　　日）
　　□　同廃からの移行（担当裁判官からの指摘）
　　　　（□個人事業者　□資産調査　□資産回復　□法人代表者　□免責観察　□その他）

【お願い】
1　管財業務を遂行される上で問題等が生じた場合には，担当書記官までご連絡ください。
2　申立代理人には，開始決定の前後を問わず，破産者本人を同行のうえ管財人との面談をしていただくよう依頼しています。手続開始後2週間を経過しても面談が行えないようであれば，裁判所に必ずご連絡いただくようお願いします。
3　破産者が不動産を所有している場合，積極的に任意売却していただく方向で管財業務を進めていただくようお願いします。
4　なお，予納金（官報公告費用を除いたもので，これまで財団組入のために裁判所に納めてもらっていた費用）は，ほかの引継現金とともに，申立代理人から管財人に直接引き継いでいただくことになりましたので，よろしくお願いします。

4 破産手続開始関係 429

【402 破産手続開始等の決定（一般管財・期日型・自然人用）】

令和○年（フ）第○○○○号　破産事件

決　　　定

　　○○市○○区○○町○丁目○番○号

　　債務者　　　○　○　○　○

主　　　文

1　債務者○○○○について破産手続を開始する。

2　破産管財人に次の者を選任する。

　　○○市○○区○○町○丁目○番○号　　○○ビル　　○○法律事務所

　　弁護士　○　○　○　○

3　破産債権の届出をすべき期間等を次のとおり定める。

　（1）破産債権の届出をすべき期間　　　　　令和○年○○月○○日まで

　（2）破産債権の一般調査期日　　　　　　　令和○年○○月○○日午後○時

4　財産状況報告集会・廃止意見聴取集会・計算報告集会の各期日を次のとおり

　定める。　　　　　　　　　　　　　　　令和○年○○月○○日午後○時

5　破産者の免責について書面により意見を述べることができる期間を次のとお

　り定める。　　　　　　　　　　　　　　令和○年○○月○○日まで

6　破産管財人は，破産者について破産法２５２条１項各号に掲げる事由の有無

　及び同条２項の規定による免責許可の決定をするに当たって考慮すべき事情

　についての調査を行い，4の期日の1週間前の日までに書面で報告しなければ

　ならない。

7　破産管財人は，次の各行為については，当裁判所の許可を得ないでこれを行

430　〔破産管財人関係〕

うことができる。

(1)　自動車の任意売却

(2)　取戻権の承認

(3)　財団債権の承認

(4)　有価証券の市場における時価での売却

8　破産管財人は，7の各行為について，少なくとも1か月に1回，財産目録及び収支計算書に記載し，破産管財人口座の通帳写しを添付して報告しなければならない。

9　破産管財人は，任務終了時に破産管財人口座を解約した後，すみやかに収支計算書及び破産管財人口座の通帳写しを裁判所に提出しなければならない。

10　信書の送達の事業を行う者に対し，破産者にあてた郵便物等を破産管財人に配達すべき旨を嘱託する。

理　　　　　由

　証拠によれば，債務者には破産法15条1項所定の破産手続開始原因となる事実があることが認められる。また，破産法30条1項各号に該当する事実があるとは認められない。

　よって，本件申立ては理由があるので主文第1項のとおり決定し，併せて破産法31条1項，116条2項，217条1項，135条2項，251条1項，250条1項，157条2項，78条3項2号，81条1項の規定に基づき，主文第2項から第10項のとおり決定する。

令和○年○○月○○日午後○時

大阪地方裁判所第6民事部

裁　判　官　　○　○　○　○

4 破産手続開始関係 431

【405 破産手続開始等の決定（一般管財・留保型・法人用)】

令和〇年（フ）第〇〇〇〇号　破産事件

決　　　定

　　　〇〇市〇〇区〇〇町〇丁目〇番〇号

　　　債務者　　　　　　〇〇〇〇株式会社

　　　代表者代表取締役　　〇　〇　〇　〇

主　　　文

1　債務者〇〇〇〇株式会社について破産手続を開始する。

2　破産管財人に次の者を選任する。

　　〇〇市〇〇区〇〇町〇丁目〇番〇号　〇〇ビル　〇〇法律事務所

　　弁護士　〇　〇　〇　〇

3　財産状況報告集会・廃止意見聴取集会・計算報告集会の各期日を次のとおり

　　定める。　　　　　　　　　　　　　　令和〇年〇〇月〇〇日午後〇時

4　破産管財人は，次の各行為については，当裁判所の許可を得ないでこれを行

　　うことができる。

　　(1)　自動車の任意売却

　　(2)　取戻権の承認

　　(3)　財団債権の承認

　　(4)　有価証券の市場における時価での売却

5　破産管財人は，4の各行為について，少なくとも1か月に1回，財産目録及

　　び収支計算書に記載し，破産管財人口座の通帳写しを添付して報告しなければ

　　ならない。

432 〔破産管財人関係〕

6 破産管財人は，任務終了時に破産管財人口座を解約した後，すみやかに収支
計算書及び破産管財人口座の通帳写しを裁判所に提出しなければならない。

7 信書の送達の事業を行う者に対し，破産者にあてた郵便物等を破産管財人に
配達すべき旨を嘱託する。

理　由

証拠によれば，債務者には破産法１６条１項所定の破産手続開始原因となる事
実があることが認められる。また，破産法３０条１項各号に該当する事実がある
とは認められない。

よって，本件申立ては理由があるので主文第１項のとおり決定し，併せて破産
法３１条１項，２項，２１７条１項，１３５条２項，１５７条２項，７８条３項
２号，８１条１項の規定に基づき，主文第２項から第７項のとおり決定する。

令和○年○○月○○日午後○時

大阪地方裁判所第６民事部

裁　判　官　　○　　○　　○　　○

【406 届出書】

令和○年(フ)第○○○○号
破産者　　○○　○○

届　出　書

令和○年○○月○○日

大阪地方裁判所　第6民事部○係　御中

　　　　　　　　○○市○○区○○橋○丁目○番○号　○○ビル　○○法律事務所
　　　　　　　　　　　　破産管財人弁護士　　○　○　○　○　㊞
　　　　　　　　　　　　　　　TEL ○○-○○○○-○○○○
　　　　　　　　　　　　　　　FAX ○○-○○○○-○○○○

　頭書破産事件について，下記のとおり届け出ます。

記

1　通知事務等取扱いの同意
　　　書面の送付その他通知に関する事務を取り扱うこと
2　使用印鑑の届出
　　　次の印鑑を破産管財人の印鑑として使用すること

3　破産財団に属する金銭等の保管方法
　　　金銭・有価証券その他の高価品の保管場所を次のとおり定めたこと
　　　　　○○市○○区○丁目○番○号
　　　　　株式会社○○銀行○○支店・出張所

434 〔破産管財人関係〕

【409 破産手続開始等の通知書（一般管財・期日型・自然人用)】

事件番号　令和○年(フ)第○○○○号（申立年月日　令和○年○○月○○日）
○○市○○区○○町○丁目○番○号
破産者　○　○　○　○　（昭和○○年○月○○日生)

破産手続開始等の通知書

令和○年○○月○○日

債権者・債務者・財産所持者・労働組合等・許認可官庁　各　位
　　　　　　　　　　　大阪地方裁判所第６民事部○○係
　　　　　　　　　　　　裁判所書記官　○　○　○　○
　当裁判所は，頭書破産事件について，令和○年○○月○○日午後○時，次のとおり
破産手続開始決定をしたので通知します。

　1　破産手続開始決定の主文
　　　　債務者○○○○について破産手続を開始する。
　2　破産管財人の氏名又は名称
　　　○○市○○区○○町○丁目○番○号　○○法律事務所
　　　弁護士　○　○　○　○
　　　TEL ○○－○○○○－○○○○　FAX ○○－○○○○－○○○○
　3 (1)　債権届出の期間　令和○年○○月○○日まで
　　　　債権届出書の提出先
　　　　〒530-8522　大阪市北区西天満２丁目１番１０号
　　　　　　　　　　大阪地方裁判所第６民事部○○係
　　(2)　財産状況報告集会・債権調査・計算報告集会・破産手続廃止に関する意見聴取
　　　のための集会の各期日
　　　　　　　　　　令和○年○○月○○日午後○時
　　　　場　所　　　大阪地方裁判所第○債権者集会室（新館９階）
　　(3)　免責についての意見申述期間　　令和○年○○月○○日まで
　4　破産者に対して債務を負担している者及び破産者の財産を所持している者は，破
　　産者に弁済し又はその財産を交付してはならない。
　　　※　電算機処理のため，破産者の氏名等の表記が戸籍等のものとは異なる場合があります。
　　　※　特にご意見のない方は，上記期日に出席される必要はありません。
　　　　その他ご不明な点は上記管財人又は書記官にお問い合わせください。

　　　※　免責申立てに関する不明な点の問い合わせ先
　　　　　　申立代理人弁護士　○　○　○　○
　　　　　　（電話　○○－○○○○－○○○○)

当裁判所では，平成３０年１月９日以降，庁舎入口で所持品検査を実施しています。必ず時間に余裕をもっ
てお越しください。

【412　破産手続開始等の通知書（一般管財・留保型・法人用）】

事件番号　令和〇年(フ)第〇〇〇〇号（申立年月日　令和〇年〇〇月〇〇日）
〇〇市〇〇区〇〇町〇丁目〇番〇号
破産者　〇〇〇〇株式会社
代表者代表取締役　〇　〇　〇　〇

破産手続開始等の通知書

令和〇年〇〇月〇〇日

債権者・債務者・財産所持者・労働組合等・許認可官庁　各　位
大阪地方裁判所第6民事部〇〇係
裁判所書記官　〇　〇　〇　〇

　当裁判所は，頭書破産事件について，令和〇年〇〇月〇〇日午後〇時，次のとおり破産手続開始決定をしたので通知します。

1　破産手続開始決定の主文
　　債務者〇〇〇〇株式会社について破産手続を開始する。
2　破産管財人の氏名又は名称
　　〇〇市〇〇区〇〇町〇丁目〇番〇号　〇〇法律事務所
　　弁護士　〇　〇　〇　〇
　　TEL　〇〇－〇〇〇〇－〇〇〇〇　FAX　〇〇－〇〇〇〇－〇〇〇〇
3　財産状況報告集会・計算報告集会・破産手続廃止に関する意見聴取のための集会の各期日
　　　　　　　令和〇年〇〇月〇〇日午後〇時
　　　場　所　　　　大阪地方裁判所第〇債権者集会室（新館9階）
4　破産者に対して債務を負担している者及び破産者の財産を所持している者は，破産者に弁済し又はその財産を交付してはならない。
　※　債権届出書は，配当が可能になった時点で用紙を送りますので，その後，提出してください。
　※　電算機処理のため，破産者の氏名等の表記が戸籍等のものとは異なる場合があります。
　※　特にご意見のない方は，上記期日に出席される必要はありません。
　　その他ご不明な点は上記管財人又は書記官にお問い合わせください。

当裁判所では，平成30年1月9日以降，庁舎入口で所持品検査を実施しています。必ず，時間に余裕をもってお越しください。

436 〔破産管財人関係〕

【413 郵便回送嘱託書】

令和○年○○月○○日

〒○○○-○○○○
　日本郵便株式会社　○○郵便局　御中

大阪地方裁判所第6民事部
裁判所書記官　○　○　○　○

郵便回送嘱託書

　下記1の破産事件について，今後，破産者宛ての郵便物（破産者に宛てて差し出された郵便物のうち，破産裁判所若しくは破産管財人から差し出されたもの又は破産裁判所以外の裁判所から別段の指示があるものを除く。）は，すべて下記2の破産管財人宛てに配達されるよう嘱託します。

記

1　令和○年(フ)第○○○○号
　　○○市○○区○○町○丁目○番○号
　　破産者　○　○　○　○
2　○○市○○区○○町○丁目○番○号　○○ビル　○○法律事務所
　　破産管財人弁護士　○　○　○　○
　　　　電話番号　○○-○○○○-○○○○

4 破産手続開始関係 437

【414 知れている債権者等への発送報告書】

令和○年(フ)第○○○○号
破産者 　○○ 　○○

知れている債権者等への発送報告書

令和○年○○月○○日

大阪地方裁判所 　第6民事部○係 　御中

破産管財人 　○ 　○ 　○ 　○
TEL ○○-○○○○-○○○○
FAX ○○-○○○○-○○○○

　頭書破産事件について，令和○年○○月○○日，下記の者に対し，破産手続開始等の通知書等を発送しましたので報告します。

記

1 　知れている破産債権者（申立書添付の債権者一覧表記載の債権者。破産法32条3項1号関係） 　　　　　　　　　　　　　　　　　　　　　　名

2 　知れている財産所持者等（破産者に対して債務を負担する者を含む。破産法32条3項2号関係） 　　　　　　　　　　　　　　　　　　　　　名

3 　労働組合等（破産法32条3項4号関係） 　　　　　　　　　　　　件

4 　許認可官庁（破産規則9条関係） 　　　　　　　　　　　　　　件

5 　その他
　(1) 　公租公課庁 　　　　　　　　　　　　　　　　　　　　　件
　(2) 　回送嘱託先日本郵便株式会社 　　　（郵便局名 　○○郵便局）
　(3) 　登記嘱託先法務局（法人の場合） 　　（法務局名 　○○法務局）

438 〔破産管財人関係〕

【415 新たに知れたる債権者等への発送報告書】

令和○年（フ）第○○○○号

破産者 　　○○　○○

新たに知れたる債権者等への発送報告書

令和○年○○月○○日

大阪地方裁判所　第6民事部○係　御中

破産管財人　○　○　○　○

TEL　○○-○○○○-○○○○

FAX　○○-○○○○-○○○○

債権者等の名称	住　所	発送年月日	事　　由
			□新たに判明　□所在判明 □その他
			□新たに判明　□所在判明 □その他
			□新たに判明　□所在判明 □その他
			□新たに判明　□所在判明 □その他

4　破産手続開始関係　　439

【416　債権執行終了上申書】

令和○年（ル）第○○○○号
債　権　者　○○○○
債　務　者　○○○○
第三債務者　○○○○

上　　申　　書

令和○年○○月○○日

大阪地方裁判所第１４民事部　御中
（FAX　○○－○○○○－○○○○）

破産者　○　○　○　○
破産管財人　　○　○　○　○
TEL　○○-○○○○-○○○○
FAX　○○-○○○○-○○○○

　頭書事件の債務者（破産者）について，下記のとおり破産手続が開始され，当職が破産管財人に選任されました。

　ついては，続行申請は行いませんので，執行手続を終了されるよう上申します。

記

事件番号　　　　　　大阪地方裁判所令和○年（フ）第○○○○号

破産者　　　　　　　○○○○

破産手続開始決定日　令和○年○○月○○日午後○時○○分

添付書類

1　破産手続開始決定正本写し　　　　1通

2　破産管財人証明書　　　　　　　　1通

440 〔破産管財人関係〕

【417　執行裁判所への届出書】

令和○年(ヌ・ケ)第○○○○号

届　　出　　書

令和○年○○月○○日

大阪地方裁判所第１４民事部　御中

（FAX　○○－○○○○－○○○○）

破産者　○　○　○　○

破産管財人　　○　○　○　○

TEL　○○-○○○○-○○○○

FAX　○○-○○○○-○○○○

次の事項について，お知らせします（番号に○を付したもの）。

1　破産事件については次のとおりです。

　(1)　事件番号　　　大阪地方裁判所令和○年(フ)第○○○○号

　(2)　破産手続開始決定日，破産管財人の氏名又は名称は，別添破産手続開始決定

　　　正本写しのとおり

2　令和○年○○月○○日（放棄許可決定日を記載），開始決定がなされた不動産

を破産財団から放棄しました。

3　令和○年○○月○○日，前記１(1)の破産事件は，

　□　破産廃止

　□　破産終結

により終了しました。

4 破産手続開始関係 441

【418 仮差押終了上申書】

令和○年(ヨ)第○○○○号

債 権 者 ○○○○

債 務 者 ○○○○

第三債務者 ○○○○

上 申 書

令和○年○○月○○日

大阪地方裁判所第1民事部 御中

(FAX ○○-○○○○-○○○○)

破産者 ○ ○ ○ ○

破産管財人 ○ ○ ○ ○

TEL ○○-○○○○-○○○○

FAX ○○-○○○○-○○○○

　頭書事件の債務者(破産者)について,下記のとおり破産手続が開始され,当職が破産管財人に選任されました。

　つきましては,頭書仮差押手続を終了されるよう上申いたします。

記

事件番号　　　　　大阪地方裁判所令和○年(フ)第○○○○号

破産者　　　　　　○○○○

破産手続開始決定日時　令和○年○○月○○日午後○時○○分

添付書類

1　破産手続開始決定正本写し　　　1通

2　破産管財人証明書　　　　　　　1通

442　〔破産管財人関係〕

【419　閲覧等の制限申立書】

令和○年（フ）第○○○○号
破産者　　　○○○○

閲覧等の制限申立書

令和○年○○月○○日

大阪地方裁判所　第6民事部○○係　御中

申立人破産管財人　　○　○　○　○
TEL　○○-○○○○-○○○○
FAX　○○-○○○○-○○○○

第1　申立ての趣旨
　　頭書破産事件について，破産法12条の規定に基づき，申立人が提出した令和○年○○月○○日付報告書の「○○○○」については，閲覧若しくは謄写，その正本，謄本若しくは抄本の交付又はその複製の請求をすることができる者を申立人に限るとの決定を求める。

第2　申立ての理由
　　・・・・・・・

添付書類
　　1
　　2

5 破産財団の換価関係 443

【501 告示】

告 示

　　　　住　所　○○市○○区○○町○丁目○番○号

　　　　破産者　○○○○株式会社

　本物件は，上記破産者に対する大阪地方裁判所令和○年(フ)第○○○○号の破産手続開始決定に基づき，当職が管理，占有するものである。

　当職の許可がない限り何人の立入りもこれを許さない。許可なく立ち入った場合には，刑法等により処罰されることがある。

　本物件内の一切の有体動産も，当職が管理，占有するものであり，当職の許可なく搬出する者は，刑法等により処罰されることがある。

上記告示する。

　令和○年○○月○○日

　　　　破産管財人弁護士　○　○　○　○

　　　　住　所　○○市○○区○○町○丁目○番○号

　　　　　　　　　　　　　○○ビル○階

　　　　電　話　○○−○○○○−○○○○

444 〔破産管財人関係〕

【502 照会書（金融機関）】

ご依頼兼ご照会

令和○年○○月○○日

○○○○　御中

破　産　者　　　○○○○株式会社
破産管財人弁護士　○　○　○　○
○○市○○区○○町○丁目○番○号
○○ビル○階
TEL：○○－○○○○－○○○○
FAX：○○－○○○○－○○○○

記

　破産者○○○○株式会社（住所　○○市○○区○○町○丁目○番○号）は，令和○年○○月○○日午後○時○○分，大阪地方裁判所において破産手続開始決定を受け（事件番号　令和○年（フ）第○○○○号），当職が破産管財人に選任されましたので，同破産者の財産はすべて当職が管理しております。

　ところで，破産者は，貴（行・金庫・組合）に対し，（預金債権・出資金債権）を有しているようですが，上記のとおり，それらの債権も当職に帰属することになりましたので，いかなる権利を主張する第三者が現れても弁済等をされることのないよう，また，自動引落も停止していただきますようご依頼申し上げます。

　なお，破産管財事務遂行上必要がありますので，上記破産手続開始決定日現在の上記破産者の預金口座の種類，口座名義人名，口座番号及び預金残高，破産者名義の貸金庫契約の有無並びに貴（行・金庫・組合）が破産者に対して有しておられる債権の存否及び相殺予定の有無につきまして，その詳細を同封の回答書にご記入の上，当職にご返送されたく，ご照会申し上げます。

　また，当該預金を解約いたしますので，必要な書類等がありましたら，当職事務所までご送付くださいますようお願い申し上げます。

　なお，本件に関するご連絡は当職（担当事務　○○）宛お願いします。

添付書類
1　破産管財人証明書（写し）　　1通

5 破産財団の換価関係 445

回 答 書

令和　年　月　日

破産者　　　　　○○○○株式会社
破産管財人弁護士　○○　○○　行

　　　　　　　　回答者　御住所
　　　　　　　　　　　　御氏名　　　　　　　　　　㊞
　　　　　　　　　　　　ＴＥＬ
　　　　　　　　　　　　ＦＡＸ
　　　　　　　　　　　　　　記

1　預金口座の　有・無

2　預金口座の種類，金額等
　　種類
　　口座番号
　　口座名義人
　　現在残高

3　出資金の口数，金額

4　貴（行・金庫・組合）の，破産者に対する債権の　有・無
　　その債権の種類・内容
　　債権額

5　貸金庫の　有・無　　口数（　　口）

6　相殺の予定　　有・無
（解約によって返還可能な預金残高がある場合は，本書とともに解約手続書類をお送りください。）

446　〔破産管財人関係〕

【503　照会書（保険会社）】

ご依頼兼ご照会

令和○年○○月○○日

○○○○　御中

破　産　者　　○○○○株式会社
破産管財人弁護士　○　○　○　○
○○市○○区○○町○丁目○番○号
○○ビル○階
TEL：○○－○○○○－○○○○
FAX：○○－○○○○－○○○○

記

　破産者○○○○株式会社（住所　○○市○○区○○町○丁目○番○号）は，令和○年○○月○○日午後○時○○分，大阪地方裁判所において破産手続開始決定を受け（事件番号　令和○年（フ）第○○○○号），当職が破産管財人に選任されましたので，同破産者の財産はすべて当職が管理しております。

　ところで，破産者は貴社との間に保険契約（○○保険・証券番号○○○○○○○）を締結しているとのことであります。

　つきましては，破産者と貴社との間の保険契約の解約による返戻金の有無とその金額につき，下記欄にご回答をお願いいたします。

　なお，解約返戻金があれば，解約の手続をお願いしたく思いますので，必要な書類を当職事務所までご送付くださいますようお願い申し上げます。

　おって，本件に関するご連絡は当職（担当事務　○○）宛お願いします。

添付書類
1　破産管財人証明書（写し）　　1通

回　答　書

令和　　年　　月　　日

破産者　　　　　○○○○株式会社
破産管財人弁護士　○○　○○　行

回答者　御住所
御氏名　　　　　　　　　　　　㊞
ＴＥＬ
ＦＡＸ

記

1　解約返戻金の　有・無

2　解約返戻金がある場合，その金額　　　　　金　　　　　　　　　　　円
（解約返戻金がある場合は，本書とともに解約手続書類をお送りください。）

5　破産財団の換価関係　　447

【504　売掛金請求書】

請　求　書

令和○年○○月○○日

○○○○　御中

破　産　者　　○○○○株式会社
破産管財人弁護士　○　○　○　○
○○市○○区○○町○丁目○番○号
○○ビル○階
TEL：○○－○○○○－○○○○
FAX：○○－○○○○－○○○○

　拝啓　貴社には益々ご清栄のこととお慶び申し上げます。

　　さて，破産者○○○○株式会社（住所　○○市○○区○○町○丁目○番○号）は，令和○年○○月○○日午後○時○○分，大阪地方裁判所において破産手続開始決定を受け（事件番号　令和○年（フ）第○○○○号），当職が破産管財人に選任されましたので，同破産者の財産はすべて当職が管理しております。

　　破産手続開始申立書添付の財産目録によれば，破産会社の貴社に対する売掛金は下記記載のとおりです。以下の口座にお振り込みくださいますようお願い申し上げます。

金　○○○，○○○円

○○銀行○○支店　普通預金　○○○○○○○

破産者○○○○株式会社破産管財人　○○○○

（ハサンシャ○○○○カブシキガイシャハサンカンザイニン○○○○）

　　振込手数料は貴社でご負担ください。管財人からの領収証は特に発行致しませんので，金融機関の振込受領証等をもって代えさせていただきます。

　　また，ご多忙中まことに恐れ入りますが，債権確認のため，別紙回答書により，令和○年○○月○○日までにＦＡＸまたは郵送で当職宛ご回答を賜りたくお願いいたします。

　　なお，本件に関するご連絡は当職（担当事務　○○）宛お願いします。

敬具

448 〔破産管財人関係〕

回　答　書

令和　　年　　月　　日

破産者　　〇〇〇〇株式会社
破産管財人　　〇〇〇〇　行

　　　　　　　回答者　　住　所

　　　　　　　　　　　　氏　名　　　　　　　　　　　　　　㊞

　　　　　　　　　　　　電　話

　　　　　　　　　　　　ＦＡＸ

　　　　　　　　　　　　ご担当者

下記のとおり私（当社）の〇〇〇〇株式会社に対する債務について回答します。

記

1　〇〇〇〇株式会社に対する債務　　金　　　　　　　　　　　　円

2　支払予定額

　※支払方法及び支払日

　　□　現　　金　…振込予定日　　令和　　年　　月　　日

　　　　（管財人口座宛にお振り込みください。）

　　□　約束手形　…支払期日　　　令和　　年　　月　　日

3　不払金額　　　　　　　　　　　金　　　　　　　　　　　　円

　※　理由

　　□　支払済みの場合

　　　　（領収書，振込書控等のコピーを添付してください。）

　　　　支払金額　　　　…金　　　　　　　　円

　　　　支払日　　　　　…令和　　年　　月　　日

　　　　支払方法・振込先…

　　□　その他

　　　　（相殺等により全部又は一部の支払を拒絶される場合は，その具体的理由及
　　　　びその理由の裏付けとなる資料を添付の上，明細などをお書きください。）

5 破産財団の換価関係 449

【505 入札要綱例】

不動産売却のご案内[1]

（入札要綱：○○市○区の物件）

令和○年○月○日

各 位

（売主）破産者 株式会社○○

破産管財人弁護士 ○ ○ ○ ○

前略 この度，同送の買受申込書物件目録記載の不動産（以下「本件不動産」という）の売却を以下の要領で実施いたしますので，ご検討のほどよろしくお願いいたします。

なお，本件に関するお問合せ等につきましては，当職まで（TEL：○○－○○○○－○○○○，FAX：○○－○○○○－○○○○）お願いいたします。[2]

草々

記

1．内覧会

買受申込金額のご参考に供するため，以下の日時で内覧会を実施します。内覧は登録制とさせていただきますので，登録されていない方は当日来られても内覧はできません。内覧を希望される方は，同送の内覧申込書（省略）へご記入の上，以下の申込期限までに当職までFAX願います（FAX番号は上記参照）。

- ・日　　　時 ： 令和○年○月○日（○）　午後1時～午後3時まで《時間厳守》[3]
- ・申込期限 ： 令和○年○月○日（○）　午後5時まで

2．入札方法

本件不動産の買受候補者は，同送の買受申込書を郵送にて差し入れていただく方法をとります。買受けを希望される方は買受申込書にご記入いただき，期限までに署名押印をして封緘の上，以下の宛先まで**《郵送》**してください。郵便不着による責任は一切負いませんので，ご注意ください。

- ・受付期限 ： 令和○年○月○日（○）　午後4時まで《必着》
- ・宛　　　先 ： ○○法律事務所 弁護士 ○ ○ ○ ○
　〒○○○－○○○○　大阪市○区○○町○丁目○番○号
　○○ビル○階

（封筒の表面に，朱書きで「○○市○区の物件」との記載をお願いいたします。）

3．開札

開札日時において，当事務所にて差し入れて頂いた買受申込書を開封し，最高額の買受希望者を正式な買受人として選定します。[4]なお，開札の立会いはご遠慮いただきます。[5]

買受人には**同日午後6時までにFAXにて連絡します。**

買受申込書を差し入れて頂いた方には，落札の当否を開札日の翌日○時までにFAXにてご連絡いたします。また，買受申込書原本の返却はいたしません。

4．買受申込[6]

買受人に決定された方は，以下の要領で買受申込を行っていただきます。

- ・日　　　時 ： 令和○年○月○日（○）午後1時
- ・場　　　所 ： ○○法律事務所（住所は上記参照）

450 〔破産管財人関係〕

・必要書類等 : ①申込証拠金・・・買受申込金額の●%相当額
　　　　　　　　　　　銀行・信用金庫等の発行する保証小切手又は現金
　　　　　　　　　②発行後３か月以内の会社履歴事項全部証明書（法人の場合）

　申込証拠金は違約手付金に充当します。買受人の都合で本件不動産の売買契約が締結できない場合は，申込証拠金を全額没収します。

５．売買契約締結

　裁判所の許可後，買受人との間で落札金額を代金とする売買契約を締結します。契約締結は，令和○年○月○日を目安とします。

　違約手付金は，最終決済時に売買代金に充当しますが，買受人の都合で本件不動産の最終決済ができない場合は返還しません。また，裁判所の不許可又は担保権者の担保抹消不同意により売却が実現できない場合には，売主は，買受人に対し，手付金は無利息で返還するものとし，手付についてその他の支払義務を負わないものとします。

６．決済

　最終決済は，買受申込後１か月以内を一応の目安としますが，裁判所の許可や担保権者の抹消同意の関係等でずれ込むことがありますので，予めご承知おきください。

７．売買条件の骨子及び注意事項

①本件不動産の種類，品質，数量又は面積について，契約時の客観的状態で引き渡すこととし，契約時から本件不動産の引渡時までに当事者の責に帰すことのできない事由により滅失又は重大な毀損が生じたときは，買受人は解除することができる。

②上記①の場合を除き，買受人は，契約不適合を理由とする追完請求，代金減額，契約解除，損害賠償その他の請求を行わない。

③公簿取引とし，本件不動産の境界は一切明示せず，境界確認は，決済後における買受人の責任と負担とする。

④裁判所の許可及び担保権者の同意を停止条件とする。※7

⑤決済時において本件不動産内に残存する動産は，買受人に対して無償譲渡する。

⑥本件不動産にかかる固定資産税・都市計画税については４月１日を起算日とし，決済日（残代金支払日）の前日までを売主の負担，決済日当日以降を買受人の負担とする。※8
　なお，買受人の負担分については，最終決済日に買受人から売主に支払う方法で精算するものとする。
　（参考）令和○年度固定資産税額
　　　　　　　土　地　　○○○，○○○円
　　　　　　　建　物　　○○○，○○○円

⑦本件取引に関し，金融機関等の融資特約は認めません。

⑧入札者は，以下の事項を確約する。
　ア　入札者又はその役員（業務を執行する社員，取締役，執行役又はこれらに準ずる者をいう。）が暴力団，暴力団関係企業，総会屋若しくはこれらに準ずる者又はその構成員（以下これらを併せて「反社会的勢力」という。）ではないこと
　イ　反社会的勢力に自己の名義を利用させ，この入札に参加する者ではないこと

⑨入札者間の談合等，不正の方法によって入札が行われたことが判明した場合は，入札は無効とする。

5 破産財団の換価関係 451

8．仲介業者

　　仲介業者の方が仲介をされる場合，別紙所定の買受申込書へ会社名等のご記入をお願いいたします。

　　なお，本件不動産の売却に関し，売主から仲介業者の方へ仲介手数料はお支払いいたしません。

以上

　※1　入札方式には様々な手法があり，対象不動産の種類によっても異なります。本入札要綱例はあくまで一例であり，個別の事案に即した入札要綱を作成する必要があります。
　※2　本入札要綱例は，売主が不動産仲介業者を利用しない場合の記載例です。
　※3　内覧会を実施する場合の記載例です。内覧会は必須ではありません。
　※4　最高額の買受希望者を買受人に選定する場合の記載例です。複数の不動産を売却する場合など，入札金額の多寡だけでなく，諸般の事情を考慮して最終落札者を決定する場合には，その旨を記載する必要があります。
　※5　開札を非公開とする場合の記載例です。
　※6　申込証拠金を受領する場合の記載例です。申込証拠金の受領は必須ではありません。申込証拠金を受領せず，売買契約締結時に手付金を受領する場合は，その旨を記載する必要があります。
　※7　公租公課庁による差押えがある場合には，同庁の同意が必要となることも記載する必要があります。
　※8　収益（賃料，電柱敷地利用料等）の精算がある場合には，これについても定める必要があります。

452 〔破産管財人関係〕

買 受 申 込 書

破産者　株式会社○○
破産管財人弁護士　○　○　○　○　宛

　不動産売却のご案内記載の内容について了解の上，下記不動産を下記条件で，以下の金

額にて買受申込みいたします。

　　　　　　金＿＿＿＿＿＿＿＿＿＿＿＿＿＿＿＿＿＿＿＿＿＿＿円

　　　　　　　（下記不動産の表示の建物に関する消費税を含む）

令和　　年　　月　　日

　住所　　　：

　氏名（商号）：　　　　　　　　　　　　　　　　　　　印

　TEL：　　　　　　　　　　　　　FAX：

　仲介業者名　：　　　　　　　　　（担当　　　　　　）

　仲介業者 TEL：　　　　　　　　　　　　仲介業者 FAX：

　開札結果送付先　□買受希望者へ FAX　　□仲介業者へ FAX

【買受条件】
　1　公簿売買，契約時の客観的状態での引渡しとする。
　2　契約時から引渡時までに，当事者の責に帰することのできない事由により，本件

不動産が滅失し，又は重大な毀損が生じたときは，売買契約を解除できる。

3 前項の場合を除き，契約不適合を理由とする追完請求，代金減額，契約解除，損害賠償その他の請求を行わない。

4 申込証拠金は売買代金の●％とし，違約手付金に充当する。

5 本件物件の売買は，担保権者の同意及び破産裁判所の許可を条件とする。

6 決済時に本件不動産内に残存する動産については，無償で譲り受ける。

7 買受申込みにあたり，以下の事項を確約する。

　ア　買受申込者又はその役員（業務を執行する社員，取締役，執行役又はこれらに準ずる者をいう。）が暴力団，暴力団関係企業，総会屋若しくはこれらに準ずる者又はその構成員（以下これらを併せて「反社会的勢力」という。）ではないこと

　イ　反社会的勢力に自己の名義を利用させ，買受申し込みに参加する者ではないこと

【不動産の表示】

　（省略）

454 〔破産管財人関係〕

【506　不動産売買契約書例】

不動産売買契約書

　破産者株式会社○○破産管財人弁護士○○○○を売主，株式会社○○を買主として，本日，別紙物件目録記載の不動産（以下「本件不動産」という。）を以下の約定に従って売買することとし，売買契約（以下「本件売買契約」という。）を締結する。

第1条（契約の目的）
　　　売主は，買主に対し，本件不動産を売り渡し，買主は，これを買い受ける。

第2条（売買代金）
　　　本件不動産の売買代金は，総額金○，○○○，○○○円（土地：金○，○○○，○○○円，建物：金○，○○○，○○○円（うち消費税[※1]（地方消費税を含む。）○○○，○○○円））とする。

第3条（手付金）
　1　買主は，本件売買契約締結と同時に，売主に対し，違約手付金として金○，○○○，○○○円を支払う。[※2]
　2　手付金は残代金の支払いに際して売買代金の一部に充当する。
　3　手付金には利息を付けない。

第4条（残代金の支払い）
　　　買主は，売主に対し，第2条の売買代金から前条1項の手付金を差し引いた残代金○，○○○，○○○円を令和○年○月○日までに支払い，これと引き換えに，売主は，買主に対し，本件不動産の所有権移転登記及び本件不動産に設定された根抵当権[※3]抹消登記に必要な一切の書類を交付する。[※4]

第5条（所有権移転及び引渡等）
　1　本件不動産の所有権は，売買代金全額の支払いと同時に買主に移転する。
　2　売主は，前項の所有権移転と同時に，買主に対し，本件不動産を現状有姿にて引き渡す。
　3　本件不動産の所有権移転時に本件不動産内に残存する破産財団に属する動産について，売主は，買主に対し，無償で譲渡し，その撤去義務を負わない。

第6条（現況取引）
　1　買主は，本件不動産の種類，品質，数量又は面積について，本件売買契約締結時の本件不動産の客観的状態で買主に本件不動産を引き渡すことが本件売買契約の内容であることを了解のうえ，本件不動産を買い受けるものとする。
　2　本件売買契約は公簿取引であって，売主は，本件不動産の境界については一切明示しないものとし，買主は，そのことを了解のうえ本件不動産を買い受けるものとする。

第7条（契約不適合責任）
　1　本件売買契約締結から本件不動産の引渡し時までに，天災地変その他当事者の責に帰することのできない事由により，本件不動産が滅失し，又は重大な毀損が生じたときは，買主は，本件売買契約を解除することができる。

5　破産財団の換価関係　455

2　前項の場合を除き，買主は，売主に対し，契約不適合を理由とする追完請求，代金減額，契約解除，損害賠償その他何らの請求をすることができない。

第8条（契約解除）

1　前条の場合を除き，売主又は買主のいずれか一方が本件売買契約に定める義務の履行を怠ったときは，その相手方は，本件売買契約を解除することができる。

2　買主の債務不履行により売主が本件売買契約を解除した場合，売主は，手付金の全額を違約金として取得し，返還の義務を負わない。

3　売主の債務不履行により買主が本件売買契約を解除した場合，売主は，買主に対し，受領済みの手付金を無利息にて返還するものとする。

第9条（公租公課の負担※5）

1　本件不動産にかかる令和〇年度の固定資産税・都市計画税については，4月1日※6を起算日とし，決済日（残代金支払日）の前日までを売主の負担，当日以降を買主の負担とするものとする。※6

2　公租公課の精算は，最終決済時に買主がその負担部分を売主に支払う方法で行うものとする。

第10条（諸経費の負担）

本件不動産の売渡し，根抵当権※3抹消登記手続に要する費用は売主の負担とし，本件売買契約書貼付印紙，所有権移転登記手続に要する費用，登録免許税は買主の負担とする。

第11条（反社会的勢力の排除）

1　売主及び買主は，それぞれ相手方に対し，次の各号の事項を確約する。

①　自らが，暴力団，暴力団関係企業，総会屋若しくはこれらに準ずる者又はその構成員（以下これらを併せて「反社会的勢力」という。）ではないこと

②　自らの役員（業務を執行する社員，取締役，執行役又はこれらに準ずる者をいう。）が反社会的勢力ではないこと

③　反社会的勢力に自己の名義を利用させ，この契約を締結するものでないこと

④　本件不動産の引渡し及び売買代金全額の支払いのいずれもが終了するまでの間に，自ら又は第三者を利用して，本件売買契約に関して次の行為をしないこと

ア　相手方に対する脅迫的な言動又は暴力を用いる行為

イ　偽計又は威力を用いて相手方の業務を妨害し，又は信用を毀損する行為

2　売主又は買主の一方について，次の各号のいずれかに該当した場合には，その相手方は，何らの催告を要せずして，本件売買契約を解除することができる。

①　前項1号又は2号の確約が事実に反することが判明した場合

②　前項3号の確約に反し契約をしたことが判明した場合

③　前項4号の確約に反した行為をした場合

3　買主は，売主に対し，自ら又は第三者をして本件不動産を反社会的勢力の事務所その他の活動の拠点に供しないことを確約する。

4　売主は，買主が前項に反した行為をした場合には，何らの催告を要せずして本件売買契約を解除することができる。

456 〔破産管財人関係〕

5 第2項又は前項の規定により本件売買契約が解除された場合，解除された者は，その相手方に対し，違約金として売買代金の20%相当額を支払う。

6 第2項又は第4項の規定により本件売買契約が解除された場合，解除された者は，解除により損害が生じたとしても，損害賠償等名目の如何を問わず一切の請求をすることができない。

7 買主が第3項の規定に違反し，本件不動産を反社会的勢力の事務所その他の活動の拠点に供した場合において，売主が第4項の規定により本件売買契約を解除するときは，買主は，売主に対し，第5項の違約金に加え，売買代金の80%相当額の違約罰を制裁金として支払う。

第12条（疑義事項）

本件売買契約に定めなき事項又は疑義ある事項については，売主と買主は，誠意をもって協議の上，これを決定する。

第13条（停止条件）

1 本件売買契約は，第4条の残代金支払日までに破産裁判所の許可及び担保権者の担保権抹消同意※7があることを停止条件として効力を生じるものとする。

2 前項の停止条件が成就せず，本件売買契約が効力を生じない場合には，売主は，買主に対し，損害賠償等何らの責任を負わない。ただし，売主は，買主に対し，受領済の手付金を無利息にて返還するものとする。

第14条（管轄裁判所）

本件売買契約に関する紛争については，大阪地方裁判所を第一審の専属管轄裁判所とする。

本件売買契約の成立を証するため，本書1通を作成し，各自署名押印の上，買主がこれを保有し，売主がその写しを保有する。※8

令和　　年　　月　　日

売　主　　　大阪市○区○○町○丁目○番○号○○ビル○階
　　　　　　破産者株式会社○○
　　　　　　破産管財人弁護士　○　○　○　○

買　主

（別紙）　物件目録（略）

5 破産財団の換価関係　457

※1　本件売買契約書例は，破産者を法人としたものですので，土地や個人所有の居住用建物と異なり，建物の売買代金について消費税（地方消費税を含む。以下同じ。）が生じます（消税4①・6①・別表第一1号）。また，消費税の納税義務は，課税資産が譲渡された時（不動産の場合は引渡日）になります（消税5①，消費税法基本通達9－1－13）。契約後引渡しまでの間に消費税率が改定される場合は，金額が変更となる旨の規定を設けることを検討します（本書468頁【資料512】売買契約書2条1項ただし書き）。

※2　売買契約と決済が同時ではない場合には手付金を検討します。手付金額については売買代金の5～10％程度が相場ともいわれているようですが，買主と交渉して適宜の額を定めれば足ります。

※3　根抵当権以外の担保権が設定されている場合，適宜修正します。

※4　仮差押えや公租公課庁による差押えがある場合は，これらの解除を受けること等についての規定を設けることも検討します。

※5　収益（賃料，電柱敷地利用料等）の精算がある場合は，これについても定める必要があります。

※6　固定資産税・都市計画税は1月1日時点の登記名義人に対して課税されるため，決済日以後の税額を日割り計算し，買主から受領する旨を定めます。起算日は1月1日とする考え方（1月1日から決済日前日までの分が売主負担，決済日から12月31日までの分が買主負担となる。）と4月1日とする考え方（4月1日から決済日前日までの分が売主負担，決済日から翌年3月31日までの分が買主負担となる。）があります。なお，4月を過ぎるまでは当該年度の固定資産税・都市計画税額が不明なことがあります。この場合には，基準額や精算時期について別途の定めをすることも検討します。

※7　仮差押えや公租公課庁による差押えがある場合は，これらの解除合意等があることを停止条件とするかを検討します。なお，仮差押えについては，本書150頁参照。

※8　売買契約書を2通作成する場合は，売買契約書に貼付する印紙は保有する分につき各自負担します。

458　〔破産管財人関係〕

【507　不動産売却等許可申請書①】

令和○年（フ）第○○○○号
破産者　○○○○株式会社

不動産売却等許可申請書（許可申請○○号）

令和○年○○月○○日

大阪地方裁判所　第6民事部○○係　御中

破産管財人　　○　○　　○　○
電話　○○－○○○○－○○○○

第1　許可を求める事項
　1　別紙物件目録記載の不動産について，次の買主に対して以下の代金で売却することとし，別紙のとおり売買契約を締結して，これに伴う所有権移転登記手続を行うこと。
　　　代　金　　　金○○○○万円
　　　買　主　　（住所）　　○○市○○町○丁目○番○号
　　　　　　　　（氏名）　　○○○○
　2　1の売買に伴い，次のとおり別除権者に受戻金を支払い，別除権を受け戻すこと。
　　　①　第1順位　　株式会社○○銀行　　　金○○○○万○○○○円

第2　許可を求める理由
　1　売買代金の相当性
　　　当職は，業者の査定を経た上で，本件不動産について最低入札価格を○○円として令和○年○○月○○日に入札を行った結果，入札者3名の中で上記買主の入札金額が最高価格であった。したがって，上記買主に売却することが相当であると思料する。
　2　別除権者と被担保債権額
　　　①　第1順位　　株式会社○○銀行　　　根抵当権　　極度額金○○○○万円

　3　売買代金の使途（決済日令和○年○○月○○日）
　　　①　別除権の受戻費用　　　　　　　　　　金○○○○万○○○○円
　　　②　仲介手数料　　　　　　　　　　　　　金○○万○○○○円
　　　③　抹消登記費用等　　　　　　　　　　　金○万○○○○円
　　　④　固定資産税・都市計画税　　　　　　　金○○万○○○○円
　　　⑤　財団組入額（売買代金の○%）　　　　金○○万○○○○円

添付書類
□　全部事項証明書　　　　　　　　　　　　通
□　（　　　　　　　　　　　　　　　）　　通

5　破産財団の換価関係　　459

【508　不動産売却等許可申請書②】

令和○年（フ）第○○○○号

破産者　○○○○株式会社

不動産売却等許可申請書（許可申請○○号）

令和○年○○月○○日

大阪地方裁判所　第6民事部○○係　御中

破産管財人　○　○　　○　○

電話　○○－○○○○－○○○○

第1　許可を求める事項

　　1　別紙物件目録記載の不動産について，次の買主に対して以下の代金で売却する
　　　こととし，別紙のとおり売買契約を締結して，これに伴う所有権移転登記手続を
　　　行うこと。

　　　　代　金　　　金○○○○万円

　　　　買　主　　（住所）　○○市○○町○丁目○番○号

　　　　　　　　（氏名）　　○○○○

　　2　1の売買に伴い，次のとおり別除権者に受戻金を支払い，別除権を受け戻すこ
　　　と。

　　　　①　第1順位　　株式会社○○銀行　　金○○○○万○○○○円

第2　許可を求める理由

　　　　本日付報告書記載のとおり。

460　〔破産管財人関係〕

【509　不動産売却許可証明申請書】

令和○年（フ）第○○○○号
破産者　○○○○株式会社

許可証明申請書

令和○年○○月○○日

大阪地方裁判所　第６民事部○○係　御中

破産管財人　　○　○　　○　○
電話　○○－○○○○－○○○○

　頭書事件について，令和　　　年　　　月　　　日，下記のとおり許可をいただいたことを証明願います。

記

（許可事項）
　破産者が所有する別紙物件目録記載の不動産を次の買主に売却し，所有権移転登記手続を行うこと。

　買　主　（住所）　○○市○○町○丁目○番○号
　　　　　（氏名）　○○○○

以上

　　　上記証明する。
　　　　　令和　　　年　　月　　日
　　　　　　大阪地方裁判所第６民事部○○係
　　　　　　裁判所書記官

5　破産財団の換価関係　　461

【510　不動産放棄許可申請書】

令和○年（フ）第○○○○号

破産者　○○○○株式会社

不動産放棄許可申請書（許可申請○○号）

令和○年○○月○○日

大阪地方裁判所　第6民事部○○係　御中

破産管財人　　○　○　　　○　○

電話　○○－○○○○－○○○○

第1　許可を求める事項

　　　破産財団に属する別紙物件目録記載の不動産を破産財団から放棄すること

第2　許可を求める理由

　1　任意売却が困難な事情

　2　担保権者との協議の経過

添付書類

　□　全部事項証明書　　　　　　　　　　通

　□　（　　　　　　　　　　　）　　通

462 〔破産管財人関係〕

【511 自由財産拡張に係る自動車受領書】

大阪地方裁判所令和○年(フ)第○○○○号

破産者　　○○　○○

自由財産拡張に係る自動車受領書

令和○年○○月○○日

破産管財人弁護士　　○　○　○　○　　殿

破産者　＿＿＿＿＿＿＿＿＿＿＿＿＿＿　印

　私は，大阪地方裁判所の自由財産拡張決定を受け，貴職が保管していた下記自動車の　□鍵，□自動車検査証，□自動車本体　を，本日，貴職から受領いたしました。

記

車　　名　＿＿＿＿＿＿＿＿＿＿＿＿＿＿＿＿

型　　式　＿＿＿＿＿＿＿＿＿＿＿＿＿＿＿＿

車台番号　＿＿＿＿＿＿＿＿＿＿＿＿＿＿＿＿

登録番号　＿＿＿＿＿＿＿＿＿＿＿＿＿＿＿＿

以上

5　破産財団の換価関係　　463

【512　担保権消滅許可申立書】

令和○年（フ）第○○○○号
破産者　　○○○○

担 保 権 消 滅 許 可 申 立 書

令和○年○○月○○日

大阪地方裁判所第6民事部　御中

申立人　破産者○○○○破産管財人○○○○

当事者の表示　　　別紙当事者目録記載のとおり

第1　申立ての趣旨

　　　申立人が，株式会社○○○○不動産（大阪市○○区…）に対し，別紙物件目録記載の不動産を金○○○○万○○○○円で任意売却し，株式会社○○○○不動産が，金○○○○万○○○○円を裁判所の定める期限までに裁判所に納付したときは，相手方らのために別紙物件目録記載の不動産に設定されている別紙担保権・被担保債権目録記載の担保権を消滅させることについての許可を求める。

第2　申立ての理由

1　○○○○（以下「破産者」という。）は，令和○年○○月○○日，大阪地方裁判所に破産手続開始の申立てを行い，同月○○日，破産手続開始決定を受け，同時に申立人が破産管財人に選任された（甲第1号証）。
2　申立人が管理処分権限を有する別紙物件目録記載の不動産（以下「本件不動産」という。）には，相手方らが有する別紙担保権・被担保債権目録記載の被担保債権を担保するため，別紙担保権・被担保債権目録記載の担保権が設定されている（甲第2号証）。
3　申立人は，本件破産手続開始決定後，速やかに本件不動産の売却に着手し，主要な破産債権者及び不動産業者2社に対し買受けの意向を打診していたが，このうち3名から買受けの申出があり，株式会社○○○○不動産（以下「○○○○不動産」という。）が金○○○○万○○○○円の最高額で買受けを希望した（甲第3号証の1ないし3）。この買受希望価額は，買受申出額の最高額であるとともに，本件不動産の固定資産評価額を超えるものであり（甲第4号証），また，後述のように，第1順位の担保権者である相手方株式会社○○○○銀行（以下「相手方○○○○銀行」という。）も承諾している価額であることから（甲第5号証），妥当な売却価額であると思料する。
　　　本件不動産の売却に当たっては，添付の売買契約書記載のとおり，売渡証書の作成費用，売主側の司法書士費用及び売買契約書貼用印紙税の売買契約費用並びに消費税の支払が必要であるが，これらについては買主が負担することとなっている。
　　　また，売得金額○○○○万○○○○円（その内訳は，土地について金○○○○万○

464 〔破産管財人関係〕

○○○円，建物について金○○○万○○○○円）のうち，その8パーセントに当たる
金○○○万○○○○円（その内訳は，土地について金○○○万○○○○円，建物につ
いて金○○万○○○○円）を破産財団への組入金として控除するので（ただし，組入
金のうち金○○○万○○○○円については不動産仲介手数料として不動産仲介業者
に支払予定なので，純粋な財団への組入金額は金○○○万○○○○円（5パーセント）
となる。），本件不動産の売却により○○○○不動産が裁判所に納付すべき金額は，
申立ての趣旨記載のとおり金○○○○万○○○○円となる。

4 申立人は，相手方らと本件不動産の売却について協議したところ，相手方○○○○
銀行は，交渉の結果，前記売得金額での売却に同意した上，破産財団に対して売得金
の8パーセントを組入金とすることに同意している（甲第5号証）。

ところが，第2順位の抵当権者である相手方株式会社○○○○クレジット（以下「相
手方○○○○クレジット」という。）は，本来ならば前記売得金額では配当受領見込
みがないにもかかわらず，申立人が提示した担保抹消料○○万円に同意せず，強硬に
○○○万円を要求し，交渉は物別れに終わった。申立人は，令和○年○○月○○日，
相手方○○○○クレジットに対し，再考を促したが，相手方○○○○クレジットの態
度に変化はない。

5 本件不動産の任意売却は，前述のように相手方○○○○クレジットの同意が得られ
ないことから実行不可能であり，このままでは本件不動産を破産財団から放棄せざる
を得ない。その場合，破産財団は増殖しないばかりか，本件不動産が担保不動産競売
によって売却されることになれば，売却価額が本件での売得金額を下回ることが予想
され，相手方らの不足額が増大し，破産債権者に対する配当率が低下することとなる。
したがって，本件不動産を上記売得金額で任意売却し，破産財団への組入金を確保す
ることが，破産財団の増殖に資するとともに相手方らの不足額を縮減し，破産債権者
の一般の利益に適合するものと思料する。

6 よって，申立人は，破産法186条1項に基づき，申立人が，○○○○不動産に対
し，本件不動産を金○○○○万○○○○円で任意売却し，○○○○不動産が，金○○
○○万○○○○円を裁判所の定める期限までに裁判所に納付したときは，相手方らの
ために本件不動産に設定されている別紙担保権・被担保債権目録記載の担保権を消滅
させることについての許可を求める。

証拠方法

1 甲第1号証　　　　　　　　　破産手続開始決定
2 甲第2号証　　　　　　　　　全部事項証明書（土地及び建物）
3 甲第3号証の1ないし3　　　買受申出書
4 甲第4号証　　　　　　　　　固定資産評価証明書（土地及び建物）
5 甲第5号証　　　　　　　　　売却及び組入れ承諾書

添付書類

1 甲号証（ただし，甲第1号証，第3号証の1ないし3，第5号証は写し）　各1通
2 現在事項証明書（相手方ら及び売却の相手方）　　　　　　　　　　　　　各1通
3 売買契約書（写し）　　　　　　　　　　　　　　　　　　　　　　　　　1通

以上

（別紙）

当 事 者 目 録

〒○○○−○○○○　○○市○○区○○町○丁目○番○号　○○法律事務所
　　　　　　　　　申　立　人　　破産者○○○○破産管財人○○○○
　　　　　　　　　　　　　　　TEL　○○−○○○○−○○○○
　　　　　　　　　　　　　　　FAX　○○−○○○○−○○○○

〒○○○−○○○○　○○市○○区○○町○丁目○番○号
　　　　　　　　　相　手　方　　株 式 会 社 ○ ○ ○ ○ 銀 行
　　　　　　　　　　　　　　　上記代表者代表取締役 ○ ○ ○ ○

〒○○○−○○○○　○○市○○区○○町○丁目○番○号
　　　　　　　　　相　手　方　　株 式 会 社 ○ ○ ○ ○ クレジット
　　　　　　　　　　　　　　　上記代表者代表取締役 ○ ○ ○ ○

466　〔破産管財人関係〕

（別紙）

物　件　目　録

1　所　　在　　〇〇市〇〇区〇〇町〇丁目
　　地　　番　　〇〇番〇
　　地　　目　　宅　地
　　地　　積　　〇〇〇．〇〇平方メートル

2　所　　在　　〇〇市〇〇区〇〇町〇丁目〇〇番地〇
　　家屋番号　　〇〇番〇
　　種　　類　　居　宅
　　構　　造　　木造瓦葺2階建
　　床 面 積　　1階　〇〇．〇〇平方メートル
　　　　　　　　2階　〇〇．〇〇平方メートル

（別紙）

担 保 権 ・ 被 担 保 債 権 目 録

1 (1) 担 保 権　　　令和〇年〇〇月〇〇日設定の根抵当権
　　　　　　　　　　極 度 額　　　金〇〇〇〇万円
　　　　　　　　　　債権の範囲　　銀行取引，手形債権，小切手債権
　　　　　　　　　　〇〇法務局〇〇出張所令和〇年〇〇月〇〇日受付第〇〇〇〇号
　(2) 被担保債権　　元　　　本　　金〇〇〇〇万〇〇〇〇円
　　　　　　　　　　　　　　　　　ただし，令和〇年〇〇月〇〇日付金銭消費貸借に
　　　　　　　　　　　　　　　　　基づく貸付金〇〇〇〇万円の残金
　　　　　　　　　　利　　　息　　金〇〇万〇〇〇〇円
　　　　　　　　　　　　　　　　　上記元本に対する令和〇年〇〇月〇〇日から令和
　　　　　　　　　　　　　　　　　〇年〇〇月〇〇日まで年〇パーセントの割合によ
　　　　　　　　　　　　　　　　　る利息
　　　　　　　　　　損 害 金　　　上記元本に対する令和〇年〇〇月〇〇日から支払
　　　　　　　　　　　　　　　　　済みに至るまで年〇〇パーセントの割合による遅
　　　　　　　　　　　　　　　　　延損害金
　(3) 担 保 権 者　　株式会社〇〇〇〇銀行

2 (1) 担 保 権　　　令和〇年〇〇月〇〇日設定の抵当権
　　　　　　　　　　〇〇法務局〇〇出張所令和〇年〇〇月〇〇日受付第〇〇〇〇号
　(2) 被担保債権　　元　　　本　　金〇〇〇万〇〇〇〇円
　　　　　　　　　　　　　　　　　ただし，令和〇年〇〇月〇〇日金銭消費貸借に基
　　　　　　　　　　　　　　　　　づく貸付金〇〇〇万円の残金
　　　　　　　　　　利　　　息　　金〇〇万〇〇〇〇円
　　　　　　　　　　　　　　　　　上記元本に対する令和〇年〇〇月〇〇日から令和
　　　　　　　　　　　　　　　　　〇年〇〇月〇〇日まで年〇パーセントの割合によ
　　　　　　　　　　　　　　　　　る利息
　　　　　　　　　　損 害 金　　　上記元本に対する令和〇年〇〇月〇〇日から支払
　　　　　　　　　　　　　　　　　済みに至るまで年〇〇パーセントの割合による遅
　　　　　　　　　　　　　　　　　延損害金
　(3) 担 保 権 者　　株式会社〇〇〇〇クレジット

（以上は別紙物件目録記載の各不動産に共通）

468 〔破産管財人関係〕

売 買 契 約 書

　破産者○○○○破産管財人○○○○を売主，株式会社○○○○不動産を買主として，本日，別紙物件目録記載の不動産（以下「本件不動産」という。）を，以下の約定に従って売買することとし，売買契約（以下「本件売買契約」という。）を締結する。

第１条（売買の方法及び効力）
1　売主及び買主は，破産法第７章第２節（第１８６条ないし第１９１条）に定める担保権消滅の手続を利用して本件不動産を売買すること，及び本件売買契約は，破産法第１８９条第１項の担保権消滅許可決定の確定を停止条件として効力を生ずることを確認する*i。
2　売主は，本件売買契約締結後，速やかに裁判所に対し，本件売買契約書に添付の担保権消滅許可申立書（以下「本件許可申立書」という。）のとおり，破産法第１８６条に基づく担保権消滅許可の申立て（以下「本件許可申立て」という。）を行う。

第２条（売買代金の額）
1　本件不動産の売買代金の額は，総額○○○○万○○○○円とし，その内訳は次のとおりとする。ただし，建物に係る消費税額が，売買代金の額の変更等により変動した場合は，新たな売買代金の額等に基づく消費税額によるものとする*ii。

土　地	金○○○○万○○○○円
建　物	金○○○○万○○○○円 *iii
建物に係る消費税（地方消費税を含む。）	金○○万○○○○円
合　計	金○○○○万○○○○円

2　売主及び買主は，本件売買契約の締結及び履行のために要する費用のうち，破産財団から現に支出し又は将来支出すべき実費の額で買主の負担とするもの（以下「本件売買契約費用」という。）を，次のとおり合意する*iv。ただし，印紙税額が，売買代金の額の変更等により変動した場合は，新たな売買代金の額等に基づく印紙税額によるものとする*v。

売渡証書の作成費用及び司法書士費用	金○万○○○○円
本件売買契約書貼用印紙税額	金○万○○○○円
合　計	金○○万○○○○円

3　売主及び買主は，本件売買契約に関する破産法第１８６条第１項第１号に規定される売得金及び組入金の額を，次のとおり合意する*vi。

土　地	売得金○○○○万○○○○円	（うち組入金○○○万○○○○円）
建　物	売得金○○○万○○○○円	（うち組入金○○万○○○○円）
合　計	売得金○○○○万○○○○円	（うち組入金○○○万○○○○円）

第３条（現況取引）
1　買主は，本件不動産の種類，品質，数量又は面積について，本件売買契約締結時の本件不動産の客観的状態で買主に本件不動産を引き渡すことが本件売買契約の内容であることを了解のうえ，本件不動産を買い受けるものとする。
2　本件売買契約は公簿取引であって，売主は，本件不動産の境界については一切明示しないものとし，買主は，そのことを了解のうえ本件不動産を買い受けるものとする。

第４条（売買代金の支払方法）
1　買主は，本件許可申立てに対し，破産法第１８９条第１項第１号に基づく売却の相

相手方を買主とする担保権消滅許可決定（以下「本件許可決定」という。）がされ，それが確定したときは，裁判所の定める期限までに，裁判所に対して売得金額（ただし，組入金額を控除した額）に相当する金銭を納付する（以下「金銭の納付」という。）とともに，売主に対して本件売買契約費用及び建物に係る消費税並びに組入金の合計額に相当する金銭を支払う(以下これらの支払と金銭の納付を併せて「金銭の納付等」という。)。

2　買主が裁判所に対して納付した金銭は，金銭の納付と同時に本件売買代金に充当する。

第5条（所有権の移転）

本件不動産の所有権は，買主が金銭の納付等をしたときに，買主に移転する。

第6条（登記手続）

1　売主は，買主に対し，買主が金銭の納付等をしたときは，速やかに本件不動産につき，金銭の納付等をした日を売買の日とする所有権移転登記手続をするものとし，所有権移転登記手続に必要な一切の書類を買主に交付する。

2　前項の所有権移転登記手続に要する登録免許税その他の費用で，第2条第2項に定めのない費用は，買主の負担とする*vii。

第7条（引渡し）

1　売主は，買主に対し，買主が金銭の納付等をしたときは，直ちに本件不動産を引き渡す。

2　売主は，買主に対し，本件不動産を現状有姿で引き渡すとともに，本件不動産に存する什器備品その他の一切の動産類についてその所有権を譲渡し，買主がこれらを処分することを承諾する。

3　本件不動産の管理責任は，第1項に定める引渡しをもって売主から買主に移転するものとし，以後買主は自己の責任と負担において本件不動産を管理する。

第8条（契約不適合責任の不存在）

1　本件売買契約締結から本件不動産の引渡し時までに，天災地変その他当事者の責に帰することのできない事由により，本件不動産が滅失し，又は重大な毀損が生じたときは，買主は，本件売買契約を解除することができる。

2　前項の場合を除き，買主は，売主に対し，契約不適合を理由とする追完請求，代金減額，契約解除，損害賠償その他何らの請求をすることができない。

第9条（契約解除）

前条の場合を除き，売主又は買主のいずれか一方が本件売買契約に定める義務の履行を怠ったときは，その相手方は，本件売買契約を解除することができる。

第10条（消滅すべき担保権）

売主及び買主は，本件売買契約に関し，破産法第190条第4項の金銭の納付によって消滅し，かつ，同条第5項の裁判所書記官の嘱託により登記の抹消がされる担保権が，本件許可申立書の別紙担保権・被担保債権目録記載の担保権であることを確認する*viii。

第11条（各種使用料等の負担）

本件不動産に関する電気，ガス，水道その他の使用料及び本年度分の固定資産税，都市計画税その他の公租については，第5条に定める所有権移転の日を基準として，その前日までに相当する部分は売主の負担とし，その当日以降に相当する部分は買主の負担とする。

第12条（反社会的勢力の排除に関する特約）

470　〔破産管財人関係〕

　1　売主及び買主は，それぞれ相手方に対し，次の各号の事項を確約する。
　　①　自らが，暴力団，暴力団関係企業，総会屋若しくはこれらに準ずる者又はその構成員（以下これらを併せて「反社会的勢力」という。）ではないこと
　　②　自らの役員（業務を執行する社員，取締役，執行役又はこれらに準ずる者をいう。）が反社会的勢力ではないこと
　　③　反社会的勢力に自己の名義を利用させ，この契約を締結するものでないこと
　　④　本件不動産の引渡し及び売買代金全額の支払いのいずれもが終了するまでの間に，自ら又は第三者を利用して，本件売買契約に関して次の行為をしないこと
　　　ア　相手方に対する脅迫的な言動又は暴力を用いる行為
　　　イ　偽計又は威力を用いて相手方の業務を妨害し，又は信用を毀損する行為
　2　売主又は買主の一方について，次の各号のいずれかに該当した場合には，その相手方は，何らの催告を要せずして，本件売買契約を解除することができる。
　　①　前項1号又は2号の確約が事実に反することが判明した場合
　　②　前項3号の確約に反し契約をしたことが判明した場合
　　③　前項4号の確約に反した行為をした場合
　3　買主は，売主に対し，自ら又は第三者をして本件不動産を反社会的勢力の事務所その他の活動の拠点に供しないことを確約する。
　4　売主は，買主が前項に反した行為をした場合には，何らの催告を要せずして本件売買契約を解除することができる。
　5　第2項又は前項の規定により本件売買契約が解除された場合，解除された者は，その相手方に対し，違約金として売買代金の20％相当額を支払う。
　6　第2項又は第4項の規定により本件売買契約が解除された場合，解除された者は，解除により損害が生じたとしても，損害賠償等名目の如何を問わず一切の請求をすることができない。
　7　買主が第3項の規定に違反し，本件不動産を反社会的勢力の事務所その他の活動の拠点に供した場合において，売主が第4項の規定により本件売買契約を解除するときは，買主は，売主に対し，第5項の違約金に加え，売買代金の80％相当額の違約罰を制裁金として支払う。

第13条（買受人を売却の相手方とする担保権消滅許可決定がされた場合）
　1　買主は，本件許可申立てに対し，破産法第189条第1項第2号に基づく同法第188条第8項に規定する買受希望者（以下「買受人」という。）を売却の相手方とする担保権消滅許可決定がされ，それが確定したときは，売主と買受人との間で本件売買契約と同一内容の売買契約が締結されたものとみなされることを承諾する。
　2　前項の場合，本件売買契約は効力を生ぜず，買主は，売主に対し，損害賠償その他の一切の請求をしない。
　3　第1項の場合，買受人は，裁判所の定める期限までに，裁判所に対して売得金額（ただし，買受人が提供した保証の額を控除した額）に相当する金銭を納付するとともに，売主に対して本件売買契約費用及び建物に係る消費税に相当する金銭を支払う*ⁱˣ。
　4　前項の裁判所に対する金銭の納付及び売主に対する金銭の支払がされたときに，第4条第1項の金銭の納付等がされたものとする。

第14条（管轄裁判所）
　　本件売買契約に基づく法律関係に関する訴訟については，大阪地方裁判所のみを第一審の管轄裁判所とする。

第15条（協議義務）

売主及び買主は，本件売買契約に関して疑義が生じたときは，民法その他の関係法令及び不動産取引慣行に従い，互いに信義を重んじ，誠意をもって協議するものとする。

　本件売買契約の成立を証するため，本件売買契約書2通を作成し，売主及び買主が各1通を保有する。

　　　　令和〇年〇〇月〇〇日

　　　　　　売　　　主

　　　　　買　　　主

（別紙）　物件目録　　（略）

（別添）　担保権消滅許可申立書　　（略）

---

*i　法189条1項の担保権消滅許可決定は，財産の任意売却についての許可も含むので（法186①本文），同決定が確定しないと売買契約は効力を生じない（法78②・⑤）。したがって，買主との売買契約は同決定の確定が停止条件となる。ただし，場合によっては，同決定の確定がないことを解除条件とすることも許容されると解する。

*ii　法188条の買受けの申出により売買代金に変更があった場合に備え，売買代金の額の変更にあわせて消費税額も変更されることを注意的に規定している。

*iii　建物の価額には建物本体のみならず土地利用権（借地権等）の価額も上乗せされるが，担保権の設定状況が土地と建物とで異ならない場合には，担保権者への配当額に影響はないので，あまり気にする必要はない。土地と建物とで担保権の設定状況が異なる場合には，担保権者への配当額に影響するので，土地と建物の一括売却の場合でも，法定地上権等の土地利用権の価額を考慮する必要があるので，注意を要する。なお，法定地上権の成否は法的判断を要する事項であり，不動産業者でも判断が困難であるから，成否の判断に迷う場合には裁判所と相談すべきである。

*iv　担保権消滅許可申立書に記載したように，本件では，不動産仲介手数料を売買契約費用と位置づけず，組入金から支出するという構成を採用しており，ここでは計上していない。確かに不動産仲介手数料も，法186条1項1号の「売買契約の締結及び履行のために要する費用のうち破産財団から現に支出し又は将来支出すべき実費の額」に該当すると解する余地があるが，これを売買契約費用として計上すると，その分売得金の額が小さくなってしまい，全体としての売買代金額が同額であるにもかかわらず，買受けの申出が容易となる嫌いがある。法188条により買受人が契約当事者となった場合，

472 〔破産管財人関係〕

当初予定された不動産仲介手数料の支払は不要となると考えれば，これを売買契約費用として計上する必要はないことから，組入金から支払うという構成にしている。したがって，組入金額は不動産仲介手数料分も上乗せした金額となっている。

*v 印紙税についても，上記の建物に係る消費税額と同様の理由から，このような条項が設けられている。

*vi 「売買代金－(本件売買契約費用＋建物に係る消費税)＝売得金（組入金を含む。）」である（法１８６①一）。売却する財産が複数ある場合は，売得金及び組入金の額並びにそれらについての各財産ごとの内訳の額を決めておく必要がある（法１８６③二・六）。なお，売却する財産が複数ある場合における売買契約費用の負担は，その価額の割合によるのが相当であろう。

*vii 破産財団からの支出を予定している登記関連費用は第２条第２項によって買主の負担としている。ここでは，それ以外の買主が負担すべき登記関連費用について注意的に規定している。

*viii 担保権消滅許可決定により消滅する担保権は，担保権消滅許可申立書に「消滅すべき担保権」として表示されたものに限られる。記載されなかった担保権については同決定にもかかわらず消滅しないので，対象となる担保権を売買契約書に記載するなどして確認しておくべきである。

*ix 法１８８条による買受けの申出がされ，買受希望者を売却の相手方とする担保権消滅許可決定がされた場合，当該買受希望者（買受人）との間で同一内容の売買契約が締結されたものとみなされる（法１８９②前段）。このような場合を想定して，買受人を相手方とする条項をあらかじめ定めておくことも検討に値する。それが不合理な内容であれば，買受けの申出を阻害するものとして，担保権消滅許可申立て自体が不適法とされ得るが，合理的な内容であれば，買受人との間で効力を有すると解される。

5　破産財団の換価関係　473

【513　否認の請求申立書】

令和○年（フ）第○○○○号
破産者　　○○○○

否 認 の 請 求 申 立 書

令和○年○○月○○日

大阪地方裁判所第6民事部　御中

申立人　破産者○○○○破産管財人○○○○

当事者の表示　　別紙当事者目録記載のとおり

第1　申立ての趣旨

1　相手方は，申立人に対し，金○○○万○○○○円及びこれに対する令和○年
　○○月○○日から支払済みまで年○分の割合による金員を支払え
2　申立費用は相手方の負担とする
　との裁判を求める。

第2　申立ての理由

1　○○○○（以下「破産者」という。）は，令和○年○○月○○日，大阪地方
裁判所に破産手続開始の申立てを行い，同月○○日，破産手続開始決定を受け，
同時に申立人が破産管財人に選任された（甲第1号証）。

2　相手方は，破産者の大口取引先であり，令和○年○○月○○日当時，破産者
に対し，金○○○万○○○○円の売掛債権を有していたが（甲第2号証），破
産者は，本件破産手続開始申立ての直前である同月○○日に，相手方に対し，
前記売掛債権のうち金○○○万○○○○円を弁済した（以下「本件弁済」とい

474 〔破産管財人関係〕

う。甲第３号証）。

　しかしながら，破産者は，本件弁済の１週間前に銀行取引停止処分を受けており（甲第４号証），相手方は，その事実を知りながら，強く弁済を要求してきたため，破産者は，やむを得ず他の取引先から売掛金を回収し，その金銭をもって本件弁済をしたものである（甲第５号証）。

3　前記の事情を考慮すると，破産者の本件弁済は，特定の債権者に対する偏頗行為であり，破産法１６２条１項１号に該当するので，申立人は，これを否認する。

4　本件弁済がなされた時点における法定利率は年○分である。

5　よって，申立人は，相手方に対し，本件弁済による弁済金○○○万○○○○円及びこれに対する本件弁済の日である令和○年○○月○○日から支払済みまで本件弁済時の法定利率年○分の割合による遅延損害金又は法定利息の支払を求める。

証拠方法

1　甲第１号証　　　　破産手続開始決定

2　甲第２号証　　　　請求書

3　甲第３号証　　　　領収証

4　甲第４号証　　　　○○信用ニュース（銀行取引停止情報）

5　甲第５号証　　　　報告書

添付書類

1　甲号証（写し）　　　　　　　　　　　　　　　　各１通

2　資格証明書　　　　　　　　　　　　　　　　　　１通

以上

（別紙）

当 事 者 目 録

〒○○○−○○○○　○○市○○区○○町○丁目○番○号　○○○○法律事務所

申　立　人　　　破産者○○○○破産管財人○○○○

TEL　○○−○○○○−○○○○

FAX　○○−○○○○−○○○○

〒○○○−○○○○　○○市○○区○○町○丁目○番○号

相　手　方　　　○○○○株式会社

上記代表者代表取締役　○　○　○　○

476 〔破産管財人関係〕

【601 管財手続連絡メモ】

令和○年(フ)第○○○○号
破産者　　○○○○

管財手続連絡メモ
（□報告　□相談）

令和○年○○月○○日

大阪地方裁判所　第6民事部○○係　御中
　（担当書記官　○○　○○　殿）　　　　FAX ○○－○○○○－○○○○

破産管財人　　○　○　○　○
TEL　○○－○○○○－○○○○
FAX　○○－○○○○－○○○○

連　絡　事　項　　全枚数（本書含む）　　○　　枚

　管財業務を進めていく上で疑問点や不都合と思われる点が生じた場合には，本書面に疑問
又はご意見を記載の上，送信してください。
　ご連絡いただいた事項については，担当裁判官と協議の上，速やかに対処いたします。

6 債権者集会関係 477

【602 業務要点報告書】

令和○年（フ）第○○○○号　　　（集会期日　令和○年○○月○○日午後○時○○分）
破産者　　　○○○○

業務要点報告書（第○回）

令和○年○○月○○日

大阪地方裁判所　第6民事部○○係　御中
ＦＡＸ　　○○－○○○○－○○○○

破産管財人　○　○　○　○　㊞
ＴＥＬ　○○－○○○○－○○○○
ＦＡＸ　○○－○○○○－○○○○

第1　破産者・破産手続開始に至った事情（第1回集会のみ記載）
　　□申立書記載のとおり　□別紙記載のとおり
第2　役員の財産に対する保全処分又は役員責任査定決定を必要とする事情の有無（法人について第1回集会のみ記載）
　　□有　□無　□調査中　□別紙記載のとおり
第3　破産財団の経過（第1回集会のみ記載）・現状
　　□財産目録及び収支計算書記載のとおり　□別紙記載のとおり
第4　財団債権及び破産債権
　1　財団債権
　　　□収支計算書記載のとおり　　　　□別紙記載のとおり
　2　届出破産債権額及び確定債権額
　　　□債権調査期日未指定のため不明　□債権調査未了のため確定債権額不明
　　　□破産債権者表記載のとおり　　　□別紙記載のとおり
第5　債権調査期日の予定
　　□既に終了　□今回実施・終了　□延期　□　　月　　日に指定済　□未指定
第6　配当可能性等
　　□配当実施済　□配当見込み有（□簡易配当　□同意配当　□最後配当）
　　□配当見込み無　□現時点では不明（報酬決定後に判明）　□別紙記載のとおり
第7　今後の破産手続・換価業務の状況等
　1　前回の債権者集会以降の財産目録の変動の有無
　　　□無　□有（変動内容は添付の財産目録・収支計算書記載のとおり）
　2　今回の集会で放棄予定の財産（「有」の場合、添付の財産目録の番号で表記）
　　　□無　□有（　　　　　　　　　　　　　　　　　　　　　　　　）
　3　換価業務等の状況
　　　□換価業務は終了
　　　□換価業務を継続→　□不動産　　（終了までの見込み期間　　か月）
　　　　　　　　　　　　　□売掛金　　（終了までの見込み期間　　か月）
　　　　　　　　　　　　　□　　　　　（終了までの見込み期間　　か月）
　　　□換価方針は別紙記載のとおり
　　　□換価業務以外の残務は別紙記載のとおり
　4　破産手続について
　　　□終了する　（□異時廃止　□破産終結）
　　　□終了しない（□換価等未了　□配当手続に入るため）
　5　免責に関する報告
　　　□今回意見提出　□次回以降意見提出（　　　　　　　　　　のため）
　　　□前回までに提出済（第　　回集会）
第8　その他特記事項
　1　集会期日に多数債権者・配慮を要する障害者等の出頭が予想される事情の有無
　　　□無　□有
　2　その他特記事項（調査・換価業務において特に留意したこと等）
　　　□無　□有（別紙記載のとおり）

添付資料
　　□財産目録　□収支計算書　□預金通帳の写し　□免責に関する意見書
　　□その他（　　　　　　　　　　　）

478　〔破産管財人関係〕

注) 適宜必要な項目のみ記載する。原則として，一度記載した事項を次の報告書で重ねて記載する必要はない（作成時にはこの注書きは削除する。）。

第1　破産者・破産手続開始に至った事情
1　破産者について
(1) 設立，事業目的及び資本
　　ア　設立
　　　　破産者（以下「破産会社」という。）は，・・

　　イ　事業目的

　　ウ　資本

(2) 人的構成
　　ア　役員

　　イ　従業員

(3) 物的施設

(4) 関連会社
（なお，自然人の場合には，「ア　経歴等　イ　家族関係」等を記載する。）

2　破産手続開始に至った事情
(1) 経営悪化の原因
　　破産会社は，・・

(2) 経営状況の推移
　　ア　破産会社の最近の経営状況は，第　　期（令和　　年　月　　日～令和　　年　月　　日）～第　　期（令和　　年　月　　日～令和　　年　　月　　日）の決算書によれば次のとおりである。
　　　（決算期）　　（売上）　　　（営業利益）　　　　（経常利益）　　　　（当期利益）
　　　①第　　期　　　　　円　　　　　　円　　　　　　　円　　　　　　　円
　　　②第　　期　　　　　円　　　　　　円　　　　　　　円　　　　　　　円
　　　③第　　期　　　　　円　　　　　　円　　　　　　　円　　　　　　　円
　　イ　上記によれば，破産会社の・・

(3) 本件破産の申立てと破産手続開始決定
　　ア　破産会社は，・・

　　イ　破産会社は，上記のような状況のもと，運転資金をつないで事業を継続してきたが，令和　　年　　月　　日手形決済の資金繰りの目途が立たない状況に至ったため，同月　　日に取締役会を招集し，全役員の承認を得て，同月　　日大阪地方裁判所に自己破産の申立てを行い，同月　　日破産手続開始決定がなされ，当職が破産管財人に選任された。

　　（なお，自然人の場合には，「ア　多額の負債を負うに至った経緯　イ　本件破産の申立てと破産手続開始決定」等を記載する。）

6 債権者集会関係　479

第2　役員の財産に対する保全処分又は役員責任査定決定を必要とする事情の有無
　　　（略）

第3　破産財団の経過・現状
　1　破産財団の経過
　　(1) 財産の占有，管理
　　　　当職は，破産手続開始当日，破産手続開始決定正本を受領するとともに，破産会社代表者及び申立代理人弁護士と面談し，本件破産に至った事情の概要と破産会社の資産状況を聴取するとともに，引継予納金，引継現金及び破産会社の帳簿類等の引渡しを受け，直ちに占有下に入れた。その後，破産会社の本店に出向き，・・
　　　　なお，封印執行は，その必要性がないと判断されたので実施していない。
　　(2) 財産の売却
　　　　（略）
　　(3) 取戻権，別除権の行使等
　　　　（略）
　2　破産財団の現状
　　(1) 破産予納金，引継現金　　　　　　　　　　　　　　　　円
　　　　高価品の保管場所として届け出た管財人名義の口座に預け入れた。
　　(2) 預貯金　　　　　　　　　　　　　　　　　　　　　　円
　　　　すべて解約し，管財人名義の口座に預け替えをした。
　　(3) ○○○　　　　　　　　　　　　　　　　　　　　　　円

　3　破産財団の現在高
　　　　解約した預金，破産者からの積立金等は，高価品保管場所である　　銀行　　支店の管財人名義の預金口座において保管中である。本年　月　日現在の預金残高は，添付の預金通帳（写し）のとおり，　　円である。

第4　財団債権及び破産債権
　1　財団債権
　　(1) 租税等の請求権（破産法148条1項3号）
　　　　　　　　　　件　　総額　　　　　　　円
　　(2) 給料等の請求権（破産法149条）
　　　　　　　　　　件　　総額　　　　　　　円
　　(3) その他
　　　　　　　　　　件　　総額　　　　　　　円
　2　届出破産債権額及び確定債権額
　　(1) 優先的破産債権
　　　　　　届出　　件　　総額　　　　　円
　　　　　　　　　　うち確定額　　　　　円
　　(2) 一般破産債権
　　　　　　届出　　件　　総額　　　　　円
　　　　　　　　　　うち確定額　　　　　円
　　(3) 劣後的破産債権
　　　　　　届出　　件　　総額　　　　　円
　　　　　　　　　　うち確定額　　　　　円
　　(4) 約定劣後破産債権
　　　　　　届出　　件　　総額　　　　　円
　　　　　　　　　　うち確定額　　　　　円

480 〔破産管財人関係〕

第5 債権調査
(略)

第6 配当可能性等
(略)

第7 今後の換価方針等
現在までの調査により，ほぼ財団の詳細が判明したと思われる。
換価未了の主な資産としては，　　　　，　　　　が挙げられるが，今後は，これらをはじめとする資産の換価に一層注力しつつ破産財団の組成に努め，適正かつ可及的速やかに管財人の職務を達成したいと考えている。

第8 その他特記事項
1 債権者集会の出頭予想者及び運営について
(略。なお，出頭予想者に関する具体的事情及びその対応の要否等については，管財手続連絡メモと適宜使い分ける。)
2 その他特記事項
(略)

6 債権者集会関係 481

【603 財産目録（法人用）】

令和○年(フ)第○○○○号
破産者 ○○○○

財 産 目 録

(令和○年○○月○○日現在の換価状況)
単位（円）

番号	科　目	管財人評価額	回収額	備　考	残務有	残務無
1	破産予納金	205,000	205,000	R○.○○.○○付財団組入	□	■
2	預金					
	①○○銀行○○支店 当座○○○○○○○	0	0	相殺済み	□	■
	②△△銀行△△支店 普通△△△△△△△	0	0	残高1,576円 相殺予定につき放棄済み	□	■
	③□□銀行□□支店 普通□□□□□□□	52,411	52,411	R○.○○.○○付財団組入	□	■
3	保険					
	①○○火災（火災保険） 証券番号○○○○○○○	200,000	0	任意売却後に解約予定	■	□
	②△△火災海上（自動車保険） 証券番号△△△△△△△	0	0	放棄済み 解約返戻金無	□	■
4	車両 ○○○○（車名） 登録番号大阪○○○き○○○○	10,000	10,000	R○.○○.○○付財団組入	□	■
5	不動産 工場 ○○市○○区○○町○丁目○番○号	(現時点で不明)	0	任意売却手続中	■	□
	合計	467,411	267,411			

482　〔破産管財人関係〕

【604　財産目録（自然人用）】

令和○年(フ)第○○○○号
破産者　○○○○

財　産　目　録

(令和○年○○月○○日現在の換価状況)
単位（円）

番号	科　目	管財人評価額	回収額	備　考	残務 有	残務 無	拡張済額
1	破産予納金	205,000	205,000	R○.○○.○○付財団組入	□	■	0
2	預金						
	①○○銀行○○支店	0	0	拡張済み	□	■	210,155
	普通○○○○○○○						
	②△△銀行△△支店	0	0	残高1,576円	□	■	0
	普通△△△△△△△			相殺予定につき放棄済み			
	③□□銀行□□支店	0	0	拡張済み	□	■	143
	普通□□□□□□						
3	保険						
	①○○生命（生命保険）	0	0	放棄済み	□	■	0
	証券番号○○○○○○○			解約返戻金無			
	②△△火災海上（損害保険）	0	0	拡張済み	□	■	176,488
	証券番号△△△△△△△△						
	③□□生命（生命保険）	0	0	拡張済み	□	■	245,924
	証券番号□□□-□□						
	④□□生命（生命保険）	0	0	拡張済み	□	■	655,995
	証券番号□□□□□□□						
4	車両						
	○○○○（車名）	10,000	10,000	R○.○○.○○付財団組入	□	■	0
	登録番号大阪○○○き○○○○						
5	不動産						
	自宅	0	0	任意売却手続中	■	□	0
	○○市○○区○○町○丁目○番○号						
6	99万円超過部分組入れ	348,705	348,705	R○.○○.○○付財団組入	□	■	-348,705
	合計	563,705	563,705				940,000 A

現金（自由財産）　　50,000　B
A＋B　　　　　　　990,000

6 債権者集会関係 483

【605 収支計算書】

令和○年(フ)第○○○○号
破産者 ○○○○

収支計算書

(令和○年○○月○○日〜令和○年○○月○○日)

収入の部(番号は財産目録に対応) 単位(円)

番号	科目	金額	備考
1	破産予納金	205,000	R○.○○.○○付財団組入
3	財団組入(99万円超過部分)	20,000	R○.○○.○○付財団組入
4	自動車	10,000	R○.○○.○○付財団組入
5	不動産	800,000	R○.○○.○○付財団組入
6	売掛金	30,000	R○.○○.○○付財団組入
	合計	1,065,000	

支出の部 単位(円)

番号	科目	金額	明細
1	事務費(立替)	2,000	通信費、交通費等
2	固定資産税・都市計画税	50,000	R○年度分
	合計	52,000	

差引残高	1,013,000
通帳残高	1,015,000
財団債権	80,000
補填を要する予納金	0
破産法148条1項2号の請求権	0
租税等の請求権	80,000
給料等の請求権	0
その他	0
優先的破産債権	0
租税等の請求権	0
給料等の請求権	0
その他	0

○○銀行○○支店普通預金口座にて保管

一口メモ 未払いの管財人報酬及び管財人の立替事務費は支出の部に計上してください。これ以外の未払いの財団債権は,支出の部の下の記載欄に記載してください。弁済を行った財団債権については,支出の部に計上し,支出の部の下の記載欄からは控除するか,右側に支払済み額を記載するなどして,未払いの額と支払済みの額がわかるようにしてください。

債権者申立ての場合における申立債権者に対する予納金の補填分や第三者予納の場合の予納者に対する補填分の記載漏れがないよう留意してください。

財団債権の種類及び優先関係については本書211頁及び241頁,財団債権の弁済については293頁以下参照。

484 〔破産管財人関係〕

【606 免責に関する意見書】

令和○年(フ)第○○○○号

破産者 ○○○○

免責に関する意見書

令和○年○○月○○日

大阪地方裁判所 第6民事部○○係 御中

破産管財人 ○ ○ ○ ○ ㊞

TEL ○○－○○○○－○○○○

FAX ○○－○○○○－○○○○

第1 結論

1 □ 免責不許可事由はない。

2 □ 免責不許可事由はあるが，免責相当である。

不許可事由 □浪費 □詐術 □その他（ ）

3 □ 免責は不相当である。

第2 意見の理由（第1の2又は3の場合には必ず理由を記載）

【607　自由財産拡張に関する意見書】

令和〇年(フ)第〇〇〇〇号

破産者　〇〇〇〇

自由財産拡張に関する意見書

令和〇年〇〇月〇〇日

大阪地方裁判所　第6民事部〇〇係　御中

破産管財人　〇　〇　〇　〇　㊞

TEL　〇〇－〇〇〇〇－〇〇〇〇

FAX　〇〇－〇〇〇〇－〇〇〇〇

第1　意見の趣旨

　　破産者から自由財産拡張の申立てがあった財産のうち，破産管財人作成にかかる財産目録備考欄に拡張不相当と記載した財産を破産財団に属しない財産とすることは相当でない。

第2　意見の理由

　　…

486 〔破産管財人関係〕

【701 破産債権の届出の方法等について（期日型用）】
【破産債権の届出の方法等について】

（※は債権届出書の該当部分に対応）

1 **破産債権届出書**の提出方法
(1) **従業員以外の方（金融機関，取引先，保証人等）の届出方法**
ア **提出の必要性**
債権を有していない方は，破産債権届出書を提出する必要はありません。
イ **記載方法**
(ア)届出債権者の表示
法人の場合，登記上の本店所在地 ※1，代表者名 ※3 の記載を忘れないように
してください。支店や担当部署名は，通知場所欄に記載してください。
押印は，実印に限るものでありませんが，配当の際にも同一の印鑑による押印
が必要になります。配当時まで使用できる印章による押印をお願いします。
届出債権者の電話番号・ＦＡＸ番号の記載欄には，担当部署直通の番号を記載
してください。
(イ)債権の表示
「破産債権届出書」の「届出債権の表示」の該当する欄に，債権の種類，額，
内容及び原因などを記載してください。該当する欄がない場合は，空欄に書いて
ください。
(ウ)別除権（担保権）を有している場合 ※6
質権，抵当権，根抵当権，譲渡担保権などの担保権がついている債権を届出す
る場合は，「届出債権の表示」の「別除権」欄にチェックをした上で，「▼1」に
担保権の種類，目的物，予定不足額（担保権で回収しきれないと思われる金額）
を記載してください。
(エ)裁判中の場合，判決等を有している場合 ※7
届出する債権について，現在裁判中である場合や，判決等があって有名義債権
にあたる場合には，「届出債権の表示」の「訴訟・判決等」欄にチェックをした上
で，「▼2」に必要事項を記載してください。
なお，有名義債権とは，判決（確定している必要はありません。），仮執行宣言
付支払督促，家事審判書，和解調書・調停調書・公正証書（いずれも執行文が付
与されたもの）がある場合がこれにあたります。
(オ)用紙が不足する場合
適宜のＡ4判の用紙を別紙として書いてください。
ウ **添付資料**
(ア)法人が届出をする場合
資格証明書（法務局作成の代表者事項証明書又は履歴事項全部（一部）証明書
の原本※2）
(イ)代理人により届出をする場合
債権者本人作成の委任状（写し不可※4）
(ウ)債権の存在を証明する証拠書類の写し ※8
証拠が添付されていなかったり，不足している場合，届出債権が認められない
ことがあります。

1

7　債権調査関係　487

```
（例）・売掛金　　　　　　　　　請求書控，仕切伝票，帳簿記載部分
　　　・貸付金　　　　　　　　　借用証書，金銭消費貸借契約書
　　　・請負代金　　　　　　　　請負契約書，請求書
　　　・手形金，小切手金　　　　手形・小切手の表面・裏面（裏は白紙でも必ず）
　　　・保証債権　　　　　　　　保証契約書
　　　・求償権，将来の求償権　　保証委託契約書，代位弁済した際の領収書
　　　・立替金　　　　　　　　　契約書，残高明細書
　　　・リース料　　　　　　　　リース契約書，残高明細書
```

(エ)別除権（担保権）を有している場合　※9

・担保権の種類（抵当権など）と目的物の内容がわかる書面（不動産登記事項証明書，契約書，公正証書等）の写し
・予定不足額（担保権を実行した後に回収不足額になる見込みの金額）を計算した書類

(オ)判決等を有している場合　※10

公正証書，判決，和解・調停調書等の写し

エ　提出部数

破産債権届出書，添付書類は，いずれも各1部を提出してください。
届出書のコピーを手元に置いておくと問合わせの際に便利です。

オ　提出期限

破産債権届出書の左下に記載してあります。期限までに裁判所に必着するよう提出してください。期限に遅れると余分な経費が必要になったり，債権者としての権利行使が認められなくなったりする場合がありますので，期限は必ず守ってください。

カ　提出先

〒530-8522　大阪市北区西天満2丁目1番10号大阪地方裁判所第6民事部○係です。

郵送でも持参でも結構ですが，郵送の場合，封筒の表に朱筆で「令和○年（フ）第○○○○号債権届出書在中」と記載してください。

(2)　従業員の方の届出方法

ア　記載方法

未払給料，賞与，その他手当，解雇予告手当，退職金などの雇用関係に基づいて発生する債権（労働債権）については，同封した「労働債権等届出書」に記載して届出をしてください。

労働債権については，法律によって，破産手続開始決定前3か月分の給料など，一定の範囲の金額が，配当などの点であなたにとってより有利な性質の債権（「財団債権」といいます。）として取り扱われることになっていますが，計算が複雑なため，とりあえず未払いの労働債権全部についてこの労働債権等届出書で届出しておいていただければ結構です。財団債権として認めて，配当の点であなたに有利に取り扱うことにする部分については，後日，破産管財人が，「○○円は財団債権として認める。」と記載した「異議通知書」という書類をお送りして，お知らせすることになります（財団債権として認めた場合は，破産債権としては認めないことになりますが，そのことによる不利益はありません。）。

なお，会社にお金を貸し付けた，というような場合は，労働債権ではなく，一般

488 〔破産管財人関係〕

の破産債権になりますので，上記(1)の「破産債権届出書」に別途記載するようにして
ください。

イ 添付資料

最近に支払われた給与明細書などがあれば写しを添付してください。資料が十分
にない，という場合は，破産管財人にご相談ください。

ウ 提出部数，提出期限，提出先

(1)の一般の債権者の方の記載方法と同じです。

(3) 破産債権届出書を提出した後に追加証拠，取下書，承継届出書等を提出する場合の
提出先

債権届出期間（債権届出書の左下に記載されています。）が過ぎるまでの間は裁判所
あてに提出し，それ以後は破産管財人の事務所あてに郵送で提出してください（持参
可）。

(4) 裁判所からの連絡先の届出について

裁判所からの連絡について，破産債権届出書に記載した住所等以外の場所で書面に
よる通知等を受けることを希望する場合には，その受け取りを希望する場所をＡ４判
の用紙に記載して，裁判所あてに郵送又は持参で提出してください。

2　提出した破産債権届出書を**訂正**する場合

訂正内容を記載したＡ４判の用紙で作成した書面を破産管財人の事務所あてに郵送で
提出してください（持参可）。提出先は，破産管財人に確認してください。なお，破産債
権届出書用紙を使用する場合には，**※5**をチェックし，提出した破産債権届出書の作成日
を記載してください。

3　**債権者集会**等について

(1) 出席の要否

出欠は債権者のご自由です。出席しなかったことで不利益を受けることはありませ
ん。

(2) 財産状況報告集会

破産管財人が破産手続開始に至った事情や破産者の財産の状況について報告するた
めの期日です。

(3) 債権調査期日

届出された破産債権について，破産管財人が調査した結果を発表します。他の債権
者が届出した債権について，債権者として異議を述べることもできます。届出した債
権について破産管財人が認めなかった場合は，異議通知というお知らせを郵便で別途
お送りしますので，欠席しても不利益はありません。

なお，破産管財人の調査に時間を要する場合や，配当の見込みがなくなったなどの
場合には，予定した期日に認否をしないで，期日を延期することもありますのでご了
承ください。

(4) 廃止意見聴取及び計算報告集会（指定されている場合）

破産財団をもって破産手続の費用を支弁するのに不足すると認められる場合には破
産廃止に関する意見聴取のための集会を実施します。また，管財人の任務が終了する
場合には計算報告集会を実施します。

3

7 債権調査関係 489

【702 破産債権の届出の方法等について（留保型→期日型用）】
【破産債権の届出の方法等について】

（※は債権届出書の該当部分に対応）

1 **破産債権届出書**の提出方法
 (1) **従業員以外の方（金融機関，取引先，保証人等）**の届出方法
 ア **提出の必要性**
 　債権を有していない方は，破産債権届出書を提出する必要はありません。
 イ **記載方法**
 （ア）届出債権者の表示
 　法人の場合，登記上の本店所在地 **※1**，代表者名 **※3** の記載を忘れないように
 してください。支店や担当部署名は，通知場所欄に記載してください。
 　押印は，実印に限るものでありませんが，配当の際にも同一の印鑑による押印
 が必要になります。配当時まで使用できる印章による押印をお願いします。
 　届出債権者の電話番号・ＦＡＸ番号の記載欄には，担当部署直通の番号を記載
 してください。
 （イ）債権の表示
 　「破産債権届出書」の「届出債権の表示」の該当する欄に，債権の種類，額，
 内容及び原因などを記載してください。該当する欄がない場合は，空欄に書いて
 ください。
 （ウ）別除権（担保権）を有している場合 **※6**
 　質権，抵当権，根抵当権，譲渡担保権などの担保権がついている債権を届出す
 る場合は，「届出債権の表示」の「別除権」欄にチェックをした上で，「▼1」に
 担保権の種類，目的物，予定不足額（担保権で回収しきれないと思われる金額）
 を記載してください。
 （エ）裁判中の場合，判決等を有している場合 **※7**
 　届出する債権について，現在裁判中である場合や，判決等があって有名義債権
 にあたる場合には，「届出債権の表示」の「訴訟・判決等」欄にチェックをした上
 で，「▼2」に必要事項を記載してください。
 　なお，有名義債権とは，判決（確定している必要はありません。），仮執行宣言
 付支払督促，家事審判書，和解調書・調停調書・公正証書（いずれも執行文が付
 与されたもの）がある場合がこれにあたります。
 （オ）用紙が不足する場合
 　適宜のＡ4判の用紙を別紙として書いてください。
 ウ **添付資料**
 （ア）法人が届出をする場合
 　資格証明書（法務局作成の代表者事項証明書又は履歴事項全部（一部）証明書
 の原本**※2**）
 （イ）代理人により届出をする場合
 　債権者本人作成の委任状（写し不可**※4**）
 （ウ）債権の存在を証明する証拠書類の写し **※8**
 　証拠が添付されていなかったり，不足している場合，届出債権が認められない
 ことがあります。

1

490 〔破産管財人関係〕

　　（例）・売掛金　　　　　　　　　請求書控，仕切伝票，帳簿記載部分
　　　　　・貸付金　　　　　　　　　借用証書，金銭消費貸借契約書
　　　　　・請負代金　　　　　　　　請負契約書，請求書
　　　　　・手形金，小切手金　　　　手形・小切手の表面・裏面（裏は白紙でも必ず）
　　　　　・保証債権　　　　　　　　保証契約書
　　　　　・求償権，将来の求償権　　保証委託契約書，代位弁済した際の領収書
　　　　　・立替金　　　　　　　　　契約書，残高明細書
　　　　　・リース料　　　　　　　　リース契約書，残高明細書
　　(エ)別除権（担保権）を有している場合 ※9
　　　　・担保権の種類（抵当権など）と目的物の内容がわかる書面（不動産登記事項
　　　　　証明書，契約書，公正証書等）の写し
　　　　・予定不足額（担保権を実行した後に回収不足額になる見込みの金額）を計算
　　　　　した書類
　　(オ)判決等を有している場合 ※10
　　　　公正証書，判決，和解・調停調書等の写し

エ　**提出部数**
　　破産債権届出書，添付書類は，いずれも各1部を提出してください。
　　届出書のコピーを手元に置いておくと問合わせの際に便利です。

オ　**提出期限**
　　破産債権届出書の左下に記載してあります。期限までに裁判所に必着するよう提
　出してください。期限に遅れると余分な経費が必要になったり，債権者としての権
　利行使が認められなくなったりする場合がありますので，期限は必ず守ってくださ
　い。

カ　**提出先**
　　〒530-8522　大阪市北区西天満2丁目1番10号大阪地方裁判所第6民事部○係で
　す。
　　郵送でも持参でも結構ですが，郵送の場合，封筒の表に朱筆で「令和○年（フ）第
　○○○○号債権届出書在中」と記載してください。

(2)　**従業員の方**の届出方法

ア　**記載方法**
　　未払給料，賞与，その他手当，解雇予告手当，退職金などの雇用関係に基づいて
　発生する債権（労働債権）については，同封した「労働債権等届出書」に記載して
　届出をしてください。
　　労働債権については，法律によって，破産手続開始決定前3か月分の給料など，
　一定の範囲の金額が，配当などの点であなたにとってより有利な性質の債権（「財団
　債権」といいます。）として取り扱われることになっていますが，計算が複雑なため，
　とりあえず未払いの労働債権全部についてこの労働債権等届出書で届出しておいて
　いただければ結構です。財団債権として認めて，配当の点であなたに有利に取り扱
　うことにする部分については，後日，破産管財人が，「○○円は財団債権として認め
　る。」と記載した「異議通知書」という書類をお送りして，お知らせすることになり
　ます（財団債権として認めた場合は，破産債権としては認めないことになりますが，
　そのことによる不利益はありません。）。
　　なお，会社にお金を貸し付けた，というような場合は，労働債権ではなく，一般

2

の破産債権になりますので，上記(1)の「破産債権届出書」に別途記載するようにしてください。

イ　添付資料

最近に支払われた給与明細書などがあれば写しを添付してください。資料が十分にない，という場合は，破産管財人にご相談ください。

ウ　提出部数，提出期限，提出先

(1)の一般の債権者の方の記載方法と同じです。

(3) 破産債権届出書を提出した後に追加証拠，取下書，承継届出書等を提出する場合の提出先

債権届出期間（債権届出書の左下に記載されています。）が過ぎるまでの間は裁判所あてに提出し，それ以後は破産管財人の事務所あてに郵送で提出してください（持参可）。

(4) 裁判所からの連絡先の届出について

裁判所からの連絡について，破産債権届出書に記載した住所等以外の場所で書面による通知等を受けることを希望する場合には，その受け取りを希望する場所をＡ４判の用紙に記載して，裁判所あてに郵送又は持参で提出してください。

2　提出した破産債権届出書を**訂正**する場合

訂正内容を記載したＡ４判の用紙で作成した書面を破産管財人の事務所あてに郵送で提出してください（持参可）。提出先は，破産管財人に確認してください。なお，破産債権届出書用紙を使用する場合には，**※5** をチェックし，提出した破産債権届出書の作成日を記載してください。

3　**債権調査期日**について

(1) 出席の要否

出欠は債権者のご自由です。出席しなかったことで不利益を受けることはありません。

(2) 債権調査期日

届出された破産債権について，破産管財人が調査した結果を発表します。他の債権者が届出した債権について，債権者として異議を述べることもできます。届出した債権について破産管財人が認めなかった場合は，異議通知というお知らせを郵便で別途お送りしますので，欠席しても全く不利益はありません。

なお，破産管財人の調査に時間を要する場合や，配当の見込みがなくなったなどの場合には，予定した期日に認否をしないで，期日を延期することもありますのでご了承ください。

492　〔破産管財人関係〕

【703　破産債権届出書（従業員以外の方用）】

令和○年(フ)第○○○○号　　　　　　　　　　　　　　破産者　○○○○

破産債権届出書　（従業員以外の方用）

大阪地方裁判所第6民事部○係　御中　　　　　　　　令和　　年　　月　　日

住所(本店所在地 ※1)　〒　　―

通知場所　　　□住所と同じ　　　〒　　―

法人名(□**資格証明書原本**を添付 ※2)

氏名又は代表者名 ※3　　　　　　　　　　　　　　　　　　　　　　印

TEL　　　　―　　　―　　　　FAX　　　―　　　―　　　　担当者名

代理人が届出をする場合(□**委任状原本**を添付 ※4)
代理人の住所　　　〒　　―

代理人の氏名　　　　　　　　　　　　　　　　　　　　　　　　　印

TEL　　　　―　　　―　　　　FAX　　　―　　　―　　　　担当者名

　　　　　　　　　　　　配当額が1000円未満の場合も配当金を受領します。
　　※5 □令和　年　月　日付破産債権届出書を以下のとおり訂正いたします。
振込費用は、個別の配当金からは差し引かず、破産財団から支出されることになります。

届出債権の表示

債権の種類	債権額(円)	債権の内容及び原因	別除権 ▼1へ ※6	訴訟・判決等 ▼2へ ※7	証拠書類(**写し**を添付 ※8)
売掛金		□　年　月　日から　　年　月　日までの取引 □別紙のとおり	□	□	□
貸付金		□貸付日　年　月　日 弁済期　　年　月　日 □別紙のとおり	□	□	□
請負代金		□　年　月　日から　　年　月　日までの取引 □別紙のとおり	□	□	□
手形・小切手		□手形番号・小切手番号(　　　　　　　) □別紙のとおり	□	□	□
保証債権			□	□	□
求償権			□	□	□
将来の求償権			□	□	□
			□	□	□
約定利息金		□元金　　　　円に対する　　年　月　日から　　年　月　日まで年　　%の割合 □別紙のとおり	□	□	□
遅延損害金		□元金　　　　円に対する　　年　月　日から破産手続開始決定前日まで年　　%の割合 □別紙のとおり	□	□	□

▼1 届出債権について別除権(担保権)がある場合 ※6　□以下のとおり　□別紙のとおり

担保権の種類(抵当権等)	担保権の目的物	予定不足額(円)	資料(**写し**を添付 ※9)
			□

▼2 届出債権について訴訟が係属しているか判決等がある場合 ※7　□以下のとおり　□別紙のとおり

裁判所	事件番号	有名義債権(□**写し**を添付 ※10)
	年(　)第　　号	□終局判決　□執行力ある債務名義

この届出書に書ききれないときは、別紙(A4判)に記載してください。

		裁判所受付番号	

届出期間　　　　　令和○年○○月○○日まで
債権調査期日　　　令和○年○○月○○日午後○時○○分

7 債権調査関係 493

【704 労働債権等届出書（従業員の方専用）】

令和○年(フ)第○○○○号

破産者 ○○○○

労働債権等届出書 （従業員の方専用）

大阪地方裁判所第6民事部○係 御中　　　　　　　　令和　　年　　月　　日

住所(本店所在地 ※1)　〒　　－

通知場所
□住所と同じ　　□〒　　－

氏名　　　　　　　　　　　　　　　　　　　　　　　　　　　印

TEL　　　－　　　－　　　　　　　FAX　　　－　　　－

代理人が届出をする場合(□**委任状原本**を添付 ※4)
代理人の住所　　〒　　－

代理人の氏名　　　　　　　　　　　　　　　　　　　　　　　印

TEL　　　－　　　－　　　　　　　FAX　　　－　　　－

配当額が1000円未満の場合も配当金を受領します。

※5 □令和　　年　　月　　日付労働債権等届出書を以下のとおり訂正いたします。

振込費用は、個別の配当金からは差し引かず、破産財団から支出されることになります。

届出債権（労働債権等）の表示

債権の種類	債権額(円)	債権の内容及び原因	別除権 ▼1へ ※6	訴訟・判決等 ▼2へ ※7
給料 (諸手当含む)		年　月　日から　　年　月　　日までの就労分 (優先権あり)	□	□
退職金		年　月就職，　　年　月退職，　年　か月分 (優先権あり)	□	□
解雇予告手当		（優先権あり）	□	□

★上記給料の金額は，破産手続開始前3か月間の財団債権となる部分を含む。
★上記退職金の金額は，退職前3か月間の給料の総額（その総額が破産手続開始前3か月間の給料の総額より少ない場合にあっては，破産手続開始前3か月間の給料の総額）に相当する財団債権となる部分を含む。
注）財団債権になる部分は，破産財団に資力がある場合には，破産債権よりも先に支払われますので，債権者にとっては破産債権よりも財団債権の方が有利な取扱いになります。

▼1 届出債権について別除権(担保権)がある場合 ※6　□以下のとおり　□別紙のとおり

担保権の種類(抵当権等)	担保権の目的物	予定不足額(円)	資料(**写し**を添付 ※9)
			□

▼2 届出債権について訴訟が係属しているか判決等がある場合 ※7　□以下のとおり　□別紙のとおり

裁判所	事件番号	有名義債権(□**写し**を添付 ※10)
	年( )第　　号	□終局判決　□執行力ある債務名義

この届出書に書ききれないときは、別紙(A4判)に記載してください。

届出期間　　　　　令和○年○○月○○日まで
債権調査期日　　　令和○年○○月○○日午後○時○○分

裁判所 受付番号	

494 〔破産管財人関係〕

【705 破産債権取下書】

令和○年(フ)第○○○○号

破産者　　○○　○○

破産債権取下書

令和　　年　　月　　日

大阪地方裁判所第6民事部○○係　御中

住所又は本店所在地(〒　　　－　　　　)

債権者の氏名又は商号・代表者名

印

TEL:　　－　　－　　　　FAX:　　－　　－　　　　(担当者　　　　)

頭書破産事件について、先般届け出た破産債権を次のとおり取り下げます。

届出番号	債権の種類	届出債権額(円)	取下額(円)	残額(円)	備考

7　債権調査関係　　495

【706　破産債権名義変更届出書】

令和○年(フ)第○○○○号
破産者　　　○○　　○○

破産債権名義変更届出書

令和　　年　　月　　日

大阪地方裁判所第6民事部○○係　御中

　新債権者の住所又は本店所在地（〒　　　−　　　　）

　新債権者の氏名又は商号・代表者名

　　　　　　　　　　　　　　　　　　　　　　　　　　　　印
　TEL:　　　−　　　−　　　FAX:　　　−　　　−　　　（担当者　　　　）

　次のとおり破産債権の名義変更の届出をします。

1　変更原因　　令和　　年　　月　　日
　　□債権譲渡　　□代位弁済　　□その他　　　（■を付したもの）
2　旧債権者の住所又は本店所在地（〒　　　−　　　　）

　　旧債権者の氏名又は商号・代表者名

3　届出名義の変更をする債権

届出番号	債権の種類	届出債権額（円）	届出名義の変更を受けた額（円）

　　　　　　★　配当額が1000円に満たない場合にも配当金を受領します。

添付書類

※　振込費用は個別の配当金からは差し引かず，破産財団から支出されることになります。

496　〔破産管財人関係〕

【707　破産債権変更届出書（保証会社代位弁済用）】

令和○年（フ）第○○○○号
破産者　　○○　○○

破産債権変更届出書
（保証会社代位弁済用）

令和　　年　　月　　日

大阪地方裁判所第6民事部○○係　御中

　住所又は所在地（〒　　　－　　　　）

　届出債権者の氏名又は商号・代表者

印

TEL:　　－　　　－　　　　FAX:　　－　　　－　　　　（担当者　　　　　）

　頭書破産事件について，令和　　年　　月　　日に届け出た破産債権が代位弁済により変更になりましたので，次のとおり届出をします。

（単位：円）

届出番号	届け出た債権の種類	届出債権額	代位弁済日及び金融機関名	変更後の債権の種類	代位弁済額	取下額	変更後の債権額

添付書類

7 債権調査関係 497

【708 ご連絡（期日型用）】

事件番号　大阪地方裁判所令和○年（フ）第○○○○号

破 産 者　○○　○○

破産手続開始日時　令和○年○○月○○日午前・午後○○時○○分

ご 　 連 　 絡

令和○年○○月○○日

債権者　各位

〒000‐0000　大阪市○○区○○町○丁目○番○号
破産管財人　　○　○　○　○
TEL 00-0000-0000　　FAX　00-0000-0000

冠省　頭書破産事件について，当職は，破産手続開始等の通知書記載のとおり破産管財人に選任されました。

　つきましては，債権者各位におかれましては，次の各点にご留意いただき，本破産手続にご協力いただきますよう宜しくお願いします。

1　破産債権届出書等については，1通のみ裁判所に提出してください。
　　債権届出の期間は，令和○年○○月○○日までです。
　　※　詳細は，同封の【破産債権の届出の方法等について】と題する書面をご覧ください。
2　当職は，債権者各位より届出のあった債権の存否等について調査を行うことになりますが，その際，不明な点等についてお尋ねする場合もございますので，ご協力の程よろしくお願いします。
3　貸金債権に付随する利息債権の届出があった場合に，当職は，利息制限法を超える部分について異議を述べます。したがいまして，予め利息制限法の制限利率による引き直し計算をして債権届出をしてください。
4　支払日が未定のため金額の定まらない破産手続開始日以降の利息，損害金について債権届出があった場合には，当職は異議を述べますので，予めご了承ください。
5　当職の主な職務の1つとして，破産者の資産調査があります。すなわち，当職の手元にある資料で明らかになっている資産の外にも，破産者の資産がないかということについての調査を行います。つきましては，破産者の資産の所在等についての情報がございましたら，当職までご連絡いただけますようお願いいたします。

草々

※　ご不明の点は，当職（担当：○○）までご連絡ください。

498 〔破産管財人関係〕

【709　ご連絡（留保型用）】

事件番号　大阪地方裁判所令和○年(フ)第○○○○号

破 産 者　○○　○○

破産手続開始日時　令和○年○○月○○日午前・午後○○時○○分

ご　連　絡

令和○年○○月○○日

債権者　各位

〒000‐0000　大阪市○○区○○町○丁目○番○号
破産管財人　　○　○　○　○
TEL 00-0000-0000　　FAX　00-0000-0000

　冠省　頭書破産事件について，当職は，破産手続開始等の通知書記載のとおり破産管財人に選任されました。

　つきましては，債権者各位におかれましては，次の各点にご留意いただき，本破産手続にご協力いただきますよう宜しくお願いします。

1　当職において手元にある資料を検討しましたが，現時点においては債権者各位に対する配当が可能かどうか不明です。したがって，本破産手続では，現時点における債権届出は不要です。

　債権届出につきましては，配当が可能な状況になった時点でしていただくことになります。つきましては，配当が可能な状況になった時点で改めて当職よりご連絡を差し上げ，併せて裁判所より債権届出書の用紙をお送りすることになります。

　他方，配当が可能な程度まで破産財団が増殖しなければ，債権届出がないまま破産手続は廃止（終了）されることになりますので，予めご了承ください。

2　本件における当職の主な職務は，破産者の資産調査にあります。すなわち，当職の手元にある資料で明らかになっている資産の外にも，破産者の資産がないかということについての調査を行います。つきましては，破産者の資産の所在等についての情報がありましたら，当職までご連絡いただけますようお願いいたします。

草々

※　なお，消滅時効との関係等で債権届出書がどうしても必要な方，また，ご不明の点がある方は，当職（担当：○○）までご連絡ください。

7　債権調査関係　499

【710　ご連絡（留保型→期日型用）】

事件番号　大阪地方裁判所令和〇年(フ)第〇〇〇〇号
破 産 者　〇〇　〇〇
破産手続開始日時　令和〇年〇〇月〇〇日午前・午後〇〇時〇〇分

ご　連　絡

令和〇年〇〇月〇〇日

債権者　各位

〒〇〇〇－〇〇〇〇　大阪市〇〇区〇〇町〇丁目〇番〇号
破産管財人　　〇　〇　〇　〇
TEL　〇〇－〇〇〇〇－〇〇〇〇
FAX　〇〇－〇〇〇〇－〇〇〇〇

冠省　頭書破産事件について，管財業務を行ってまいりましたが，今般，配当可能な状況となりましたのでお伝えいたします。
　　債権者各位におかれましては，次の各点にご留意いただき，必要に応じて破産債権届出を行っていただきますようよろしくお願いいたします。

1　破産債権届出書等については，1通のみ裁判所に提出してください。
　　　　債権届出の期間は，令和〇年〇〇月〇〇日までです。
　　　　　　※　詳細は，同封の【破産債権の届出の方法等について】をご覧ください。
2　当職は，債権者各位より届出のあった債権の存否等について調査を行うことになります。その際，不明な点等についてお尋ねする場合もございますので，ご協力の程よろしくお願いいたします。
3　貸金債権に付随する利息債権の届出があった場合，当職は，利息制限法を超える部分について異議を述べます。したがいまして，予め利息制限法の制限利率による引き直し計算をして債権届出をしてください。
4　支払日が未定のため金額の定まらない破産手続開始日以降の利息，遅延損害金について債権届出があった場合，当職は異議を述べますので，予めご了承ください。

草々

※　ご不明の点は，当職（担当：〇〇）までご連絡ください。

> 一口メモ　留保型で配当が可能となった場合に送付するものです。

500 〔破産管財人関係〕

【712 債権届出期間及び債権調査期日の通知】

事件番号　令和○年（フ）第○○○○号　破産事件

（申立年月日　令和○年○○月○○日）

破産者　　○○　○○

破産管財人

　大阪市○○区○○町○丁目○番○号　○○ビル○階

　　弁護士　　○○　○○

　　電　話　　XX-XXXX-XXXX　　ＦＡＸ　XX-XXXX-XXXX

債権届出期間及び債権調査期日の通知

令和○年○○月○○日

債　権　者　各位

大阪地方裁判所第6民事部　○○係

裁判所書記官　　○○　○○

　当裁判所は，頭書破産事件について，次のとおり債権届出期間及び債権調査期日を決定したので通知します。

記

　1　債権届出期間　　令和○年○○月○○日まで

　　債権届出書の提出先

　　〒530-8522　大阪市北区西天満2丁目1番10号

　　　　　　　　大阪地方裁判所第6民事部　○○係

　2　債権調査期日　　令和○年○○月○○日午後○時

　　場　　　所　　大阪地方裁判所第○債権者集会室（新館○階）

※　なお，特にご意見のない方は，上記期日に出頭される必要はありません。

　その他ご不明の点は上記管財人又は書記官にお問い合わせください。

7　債権調査関係　501

【713　破産債権者表（配当表一体型）】

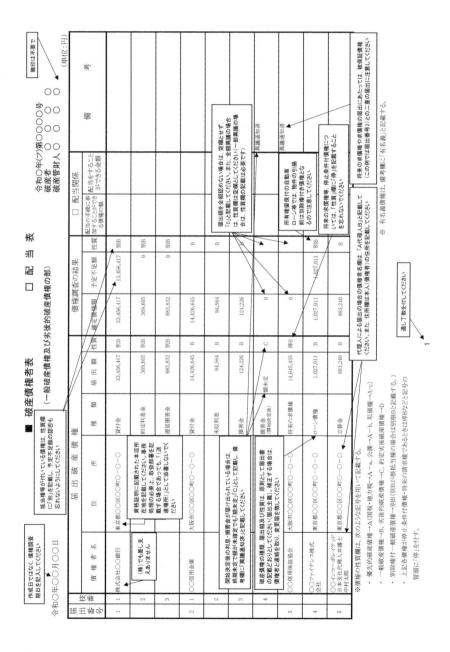

502　〔破産管財人関係〕

令和○年○○月○○日

（単位：円）

令和○年(フ)第○○○○号
破産者　○　○　○　○
破産管財人　○　○　○　○

■ 破産債権者表　□配当表
（一般破産債権及び劣後的破産債権の部）

届出枝番号	届出破産債権 債権者名	住所	種類	届出額	性質	債権調査の結果 確定債権額	予定不足額	性質	配当関係 配当に参加することができる債権の額	備考
1	○○商会こと山田次郎	大阪府○○市○○町○-○-○	売掛金	3,027,356	B	3,027,356		B		
2			約束手形金	1,800,000	B	1,800,000		B		
3			約束手形金	1,603,773	B	1,603,773		B		
4			約束手形金（遅延損害金30日分）	96,227	C	96,227		C		
5	株式会社○○リース	京都市○○区○○町○-○-○	リース料債権	280,500	B	280,500		B		
7	○○債権回収株式会社（委託者○○県○○市○○町○-○-○）	東京都○○区○○町○-○-○	立替金	68,045	B	68,045		B		有名義
8	佐藤三郎	堺市○区○○町○-○-○	貸付金	1,000,000	B	500,000		B		異議通知済
10										
				総合計	73,766,876	58,641,441	14,483,428			

※債権の性質欄は、次のような記号を用いて記載する。
・優先的破産債権→A（国税・地方税→A、公課→A-b、私債権→A-c）
・一般破産債権→B、劣後的破産債権→C、約定劣後破産債権→D
・別除権付一般破産債権→191B（別191Bが担保不足の場合は別191Bと記載する。）
・上記各債権が将来の請求権である場合は停止B-などと記号の冒頭に「停」を付す。

配当率　一般破産債権　　　　％　劣後的破産債権　　　　％
※ 有名義債権は、備考欄に「有名義」と記載する。

〔注記〕
・個人商店の場合は、屋号とともに名を表示してください
・手形債権があった場合は、原因債権との重複届出がないよう注意してください
・手形債権の満期日に注意してください。開始決定後1年以上経過後に満期が来る場合には、年単位の法定利息で計算した中間利息は劣後債権になります。リース料債権についても同様です
・リース料債権は、物件の引揚げが終了しているかに注意してください。引揚げ前は「別B」となることがあります
・サービサー等の債権回収会社が債権者である場合は、委託者の名称及び住所を併記してください（規32 I ①）
・届出債権表期日前の全額を下記の欄に記載する。回収があった場合は、当該債権額に付した届出番号は次葉とします

令和○年○○月○○日

■ 破産債権者表　　□配当表

〈優先的破産債権の部〉

令和○年(フ)第○○○○号
破産者　　　○○○○○○
破産管財人　○○○○○○

(単位:円)

届出番号	枝番号	債権者名	住所	破産債権 種類	類	届出額	性質	債権調査の結果 確定債権額	予定不足額	性質	配当関係 配当の手続に参加することができる債権の額	備考
101	1	佐藤三郎	堺市○○区○○町○-○-○	給料		380,000	A-c	380,000		A-c		
	2			退職金		1,300,000	A-c	1,300,000		A-c		
102	1	○○市	大阪府○○所○○町○-○-○	固定資産税		443,965	A-a					
	2			延滞金		55,975	A-a					
				総合計		2,179,940		1,680,000				

優先的破産債権は、別欄に届出番号を取ってください（枝数を変えて「101」や「1001」から一般債権と優先債権を取ることが一般的です）。同一債権者から一般債権と優先債権が届けられた場合でも、一般債権の枝番として処理しないでください

公租公課については「債権調査欄」の結果、欄は空欄にしてください

一般債権及び劣後的破産債権の部及び劣後的破産債権の部の順で通して番号を付してください

3

※債権の性質欄は、次のように記号を用いて記載する。
・優先的破産債権→A（国税・地方税→A-a、公課→A-b、私債権→A-c）
・一般破産債権→B、劣後的破産債権→C、約定劣後破産債権→D
・別除権付一般破産債権→別B（別除権が根抵当権の場合は別担当と記載する。）
・上記各債権が停止条件付債権・将来の請求権・将来債権であるときは停止条件・条件など記号冒頭に「停」を付す。

配当率→優先的破産債権　　　％　劣後的破産債権　　　％　劣後的破産債権に記載する。

※有名義債権は、備考欄に有名義と記載する。

504 〔破産管財人関係〕

【714 破産債権者表（単独型）】

破産債権者表
（一般破産債権及び劣後的破産債権の部）

令和○年（フ）第○○○○号
破産者　　　○○　○○
破産管財人　○○　○○
（単位：円）

令和○年○○月○○日

届出番号	枝番	届出破産債権						債権調査の結果			備考
		債権者名	住所	種類	届出額	性質		確定債権額	予定不足額	性質	
1	1	○○銀行	（省略）	貸付金	1,000,000	B		1,000,000		B	R○.6.15○○保証協会500,000円承継届 旧届出者の残確定額500,000円 R○.8.15B届出者全部取下
	2			損害金	200,000	B		0			異議通知済 R○.3.10届出 一部取下・残額100,000円
2		堺商店こと堺太郎		約束手形金	720,000	B		720,000		B	R○.5.15異議全部撤回・確定額(B)100,000円 R○.3.10届出一部取下・残確定額500,000円
3	1	○○債権回収㈱		貸付金	12,000,000	別B		12,000,000	1,500,000	別B	有名義 R○.5.20確定不足額4,000,000円と報告
	2			貸付金	20,000,000	別根B		20,000,000	3,500,000	別根B	R○.10.18極度額超過債権5,000,000円と報告
4		○○保証協会		求償権	3,000,000	B		3,000,000		B	R○.4.5債権の種類を求償権に変更 一部取下・残確定額(B)900,000円
5		○○保証協会		将来の求償権	1,000,000	停B		1,000,000		停B	R○.5.15届出全部取下
6		大阪太郎		敷金返還請求権	600,000	停B		600,000		停B	R○.10.14条件成就(明渡)300,000円について現実化
7		○○リース		リース料債権	1,000,000	B		1,000,000	800,000	別B	R○.5.15債権の性質を別Bに変更 R○.7.15確定不足額800,000円と報告
				総合計	39,520,000			39,320,000			

※債権の性質欄は、次のような記号を用いて記載する。

- 優先的破産債権→A（国税・地方税→A－a、公課→A－b、私債権→A－c）
- 一般破産債権→B、劣後的破産債権→C、約定劣後破産債権→D
- 別除権付一般破産債権→別B（別Bが根抵当権の場合は別根Bと記載する。）
- 上記各債権が停止条件付債権・将来の請求権であるときは停Bなどと記号の冒頭に「停」を付す。

※　有名義債権は、備考欄に「有名義」と記載する。

1

破産債権者表
（優先的破産債権の部）

令和○年（フ）第○○○○号
破産者　　　○○　○○
破産管財人　○○　○○
（単位：円）

令和○年○○月○○日

届出番号	枝番	届出破産債権						債権調査の結果			備考
		債権者名	住所	種類	届出額	性質		確定債権額	予定不足額	性質	
101	1	山田太郎	（省略）	給料	310,000	A－c		310,000		A－c	R○.3.5労働者健康安全機構270,000円承継届 旧届出者の残確定額40,000円
	2			退職金	2,100,000	A－c		2,100,000			R○.5.15許可により上げ済・残確定額1,100,000円
	3			貸付金	500,000	A－c		500,000		B	異議通知済 R○.5.20権利の性質をBに変更 R○.5.24異議全部撤回・確定額(B)500,000円
102	1	○○市		固定資産税	300,000	A－a					R○.10.18全部免除
	2			延滞金	5,000	A－a					
103		○○年金事務所		厚生年金保険料	400,000	A－b					
				総合計	3,615,000			2,910,000			

※債権の性質欄は、次のような記号を用いて記載する。

- 優先的破産債権→A（国税・地方税→A－a、公課→A－b、私債権→A－c）
- 一般破産債権→B、劣後的破産債権→C、約定劣後破産債権→D
- 別除権付一般破産債権→別B（別Bが根抵当権の場合は別根Bと記載する。）
- 上記各債権が停止条件付債権・将来の請求権であるときは停Bなどと記号の冒頭に「停」を付す。

※　有名義債権は、備考欄に「有名義」と記載する。

2

7　債権調査関係　　505

【715　異議通知書（一般）】

事件番号　大阪地方裁判所令和○年(フ)第○○○○号
破産者　　○○　○○

異議通知書（一般）

令和○年○○月○○日

債権者　　○○　○○　　　御中（殿）

異議者　破産管財人　○○　○○　㊞
TEL　○○-○○○○-○○○○

　頭書破産事件について，貴社（貴方）が届け出た債権に対する債権調査の結果は，次のとおりです。異議額欄等のとおり異議を述べましたので，破産規則４３条４項により通知します。

届出番号	債権の種類	届出債権額(円)	異議額(円)	確定債権額(円)	異議理由その他
1-1	売掛金	150,000	150,000	0	債権不存在
1-2	貸付金	300,000	100,000	200,000	一部弁済済み
1-3	求償権	500,000	500,000	0	疎明なし

　※ 異議のあった債権について配当に参加するには，大阪地方裁判所に対し，異議者を相手方とする破産債権査定申立てを行い，破産債権査定決定を得るか，既に破産手続開始当時訴訟が係属しているときは，当該訴訟手続の受継を申し立てる必要があります（破産法１２５条以下）。異議理由の詳細等につきましては，破産管財人までお問い合わせください。

【716　異議通知書（別除権付）】

事件番号　大阪地方裁判所令和○年(フ)第○○○○号
破産者　　○○　○○

異議通知書（別除権付）

令和○年○○月○○日

債権者　　○○　○○　　　御中（殿）

異議者　破産管財人　○○　○○　㊞
TEL　○○-○○○○-○○○○

　頭書破産事件について，貴社（貴方）が届け出た債権に対する債権調査の結果は，次のとおりです。異議額欄等のとおり異議を述べましたので，破産規則４３条４項により通知します。

届出番号	債権の種類	届出債権額(円)	別除権の被担保債権として異議を述べた額（円)	別除権の被担保債権として認めた額（円)	予定不足額(円)	異議理由その他

　※ 異議のあった債権について配当に参加するには，大阪地方裁判所に対し，異議者を相手方とする破産債権査定申立てを行い，破産債権査定決定を得るか，既に破産手続開始当時訴訟が係属しているときは，当該訴訟手続の受継を申し立てる必要があります（破産法１２５条以下）。異議理由の詳細等につきましては，破産管財人までお問い合わせください。

506　〔破産管財人関係〕

【717　異議通知書（労働債権）】

事件番号　大阪地方裁判所令和○年(フ)第○○○○号
破産者　　○○　○○

異議通知書（労働債権）

令和○年○○月○○日

債権者　　○○　○○　　　殿

異議者　破産管財人　○○　○○　㊞
TEL ○○-○○○○-○○○○

　頭書破産事件について，貴方が届け出た債権に対する債権調査の結果は，次のとおりです。異議額欄等のとおり異議を述べましたので，破産規則４３条４項により通知します。

届出番号	債権の種類	届出債権額(円)	異議額(円)	確定債権額(円)	備考
					ただし，金○○円については財団債権として認める。
異議理由					

　※　異議のあった債権について，異議理由として「財団債権として認める。」旨の記載がある場合は，その額は破産債権よりも支払（配当）について優先的に扱われる有利な性質の「財団債権」に当たるため，破産債権としては認めないという意味ですから，その額についてはあなたに不利益はありません。

　※　異議のあった債権について配当に参加するには，大阪地方裁判所に対し，異議者を相手方とする破産債権査定申立てを行い，破産債権査定決定を得るか，既に破産手続開始当時訴訟が係属しているときは，当該訴訟手続の受継を申し立てる必要があります（破産法１２５条以下）。異議理由の詳細等につきましては，破産管財人までお問い合わせください。

7　債権調査関係　　507

【718　異議撤回報告書】

令和○年(フ)第○○○○号

破産者　　○○○○

異議撤回報告書

令和○年○○月○○日

大阪地方裁判所　第6民事部○係　御中

破産管財人　　○　○　○　○

TEL　○○-○○○○-○○○○

FAX　○○-○○○○-○○○○

　頭書破産事件の債権調査期日に異議を述べた債権について，その後の調査により，別紙のとおり異議の撤回をしました。

508 〔破産管財人関係〕

【719 異議撤回書（一般）】

事件番号　大阪地方裁判所令和○年(フ)第○○○○号
破産者　　○○　○○

異議撤回書（一般）

令和○年○○月○○日

債権者　　○○　○○　　御中（殿）

破産管財人　○○　○○　㊞
TEL　○○－○○○○－○○○○

　頭書破産事件の令和○年○○月○○日付債権調査期日に異議を述べた貴社（貴方）の債権について、その後の調査により次のとおり異議を撤回します。

届出債権			認否				
届出番号	債権の種類	届出債権額(円)	認めた額（円）	異議を述べていた額(円)	異議を撤回する額(円)	異議を維持する額(円)	新たに確定した額(円)

※　内容等につきましては、破産管財人までお問い合わせください。

【720 異議撤回書（別除権付）】

事件番号　大阪地方裁判所令和○年(フ)第○○○○号
破産者　　○○　○○

異議撤回書（別除権付）

令和○年○○月○○日

債権者　　○○　○○　　御中（殿）

破産管財人　○○　○○　㊞
TEL　○○－○○○○－○○○○

　頭書破産事件の令和○年○○月○○日付債権調査期日に異議を述べた貴社（貴方）の債権について、その後の調査により次のとおり異議を撤回します。

届出債権			認否					
届出番号	債権の種類	届出債権額(円)	別除権の被担保債権として認めた額（円）	別除権の被担保債権として異議を述べていた額（円）	異議を撤回する額（円）	異議を維持する額（円）	新たに別除権の被担保債権として確定した額(円)	備考欄

※　内容等につきましては、破産管財人までお問い合わせください。

7　債権調査関係　　509

【721　破産債権査定申立書】

令和〇年(フ)第〇〇〇〇号

破産債権査定申立書

令和〇年〇〇月〇〇日

大阪地方裁判所第6民事部〇〇係　御中

申立代理人弁護士　〇　〇　〇　〇　印

当事者の表示　別紙当事者目録のとおり

申　立　て　の　趣　旨

1　申立人の届け出た別紙届出債権目録記載の各破産債権の額をいずれも同目録記
　載のとおり査定する。
2　申立費用は相手方の負担とする。
との決定を求める。

申　立　て　の　理　由

1　申立人は，破産者〇〇（以下「破産者」という。）に対し，別紙請求原因目録
　記載の原因により，別紙届出債権目録記載の各債権を有している。
2　破産者について，令和〇年〇〇月〇〇日に破産手続開始決定がされた。
3　申立人は，2記載の破産事件について，令和〇年〇〇月〇〇日に別紙届出債権
　目録記載の各債権を届け出た。
4　相手方は，令和〇年〇〇月〇〇日に行われた上記破産事件の債権調査期日にお
　いて，別紙届出債権目録記載の各債権の全額について異議を述べた。
5　よって，申立ての趣旨記載のとおり，別紙届出債権目録記載の各破産債権の査
　定を求める。

証拠方法
　甲1号証　注文書写し
　甲2号証　見積書写し
添付書類
1　委任状
2　申立書副本の受領書
3　各甲号証

510 〔破産管財人関係〕

（別紙）

当　事　者　目　録

〒○○○－○○○○
　　　　○○市○○区○○町○丁目○番○号
　　　　　　申立人　　　　　　　　○○株式会社
　　　　　　上記代表者代表取締役　○　○　○　○
（送達場所）
〒○○○－○○○○
　　　　○○市○○区○○町○丁目○番○号○○ビル○階
　　　　　　申立代理人弁護士　○　○　○　○
　　　　TEL　○○－○○○○－○○○○
　　　　FAX　○○－○○○○－○○○○

〒○○○－○○○○
　　　　○○市○○区○○町○丁目○番○号○○ビル○○号
　　　　　　相手方　破産者○○破産管財人○○○○

（別紙）

届　出　債　権　目　録

1　届出番号　　　　　　　4－1
　　債権の種類　　　　　　売買代金
　　債権の性質　　　　　　一般破産債権
　　金額　　　　　　　　　159万9570円

2　届出番号　　　　　　　4－2
　　債権の種類　　　　　　遅延損害金
　　債権の性質　　　　　　一般破産債権
　　金額　　　　　　　　　1万4949円

3　届出番号　　　　　　　4－3
　　債権の種類　　　　　　遅延損害金
　　債権の性質　　　　　　劣後的破産債権
　　金額　　　　　　　　　159万9570円に対する令和○年○○月○○日か
　　　　　　　　　　　　　ら支払済みまで年○分の割合による金員

以上

512 〔破産管財人関係〕

(別紙)

請 求 原 因 目 録

1　申立人は，寝具用反物の卸売販売を業とする株式会社である。

2　申立人は，令和○年ころ以降，破産者に対し，毎月１５日締め翌月１０日支払の約定で，継続的に寝具用反物を売り渡してきた。

3　破産者は，申立人に対して，令和○年○○月○○日，別紙販売商品一覧表記載の種類及び数量の寝具用反物（以下「本件商品」という。）を発注した（甲１，注文書）。申立人は，破産者に対し，同日，本件商品を，別紙販売商品一覧表記載の代金で売り渡す旨の見積書（甲２）を送付し，破産者はこれを承諾したので，同日，見積書どおりの内容で売買契約が成立し，同月○○日，本件商品を引き渡した。

4　よって，申立人は，破産者○○に対し，売掛金債権元本１５９万９５７０円（届出番号４－１）及びこれに対する弁済期の翌日である令和○年○○月○○日から破産手続開始決定の日の前日である令和○年○○月○○日までの上記弁済期の翌日時点の法定利率年○分の割合による確定遅延損害金１万４９４９円（届出番号４－２）並びに前記元本１５９万９５７０円に対する破産手続開始決定の日である令和○年○○月○○日から支払い済みまで上記弁済期の翌日時点の法定利率年○分の割合による遅延損害金（届出番号４－３）の各債権を有する。

以上

7　債権調査関係　　513

【722　答弁書（債権査定）】

破産債権査定申立事件（申立人　○○○○）
（基本事件　令和○年(フ)第○○○○号）

答　弁　書

令和○年○○月○○日

大阪地方裁判所第6民事部　御中

相手方　破産者○○破産管財人○○○○　印
TEL　○○−○○○○−○○○○
FAX　○○−○○○○−○○○○

申立ての趣旨に対する答弁

1　申立人の届け出た別紙届出債権目録記載の各破産債権の額をいずれも0円と査定する。
2　申立費用は申立人の負担とする。
との決定を求める。

申立ての理由に対する認否

1　届出債権の発生原因について
（1）別紙請求原因目録1及び2の各事実は認める。
（2）同3の事実中，注文書及び見積書の授受の事実は認め，売買契約が成立したとの事実は否認する。
　　破産者は，見積書記載の価格が高額にすぎたため，値引きするよう申し入れたが（乙1），これについての回答を得られないままとなっていたものであり，売買契約は成立していない。
2　破産手続及び債権調査の経緯等について
　　申立ての理由2ないし4記載の各事実は認める。
3　よって，破産債権査定申立書記載の各破産債権はいずれも存在しないので，その額をいずれも0円と査定することを求める。

証拠方法
　乙1号証　破産者から申立人に送付したファックス写し

514 〔破産管財人関係〕

【724 和解許可申請書（公租公課優先）】

令和○年(フ)第○○○○号
破産者 ○ ○ ○ ○

和解許可申請書

（公租公課優先的破産債権用）

令和○年○○月○○日

大阪地方裁判所第6民事部○○係　御中

破産管財人 ○ ○ ○ ○
TEL ○○－○○○○－○○○○

第1 許可を求める事項
　　　頭書事件について，別紙破産債権者表記載の優先的破産債権者に対し，以下の③簡易分配
　　金を配当手続によらずに按分にて分配すること。

　　① 現在の破産財団の差引残高　　　金○○○万○○○○円
　　② 財団債権額　　　　　　　　　　金○○○万○○○○円
　　③ 簡易分配金　　　　　　　　　　金○○○万○○○○円

第2 許可を求める理由
　1 本件については，債権調査届出期間及び債権調査期日が定められていないところ，一般破
　　産債権者の届出はなく，交付要求のみがされている。
　2 他方，破産財団は上記のとおり形成されているところ，上記第1の③の金額は，別紙破産
　　債権者表記載の各債権者の債権合計額に足りない。
　　　そこで，破産管財人は，別紙破産債権者表記載の各債権者に対し，上記のとおり正式の配
　　当手続によらず分配し配当に代えることとしたい。なぜなら，正式の配当手続を実施するに
　　は，債権届出期間及び債権調査期日の指定を行う必要があるが，一般破産債権に対する配当
　　がない以上，徒労かつ煩瑣であって，破産債権者の利益に適しないからである。
　3 今回の優先的破産債権者に対する按分による簡易な分配については債権者に事前に事情を
　　説明し，内諾を得ている。なお，関係する公租公課庁に対し照会し，交付要求があった場合に
　　も他に交付要求漏れがないか確認した上で本件許可申請を行っていることから，同順位の優
　　先的破産債権は他にないと判断している。

　添付書類
　　預金通帳（写し）
　　収支計算書

7　債権調査関係　　515

【725　弁済許可申請書（労働債権）】

令和○年(フ)第○○○○号
破産者　　○　○　○　○

労働債権の弁済許可申請書
（破産法１０１条１項に基づく弁済）

令和○年○○月○○日

大阪地方裁判所第６民事部○○係　御中

破産管財人　○　○　○　○
TEL　○○－○○○○－○○○○

第１　許可を求める事項
　　　頭書事件について，別紙破産債権者表記載の労働債権の優先的破産債権者（Ａ－ｃ）に対
　し，合計○○万○○○○円を弁済すること。

第２　許可を求める理由
　１　本件の労働債権者○○名は，全員労働債権の届出をしている。債権調査は経ていないが，
　　労働債権の存在及び金額は賃金台帳等の資料から明確である。（※債権調査実施後の場合…
　　「令和○年○○月○○日の債権調査期日において認め，確定している。」）
　２　本件は，今後も換価終了までにはかなりの期間を要する見込みである。
　３　この間，労働債権者の一部からは，生活が苦しく優先的破産債権の配当を早く行ってほし
　　い旨の要請を受けている。令和○年○○月○○日に財団債権部分の給料を支払った後，○か
　　月以上も経過しており，労働債権者が優先的破産債権の弁済を受けなければ，その生活の維
　　持を図るのに困難を生ずるおそれがある。
　４　この弁済を行ったとしても，財団の現状からすれば，財団債権又は他の先順位若しくは同
　　順位の優先的破産債権（本件では他にはないと考えている。）を有する者の利益を害するお
　　それはない。
　５　給料の優先的破産債権部分については，破産法１０１条１項に基づき，解雇予告手当につ
　　いては，同条項を類推適用することにより弁済することが相当と考える。
　　　よって，第１のとおり，許可を求める次第である。

添付書類
　預金通帳（写し）
　収支計算書

〔破産管財人関係〕

【801　配当表（破産債権者表一体型）】

配当表綴出日を記載してください

令和○年○○月○○日

□ 破産債権者表　■ 配 当 表
（一般破産債権及び劣後的破産債権の部）

令和○年(ワ)第○○○○○号
破産者　○○○○○
破産管財人　○○○○○

課印は不要です

（単位：円）

届出番号	枝番号	届出破産債権 債権者名	住所	種類	届出額	性質	債権調査の結果 確定債権額	予定不足額	性質	配当関係 配当の手続に参加することができる債権の額	配当金に充当することができる金額	備考
1	1	株式会社○○銀行	東京都○○区○○町○-○-○	貸付金	33,456,417	別B	33,456,417	13,456,417	別B	13,227,523	513,526	R0.10.26確定不足額1,227,523円×案配 ｜（債権調査期日後に発生した事件は、備考欄に記載してください（続く）
	2			約定利息金	369,605	別B	369,605	0	別B	0	0	R0.10.26確定不足額0円と報告 ｜（続き）届出破産債権は修正しないでください 査の結果、債権は確定不足額0円と報告
	3			遅延損害金	883,832	別B	883,832	0	別B	0	0	R0.10.26確定不足額0円と報告
2	1	○○信用金庫	大阪市○○区○○町○-○-○	貸付金	14,426,645	B	14,426,645		B	0		「0」 R0.10.23届出全部取下 ｜（債権調査期日に取下げられた債権については「0」と記載せず、空欄にしてください（続く）
	2			未収利息	94,564	B	94,564		B	0		R0.10.23届出全部取下 ｜（続き）債権調査期日以前の取下げは次番号とし、そもそも債権者表に記載する必要がある債権ではありません
	3			損害金（開始後変更）	124,226	B	124,226		B	0		R0.10.23届出全部取下
	4			損害金（開始後変更）	額未定	C	0			0	0	異議通知済
3		○○信用保証会	大阪市○○区○○町○-○-○	将来の求償権	14,645,435	停B	0	0	停B	14,645,435	568,873	異議通知済 R0.10.23異議全部撤回・確定額(B)14,645,435円
4		○○ファイナンス株式会社	東京都○○区○○町○-○-○	ローン債権	1,027,011	B	1,027,011	1,027,011	別B	1,027,011	39,871	R0.10.23異議全部撤回・確定額1,027,011円と報告
5		○○インキーポレイテッド日本支店代理人弁護士中村太郎	東京都○○区○○町○-○-○	立替金	883,240	B	883,240	883,240	B	883,240	34,289	R0.10.27別除権放棄・確定額1,027,011と報告

通し番号を付してください　1

※債権の性質欄は、次のような記号を用いて記載する。
・優先的破産債権→A（国税・地方税、公課）→A-a、私債権→A-c
・一般破産債権→B、劣後的破産債権→C、約定劣後破産債権→D
・別除権付一般破産債権→別B（別Bが振当当権の場合は別枠B上記載する。）
・上記各債権が停止条件付債権・将来の請求権であるときは停B等BやCやDごとに記号の冒頭に「停」を付する。

将来の求償権や求償債権の届出にあたっては、求償証債権（この例では届出番号2）との二重の届出に注意してください

※有名義債権は、備考欄に「有名義」と記載する。

令和○○年○○月○○日

（○○○○○）第○○○○○号
○○○○○
○○○○○

□ 破産債権者表　　■ 配当表

（一般破産債権及び劣後的破産債権）

（単位：円）

> 債権者が債権債務双方を有している場合は、相殺後の金額を認めるのではなく、債権額全額を認めた上で債務額について一部取り下げをさせてください、当初から相殺後の金額が届け出られた場合は法上この限りではありません

届出番号	枝番号	債権者名	住所	種類	届出額	性質	確定債権額	予定不足額	性質	配当の手続に参加することができる債権の額	配当をすることができる金額	備考
6	1	○○商会こと山田太郎	大阪府○○市○○町○-○-○	売掛金	3,027,356	B	3,027,356		B	2,833,843	110,017	R0.27届出一部取下 残額2,833,843円
	2			約束手形金	1,800,000	B	1,800,000		B	1,800,000	69,880	
	3			約束手形金	1,603,773	B	1,603,773		B	1,603,773	62,262	
	4			約束手形金（遅延損害金の確定部分）	96,227	C	96,227		C	96,227	0	劣後債権であるため配当が回らなくても、「配当の手続に参加することができる債権の額」は「0」としないでください、全額異議を出さない限り、この欄が0となることはありません
7		株式会社○○リース	京都市○○区○○町○-○-○	リース料債権	280,500	B	280,500		B	280,500	10,889	R0.27株式会社○○リース・クレジットに全部承継届 債権届出日以前の全部承継は「債権者名」欄等に新債権者のみ記載してください
8		○○債権回収株式会社（委託者：○○クレジット（株式会社））	東京都○○区○○町○-○-○（委託者：千葉県○○市○○町○-○-○）	立替金	68,045	B	68,045		B	68,045	2,641	有名義 異議撤回済
10		佐藤三郎	堺市○○区○○町○-○-○	貸付金	1,000,000	B	500,000		B	500,000	23,293	R0.28異議一部撤回・確定額(B)600,000円 異議撤回済
				総合計	73,786,676		58,641,441	14,483,428		37,065,597	1,435,241	

> 劣後債権であるため配当が回らなくても、「配当の手続に参加することができる債権の額」は「0」としないでください、全額異議を出さない限り、この欄が0となることはありません

※債権の性質欄は、次のような記号を用いて記載する。
・優先的破産債権―A（国税・地方税―Aʼa、公課―Aʼb、私債権―Aʼc）
・一般破産債権―B、劣後的破産債権―C、約定劣後破産債権―D
・別除権付一般破産債権―B別（別除権が担保する当該債権分は別掲にて記載する。
・上記各債権は将来の停止条件付債権・将来の請求権である場合にはその破産債権の冒頭に「停」を付す。

配当率は、「配当することができる金額」の計算ができるだけの小数点以下の桁数を記載してください。また、劣後債権がある場合には、その配当率の記載も忘れないでください

> 「配当することができる金額」欄について、単に数値の表示形式で小数点以下が表示されないようにしているだけの場合は、エクセルで合計しても正しい総合計額が計算されません。ROUND関数等を使用するか、電卓で検算をおこなってください

配当率＝一般破産債権3.882259%　劣後的破産債権0%

※有名義債権は、備考欄に「有名義」と記載する。

518　〔破産管財人関係〕

令和〇年〇〇月〇〇日

□ 破産債権者表　■ 配 当 表
（優先的破産権の部）

令和〇年(フ)第〇〇〇〇号
破産者　　　〇〇〇〇
破産管財人　〇〇〇〇

（単位：円）

届出番号	枝番号	届出破産債権					債権調査の結果			配当関係		備考
		債権者名	住所	種類	届出額	性質	確定債権額	予定不足額	性質	配当の手続に参加することができる債権の額	配当をすることができる金額	
101	1	佐藤三郎	堺市〇〇区〇〇町〇-〇-〇	給料	380,000	A-c	380,000		A-c	380,000	380,000	
	2			退職金	1,300,000	A-c	1,300,000		A-c	1,300,000	1,300,000	
102	1	〇〇市	大阪府〇〇市〇〇町〇-〇-〇	固定資産税	443,965	A-a				443,965	443,965	
	2			延滞金	55,975	A-a						R0.10.13全部免除
				総合計	2,179,940		1,680,000			2,123,965	2,123,965	

配当率…優先的破産債権100%　劣後的破産債権0%

※有名機権は、優先的破産債権に「有名機」と記載する。

※債権の性質は、次のような記号を用いて記載する。
・優先的破産債権→A（国税・地方税→A-a、公課→A-b、私債権→A-c）
・一般破産債権→B、劣後的破産債権→C、約定劣後破産債権→D
・別除権付一般破産債権→別B（別Bが残額配当権の場合は別係Bに記載する。）
・上記各停止条件付債権・将来の請求権であるときは停Bなどと記号の冒頭に停J名を付す。

一般破産債権及び劣後的破産債権の節・劣後的破産債権の部の順・優先的破産債権の部で通して数を付してください

3

【802　配当表（単独型）】

令和○年○○月○○日

令和○年(フ)第○○○○号
破産者　　　○○　○○
破産管財人　○○　○○

配当表
（一般破産債権及び劣後的破産債権の部）

（単位：円）

届出番号	枝番号	配当の手続に参加することができる破産債権者 債権者名	住所	配当の手続に参加することができる債権の額	配当をすることができる金額	債権者小計	備考
1	2	○○銀行	（省略）	100,000	2,236	13,416	異議通知済　R○.3.10届出一部取下・残額(B)額100,000円
	3	○○保証協会		500,000	11,180		R○.5.15異議全部撤回・確定額(B)100,000円　R○.6.15枝番1のうち500,000円未確
2		堺南店こと堺太郎		500,000	11,180	11,180	R○.3.10届出一部取下・残権確定額500,000円
3	1	○○債権回収㈱		4,000,000	89,440	201,240	有名義　R○.5.20確定不足額4,000,000円と報告
	2			5,000,000	111,800		R○.10.18極度額超過債権額5,000,000円と報告
5		○○保証協会		900,000	20,124	20,124	R○.4.5債権の種類を求償権に変更　一部取下・残確定額 (B)900,000円
6		大阪太郎		300,000	6,708	6,708	R○.10.14条件成就(明渡)300,000円について現実化
7		○○リース		800,000	17,888	17,888	R○.5.15債権の性質を別Bに変更　R○.7.15確定不足額800,000円と報告
101	3	山田太郎		500,000	11,180	11,180	R○.5.20債権の性質をA~のをBに変更
				12,600,000	281,736	281,736	

配当率：一般破産債権　　2.236%
　　　　劣後的破産債権　　0.0%

配当表
（優先的破産債権の部）

令和○年○○月○○日

令和○年（フ）第○○○○○号
破産者　　　○○　○○
破産管財人　○○　○○
旧届出者の表

（単位：円）

届出番号	枝番号	配当の手続に参加することができる破産債権者		配当の手続に参加することができる債権の額	配当をすることができる金額	債権者小計	備　考
		債権者名	住　所				
101	1	山田太郎	（省略）	40,000	40,000	1,140,000	R○.3.5労働者健康安全機構270,000円承継届 備定額40,000円
	2			1,100,000	1,100,000		R○.5.15許可により弁済・残権定額1,100,000円
	4	独立行政法人労働者健康安全機構	（省略）	270,000	270,000		R○.3.5枝番1のうち270,000円承継
102	1	○○市		300,000	300,000	300,000	
103		○○年金事務所		400,000	400,000	400,000	
				2,110,000	2,110,000	2,110,000	

配当率：優先的破産債権　100.0%
　　　　劣後的破産債権　　0.0%

8 配当関係　521

【803　簡易配当進行表（案）】

事件番号　令和○年(フ)第○○○○号
破　産　者　○○　○○
破産管財人　○○　○○　　殿
　　　（FAX　○○-○○○○-○○○○　）

大阪地方裁判所第6民事部○○係
TEL　○○-○○○○-○○○○
FAX　○○-○○○○-○○○○

担当書記官　○○　○○

下記の予定で配当の手続をしていただくようお願いいたします。

簡易配当進行表（案）

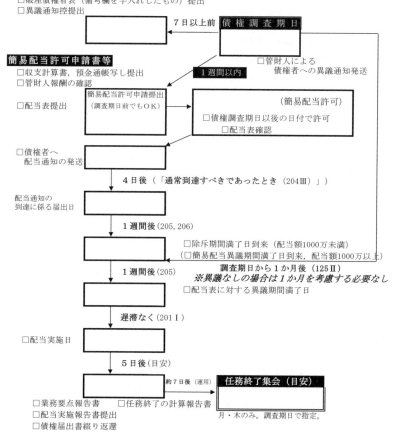

522 〔破産管財人関係〕

【804　簡易配当手続チェックシート（一般管財手続用)】

簡易配当手続チェックシート（一般管財手続用)

- □　1　中間配当していないことの確認
  中間配当をした場合は，簡易配当をすることはできない。
- □　2　換価未了財産有無の確認
  財産目録により財産がすべて換価又は放棄されているかどうか確認する。
- □　3　破産登記抹消の確認
  自然人の場合で破産登記をした物件については，抹消登記上申の漏れがないかどうか確認する。
- □　4　財団債権処理の確認
  管財費用，公租公課，労働債権及び水道電気光熱費等のうち財団債権の額，予納金の補填の要否及び支払いが済んでいるかどうか確認する。
- □　5　破産債権者表・異議通知書控の提出
  未調査の債権届出の有無，取下げ，別除権の不足額確定等の処理が済んでいるかどうか確認する（管財人による債権者への異議通知発送は，債権調査期日終了後に行う）。
- □　6　報酬額決定正本の受領
  報酬額決定があれば裁判所から連絡があるので，報酬額決定正本を取りに行く。
- □　7　簡易配当進行表の作成
  裁判所より送付される進行案をもとに作成し，裁判所へ提出する。
- □　8　簡易配当許可申請書・収支計算書等の提出
  ①　簡易配当許可申請書等は債権調査期日前に提出してもよい。
  ②　収支計算書には，破産手続開始日から報告日までの収支の内容を記載する。預金通帳写しも提出する。
- □　9　配当表の作成・提出
  ①　破産債権者表，債権届出等を確認しながら作成する。
  ②　簡易配当許可申請と同時，あるいは許可後直ちに提出する。
- □　10　簡易配当通知
  ①　裁判所から配当表確認の連絡があり次第直ちに債権者に配当見込額等を通知する。
  ②　通知後は直ちに到達したとみなされる旨を裁判所に届け出る（配当の通知の到達に係る届出書を提出する）。
  ③　配当時異議確認型の場合は，上記②記載の届出日より1週間以内に異議を述べるべき旨も通知する（配当時異議確認型の場合で，債権者から異議の申述があったときには，最後配当手続に切り替わることになる）。

④　配当金振込通知書等を同封する。

⑤　振込通知書との印鑑照合のため，必要に応じて，破産債権届出書の綴りを裁判所から借りておく。

☐　11　配当表の更正

①　破産法205条，199条，201条6項に該当した場合には，直ちに配当表の更正を行い，更正配当表を裁判所に提出する。

②　裁判所から更正配当表確認の連絡があり次第直ちに配当手続を進める。

☐　12　除斥期間満了（配当額1000万円未満の場合）・簡易配当異議期間満了（配当時異議確認型の場合）

簡易配当通知届出提出日から1週間後が除斥期間及び簡易配当異議期間満了日となる。

☐　13　破産債権査定申立期間

（債権者に対して異議を出していた場合）債権調査期日の1ヶ月後となる。

☐　14　配当表に対する異議期間満了

①　除斥期間経過後1週間である。

②　異議があれば裁判所から連絡があるので，その連絡がなければ配当手続を進めてよい。

☐　15　配当額確定

異議期間満了後，配当額を定める。

☐　16　配当実施日

①　予め決めた配当実施予定日に配当を実施する。

②　振込費用は破産財団から支出する。

③　労働債権の配当の際の源泉徴収は不要である。

☐　17　配当額の供託

未受領の配当金等があれば法務局に供託し，供託書正本を管財人事務所で保管する。

☐　18　配当実施報告書等の作成・提出

①　配当終了後，予め決めた提出予定日に配当実施報告書，業務要点報告書，任務終了の計算報告書を提出する。

②　配当実施報告書には，振込受付書写し・供託書写し等を添付する。配当結果を記載した配当表の写しも提出する。

③　任務終了の計算報告書には，収支計算書及び解約した預金口座の通帳写しを添付する。

④　債権届出書綴りを裁判所から借りていた場合，返還する。

☐　19　任務終了集会

☐　20　破産手続終結決定

524　〔破産管財人関係〕

【805　簡易配当許可申請書】

令和〇年(フ)第〇〇〇〇号
破産者　〇　〇　〇　〇

簡易配当許可申請書

令和〇年〇〇月〇〇日

大阪地方裁判所　第6民事部〇〇係　御中

破産管財人　〇　〇　〇　〇
TEL　〇〇-〇〇〇〇-〇〇〇〇
FAX　〇〇-〇〇〇〇-〇〇〇〇

　頭書破産事件について，破産財団に属する財産の換価をすべて終了し，下記のとおり現金がありますので，簡易配当をしたく許可を申請します。
　なお，本件について，中間配当は実施していません。

記

1　現在の破産財団の現金総額　　　　金〇〇〇〇円
　　　　　　　　　　収　　入　　　　金〇〇〇〇円
　　　　　　　　　　支　　出　　　　金〇〇〇〇円
　　　　　　　　　　差引残高　　　　金〇〇〇〇円
2　配当の手続に参加することができる債権の総額　　　　金〇〇〇〇円
　　　　　　　　　優先的破産債権（〇〇名）　　　　金〇〇〇〇円
　　　　　　　　　一般破産債権　（〇〇名）　　　　金〇〇〇〇円
　　なお，一般破産債権には，別除権に係る根抵当権によって担保される破産債権のうち極度額を超える部分の額金〇〇〇〇円（〇〇名）を含む。
3　配当をすることができる金額
　　財団の現金総額より御庁の報酬決定額を控除した金額

添付書類

　1　収支計算書
　2　別除権（根抵当権）に関する報告書

8 配当関係 525

【806 配当についての通知書】

令和○年(フ)第○○○○号
破産者 ○ ○ ○ ○

配当についての通知書

令和○年○○月○○日

○ ○ ○ ○ 殿（○○番）

破産管財人 ○ ○ ○ ○
ＴＥＬ ○○－○○○○－○○○○
ＦＡＸ ○○－○○○○－○○○○

頭書破産事件について，下記のとおりご通知申し上げます。

記

1 本件破産事件において，配当の手続に参加することができる債権の総額は，金○○○○円，配当をすることができる金額は，金○○○○円です。なお，優先的破産債権に対する配当率は○％，一般破産債権に対する配当率は○％，劣後的破産債権に対する配当率は○％です。

2 その結果，貴社（貴殿）に対する配当（見込）額は，金○○○○円となりました。なお，端数処理の関係上，必ずしも配当率と一致しておりません。

3 配当額についての支払いの要領は，次のとおりとさせていただきます。

(1) 支払予定日　令和○年○○月○○日（○）

(2) 支払方法　　銀行振込

原則として銀行振込による支払いとさせていただきます。ご事情により管財人事務所まで直接お受け取りに来られることを希望される方は，準備の都合上，令和○年○○月○○日までに，電話（担当○○）でその旨をご連絡ください。

(3) 必要書類

振込依頼書　　　　　　　　　　　　　　　1通

支払準備の都合上，必要事項を記入いただき，令和○年○○月○○日までに，管財人事務所に必着するようにご送付ください。

また，封筒の表書に「令和○年（フ）第○○○○号の件」又は「破産者○○○○の件」と朱書願います。

4 その他，本配当手続に不明な点がございましたら，破産管財人まで，気兼ねなくお問い合わせください。

526 〔破産管財人関係〕

【807 簡易配当についての通知書（配当時異議確認型）】

令和○年(フ)第○○○○号
破産者 ○ ○ ○ ○

簡易配当についての通知書
（配当時異議確認型）

令和○年○○月○○日

○ ○ ○ ○ 殿 （○○番）

破産管財人 ○ ○ ○ ○
TEL ○○－○○○○－○○○○
FAX ○○－○○○○－○○○○

　頭書破産事件について，簡易配当（配当時異議確認型）を実施したいと考えておりますので，下記のとおりご通知申し上げます。

記

1　簡易配当とは，破産法上認められている簡易な配当手続です。最後配当と比較し，迅速な処理が可能となります。本件破産については，令和○年○○月○○日，簡易配当についての裁判所の許可がなされています。
2　本件破産事件において，配当の手続に参加することができる債権の総額は，金○○○○円，配当をすることができる金額は，金○○○○円です。なお，優先的破産債権に対する配当率は○％，一般破産債権者に対する配当率は○％，劣後的破産債権の配当率は○％です。
3　その結果，貴社（貴殿）に対する配当見込額は，金○○○○円となりました。なお，端数処理の関係上，必ずしも配当率と一致しておりません。
4　簡易配当をすることについて異議のある方は，裁判所に対し，令和○年○○月○○日までに異議を述べる必要があります。
　　異議が述べられた場合，簡易配当は実施されず，最後配当の手続により配当が実施されます。その場合，配当額は配当見込額よりも減少し，支払日時も遅れる可能性がある旨，念のためお知らせします。
5　上記の期間内に異議が述べられなかった場合の配当額についての支払いの要領は，次のとおりとさせていただきます。
　(1) 支払予定日　　令和○年○○月○○日（○）
　(2) 支払方法　　　銀行振込
　　　　原則として銀行振込による支払いとさせていただきます。ご事情により管財人事務所まで直接お受け取りに来られることを希望される方は，準備の都合上，令和○年○○月○○日までに，電話（担当○○）でその旨ご連絡ください。
　(3) 必要書類　　　振込依頼書　　　　　　　　　　　　　1通
　　　　支払準備の都合上，必要事項を記入いただき，令和○年○○月○○日までに，管財人事務所に必着するようにご送付ください。また，封筒の表書に「令和○年(フ)第○○○○号の件」又は「破産者○○○○の件」と朱書願います。
6　その他，本配当手続に不明な点がございましたら，破産管財人まで，気兼ねなくお問い合わせください。

【808 振込依頼書】

振込依頼書

令和〇年〇〇月〇〇日

破産者 〇 〇 〇 〇
破産管財人 弁護士 〇 〇 〇 〇 殿

破産債権者（届出番号〇〇番）

住所

氏名（商号）

（代表者名） 印

注：印鑑は，裁判所に提出の債権届出書に押印したものと同一のものを押
印して下さい。同印鑑紛失の場合や代表者印に変更があった場合は，印
鑑登録印を押印の上，発行後1か月以内の印鑑証明書を添付して下さ
い。法人代表者の変更，本店住所変更，商号変更，合併等組織変更等に
より，債権届出時と現在とで記載内容に変更がある場合は，履歴事項全
部証明書など変更内容を示す資料を添付して下さい。

　私（当社）が受領する大阪地方裁判所令和〇年（フ）第〇〇〇〇号破産事件の下
記配当金については，下記銀行口座にお振り込み下さい。
　なお，下記配当金が下記銀行口座に振り込まれた時をもって配当金全額の受領と
することを承諾いたします。

記
配当金　金〇〇〇〇円

【 振込口座 】

　　　　金融機関名＿＿＿＿＿＿＿＿＿＿銀行・信金・信組・農協・労金・その他

　　　　支 店 名＿＿＿＿＿＿＿＿店

　　　　口座種別　□普通　□当座　□その他（＿＿＿＿＿＿）

　　　　口座番号　＿＿＿＿＿＿＿＿＿＿＿

　　　　口座名義　＿＿＿＿＿＿＿＿＿＿＿

　　　　フリガナ　＿＿＿＿＿＿＿＿＿＿＿

528 〔破産管財人関係〕

【809 配当の通知の到達に係る届出書】

令和○年(フ)第○○○○号
破産者 ○ ○ ○ ○

配当の通知の到達に係る届出書

令和○年○○月○○日

大阪地方裁判所 第6民事部○○係 御中

破産管財人 ○ ○ ○ ○
TEL ○○-○○○○-○○○○
FAX ○○-○○○○-○○○○

　頭書破産事件について，破産管財人は，令和○年○○月○○日，届出をした各破産債権者に対し，普通郵便（あるいはFAX）により，配当の手続に参加することができる債権の総額及び配当をすることができる金額について，添付の配当通知書のとおり通知しました。当該通知は，同月○○日（4日後）に到達したものとみなされます。

　上記のとおり届出をします。

添付書類
　1 配当についての通知書（写し）

【810　配当実施報告書】

令和○年（フ）第○○○○号
破産者　　○　　○　　○　　○

配当実施報告書

令和○年○○月○○日

大阪地方裁判所　第6民事部○○係　御中

破産管財人　○　　○　　○　　○
TEL　○○−○○○○−○○○○
FAX　○○−○○○○−○○○○

　頭書破産事件について，各債権者に対し，令和○年○○月○○日，添付の振込受付書（写し）のとおり支払をして配当を完了しましたので，報告します。

添付書類
　　1　振込受付書（写し）
　　2　配当表（写し）

530 〔破産管財人関係〕

【811 不足額確定報告書】

令和○年(フ)第○○○○号
破産者 ○ ○ ○ ○

不足額確定報告書

令和○年○○月○○日

大阪地方裁判所 第6民事部○○係 御中

破産管財人 ○ ○ ○ ○
TEL ○○-○○○○-○○○○
FAX ○○-○○○○-○○○○

　頭書破産事件について，債権者より別除権の権利の行使により弁済を受けることができなかった額が証明されたため,次のとおり不足額が確定された旨報告します。

届出番号	債権者	別除権の被担保債権として認めた額（円）	確定不足額（円）

添付書類
　1　債権者提出の不足額証明資料

8　配当関係　　531

【812　別除権（根抵当権）に関する報告書】

令和○年（フ）第○○○○号

破産者　○　○　○　○

別除権（根抵当権）に関する報告書

令和○年○○月○○日

大阪地方裁判所　第6民事部○○係　御中

破産管財人　○　○　○　○

ＴＥＬ　○○－○○○○－○○○○

ＦＡＸ　○○－○○○○－○○○○

　頭書破産事件について，現時点において債権者より別除権の権利の行使により弁済を受けることができなかった額が証明されていないため，令和○年○○月○○日における別除権に係る根抵当権によって担保される破産債権のうち極度額を超える部分は次のとおりである旨報告します。

届出番号	債権者	被担保債権額(円)	極度額(円)	極度額を超える部分の額(円)

一口メモ　基準日は法律上は簡易配当（最後配当）許可の日となりますが，事務処理の関係上，個別管財手続においては破産債権者表の備考欄点検の日，一般管財手続においては破産債権者表（認否予定書）を裁判所に提出する日とします（本書289頁参照）。

532 〔破産管財人関係〕

【813 最後配当許可申請書】

令和○年(フ)第○○○○号
破産者 ○ ○ ○ ○

最後配当許可申請書

令和○年○○月○○日

大阪地方裁判所 第6民事部○○係 御中

破産管財人 ○ ○ ○ ○
TEL ○○-○○○○-○○○○
FAX ○○-○○○○-○○○○

　頭書破産事件について，破産財団に属する財産の換価をすべて終了し，下記のとおり現金がありますので，最後配当をしたく許可を申請します。

記

1　現在の破産財団の現金総額　　　　金○○○○円
　　　　　　　　　収　　入　　　　金○○○○円
　　　　　　　　　支　　出　　　　金○○○○円
　　　　　　　　　差引残高　　　　金○○○○円
2　配当の手続に参加することができる債権の総額　　　　金○○○○円
　　　　　　　　　優先的破産債権（○○名）　　　金○○○○円
　　　　　　　　　一般破産債権　（○○名）　　　金○○○○円
　　なお，一般破産債権には，別除権に係る根抵当権によって担保される破産債権のうち極度額を超える部分の額金○○○○円（○○名）を含む。
3　配当をすることができる金額
　　財団の現金総額より御庁の報酬決定額を控除した金額

添付書類
　1　収支計算書
　2　別除権（根抵当権）に関する報告書

【817　中間配当許可申請書】

令和〇年(フ)第〇〇〇〇号
破産者　〇　〇　〇　〇

中間配当許可申請書

令和〇年〇〇月〇〇日

大阪地方裁判所　第6民事部〇〇係　御中

破産管財人　〇　〇　〇　〇
TEL　〇〇-〇〇〇〇-〇〇〇〇
FAX　〇〇-〇〇〇〇-〇〇〇〇

　頭書破産事件について，現在，下記のとおり現金がありますので，中間配当（第〇回）をしたく許可を申請します。

記

1　現在の破産財団の現金総額　　金〇〇〇〇円
　　　　　　　　　　収　　入　　金〇〇〇〇円
　　　　　　　　　　支　　出　　金〇〇〇〇円
　　　　　　　　　　差引残高　　金〇〇〇〇円
2　配当の手続に参加することができる債権の総額　金〇〇〇〇円
　　　　　　優先的破産債権（〇〇名）　　金〇〇〇〇円　　予想配当率〇％
　　　　　　一般破産債権（〇〇名）　　　金〇〇〇〇円　　予想配当率〇％
　　なお，このほかに，別除権予定不足額として金〇〇〇〇円が見込まれるため，その分の留保が必要になります。
3　今後の財団への収入としては，〇〇〇〇により約〇〇〇〇円，〇〇〇〇により約〇〇〇〇円が，支出としては，〇〇〇〇のために約〇〇〇〇円が見込まれ，残業務の終了までには約〇か月を要する予定です。したがって，次回の配当は令和〇年〇〇月ころに最後配当することを考えています。

添付書類
　1　業務要点報告書（第〇回）
　2　収支計算書
　3　預金通帳写し

534 〔破産管財人関係〕

【818　中間配当についての通知書】

令和○年(フ)第○○○○号
破産者　○　○　○　○

中間配当についての通知書

令和○年○○月○○日

○　○　○　○　殿（○○番）

破産管財人　○　○　○　○
TEL　○○-○○○○-○○○○
FAX　○○-○○○○-○○○○

　頭書破産事件について，中間配当を実施しますので，下記のとおりご通知申し上げます。

記

1　本件破産事件において破産財団に属する財産の換価は終了しておりませんが，今後も換価業務が続く見込みですので，最後配当を実施する前に中間配当を行うこととなりました。裁判所の許可を得た上で，令和○年○○月○○日，配当の官報公告を行い，令和○年○○月○○日に除斥期間が，令和○年○○月○○日に配当表に対する異議申出期間がそれぞれ満了しています。

2　本件破産事件において，中間配当の手続に参加することができる債権の総額は，金○○○○円，中間配当をすることができる金額は，金○○○○円です。
　　　また，配当率は次のとおりです。

優先的破産債権	○%
一般破産債権	○%
劣後的破産債権	○%

3　その結果，貴社（貴殿）に対する中間配当額は，金○○○○円となりました。なお，端数処理の関係上，必ずしも配当率と一致しておりません。

4　中間配当の支払いの要領は，次のとおりとさせていただきます。
　(1)　支払予定日　　令和○年○○月○○日（○）
　(2)　支払方法　　　銀行振込
　　　　原則として銀行振込による支払いとさせていただきます。ご事情により管財人事務所まで直接お受け取りに来られることを希望される方は，準備の都合上，令和○年○○月○○日までに，電話（担当○○）でその旨をご連絡ください。
　(3)　必要書類
　　　　振込依頼書　　　　　　　　　　　　　　　　1通
　　　　支払準備の都合上，必要事項を記入いただき，令和○年○○月○○日までに，管財人事務所に必着するようにご送付ください。また，封筒の表書に「令和○年(フ)第○○○○号の件」又は「破産者○○○○の件」と朱書願います。

5　その他，本中間配当手続に不明な点がございましたら，破産管財人まで，気兼ねなくお問い合わせください。

9　破産手続の終了関係　535

【901　任務終了による計算報告のための債権者集会の招集申立書】

令和〇年(フ)第〇〇〇〇号

破産者　　〇〇〇〇

任務終了による計算報告のための
債権者集会の招集申立書

令和〇年〇〇月〇〇日

大阪地方裁判所　第6民事部〇〇係　御中

破産管財人　　〇　〇　〇　〇

TEL　〇〇－〇〇〇〇－〇〇〇〇

FAX　〇〇－〇〇〇〇－〇〇〇〇

　頭書破産事件について，任務終了による計算報告のための債権者集会の招集を申し立てます。

536 〔破産管財人関係〕

【902　財団債権弁済報告書】

令和○年(フ)第○○○○号

破産者　　○○○○

財団債権弁済報告書

令和○年○○月○○日

大阪地方裁判所　第6民事部○○係　御中

破産管財人　　○　○　○　○

TEL　○○－○○○○－○○○○

FAX　○○－○○○○－○○○○

　頭書破産事件について，令和○年○○月○○日，財団債権者に対し，別紙の一覧表のとおり，（全額・按分）による弁済を完了しましたので，報告します。

添付書類

　1　領収書等写し

9 破産手続の終了関係　537

【903　任務終了の計算報告書】

令和○年(フ)第○○○○号

破産者　　○○○○

任務終了の計算報告書

令和○年○○月○○日

大阪地方裁判所　第6民事部○○係　御中

破産管財人　　○　○　○　○

TEL　○○－○○○○－○○○○

FAX　○○－○○○○－○○○○

　頭書破産事件について，破産管財人の任務が終了しましたので，別紙収支計算書のとおり報告します。

538　〔破産管財人関係〕

【905　異時廃止手続チェックシート】

異時廃止手続チェックシート

1　申立前のチェック事項
　□　換価未了財産有無の確認
　　財産目録により財産がすべて換価又は放棄されているかどうか確認する。
　□　破産登記抹消の確認
　　自然人破産の場合で破産登記をした物件については，抹消登記上申の漏れがないかどうか確認する。
　□　財団債権処理の確認
　　管財費用，公租公課及び労働債権のうち財団債権の額，予納金の補填の要否を確認し，財団に余裕があれば支払っても差し支えないが，原則として，報酬額決定後支払う。
　□　債権調査終了等の確認
　　一般調査期日が終了している事案の場合，未調査の債権届出の有無，特別調査・取下げ等の処理が済んでいるかどうか確認する。
2　申立後のチェック事項
　□　収支計算書等の提出
　　①　換価終了後直ちに提出する。廃止意見聴取・任務終了集会期日が未指定の場合，破産手続廃止の申立書も提出する。
　　②　収支計算書には破産手続開始日から報告日までの収支の内容を記載する。預金通帳写しも提出する。
　　③　必要があれば財団債権一覧表を作成し，未払いの公租公課がある場合には，交付要求書の写しも提出する。
　□　報酬額決定正本の受領
　　報酬額決定があれば裁判所から連絡があるので，報酬額決定正本を取りに行く。
　□　任務終了（廃止）集会での進行予定の打合せ
　　①　裁判所と打ち合わせて任務終了（廃止）集会までの進行予定を決める。
　　②　裁判所に任務終了（廃止）集会期日決定正本を取りに行く（未指定だった場合）。
　□　財団債権の弁済
　　財団債権弁済後，財団債権弁済報告書を提出する。
　□　任務終了（廃止）報告書の作成・提出
　　①　予め決めた提出予定日に任務終了（廃止）報告書を提出する。
　　②　任務終了（廃止）報告書には，収支計算書及び解約した預金口座の通帳写しを添付する。

9 破産手続の終了関係　539

③ 債権届出書綴りを裁判所に返還する（当初配当見込みの予定が廃止になった場合）。

□　任務終了（廃止）集会
□　破産手続廃止決定，同決定正本の受送達
□　廃止決定後債権者及び課税庁に結果通知

540 〔破産管財人関係〕

【906 破産手続廃止の申立書】

令和○年(フ)第○○○○号

破産者 ○ ○ ○ ○

破産手続廃止の申立書

令和○年○○月○○日

大阪地方裁判所 第６民事部○○係 御中

破産管財人 ○ ○ ○ ○

TEL ○○－○○○○－○○○○

FAX ○○－○○○○－○○○○

　頭書破産事件について，破産財団の現況は，令和○年○○月○○日付収支計算書のとおりであり，他に破産財団の資産と認めるべき財産はありません。なお，財団債権は，別紙一覧表のとおり，合計金○○万○○○○円です。

　したがって，破産財団をもって破産手続の費用を支弁するのに不足すると認めますので，破産手続の廃止を申し立てます。

　なお，上記破産手続廃止に関する意見を聞くための債権者集会を招集する場合，同集会で異議がないときは，併せて，任務終了による計算報告のための債権者集会の招集を申し立てます。

添付書類

　　1　収支計算書

　　2　預金通帳（写し）

　　3　交付要求書（写し）

9 破産手続の終了関係 541

【907 管財業務についての結果報告書】

令和○年(フ)第○○○○号

破産者 ○○○○

管財業務についての結果報告書

令和○年○○月○○日

破産債権者各位

破産管財人 ○ ○ ○ ○

TEL ○○−○○○○−○○○○

FAX ○○−○○○○−○○○○

　頭書破産事件について，破産管財業務を行った結果，令和○年○○月○○日，大阪地方裁判所第6民事部において，破産手続廃止決定がされました。本件につきましては，残念ながら配当に及びませんでしたので，その旨ご報告申し上げます。

索　引

事 項 索 引

○ *第1編のページ数を明朝体，特に重要なページ数はゴチック体とし，第2編のページ数を イタリック体としました。*

【あ】

	ページ
明渡費用	26
宛名シール	**30**,*97*
新たに知れたる債権者等への 発送報告書	*98*,*438*
新たに発見した財産	111
新たに判明した破産債権者	32
按分弁済	
財団債権の――	297,**333**
裁量免責のための相当措置 としての――	345
優先的破産債権である租税 等の請求権・労働債権の ――	297

【い】

異議通知	267
――書（一般）	*505*
――書（別除権付）	*505*
――書（労働債権）	*506*
異議撤回	287,**290**
――書（一般）	*508*
――書（別除権付）	*508*
――報告書	*507*
異議の訴え	
否認の請求の認容決定に対 する――	199
否認の請求の認容決定に対 する――の管轄	200
役員責任査定決定に対する ――	205,**207**

意見書	
自由財産拡張に関する――	**91**,113,115,*485*
免責に関する――	112,**346**,*484*
意見申述期間	342
遺産分割の否認	194
異時廃止	332
――手続チェックシート	333,*538*
慰謝料請求権（自由財産）	67
一身専属性を有する権利	67
一般管財手続	331
――における計算報告集会 に先立って提出すべき書 面	331
――における債権者集会の 事前準備	107
――における債権者集会の 進行	115
――における債権調査の時 期	248
――における債権調査の準 備・結果発表	257
――における債権届出後の 債権変動	285
――における留保型から期 日型への移行の時期	246
――の運用モデル	4
――の流れ	7
――のフローチャート	10
一般調査期日	256
――終了後の債権届出	255
――終了後の届出事項の変 更	256

届出期間経過後——終了前
の債権届出 255
異動届出書 28
委任契約 134
違約金条項 128
遺留分侵害額請求権（形成権） 67
印鑑届 96, *433*

【う】

請負契約 130
請負人の破産 130
受取手形
　——（換価） 140
　——・小切手目録 47, *371*, *412*
　——（申立て） 23
売掛金
　——（換価） 140
　——（自由財産拡張） 79
　——請求書 *447*
　——目録 48, *371*, *413*
運行供用者責任 90, **157**, 160

【え】

閲覧等の制限 105
　——申立書 *442*
延滞税・延滞金
　——の減免 170, **296**
　破産手続開始決定後に発生
　した—— 218, 220
　破産手続開始決定前に発生
　した—— 218-220

【か】

買受希望者 146
　——に売却する旨の届出 186
買受けの申出 185
買掛金一覧表 45, *366*, *404*

解雇予告手当 21, 27, **232**, 238, 240
解散事業年度 168
開始決定通知等発送用の封筒 96
開始時異議確認型の簡易配当 302, **305**
開始時現存額主義 **277**, 310
解除権の制限（賃貸借契約） 125
解除条件付債権 310, **326**
解約返戻金→保険解約返戻金
価額償還請求 **193**, 213
拡張→自由財産拡張
拡張適格財産 72
　——性の審査 72, **74**
　定型的—— 72, **74**
　定型的——以外の財産 79
確答すべき旨の催告 124
額未定の劣後的破産債権の届
出 269
家計収支表 **62**, 345, *400*
家計簿 345
家財道具等
　——（換価） 156
　——（自由財産） 66
加算税 220
貸金庫内の財産 163
貸金債権（債権調査） 269
貸付金
　——（換価） 146
　——目録 49, *372*, *413*
　役員の会社に対する——請
　求権 282
ガス
　——供給契約 125
　財団債権となる——の使用
　料債権 213, **280**
　優先的破産債権となる——
　の使用料債権 263, **281**
仮装経理 167
過払金
　——（換価） 163

事項索引　　547

――（自由財産拡張）　72,**77**
――（申立て）　46,64
――目録　52,64,*376*,*411*
株式
　――（自由財産拡張）　80
　――（申立て）　51
借入金一覧表　45,*365*,*403*
仮差押え
　担保権消滅手続と――　191
　破産手続開始決定と――　101,*441*
仮差押終了上申書　101,*441*
仮処分　101
為替手形→手形
簡易配当　3,302,**305**
　――許可申請書　*524*
　――進行表　306,*521*
　――手続チェックシート
　　（一般管財手続用）　306,*522*
　――手続の流れ　319
　――に対する異議申述期間　314
　――についての通知書（少
　　額型）　313,*525*
　――についての通知書（配
　　当時異議確認型）　*526*
　――の許可申請　311
　開始時異議確認型の――　302,**305**
　少額型の――　302,**304**
　配当時異議確認型の――　302,**305**
簡易分配
　租税債権の和解契約による
　　――　300,*514*
　労働債権の和解契約による
　　――　237,**253**,*301*
　和解契約による――　300
簡易保険　67
換価業務　135
管轄
　競合――　15,**38**
　大規模事件の――　38
　破産事件の――　28

破産債権査定異議の訴えの
　――　292
否認の訴え・否認の請求の
　――　195
否認の請求の認容決定に対
　する異議の訴えの――　200
管財業務
　――スケジュール　*428*
　――についての結果報告書　335,*541*
管財事件
　――と同時廃止事件との手
　　続選択　13
　――の手続費用　13,**19**,41,*350*
管財手続
　――への移行　14
　――連絡メモ　107,*476*
管財人
　――からの郵便物　104
　――口座　96,102
　――証明書　96
　――証明書（不動産登記用）　96,138
　――との面談　32,87
　――の印鑑届及び高価品保
　　管場所の届出書　96,*433*
　――の運行供用者責任　90
　――の緊急処分義務　337
　――の受任　93
　――の情報提供努力義務　235
　――の申告義務　168,170
　――の選択権　123
　――の手引　93
　――の免責　332
　――引継資料一覧表　22,31
　――引継資料一覧表（自然
　　人用）　65,*419*
　――引継資料一覧表（法人
　　用）　55,*381*
　――への引渡し物件の整理
　　と保管　28

548 事項索引

——報酬 306
管財補充報告書 57,*388*
還付 168-170
官報公告費用 13,19,**20**,36,247,256
——（期日型への移行） 247
——（特別調査期日） 256
——（免責観察型） 36
管理・換価・配当に関する費
用の請求権 211,223,225,**242**,280

【き】

機械
——・工具類（換価） 156
——・工具類（申立て） 59
——・工具類目録 49,*373*,*414*
期間方式 247
期日打合せメモ 30,*425*
期日型 **244**,249
——への移行 246
ご連絡（——用） 98,*497*
ご連絡（留保型→——用） *499*
期日方式 3,**247**
99万円超過部分の破産財団へ
の現金の組入れ 73,**83**
99万円枠の審査 73,**81**
求償権 275
将来の—— 276
給与債権
——（自由財産） 66
——の差押え 101,193
給与所得者異動届出書 28
給料 21,**232**
——の天引き 193
競合管轄 15,**38**
共済金 67
強制執行 101,*439*,*440*
業務に不可欠な器具 66
業務要点報告書 **108**,114,331,334,*477*

許可
簡易配当の—— 311
最後配当の—— 320
中間配当の—— 326
追加配当の—— 329
許可申請 **136**,150
口頭の放棄—— 116,**138**
許可申請書
簡易配当—— *524*
最後配当—— 320,*532*
住所変更—— 33,*426*
中間配当—— *533*
追加配当—— 329
不動産売却等—— *458*,*459*
不動産放棄—— *461*
旅行—— 33,*427*
労働債権の弁済—— *515*
和解——（公租公課優先的
破産債権用） *514*
許可不要行為 124,**137**
自動車の任意売却と—— 158
漁具 66
許認可官庁 97
緊急処分義務 337
金銭の納付 173,**189**

【く】

具体的納期限 213,**215**
納期限（——）一覧表 228
組入金額 179

【け】

計算書異議申述期間の決定 336
計算報告集会 3,5,330,334
計算報告書 331,334,335,*537*
軽自動車税
——の具体的納期限 225
——の発生時期 157,**225**

事項索引　　549

軽自動車の対抗要件　　159

係属中の訴訟等

　──一覧表　　54,65,*378,417*

　──に関する情報提供　　32,35

継続的給付を目的とする双務
　契約　　**124**,213,281

携帯電話　　25,125

契約関係の処理　　122

契約者貸付　　75

下水道の使用料　　281

欠損金の繰戻し　　166

決定

　計算書異議申述期間の──　　336

　担保権消滅許可──　　173

　追加報酬──　　332

　廃止──　　335

　廃止意見聴取期間の──　　336

　破産手続開始等の──　　*429,431*

　明示の拡張に関する──　　69

　黙示の拡張──　　68

　役員責任査定──　　206

現況調査報告書　　103

現金

　──（換価）　　139

　──（自由財産）　　74

　──（申立て）　　63

健康保険被保険者資格喪失届　　28

原債権　　263,266,273,**276**,286,288,318

原材料　　143

原状回復請求権　　127

建設機械　　23

源泉所得税

　──の還付　　167

　──の具体的納期限　　222

　管財人の支払う報酬等に対
　　する──　　295

源泉徴収義務　　295,307

現地確認　　103

【こ】

公課の具体的納期限　　217,231

高価品保管口座通帳写し　　112,114,117

高価品保管場所等の届出書　　96,*433*

公共料金　　280

工具類

　機械・──（換価）　　156

　機械・──（申立て）　　59

　機械・──目録　　49,*373,414*

厚生年金基金掛金の具体的納
　期限　　225

厚生年金保険

　──被保険者資格喪失届　　28

　──料の具体的納期限　　225

公租公課

　──庁　　97

　──の按分弁済　　297

　──の届出（交付要求）　　254

　財団債権となる　　214

　優先的破産債権となる──　　218

　和解許可申請書（──優先
　　的破産債権用）　　300,*514*

交通事故被害者の直接請求権
　（自由財産拡張）　　67

公的年金の受給権　　67

口頭の放棄許可申請　　116

交付要求　　221,254,284,**294**

小切手

　──（換価）　　140

　受取手形・──目録　　47,*371,412*

　手形・──債権一覧表　　*365,403*

告示書　　103,*443*

国税徴収法又は国税徴収の例
　によって徴収することので
　きる請求権　　213

国民健康保険料の具体的納期
　限　　225

個人事業者型　　14

550 事項索引

固定資産税
　——の具体的納期限　224
　——の発生時期　154,**224**
　具体的納期限未到来の——　294
個別管財手続
　——における計算報告集会
　　に先立って提出すべき書
　　面　331
　——における債権者集会の
　　事前準備　113
　——における債権者集会の
　　進行　117
　——における債権調査の時
　　期　249
　——における債権調査の準
　　備・結果発表　261
　——における債権届出後の
　　債権変動　288
　——における留保型から期
　　日型への移行の時期　246
　——の運用モデル　5
　——の選別基準　12
　——の流れ　9
　——のフローチャート　11
雇用保険　27
ゴルフ会員権
　——（換価）　163
　——（申立て）　51
ご連絡　**97**,253,269
　——（期日型用）　*497*
　——（留保型→期日型用）　*499*
　——（留保型用）　*498*
コンデンサー　155

【さ】

サービサー　**143**,146
災害障害見舞金　67
災害弔慰金　67
債権執行終了上申書　101,*439*

債権者一覧表　44,63,*364*
　——（自然人用）　*402*
　——（法人用）　*364*
　その他の——　46,*367*,*405*
債権者集会　106
→「財産状況報告集会」も参
　照
　——の事前準備　107
　——の進行　115
　——の続行・延期　117
債権者通知書（廃止意見聴取
　期間の決定等）　336
債権者表→破産債権者表
債権者名簿提出の簡略化（免
　責）　35
債権承継届　258,**285**
債権譲渡の否認　197
債権調査　244
　——期間　244
　——期日　3
　——期日の延期　117,118,**248**,249
　——期日の指定　244
　——の結果発表　116,118
　——の時期　248
　——の準備　260
　——の方法　247
債権届出期間及び——期日
　の通知　*500*
債権届出
　——期間　3,**244**
　——期間及び債権調査期日
　　の通知　*500*
　——後の債権変動　285
　——の時期　255
　——の承継　285,288
　——の取下げ　285
　——の方式　250
　一般調査期日終了後の——　255
　届出期間経過後一般調査期
　　日終了前の——　255

事項索引　551

債権届出書　96,98,**245**,247,*492,493*

債権認否　5,**268**

債権の種類　264

　——の変更　287,290

債権の性質

　——の変更　287,290

　——欄の符号　263

在庫商品

　——（換価）　143

　——（自由財産拡張）　79

　——の一括売却　144

　——目録　48,*372,414*

最後配当　3,302,305,**320**

　——許可申請書　320,*532*

　——における配当額の定め
　　及び通知　321

　——の許可申請　320

　通常の——手続の流れ　323

財産減少行為　339

財産状況報告集会　3,**5**,33

　→「債権者集会」も参照

　——等の期日調整　30

財産状況報告書兼破産手続廃
止の申立書兼任務終了の計
算報告書兼書面による計算
報告の申立書　335

財産の状況　42

財産分与請求権　67

　——の否認　194

財産目録

　——（自然人用）（破産管財
　　人）　110,114,**135**,331,334,*482*

　——（総括表・自然人用）
　　（申立て）　63,*408*

　——（総括表・法人用）（申
　　立て）　46,*370*

　——に記載のない財産　72,**80**

　——（法人用）（破産管財人）
　　110,114,**135**,331,334,*481*

その他の——　53,*377,415*

最終の決算書

　——に記載されており，か
　　つ申立書の財産目録に記
　　載のない財産についての
　　処分状況等一覧表　53,*377*

財団からの放棄　116,**153**,*440,476*

　担保権消滅手続と——との
　　関係　175

財団組入額　148

財団債権　209

　——相互の優先順位　241

　——である租税等の請求権
　　の延滞税　218

　——でないことの確認を求
　　める訴訟　284

　——となる上水道・電気・
　　ガスの使用料債権　213,**280**

　——となる租税等の請求権　214

　——となる労働債権　232

　——の按分弁済　297,300,**333**

　——の支払の終期　211

　——の種類　211

　——の弁済　293

　——弁済報告書　117,307,*536*

　——・優先的破産債権の弁
　　済　293

再度の免責申立て　340

債務整理の手続選択　33

債務の状況　41

裁量免責　62,**341**,344,346

　——のための相当措置とし
　　ての按分弁済　36,**345**

　——を不相当と判断した場
　　合　346

詐害行為否認　192,196,**203**

差額償還請求　193

差押え

　給料の——　101

552　事項索引

破産手続開始決定と——　101,*439*
差押禁止債権　66
差押禁止動産　66
詐術　62,**339**
暫定的異議　267

【し】

仕掛品　143
資格証明書　**251**,258
資格喪失届　28
敷金
　——（換価）　161
　——の回収見込額（申立て）　65
敷金返還請求権
　——（債権調査）　280
　——（自由財産拡張）　72,**76**
　——（賃貸人の破産）　152
　——に設定された質権　**130**,161
事業者破産　18,19,**21**,25
事業譲渡の否認　194
事業所税の具体的納期限　223,224
事業税の具体的納期限　223,224
資産及び負債一覧表
　——（自然人用）　63,*402*
　——（法人用）　44,*364*
資産等調査型　14
事前求償権　279
　——（債権調査）　279
　——（配当）　310
自然人破産申立書記入要領　56
自然人用破産申立書について　*386*
事前相談　38
　——メモ　38
質権　180
　解約返戻金に設定された
　——　162
　敷金返還請求権に設定され
　た——　**130**,161

保険金請求権に設定された
　——　162
執行行為否認　193
執行裁判所への届出書　101,*440*
執行終了上申書　101,*439*
自動確定方式の租税　**216**,229
自動車
　——（換価）　157
　——（自由財産拡張）　72,76
　——目録　50,*374*,*409*
　——の対抗要件　158
　——の廃車手続　158
　——（申立て）　23
　自由財産拡張に係る——受
　領書　90,*462*
　所有権留保された——　24,**158**
　所有権留保された——の引
　揚げと否認　194
自動車税
　——の具体的納期限　225
　——の発生時期　157,**225**
社会保険料の具体的納期限　225
什器備品
　——（換価）　156
　——（自由財産拡張）　79
　——目録　50,*374*,*415*
従業員の解雇　**27**,39
住居制限　33
自由財産拡張　66
　——制度と否認との関係　71
　——制度と免責との関係　71
　——制度の運用基準　58,68,**71**
　——における拡張適格財産　72
　——に係る自動車受領書　90,*462*
　——に関する意見書　69,**91**,113
　　　　　　　　　　　　115,*485*
　——の判断時期　89
　——申立て　58,**85**
　——申立書　65,**85**,*421*
　——を求める財産の選択　84

明示の——に関する決定	69
黙示の——決定	68
収支計算書	**112**,114,331,*483*
住所変更許可申請書	33,*426*
住民税	
——の具体的納期限	**223**,**224**,230
——の特別徴収から普通徴収への切替え	28
受継	99
出産育児一時金	67
出資金	
——（換価）	140
——（自由財産拡張）	75
受訴裁判所に対する上申	99
受任通知	18
主要な公課の法定納期限・具体的納期限	231
主要な国税の法定納期限・具体的納期限	229
主要な地方税の法定納期限・具体的納期限	230
照会書	
——（金融機関）	*444*
——（保険会社）	*446*
少額型の簡易配当	302,304
少額配当（配当額1000円未満）の受領意思の届出	251,265,**313**,326
小規模企業共済の共済金	67
商業帳簿等の保管	337
商業登記嘱託書	97
承継届	258,**285**
使用者の破産	133
招集型手続	106
——への移行	120
商事留置権消滅請求	133,**146**
上申書	
——（免責観察用）	36,*422*
受訴裁判所に対する——	99
上水道	
——供給契約	125
財団債権となる——の使用料債権	213,**280**

優先的破産債権となる——の使用料債権	263,**281**
消費者破産	17,**18**
消費税	
——の還付	166
——の具体的納期限	**223**,229
——の申告	168,170
傷病手当金	67
情報提供努力義務	235
賞与	232,**234**
将来の求償権	276
将来の請求権	
——（債権調査）	264,**279**
——の条件成就	287,289
——の除斥	310
——（配当）	**310**,323
除斥	
租税等の請求権の——	211,**221**,318
停止条件付債権・将来の請求権の——	310
別除権付債権の——	309
除斥期間	310,**314**,321,327
所得税	
——の還付	168
——の具体的納期限	221
処分済財産等一覧表	65,*416*
所有権移転登記の否認	194
所有権留保	145
——された自動車	24,**158**
——された自動車の引揚げと否認	194
知れている債権者等への発送報告書	98,*437*
知れている財産所持者	97
知れている破産債権者	97
申告	
管財人の——義務	168
消費税の——	168,**170**
所得税の——	168

554 事項索引

清算確定—— 169
税務—— 168
法人税の—— 168
申告納税方式の租税 **215**.229

【す】

水道
——供給契約 125
財団債権となる——の使用
料債権 213.**280**
優先的破産債権となる——
の使用料債権 263.**281**
スリートップ方式 4

【せ】

生活保護受給権 67
税金の還付請求 165
清算確定申告 169
税務申告 168
説明義務 31.**37**.341
1000円未満の少額配当金の受
領意思の届出 251.265.**313**.326

【そ】

相殺 127
——の禁止について 204
相当性の要件（自由財産拡張） 72.74.**79**
相当の対価を得てした財産の
処分行為の否認 193.203
双方未履行双務契約 **123**.275
——に関する相手方の確答
すべき旨の催告 124
——に関する管財人の選択
権 123
贈与の否認 194

遡求権の行使 270
即時抗告（自由財産拡張） 70.91
訴訟手続の中断 99
訴訟の受継 **99**.291
租税債権
——についての和解契約 300
和解許可申請書（——） *514*
租税等の請求権 **213**.284.297
——に関する判断フローチ
ャート 227
——の按分弁済 297
——の除斥 211.**221**.318
——の優先関係 227
財団債権となる—— 214
優先的破産債権となる—— 218
劣後的破産債権となる—— 220
租税の申告義務 168
その他の債権者一覧表 46.*367*.*405*
その他の財産目録 53.*377*.*415*
疎明資料目録
——（自然人用） 65.*418*
——（法人用） 55.*380*
損害賠償請求権（自由財産拡
張） 80

【た】

代位弁済 258.**275**.318.*496*
ダイオキシン 155
大規模事件 15.38
対抗要件否認 193
退職金
——債権（換価） 162
——債権（自由財産） 67
——債権（自由財産拡張） 72.73.**77**
——債権（労働債権） 235
——目録 *410*
未払——（申立て） 21
滞納公租公課一覧表 46.*368*.*406*

事項索引　　555

滞納処分
　　——による差押えの解除　　150
　　受任通知と——　　18
　　担保権消滅手続と——　　192
代表者の破産申立て　　41
宅地建物取引業　　162
立替払　　22, 27, **239**, 252, 312
担保権
　　——実行の申立て　　184
　　——の消滅　　189
担保権者との交渉　　149
担保権消滅
　　——許可決定　　173, **187**
　　——許可の申立て　　173, **174**
　　——許可の申立ての対象と
　　　なる担保権　　180
　　——許可の申立ての取下げ　　177
　　——許可申立書　　181, *463*
　　——手続　　146, 149, 153, **171**
　　——手続と仮差押え　　191
　　——手続と滞納処分　　192
　　——手続と任意売却との関
　　　係　　175
　　——手続と破産財団からの
　　　放棄との関係　　175
　　——手続と否認権行使との
　　　手続選択　　176
　　——手続における配当の実
　　　施　　191
　　——手続における融資の利
　　　用　　190
　　——手続の流れ　　172
担保の変換　　202
担保不動産競売　　101, *440*

【ち】

遅延損害金　　269
知的財産権
　　——（換価）　　164

　　——（申立て）　　53
地方税
　　——の還付　　166
　　——の具体的納期限　　230
中間納付税の還付　　166
中間配当　　303, 305, **325**
　　——許可申請書　　*533*
　　——通知書　　327, *534*
　　——の許可申請　　326
中小企業退職金共済の共済金　　67
中断　　99
注文者の破産　　132
超過配当　　311
帳簿閉鎖　　103
直接請求権（自由財産拡張）　　67
直前現金化　　74
賃借人の破産　　127
賃借物件等の処理　　26
賃借保証金
　→「保証金」も参照
　　——（換価）　　161
　　——・敷金目録　　52, *375, 410*
　　——の回収見込額　　65
賃貸借契約　　125
賃貸中の不動産　　152
　　——の放棄　　155
賃貸人の破産　　125
賃料　　152
　　——債権を受働債権とする
　　　相殺　　127
　　——の寄託請求　　**126**, 153
　　——の前払い・——債権の
　　　処分　　126

【つ】

追加配当　　303, **328**, 337
　　——許可申請書　　329
　　——に充てることができる
　　　財産　　329

556　事項索引

――の許可申請 329

追加報酬
　――決定 332
　――受領報告書 332

通常の最後配当手続の流れ 323

通知が債権者に到達したもの
　とみなされる旨の届出 314

通知（書）
　異議―― 267,*505,506*
　簡易配当についての――
　　（少額型） 313,*525*
　簡易配当についての――
　　（配当時異議確認型） *526*
　債権者――（廃止意見聴取
　　期間の決定等） 336
　債権届出期間及び債権調査
　　期日の―― *500*
　最後配当の―― 321
　中間配当の―― 327,*534*
　同意配当に関する―― 324
　登記識別情報――の確保 23
　配当についての―― 314,*525,526*
　破産手続開始等の――（一
　　般管財・期日型・自然人
　　用） *434*
　破産手続開始等の――（一
　　般管財・留保型・法人用） *435*
　破産手続開始等の――の発
　　送 97
　不動産の放棄の―― **154**,306

積立金
　――（換価） 140
　――（自由財産拡張） 72,**74**
　預貯金・――目録 47,*370,408*

【て】

定型的拡張適格財産 72
　――以外の財産 79

――ごとの留意点 74

停止条件付債権
　――（債権調査） 264,**279**
　――の条件成就 287,289
　――の除斥 310
　――（配当） **310**,323,326

抵当権設定登記の否認 194

手形
　――（換価） 140
　――・小切手債権一覧表 *365,403*
　――債権（債権調査） 269
　――の原因債権 272,311
　偏頗行為否認における――
　　債務支払の場合の例外 193

出来高部分の精算 131

手続選択
　管財事件と同時廃止事件と
　　の―― 13
　債務整理の―― 33
　招集型手続と非招集型手続
　　との―― 119
　担保権消滅手続と否認権行
　　使との―― 176
　配当の―― 304
　否認権行使における―― 195

手続費用 12,*350*

電気
　――供給契約 125
　財団債権となる――の使用
　　料債権 213,**280**
　優先的破産債権となる――
　　の使用料債権 263,**281**

転居の許可申請 33,*426*

転得者に対する否認権行使 193

添付目録 22
　――（自然人用） 63,*401*
　――（法人用） 44,*363*

電話加入権 160

事項索引　　557

【と】

同意配当	302, **324**
——に関する通知書	324
——についての同意書	324
登記	
——原因の否認	196
——の否認	196
破産——	104
否認の——	196
登記識別情報通知書の確保	23
登記済権利証の確保	23
倒産直前の処分行為等一覧表	54, 65, *379, 417*
動産売買先取特権	144
同時交換的取引	193
当事者の表示	40, 56
同時廃止事件と管財事件との　手続選択	13
答弁書（債権査定）	*513*
特別調査期日	256
特別徴収	63
——から普通徴収への切替　え	28
——の地方税	295
届出期間経過後	
——一般調査期日終了前の　債権届出	255
——の取下書・変更届出　書・承継届出書の送付先	258
届出事項の変更	256
届出(書)	
買受希望者に売却する旨の　——	186
管財人の印鑑届及び高価品　保管場所の——	96, *433*
給与所得者異動——	28
公租公課の——（交付要求）	254
債権——	96, 98, **245** *247, 492, 493*

執行裁判所への——	101, *440*
少額配当（配当額1000円未　満）の受領意思の——	251, 265 **313**, 326
配当の通知の到達に係る　——	314, *528*
破産債権変更——（保証会　社代位弁済用）	258, *496*
破産債権名義変更——	258, *495*
不動産の放棄の——	*440*
労働債権等——	96, *493*
届出破産債権者への配当通知	313, *525* *526*
届出番号	262, 285

【に】

入札要綱例	*449*
任意売却	
自動車の——と許可不要行　為	158
担保権消滅手続と——との　関係	**175**, 183
知的財産権の——	164
不動産の——	146
任務終了	331
——計算報告集会	3, 5, 106, **330**
——計算報告集会の招集の　申立て	330
——計算報告書に対する異　議	336
——による計算報告のため　の債権者集会の招集申立　書	*535*
——の計算報告書	331, 334, *537*

【ね】

根抵当権設定登記の否認	194
年金保険	67

558 事項索引

【の】

農機具	66
納期限	215
——（具体的納期限）一覧表	228

【は】

売却価額	147
——の相当性	178
売却許可申請	150
廃止意見聴取	334
——期間の決定	336
——集会	3,5
廃止決定	117,335,337
廃車手続	158
配当	
——時異議確認型の簡易配当	302,305
——金振込依頼書	314,527
——実施報告書	529
——通知費用	307,311
——手続	301
——等の実施	173
——についての通知書	314,525,526
——の公告等	320,327
——の実施	317
——の種類	302
——の通知（少額型）	313
——の通知の到達に係る届出書	314,528
——の手続選択	304
——率の定め及び通知（中間配当）	327,534
——をすることができる金額	312
担保権消滅手続における——の実施	191

配当額	
——の寄託	326,328
——の供託	318,322
——の定め	317
——の定め及び通知（最後配当）	321
配当時異議確認型の簡易配当	302,305
配当表	311,327
——（単独型）	519
——に対する異議	316,321,327
——に対する異議申立期間	308
——の更正	315,321,327
——の作成	320
——（破産債権者表一体型）	516
売得金	181
破産管財人→管財人	
破産債権	209
——相互の優先順位	242
破産債権査定	
——異議の訴え	292
——異議の訴えの管轄	292
——手続	291
——の確定手続	291
——申立書	509
答弁書（——）	513
破産債権者	
新たに判明した——	32
知れている——	97
破産債権者表	113,260,262
——（単独型）	504
——（認否予定書）	257
——の提出時期	257
——の届出番号	262,285
——の備考欄	265,266
——（配当表一体型）	501
破産債権届出書	96,98,247,250,258
——（従業員以外の方用）	492
——（従業員の方専用）	493
破産債権取下書	494

事項索引　　559

破産債権の届出の方法等について　96,98
　——（期日型用）　*486*
　——（留保型→期日型用）　*489*
破産債権変更届出書（保証会社代位弁済用）　258,*496*
破産債権名義変更届出書　258,*495*
破産財団→財団
破産裁判所　**195**,207,292
破産手続開始
　——決定前の保全処分　25
　——決定直後の事務　96
　——後の利息・遅延損害金　269
　——等の決定（一般管財・期日型・自然人用）　*429*
　——等の決定（一般管財・留保型・法人用）　*431*
　——等の決定正本の受領　96
　——等の通知書（一般管財・期日型・自然人用）　*434*
　——等の通知書（一般管財・留保型・法人用）　*435*
　——等の通知書の発送　97
破産手続終結　330
破産手続の終了　330
破産手続廃止
　——に関する意見　336
　——の申立書　334,*540*
破産登記　104
　——の抹消上申　306
破産申立書
　——記入要領　40,56
　——（自然人・管財事件用）　56,*387*
　——について　*355*,*386*
　——（法人用）　40,*356*
発送報告書
　新たに知れたる債権者等への——　98,*438*

　知れている債権者等への——　98,*437*
半製品　144

【ひ】

PCB　155
被課税公租公課チェック表　254
　——（自然人用）　63,*407*
　——（法人用）　46,*369*
引継予納金　12,**20**,26,31
　——の準備　19
　——の引継　41
　——の補填　307
　併存型の——　19
　免責観察型の——　36,344
引渡命令　151
備考欄　265
　——の手入れ　266
非招集型手続　**118**,106
否認
　——対象行為調査型　14
　——の訴え　**195**,199
　——の訴えの管轄　195
　——の請求　194,**195**
　——の請求の管轄　195
　——の請求の認容決定に対する異議の訴え　199
　——の請求の認容決定に対する異議の訴えの管轄　200
　——の請求申立書　*473*
　——の登記　196
　遺産分割の——　194
　債権譲渡通知の——　194
　債権譲渡の——　197
　財産分与の——　194
　詐害行為——　**192**,203
　事業譲渡の——　194
　執行行為——　**193**

560　事項索引

自由財産拡張制度と——と
　の関係　　　　　　　　　71
所有権留保された自動車の
　引揚げと——　　　　　　194
相当の対価を得てした財産
　の処分行為の——　　　　193
贈与の——　　　　　　　　194
対抗要件——　　　　　　　193
登記原因の——　　　　　　196
登記の——　　　　　　　　196
不動産処分行為の——　196,203
偏頗行為——　160,**192**,197,203
無償行為——　　　　　**193**,203
否認権　　　　　　　　　　176
　——行使における手続選択　194
　——行使の効果　　　　　193
　——の行使について　　　203
　——のための保全処分　　201
　担保権消滅手続と——行使
　　との手続選択　　　　　176
非免責債権　　　　　　　　347
評価の基準時(自由財産拡張)　81

【ふ】

ファイナンス・リース契約　**134**,274
封印執行　　　　　　　　　103
賦課課税方式の租税　　　　216
不可欠性の要件(自由財産拡
　張)　　　　　　　73,74,**82**
不足額確定　　　　　　　　289
　——報告書　　**286**,309,*530*
不足額責任主義　272,278,279,**309**
普通徴収　　　　　　　　　28
普通預金(自由財産拡張)　72,**74**
物上保証人　　　　　　　　277
　連帯保証人兼——　　　　272
不動産
　——(自由財産拡張)　　　79

——処分行為の否認　196,203
——の任意売却　　　　146
——の放棄の通知　**154**,306
——の放棄の届出　　　*440*
——売却許可申請　　　150
——売却許可証明申請書　*460*
——売却等許可申請書　*458*,*459*
——における財団組入額　148
——売買契約書例　　　*454*
——放棄許可申請書　　*461*
——目録　49,*373*,*411*
管財人証明書(——登記用)　96,138
不当な財産減少行為　　　　339
扶養請求権　　　　　　　　66
ブランド品　　　　　　　　144
振込依頼書　　　　　　314,*527*
振込費用　　　　　　　307,**317**
分割納付　　　　13,**36**,344
粉飾決算　　　　　　　　　167

【へ】

併存型
　法人——　　　　　　　14
　——の予納金　　　　　19
別除権　　　　　　　　　　285
　——(根抵当権)に関する
　　報告書　　　　　286,*531*
　——の不足額確定　　　286
別除権付債権
　——(債権調査)　　263,**272**
　——の除斥　　　　　　309
　——(配当)　　　　**309**,325
変更届出書　258,*495*,*496*
弁済業務保証金　　　　　　162
弁済許可申請書(労働債権)　*515*
偏頗行為
　——否認　160,**192**,197,203
　——(免責)　　　61,**339**

【ほ】

放棄許可申請	116
放棄済みの財産	111
放棄予定の財産	111
報告書	
——（自然人用）	59,*393*
——（法人用）	42,*357*
新たに知れたる債権者等への発送——	98,*438*
異議撤回——	*507*
管財業務についての結果——	335,*541*
管財補充——（自然人用）	*388*
業務要点——	**108**,113,114,331,334,*477*
極度額超過債権についての——	286,*531*
現況調査——	103
財産状況——兼破産手続廃止の申立書兼任務終了の計算——兼書面による計算報告の申立書	335
財団債権弁済——	117,307,*536*
知れている債権者等への発送——	98,*437*
追加報酬受領——	332
任務終了の計算——	331,334,*537*
配当実施——	*529*
不足額確定——	286,309,*530*
別除権（根抵当権）に関する——	286,*531*
法人税	
——の還付	166,167
——の具体的納期限	222
——の申告	168
法人代表者型	14
法人破産申立書記入要領	40
法人併存型	14
——の予納金	19

法人用破産申立書について	*355*
法定納期限	**215**,229-231
保険解約返戻金	
——（換価）	162
——（自由財産拡張）	72,74
——に設定された質権	162
保険給付受給権（自由財産）	67
保険金請求権	
——（自由財産拡張）	80
——に設定された質権	162
保険目録	52,*376*,*409*
保証金	
→「賃借保証金」も参照	
——（換価）	161
——返還請求権（自由財産拡張）	72,**76**
保証債務履行請求権（債権調査）	280
保証人兼物上保証人	272
保全処分	
破産手続開始決定前の——	25
否認権のための——	201
役員の財産に対する——	208
本来的自由財産	**66**,74

【ま】

マンション管理費	273

【み】

密行型	18
みなし免責申立て	34
未払解雇予告手当	21,**232**,238
未払給料	21,**232**
未払労働債権	21,**232**

【む】

虫食い認否	268

562　事項索引

無償行為否認　193,**203**

【め】

明示の拡張に関する決定　69
免責
　——観察型　15,34,36,**343**
　——審尋　343
　——審尋期日　3,35
　——手続　33,338
　——手続中の個別執行の禁
　　止　35
　——に関する意見書　112,**341**,346,*484*
　——不許可事由　61,**339**
　再度の——申立て　340
　自由財産拡張制度と——と
　　の関係　71
　上申書（——観察用）　36,*422*
　みなし——申立て　34

【も】

申立て
　自由財産拡張——　58,**85**
　代表者の破産——　41
　担保権実行の——　184
　担保権消滅許可の——　173,**174**
　任務終了による計算報告の
　　ための債権者集会の招集
　　の——　330
　破産——　17
　みなし免責——　34
　役員責任査定の——　205
申立書
　閲覧等の制限——　*442*
　財産状況報告書兼破産手続
　　廃止の——兼任務終了の
　　計算報告書兼書面による
　　計算報告の——　335
　自然人破産——記入要領　56

自然人用破産——について　*386*
自由財産拡張——　65,**85**,*421*
担保権消滅許可——　181,*463*
任務終了による計算報告の
　ための債権者集会の招集
　——　*535*
破産——　40,56,*356,387*
破産債権査定——　*509*
破産手続廃止の——　334,*540*
否認の請求——　*473*
法人破産——記入要領　40
法人用破産——について　*355*
申立代理人
　——の方へ（兼FAX送信
　　書）　*423*
　——の手引　17
　——の役割確認表（自然人
　　用）　*383*
　——の役割確認表（法人用）　*352*
黙示
　——の拡張決定　68
　——の期間の延長　69

【や】

役員
　——の会社に対する貸付金
　　請求権　282
　——の財産に対する保全処
　　分　208
　——報酬　281
役員責任査定
　——決定　206
　——決定に対する異議の訴
　　え　205,**207**
　——手続　206
　——の申立て　205
約束手形→手形

事項索引　563

【ゆ】

有害物質	155
有価証券	160
——の確保	23
——目録	51,*375*,*412*
融資利用	190
優先的破産債権	297
——相互の優先順位	243
——である租税等の請求権・労働債権の按分弁済	300
——となる上水道・電気・ガスの使用料債権	263,**281**
——となる租税等の請求権	218
——となる労働債権	235,**297**
——の弁済	293
郵便回送嘱託	104
——書	96,*436*
——の取消し	338
有名義債権	251,265,**291**,308
有用の資	74

【よ】

要許可行為	136
預金通帳	334
預託金返還請求権	163
預貯金	
——（換価）	139
——口座の解約	43
——（自由財産拡張）	72,**74**
——・積立金目録	47,*370*,*408*
——（申立て）	58
予定不足額	265,273
予納金	**12**,26,31
——の準備	19
——の引継	41
——の分割納付	13,**36**,344
——の補填	307

併存型の——	19
免責観察型の——	36,344

【ら】

ライセンス契約	
——（換価）	144,165
——（契約関係）	133

【り】

リース業者	
——からの返還要求への対応	24
——の清算義務	135
リース契約	134,274
リース債権一覧表	*366*,*404*
リース物件	
——一覧表	54,65,*378*,*416*
——の取戻し費用	275
リース料債権	274
利害関係の確認	94
離職票	27
リゾート会員権	51
利息	269
留保型	4,**244**,248
——から期日型への移行	246
ご連絡（——→期日型用）	*499*
ご連絡（——用）	98,*498*
旅行許可申請書	33,*427*
旅行業	162

【れ】

劣後的破産債権	269
——となる租税等の請求権	220
廉価処分	61
連帯保証人兼物上保証人	272

564 事項索引

【ろ】

労働組合	97
労働契約	133
労働債権	
──一覧表	45, *367, 405*
──（債権調査）	282
──等届出書	96, *493*
──についての情報提供	252
──についての和解契約	237, 301
──の按分弁済	297
──の算定資料の確保	252
──の届出	251
──の弁済許可	236, 300
──弁済許可申請書	*514*
──弁済許可制度	236
財団債権となる──	232
優先的破産債権となる──	235, **297**
労働者健康安全機構の立替払による──の承継	**239**, 312
労働者健康安全機構	
──と弁済許可・和解契約	239
──による立替払	22, 27, **239**, 252
──の立替払による労働債権の承継	**239**, 312
労働者の破産	133
労働保険料の具体的納期限	226
浪費	339
──等	61
60万円の控除（自由財産拡張）	65, 73, 76

【わ】

和解	139, 143
和解許可	
──申請書（公租公課優先）	*514*
──による支払	298
──による労働債権の弁済	253
和解契約	

──による簡易分配	303
租税債権の──による簡易分配	300, *514*
労働債権の──による簡易分配	237, **253**, 301
割引手形買戻請求権	271

破産管財手続の運用と書式〔第3版〕

平成16年12月15日　初　版　発行
平成21年12月18日　新版初版発行
令和元年12月17日　第三版一刷発行
令和２年５月13日　　　二刷発行
令和６年１月19日　　　三刷発行

編　集　　川　畑　正　文
　　　　　福　田　修　久
　　　　　小　松　陽一郎

発 行 者　　新日本法規出版株式会社
　　　　　代表者　星　謙一郎

発 行 所　　新日本法規出版株式会社

本　　社
総轄本部　（460-8455）名古屋市中区栄１－23－20

東京本社　（162-8407）東京都新宿区市谷砂土原町２－６

支社・営業所　札幌・仙台・関東・東京・名古屋・大阪・高松
　　　　　　広島・福岡

ホームページ　https://www.sn-hoki.co.jp/

【お問い合わせ窓口】
新日本法規出版コンタクトセンター
📞 0120-089-339（通話料無料）
●受付時間／９：00〜16：30（土日・祝日を除く）

※本書の無断転載・複製は、著作権法上の例外を除き禁じられています。☆
※落丁・乱丁本はお取替えします。
5100102　破産管財手続3版　　　　　ISBN978-4-7882-8659-7
　　　　　　　　　　　　　　　　　© 2019 Printed in Japan